ヤン・アスマン

エジプト人モーセ

ある記憶痕跡の解読

安川晴基◉訳

藤原書店

MOSES THE EGYPTIAN
The Memory of Egypt in Western Monotheism by Jan Assmann

エジプト人モーセ　目次

モシェ・バラシュに捧ぐ

エジプト人モーセ

ある記憶痕跡の解読

凡例

一、原文中、イタリックで表記されているタイトルには『　』を、≫ ≪で表記されているタイトルには「　」を用いた。
一、引用を表す≫ ≪には「　」を、二重引用を表す› ‹には『　』を充てた。
一、原文中、イタリックで表記されている語には〈　〉を、大文字やゴシックで強調されている箇所には傍点を付した。
一、原文の（　）と、著者による補足を表す［　］はそのまま用いた。
一、訳語に原語を添える場合には〔　〕を用いた。また訳者による補記・注記にも〔　〕を使用している。
一、古代エジプトの人名・地名などの日本語表記は今日の慣用に従った。
一、本文と注の誤記・誤植は訳者の気づいた範囲で訂正した。

序言

ヨセフ・ハイーム・イェルシャルミは、『フロイトのモーセ』〔*Freuds Moses*〕（一九九一年）について書いた本の序論で、一本の系譜を引いている。その系譜はフロイトに始まり、フリードリヒ・シラーとジョン・スペンサーを経て古代に遡り、ストラボン、マネトー、アピオン、ケルソスにいたる。この系譜は、イェルシャルミのいうように、より詳細に調べるかいがあるだろう——「もしも十分な世界と時間に恵まれていたならば（…）」。わたしは『一神教と宇宙即神論』〔*Monotheismus und Kosmotheismus*〕（一九九三年）で、もう一方の端にあるアクエンアテンとその宗教革命から始めて、マネトー、ストラボン、アピオン、タキトゥスを経て、シラーとジークムント・フロイトにいたる受容史を素描した。ただ、同じように諦めの吐息をつきながら中断する結果に終わった。しかし、それからまったく思いがけず、十分な世界と時間に恵まれた。一年間カリフォルニアで過ごすよう招待されたのだ。わたしはその招待を好機として、アクエンアテンとフロイトの間に横たわるこの広野を、初めて試掘することにした。

招待してくれたゲティ美術史・人文学センターに感謝する。とりわけ所長のサルヴァトーレ・セッティスには、対話と共同作業のきわめて実り豊かな雰囲気を生み出してくれたことを、そして刺激的な議論がたくさんできたことをありがたく思っている。同様に、「記憶」——一九九四／九五年度のテーマ——をめぐる幾度もの議論の参加者たちにも礼を述べたい。とりわけアンヌとパトリック・ポワリエ、マイケル・ロス、メアリー・カラザース、ジャック・ルヴェル、クシシュトフ・ポミアン、ジュリア・アナス、フランソワ・アルトーグ、クリスティアン・ジャコブ、カルロ・セヴェーリ、カール・E・ショースキー、そしてアライダ・アスマンに感謝する。この本の多くの問いや概念について、彼らと刺激的な会話を交わすことができた。特に謝意を表さねばならないのが、ゲティ・センターのわたしの部屋の隣人たちだ。まずステュアート・ハートン。彼はサイスのヴェールに覆われた神像について研究しており、自分の書誌学上の発見の多くを、わたしにも教えてくれた。そしてカルロ・ギンズブルク。「異化」についての彼のゼミナールは汲めども尽きぬ刺激の泉だった。彼がわたしの仕事に興味を抱いてくれたので、わたしは自分の立場を明確にするよう何度も余儀なくされ、おかげで不正確な点を少なからず免れることができた。

マウロ・ペッシェとクリスティアーノ・グロッタネッリは、一連の最近のイタリア語文献について教えてくれ、そうでなければ見逃すところだった本や論文を提供してくれた。わたしの助手、ルイーズ・A・ヒッチコックは、本やコピーを調達してくれたばかりでなく、英語原稿も改善し、少なからぬ貴重な提案をしてくれた。友人にしてエジプト学の同僚であるアントーニョ・ロプリエーノにも、格別の謝辞を捧げなければならない。彼は、わたしがロサンゼルスでエジプト学者としても不自由することのないように、何くれとなく心を砕いてくれた。わたしたちが一緒に開催したエジプト文学についてのシンポジウムで、わたしはデイナ・リームズと知り合った。わたしがちょうど大学図書館のスペシャル・コレクション・ルームで読んでいたある本に、彼も熱中していることが、たまたまわかった。その本とは、ラルフ・カドワースの『宇宙の真の知的体系』〔*The True Intellectual System of the Universe*〕だ。彼はわたしのためにこの本を一冊手に入れてくれたので、家で落ち着いて読むことができた。そればかりでなく、彼はその汲めども尽きぬ個人蔵書から、関連する資料をたっぷりと出してくれた。おまけに、彼も英語の原稿を見てくれたので、このうえなく助けられた。

ハイデルベルク大学の同僚たちにも礼を述べなければならない。わたしが一年間留守にしてサンタ・モニカに滞在したために、彼らに仕事の荷を余計に負わせてしまった。わたしが感謝の念を抱いている人々の中でも、特に名前を挙げたいのは、ハイケ・グクシュ、フリーデリーケ・ザイフリート、マルティーン・ボマス、アンドレーア・クハレク、そしてシュテファン・ザイドルマイヤーだ。彼が講座の代理を務めてくれたおかげで、研究科に黄金時代がもたらされた。

最後に述べておくべきは、この仕事が、研究グループ「文学コミュニケーションの考古学」の、あるプロジェクトから生まれたということだ。「秘密」についてのそのプロジェクトを、わたしはアライダ・アスマンとともに、一連の研究会や刊行物（『ヴェールと閾』〔*Schleier und Schwelle*〕三巻）を通じて実行した。それらの集まりで交わされた議論は、この研究の基本的な考えが形をなしていくうえで、大きな助けとなった。ここで特に感謝しなければならないのは、アライダ・アスマン、ヴォルフ・ダーニエル・ハルトヴィヒ、そしてモシェ・バラシュである。絶えず勇気づけて執筆を支えてくれたモシェ・バラシュに、本書は捧げられている。

ドイツ語訳はイェルサレムでなされた。当時わたしは、一九九六年九月二十一日から十月十日まで、その年度のゲストとしてベネディクト会のドルミティオ修道院に招かれていた。そこで行なった一連の講義で本書の諸々のテーゼについて話し、一九九六／九七年度の学生たちと議論を交わすことができた。招待してくださったベネディクト会神父、ラウレンティウス・クライン教授に衷心よりお礼申し上げる。また神父と学生たちには、きわめて刺激的な会話をたくさん交わすことができ、ありがたく思っている。彼らとの会話のおかげで、いくつかの考えをより明確に表現することができた。アメリカ版の第6章は純粋にエジプト学の諸テーマを扱っているため、ドイツ版では大幅に短縮して、第7章に組み込んだ。なぜならわたしはそれらの題材を、すでにドイツ語の刊行物でしばしば扱ってきたからだ。その代わりに、アメリカ版の第4章を拡張して、ドイツ版では二つの章（第4章と第5章）

に分けた。

一九九六年十月八日、イェルサレムにて

ヤン・アスマン

第1章

記憶史とエジプト像

第一節　モーセの区別

ある区別を設けよ。
その区別を最初の区別と名づけよ。
この最初の区別が設けられた空間を、
「この区別によって截断、あるいは分割された空間」と名づけよ。

ジョージ・スペンサー＝ブラウンの「第一の構築法則」[1]は、もともとは論理学的・数学的構築の領域のためのものだが、この領域にしか通用しないわけではなさそうだ。この法則は、文化における諸々の区別と構築の領域、そしてそれらの区別と構築によって截断あるいは分割される空間にも、驚くほどよく当てはまる。

本書で問題となっている区別は、宗教における真と偽の区別である。この区別は、ユダヤ人と〈非ユダヤ人〉〔*gojim*〕、キリスト教徒と異教徒、イスラム教徒と不信仰者のような、より特殊な諸々の区別の根底にある。この区別は、ひとたび設定されると、それによって分割される空間の内部で無限に繰り返される。例えば、キリスト教徒と異教徒を分かつ区別は、カトリック信者とプロテスタント信者、ルター派とカルヴァン派、ソッツィーニ派〔十六―十七世紀の教会改革運動。三位一体とキリストの神性を否定〕と広教会派〔イギリス国教会内の自由主義的傾向の人々〕など、幾千もの同じような名称や下位名称の区別に通ずる。そのような文化的、宗教的、あるいは知的な区別は、意義、アイデンティティ、指針に満ちた世界を構築するが、それのみならず、衝突、不寛容、そして暴力にあふれた世界をも構築する。それゆえにまた、文化の基礎となる意味を犠牲にするという危険を冒してさえも、この区別を取り消す、あるいは少なくとも融通の利くものに変えることで、衝突を克服しようとする試みが絶えることはなかった。

宗教の領域における真と偽の区別を「モーセの区別」と名づけたい。なぜなら伝承はこの区別をモーセに結び付けているからだ。確かに、モーセがかつて生きていたのかどうか、定かにはわからない。というのも、彼がこの世に存在していたことを示すような痕跡は、伝承の外部では何一つ証明されていないからだ。他方でわれわれは、この区別を設定したのは彼が最初ではないことを、よく知っている。モーセ以前に、アメノフィス四世〔アメンヘテプ四世とも。古代エジプト第一八王朝のファラオ。在位前一三五二頃―一三三八頃。アメン神を中心とする従来の多神教を廃し、太陽神アテンを唯一の神とする宗教改革を断行〕という先駆者がいた。この人物はエジプトの王で、自らアクエンアテン〔アテンに有用なる者〕と名乗り、紀元前十四世紀に、ある一神信仰の宗教を創唱した。もっとも、この宗教は伝統を生み出すことはなく、その創唱者の死後すぐに忘れられた。モーセは想起の形象であるが、歴史の形象ではない。それに対して、アクエンアテンは歴史の形象であるが、想起の形象ではない。しかしながら、文化における区別と構築の領域では、おしなべて想起が重要なので、アクエンアテンではなく、モーセの区別という言葉を用いても許される。この区別によって「截断、あるいは分割」され、真っ先に創出される空間とは、ユダヤ＝キリスト＝イスラムの一神教の空間である。問題となっているのは、この区別によって構築され、それ以来およそ二千年にわたってヨーロッパ人に住まわれてきた、一つの精神的あるいは文化的空間である。

この区別を、宗教それ自体と同じくらい古いものと考えるのは誤りだ。たとえ、どの宗教も自分以外のものすべてを迷妄や虚偽であると言明し、ほかの宗教を「異教徒」として見下す、という想定ほど、もっともらしく思われることはないとしても。どの宗教も、その独自性を形成してゆく過程で、まったく自動的に、ほかのすべての宗教を自己に対して異教の関係に置くのではないだろうか。これはただ単に、いかなるアイデンティティの形成もまったく不可避的に異者性の構築を伴う、という法則の特殊事例にすぎないのではないだろうか。どの宗教にとっても、ほかの宗教は「異教徒」として現れるのではないだろうか。どの文化にとっても、ほかの文化が「未開人」として現れるように。つまりモーセの区別は、エスノセントリズムの宗教的な現れにすぎないのではないだろうか。

まさにそうではないのだ。文化は内側に向かって結束性とアイデンティティを形成する一方で、自己の周囲にある他の文化に関しては異者性を産出する。しかしそればかりでなく、文化は翻訳のテクニックをも発展させる。誤解を避けるためにすぐさま明確にしておきたいのだが、ここで問題となっているのは、エマニュエル・レヴィナスいうところの「絶対的な他者」ではない。この「絶対的な他者」は、われわれや、われわれが構築する自己性および他者性とはまったく無関係に存在している。そうではなく、ここで問題となっているのはただ、われわれが、われわれ自身の反対像として構築する、いわば紋切型としての他者のことである。「異教」や「邪神礼拝」あるいは「偶像崇拝」は、他なるものを表すそのような紋切型である。文化の他者性が構築されるのは避けがたいことだが、これはある程度まで、翻訳という文化のテクニックによって相殺される。それゆえに翻訳は、現実にある他者性を不当にわがものにすること、と解されてはならない。翻訳とはむしろ、文化における諸々の区別によって設けられた境界を、いくらかでも通行可能にするための試みなのである。

古代の多神教はそのような翻訳のテクニックに属している。それらの多神教は、政治的に絡み合った諸国家からなる、一つのまとまった世界《エクメーネ》としての「旧世界」が成立してゆく過程には欠かせない。(2) 多神教は、さまざまな神々を名前、姿、役割あるいは「管轄」に応じて区別することで、部族宗教のエスノセントリズムを克服した。名前は当然ながら文化ごとに異なる。なぜなら言語が異なるからだ。神性の姿や、それを崇める儀式もまた、非常に異なっていることがある。それに対して、神々の役割に関しては、大きな類似点がある。とりわけ宇宙神の場合にはそうだ。そしてたいていの神々には宇宙的な側面と役割があった。ある宗教の太陽神は、別の宗教の太陽神と容易に同一視することができた、等々である。この機能上の等価に基づいて、異なった宗教に属する神々の名前は、相互に翻訳することができたのだ。

多神教の神々がこうして相互に翻訳されえたということは、偉大な文化的成果と見なさなければならない。二言語が使用されていたメソポタミアでは、神々の名前を翻訳するという実践は、前三千年紀にまで遡り（第2章第三節を参照）、前二千年紀の間には、古代オリエントの多くの言語と民族に広まった。たとえ文化や言語や風習がどれほど異なっていようとも、諸宗教には常に一つの共通の基盤があった。それゆえに宗教は、文化間の翻訳を可能にするメディアとして働くことができたのだ。神々は国際的だった。なぜなら神々は宇宙的だったからだ。異なる民族は異なる神々を崇拝した。しかし、よその神々の現実性や、それらを崇めるよその形式の正統性を否定する者は誰もいなかった。古代の多神教にとって、偽りの宗教という概念は、まったく馴染みのないものだった。他の宗教の神々は、偽りの虚構とは見なされず、多くの場合、別の名前で呼ばれている自分たちの神々と見なされた。本書で問題となっている区別は、多神教の世界には、単に存在していなかったのである。

それゆえにモーセの区別は、この区別が設けられた世界を著しく変えた、何か根本的に新しいものだった。この区別によって「截断、あるいは分割」された空間とは、単に宗教一般の空間ではなくて、まったく特定の種類の宗教の空間である。わたしはこの新しい宗教のタイプを「対抗宗教」〔Gegenreligion〕と名づけたい。なぜならそれは、自らに先行するものや自らの外部にあるものすべてを、「異教」として除外するからだ。対抗宗教は文化間の翻訳のメディアとして機能するのではない。まったくその反対に、文化間の異化のメディアとして働く。多神教、あるいはより適切に表現するならば「宇宙即神論」〔Kosmotheismus〕が、さまざまな文化を透明で互換可能なものにしたのに対して、この新たな対抗宗教は、文化間の翻訳の可能性を封じた。偽りの神々を翻訳することはできないのである。

すべての文化的区別は、それが分割することで構築する空間を長続きさせるためには、想起される必要がある。通常、そのような基礎となる区別が想起されるとき、その想起は一種の「大きな物語」の形式を帯びる。つまり、過去についての無数の具体的な物語や再話の基底をなす、根本的な神話という形式である。モーセの区別は、イスラエルの子らのエジプトからの脱出――ギリシア語ではエクソドス――の物語に表現されている。かくしてエジプトは、除外されたもの、忌まわしいもの、宗教的に偽りのものを表す象徴、ならびに「異教」の典型となるにいたった。そうして、エジプトの最も目に付く実践である神像崇拝もまた、最も恐ろしい罪になった。宗教的に偽りのもの、あるいは「異教的なもの」という概念は、こうして特定の意味内容を帯びるようになったのだが、その意味内容は、今日にいたるまでこの概念につきまとっており、この意味内容を表すのに、古代以来、「偶像崇拝」（邪神礼拝、偶像化）という概念が定着した。それゆえ、この区別を規範的に表現したものは、はたせるかな、偶像崇拝を断罪することに最大の重要性を与えている律法に体現されている。偶像を崇拝することとは、真と偽の区別によって構築されるこの新たな宗教空間では、迷妄と虚偽の典型的な表現となる。多神教と偶像崇拝は、宗教的誤謬の同一の形式として、互いに結び付けられる。〔十戒の〕第二の掟は第一の掟の注釈である。

一、あなたにはわたしのほかに神があってはならない。

二、あなたはいかなる像も造ってはならない。

像とはおのずと「ほかの神々」のことである。なぜなら真の神は描くことができないからだ。モーセの区別は像の空間に設けられる。そして対抗宗教の戦いは像に対して遂行される。

物語も律法もモーセの区別を象徴する表現と解さなければならない。物語は、歴史的出来事を再現しているだけではない。そして律法は、社会秩序を支え宗教の純粋性を維持するための土台をなしているだけではない。物語と律法は、それらが明白に語り、規定する事柄を超えて、この区別を象徴している。エクソドスは象徴的な物語であり、律法は象徴的な法秩序である。そしてモーセは象徴的な人物である。イスラエルとエジプトという布置の全体が象徴的なものであり、一連の区別と対立のすべてを表している。しかしながら主導的な区別は、真の宗教と邪神礼拝の区別である。

　偶像崇拝の概念、そして偶像崇拝に対する嫌悪は、ユダヤ人の歴史が経過するうちにどんどん強くなっていった。(3)テクストの成立した時代が下れば下るほど、それらのテクストが邪神礼拝者に浴びせかける嫌悪と嘲りは、手が込んだものになってくる。第二イザヤや詩編第一一五編ではまだ数節にすぎなかった嘲りの言葉は、外典のソロモンの知恵ではまるまる数章を、そしてフィロン〔前二〇頃―五〇頃、ヘレニズム時代のアレクサンドレイアのユダヤ人哲学者〕の論文『十戒について』〔*De Decalogo*〕や『特定の律法について』〔*De legibus specialibus*〕では、長い段落をいくつも占めるようになった。

　この憎しみは双方の側からのものだった。そして「邪神礼拝者」たちはまもなく反撃に出た。注目すべきことに、これらの著者のほとんどがエジプト人だった。例えばエジプトの神官マネトーは、紀元前三世紀にプトレマイオス二世の下で『エジプト誌』を著したが、モーセのことを、癩者のコロニーの指導者となって反乱を起こした、エジプト人の神官として描いている。ユダヤ人が偶像崇拝を一種の精神錯乱あるいは狂気として描いたのに対して、エジプト人は聖像破壊《イコノクラスムス》を、感染性が高く、外貌を歪める疫病のイメージに結び付けたのだ。病の言葉は、マネトーからジークムント・フロイトにいたるまで、モーセの区別をめぐる議論における一つの手段であり続けた。わたしは次章で、癩者たちのこの物語が、おそらく本来はモーセではなく、アクエンアテンに関係していたことを示すつもりだ。アクエンアテンが最初に真と偽の区別を設定し、ある一神信仰の対抗宗教を創唱した。しかし彼の死後、その宗教は根絶され、彼の名前は忘却にゆだねられた。アクエンアテンによる転覆についてのトラウマ的な思い出は、特定の場所との結び付きを失い、エジプト人の集合的記憶の中で「クリュプタ」〔通常は教会内の埋葬室や地下聖堂を指すが、ここでは集合的記憶における抑圧された無意識的領域を意味する。本書注（548）を参照〕を形成した。そうして最終的にその思い出はユダヤ人にまつわりつくことになったのである。

大事なのは、われわれがここで扱っているのは双方の側からの嫌悪だということを、はっきりと理解することだ。この嫌悪の根源は、エジプト人とユダヤ人に特異的な何らかの反感にあるのではなく、本来はアクエンアテンによるものだった、モーセの区別そのものにある。そして、「邪神礼拝者」たちの論拠のいくつかが反ユダヤ主義的な言説の中に生き続けており、モーセの区別に対する戦いが反ユダヤ主義の音色を含みうる、ということが否定できないにしても、次のことを忘れてはならない。つまり、例えばジョン・トーランド〔一六七〇―一七二二、アイルランドの自由思想家〕やゴットホルト・エーフライム・レッシング〔一七二九―一七八一、ドイツの啓蒙主義の代表的な劇作家・批評家〕のように、十八世紀にモーセの区別を攻撃した多くの者たちが、その際、寛容のために戦い、ユダヤ人の市民権獲得と平等のために尽力した、ということである。モーセの区別に対する戦いは、反ユダヤ主義に対する戦いでもありえた。モーセの区別の最も決然たる破壊者は一人のユダヤ人だった。ジークムント・フロイトである。

ドイツの反ユダヤ主義の波がどんどん水嵩を増してゆき、従来の迫害と抑圧の規模を超えて、血なまぐさいものになり始めたことを察知したとき、ジークムント・フロイトが立てたのは、どうしてドイツ人はそのような血なまぐさい狂気のとりこになったのか、というもっともな問いではなく、どうしてユダヤ人は「このような消すことのできない憎悪をわが身に招いている」(4)のか、という問いだった。この疑問を感じながら、彼は一つのプロジェクトに着手したのだが、そのプロジェクトは彼の普段の仕事とはおよそかけ離れていた。彼が最初にそう名づけたところによれば、この「歴史小説(5)」は、どちらかといえば私的な要件——一種の「白昼夢(6)」——だった。それは幾度かの変貌を遂げて、最終的に本として刊行された。こうして生まれたのは、フロイトが特殊的には自らのユダヤ人としての出自と、そして全般的にはユダヤ教と決着をつけようとしたテクストだった。彼はその中で、ユダヤ教徒と異教徒を分かつ根本的なモーセの区別の起源、発展、そして意味について調べ、熟考することを余儀なくされた。彼は起源を求めて、アクエンアテンとその一神教革命にまでたどり着いた。フロイトは、モーセをエジプト人とすることで、そして一神教をエジプトに起源するものと見なすことで、この血なまぐさい区別を脱構築したと考えた。これは、ニーチェもすでに『道徳の系譜』で用いていた方法、歴史的な起源を明らかにすることで脱構築するという方法である。

フロイトの本はエジプト学、宗教史、旧約聖書学に対する挑戦だった。わたしはこの挑戦を常に感じ、そして、彼の本にこれらの分野がかくもわずかしか応えていないことを、いぶかしく思ってきた。[7] 肝要なのは、フロイトが犯した歴史学上の誤りを訂正することではなかった。そうではなく、現在が過去に向けている根本的な問い、エジプト学にその答えではないにしても、少なくともそれに対する関心を期待してしかるべき問いを、フロイトをきっかけとして思い出すことだった。わたし自身が「エジプト人モーセ」についてのこの研究に取りかかったのも、多分に、彼と同様、「決着をつける」という必要に促されてのことだった。このテクストは一人のドイツ人エジプト学者の置かれた状況を反映している。このエジプト学者は、フロイトがその到来を目にした破局から五〇年後に執筆しており、また、フロイトの時代には想像すらできなかった大量殺戮がどれほどの規模だったかを知っている。そしてこのエジプト学者は、四〇年前に諸々の問いを抱いて古代エジプトの研究に着手したのだが、それらの問いは、ひとたび大学の一学科に入ってしまえば、あまりにも容易に忘れてしまうような類のものだった。諸分野は独自の問題設定を発展させるものである。しかしそうすることで、より深くより普遍的な関心事に対しては、まさに忘却の記憶術として働く。本書でわたしが試みるのは、一種の想起の作業として、これらの埋もれた問いを再び明るみに出すことであり、それらの問いに答えることではない。本書が扱うのは、イスラエルとエジプトの象徴的な対決を舞台にして展開される、宗教的な敵対関係の「記憶史」である。わたしはこの点に関して、反ユダヤ主義の歴史的分析にも何かしらの寄与をすることができるのではないかと期待している。

第二節　イスラエルとエジプト

モーセの区別は、イスラエルとエジプトの対決という布置に表現されている。地理学の地図では、イスラエルとエジプトは、東地中海世界の二つの隣接した国である。そのどちらも、さらにほかの国々と隣接していた。地中海圏と近東が形成していた共通の歴史的・政治的世界の一部として、両国は、政治・経済・イデオロギーの関係のネットワークでほかの多くの国々と結ばれていたが、それとまったく同様に、互いにも結び付いていた。それらの結び付きは、ときには友好的であり、ときには敵対的であったが、常に複雑なものだった。しかし想起の地図では、イスラエルとエジプトは、二つの相反する世界として現れる。一つの地政学上の連続体が歴史上有していた複雑性は消え、ある想起の形象に縮減される。その想起の形象は、この両国だけを、モーセの区別を表す基本的象徴として保持している。この場合、イスラエルは真実を体現しており、対するエジプトは暗愚と虚偽を体現している。エジプトはその歴史上の現実性を失い、イスラエルの反対像に変えられる。イスラエルとはエジプトの否定であり、エジプトは、イスラエルが克服し、後に残してきたものすべてを表している。この敵対関係の布置《コンステラツィオーン》が表現されている「大きな物語」は、一種の「星座をめぐる神話《コンステラティーフ》」であり、この神話の持つ意味のエネルギーは、これら両極端の布置が生み出す緊張から生じている。エクソドス〔出エジプト〕神話は、それが形成され、伝承され、変容してゆく過程で、文化の異質性と対決を構築することになったが、その構築物を、青銅器時代の末期にあったいくつかの歴史上の出来事に還元することはできない。

一神信仰の宗教は旧と新の対立を構築する。しかしこの新旧の対立は、進化という意味ではなく、革命という意味での対立である。そして一神信仰の宗教は、先行するほかの宗教をすべて、「異教」あるいは「邪神礼拝」として拒絶する。一神信仰の宗教はすべて対抗宗教である。それらの宗教の見方からすれば、偶像崇拝の迷妄から一神教の真理へと導いてくれるような自然の道、あるいは進化の道は存在しない。その真理はただ外部からのみ到来しうる。つまり啓示を通じてである。エクソドスの物語は、一神教と邪神礼拝の間の宗教的な敵対関係が持つ、時間的な意味を強調している。エジプトは偶像崇拝だけでなく、克服された過去をも表している。エクソドスは移住と改宗の、疎外と更新の、停滞と進歩の——そして過去と未来の物語である。エジプトが代表しているのは古きものであり、イスラエルが代表しているのは新しきものだ。両国間の地理上の境界線は時間的な意味を帯び、人類史における二つの時代を象徴している。同一の形象が別の次元で繰り返される。つまりキリスト教の「旧約」と「新約」の区別だ。改宗は、宗教における「旧」と「新」の区別を前提とし、またその区別を構築する。[8]

しかしながら、エジプトを想起することは、二つの相反する目的に役立った。このパラドクスが「エジプト人モーセ」という表現の根底にある。エジプトは、非真理の権化としても、真理の起源としても引き合いに出すことができた。第一に、エジプトを想起することは、邪神礼拝と真の宗教を区別することに役立った。この役割を「改宗の想起」と呼ぶことができる。ユダヤ教徒とキリスト教徒の典礼の記憶との関連でいえば、エクソドスを想起することは、改宗のアイデンティティを固める。改宗とは自らの過去を克服することと定義される。その過去はもはや自らの過去ではないのだ。改宗者は、元の状態に戻らないように、自分たちの過去を想起しなければならない。[9]「自らの過去を想起しない者は、その過去を繰り返す運命にある」（ジョージ・サンタヤナ）。想起とはこの場合、絶えず距離を置くという行為である。何を後にしており、何が再びやって来てはならないかを知るために、エジプトは想起されねばならない。それゆえに想起というテーマは、エクソドス神話にとって、そしてエジプトとイスラエルという布置にとって中心的である。問題となっているのは、想起されねばならない神話だけではない。想起の神話、過去と未来についての神話も問題となっているのだ。この神話は、未来を勝ち取るために、過去を想起する。邪神礼拝は忘却と退行を意味している。一神教は想起と進歩を意味している。

第二に、エジプトを想起することは逆に、モーセの区別を批判しようとするどんな試みにも役立つ。この想起の役割を「脱構築的想起」と呼ぶことができる。宗教的真理の空間が、「真なるイスラエル」と「誤《あやま》てるエジプト」の区別によって構築されるならば、何であれエジプトの真理が発見されさえすれば、必然的にモーセの区別を、そしてこの区別によって構築される空間を瓦解させることになる。歴史的脱構築というこの方法あるいは戦略は、とりわけ啓蒙主義の時代に重要になった。当時、あらゆる区別が自然に反するものと見なされ、自然が最高の理想に高められた。スピノザの有名かつ悪名高い定式〈神すなわち自然〉〔*deus sive natura*〕は、モーセの区別のみならず、あらゆる区別の中でも最も根本的な区別を破壊する結果となった。すなわち神と世界の区別である。この脱構築は、モーセによる構築と同様に、革命的だった。この脱構築の結果、エジプトは新たに高く評価されるようになった。エジプト人は「スピノザ主義者」にして「宇宙即神論者」と見なされた。古代の宇宙即神論は、寛容と文化間翻訳の基盤として、改めて発見された。啓蒙主義の言説では、古代の宇宙即神論は、フリーメイソンリーのような、さまざまな国や文化を横断する密儀教として再構成された。

想起の第一の形式（改宗の想起）は、境界を画して文化的アイデンティティを形成し再生産することに役立つ。第二の形式（脱構築的想起）は逆に、文化間の翻訳のメディアとして、境界を取り払ってコスモポリタン的に開放することに役立つ。

第三節　記憶史の諸目標

この研究が企てるのは、ヨーロッパでエジプトがどのように想起されてきたのか、その歴史を調べることである。それも特に、モーセの区別を撤廃するためにエジプトが想起される、第二の形式〔脱構築的想起〕の歴史である。歴史研究のこの特殊な形を「記憶史」〔Gedächtnisgeschichte〕と呼ぶことができる。本来の意味での歴史とは異なり、記憶史が扱うのは、過去それ自体ではなく、想起される過去だけだ。記憶史は、伝承の諸々の小径、間テクスト性のネットワーク、過去が読み解かれていくときの通時的な連続性や不連続性を調べる。記憶史は歴史学に対立しているのではなく、理念史、社会史、心性史、あるいは日常史がそうであるように、歴史学の一分野をなしている。しかしながら記憶史には独自のアプローチの仕方がある。つまり記憶史は、想起の通時的あるいは垂直的な線をたどるために、調査対象の共時的な側面を意識的に視野の外に置くのだ。記憶史が注目するのは、過去と関係を取り結ぶという意味での想起の営みを通して生み出され、また、後世の人々による遡及や読解の光に照らされて初めて浮かび上がる意義あるいは重要性の側面である。この点で記憶史は、歴史に応用された受容理論と定義することができるかもしれない[10]。しかしながら、ここでいう受容を、伝承して受け継ぐという単純な意味に解してはならない。過去は現在にただ単に「受け継がれる」のではない。事情によっては、現在は過去に「襲われる」こともある。そして過去は現在によって再構築され、型を与えられ、場合によっては創造される。確かにこれらのことすべてには、伝承して受け継ぐという作業や、そのための技術が含まれている。しかし、受容という概念では適切に表現することができないほど多くの事柄が、文化における想起のダイナミズムでは作用している。ヨーロッパによるエジプトの受容という言い方をするよりも、エジプトによるヨーロッパの襲撃（「エジプトマニア」）という言い方をする方が、ときとして有意義なこともある。もちろん、例えば中国やインドやメキシコが発見され受容されたのと同じように、エジプトもまたさまざまに発見され、受容されてきた。しかし、そのような発見とは関係なく、一つの過去として力を及ぼし続けるエジプト像があった。その過去は、イスラエルとギリシアの過去でもあり、それゆえにわれわれ自身の過去でもあったのだ。この事実ゆえに、エジプトのケースは、中国やインドのケース、あるいは一般的に「オリエンタリズム」のケースとは根本的に区別される。

記憶史の調査目標は、例えばさまざまなモーセ伝承のように、相異なる諸々の伝承の核心にあると想定される真実を見つけ出すことにあるのではない。そうではなく、それらの伝承それ自体を、集合的記憶もしくは文化的記憶の現象として研究することにある。思い出は間違っていたり、歪曲されていたり、捏造されていたり、人為的に植え付けられていたりすることがある。これは精神分析学、法精神医学、伝記、歴史学の領域における最近の議論で十分に明らかにされた。[11] 思い出は、客観的な「事実」に即して検証されなければ、信頼できる資料とは見なしえない。このことは集合的記憶にも当てはまる。これについては次章で、まったく驚くべき例を挙げて示すつもりだ。しかし記憶史家にとっては、ある思い出の真実は、その事実性にあるのではなく、むしろそのアクチュアリティにある。出来事は集合的記憶の中に生き続ける。そうでない場合、それらの出来事は忘れられる。同じことが根本的な意味の区別にもいえる。もしもそれらの区別が想起されないならば、歴史の中にはいかなる意味も存在しない。出来事や区別が、想起の中でこのように「死後の生」を送ることができるのは、それらの出来事や区別が、重要性を保ち続けているからだ。しかしながら、この重要性は、それらの出来事や区別が生じた歴史上の過去に由来するのではなく、前進する、そして常に変化する現在に由来する。この現在が、それらの出来事や区別を重要な事実と見なして想起し続けるのだ。記憶史が分析するのは、ある現在が過去に付与する意義である。歴史実証主義の課題は、伝承における歴史的なものを神話的なものから分離すること、そして過去を保持している要素を、現在を形づくっている要素から区別することにある。その反対に記憶史の課題は、伝統の神話的要素を分析し、それらの神話的要素に秘められた意図を明らかにすることにある。記憶史は、「モーセは本当にエジプト人のすべての知恵に通じていたのか」と問いはしない。そうではなく、なぜそのような断言が、旧約聖書には見られず、新約聖書に初めて出てくるのか、なぜ十七世紀と十八世紀のモーセ論争が、そのモーセ像の根拠を、出エジプト記に書かれているモーセの詳細な伝記にではなく、ほとんどもっぱらこの一文（使徒言行録七章二二節）に置いたのか、と問う。ペサハ〔ユダヤ教の過越祭《すぎこしさい》。イスラエルの民のエジプト脱出を記念する春の祭り。神がエジプト人の初子を殺したとき、神の命で門口に子羊の血を塗ったイスラエル人の家は過ぎ越したという故事にちなむ〕のハガダー〔ペサハで読誦される説話〕で想起されるようなエクソドスの物語に、モーセはまったく出てこない。それに対して、啓蒙主義のモーセ論争では、神は局外に置かれる。

記憶史のアプローチは非常に選択的である。エジプト学もしくは聖書学の分野で、モーセとエジプトについての諸伝承を歴史的に研究するとしたら、その研究は、はるかに包括的になるだろう。そのような研究であればきっと、金石学、考古学、文献学の利用可能な資料を大量に援用するだろう。わたしはエジプト学者として、自分が本書で何に言及せずにおくのか、はっきり承知している。わたしは、アクエンアテンによる宗教創設の経験を、それが癩者の物語の中に生き続けているかぎりで扱う。そしてわたしはこの物語を、さらに一般的にはエジプトの反ユダヤ主義を、それがモーセとエジプトをめぐる後世の論争に尾を引いているかぎりで扱う。わたしは、マイモニデスをただスペンサーに照らし合わせて、スペンサーをウォーバートンとラインホルトに照らし合わせて、ウォーバートンをラインホルトとシラーに照らし合わせて、そしてフロイトを、彼がこの論争に参加し、その関心事を分かち合っているかぎりで読む。どの個別の事例でも、歴史研究であれば、まったく別の方法を採るだろう。ジョン・スペンサーについて語るべき事柄は、読者が本書で知るであろう事柄よりも、はるかにたくさんあるはずだ。例えばフランシス・イェイツやフランク・E・マニュエルのような、十七世紀の精神史の専門家であれば、根本的に異なった像を描くだろう[12]。フリードリヒ・シラーとジークムント・フロイトの場合、記憶史のアプローチはきわめて選択的に振る舞い、彼らの仕事のうち、純然たる歴史学の観点からすれば周縁に位置しているように見える側面を照らし出す。わたしが追いかけるのは一本の垂直的な想起の痕跡であり、歴史の水平的な連続体は大幅に視野の外に置く。

アクエンアテンから二十世紀にいたるまでたどる、この垂直的な想起の痕跡に、わたしは『エジプト人モーセ』というタイトルを与えた。だからといってわたしは、モーセがエジプト人だったのか、ヘブライ人だったのか、あるいはミディアン人だったのか、と問うことはまったくしないし、ましてやそのような問いに答えることもしない。このような問いは歴史上のモーセに関係しており、それゆえ歴史学に属している。わたしにとって問題となっているのは、想起の形象としてのモーセである。想起の形象として見るならば、エジプト人モーセは、ヘブライ人モーセあるいは聖書のモーセとは、根本的に異なる。ヘブライ人モーセは、イスラエル／真理と、エジプト／非真理との対決および敵対関係を体現している。それに対してエジプト人モーセは、これらの対立を仲介する。エジプト人モーセは少なからぬ点で、エクソドス神話の逆転、あるいは少なくともその修正を具現している。ヘブライ人モーセはエジプトからの解放者であり、それゆえにエジプトフォビアの化身である。聖書のモーセは、エジプトについてのあるイメージを、西洋の伝統の中に鮮明に保ってきた。そのイメージは、西洋の諸々の理想と最も鋭い対照をなしてきた。つまり、専制政治、不遜、魔術、動物崇拝、偶像崇拝の国というエジプトのイメージである。聖書のモーセはモーセの区別を体現し、エジプト人モーセは、この区別の仲介と克服を体現している。彼は人類史におけるエジプトの肯定的な意義を体現しているのだ。

モーセ論争が西洋の文化的記憶にとって重要なのは、それが、聖書に隠されたエジプトのサブテクストを明らかにし、聖書で被った攻撃的な歪曲を正しい状態に戻し、そして何よりも、そのサブテクストを再び読みうるようにするために、聖書以外の利用可能なありとあらゆる資料を動員しているからだ。エジプトのサブテクストは、聖書では、ただ忌まわしいイメージとしてのみ現れる。聖書のテクストは、このイメージに対抗して、そして、このイメージの上に書かれた。エジプト人モーセが啓蒙主義にとって、そして教会の諸制度や神学上の諸々の区別に対するその戦いにとって有していた意義は、ユダヤ人パウロが近代のユダヤ教とキリスト教の対話で帯びた意義に比することができる〔例えば、ヤーコプ・タウベス『パウロの政治神学』高橋哲哉・清水一浩訳、岩波書店、二〇一〇年を参照〕。ユダヤ人パウロは、ユダヤ教徒とキリスト教徒の対立の橋渡しをしたが、まったく同じように、エジプト人モーセは、啓蒙主義の宗教論争における諸対立に橋をかけた。

ユダヤ人パウロは、ユダヤ教徒に対する、キリスト教徒側の両面価値的なイメージを体現している。つまり、キリスト教徒自身の過去、選ばれた民、キリスト教徒がそこから生まれ出た母胎というイメージである。彼は同様に、キリスト教徒に対する、ユダヤ教徒側の両面価値的なイメージも体現している。つまり、ユダヤ教のメシアニズムの一変種、例えば十七世紀のシャブタイ派〔スミルナ出身のユダヤ人カバラ学者で、メシアを自称したシャブタイ・ツヴィ（一六二六—一六七六）を信奉した人々〕の運動と同じく、ユダヤ教に属する典型的なユダヤ人の異端というイメージである。[13] ユダヤ人パウロは、ユダヤ教とキリスト教に共通するものを体現している。同様にエジプト人モーセは、イスラエルとエジプトの共通点と考えられたものを体現している。その疑いようのない歴史的実在性にかかわりなく、パウロもまた想起の形象である。この形象は、ちょうどモーセと同じように、「最初の区別」、いわば臍の緒の切断を体現しているのだ。

ただし忘れてならないのは、ヘブライ人モーセとエジプト人モーセは決して同等ではない、ということだ。中心と周縁の厳格なヒエラルヒーが存在している。エクソドスの物語の聖書ヴァージョンは正典《カノン》に属しており、規範的である。それに対してその他のヴァージョンは、異端とまではいかないにしても、外典である。エジプト人モーセは確かに正典の伝統には属していない。想起の形象として、彼は一種の対抗想起に属している。「対抗想起」〔Gegenerinnerung〕という言葉でわたしが意味しているのは、公的な想起では抑圧される要素を前面に押し出す想起のことである。周知のように——黒澤明の映画『羅生門』（一九五〇年）やアラン・レネの映画『去年マリエンバートで』（一九六一年）はこの原理を印象的に描いている——同一の出来事は、個々人の記憶によって、きわめて異なったふうに想起される。しかし対抗想起は、ほかの想起にはっきりと異議を唱えるという点で、さらに踏み込む。「おまえはそれをそのように想起する。しかしわたしはそれを別様に想起する。なぜならわたしが想起するのは、おまえが忘れてしまった事柄だからだ」[14]。対抗想起は、伝統的な物語の形に、さらには歴史叙述の作品にまとめられた場合には、デイヴィッド・ビアールとアモス・フンケンシュタインが〈対抗史〉〔*counterhistory*〕と呼んだものに相当する[15]。エジプト人モーセは対抗史の典型的な例である。それゆえ、想起の形象としての彼を手がかりにすれば、西洋の伝承の何らかの反流が明るみに出る。だからこそエジプト人モーセは非常に興味深い人物なのだ。モーセがかつて生きていたとしたら、彼が実際にエジプト人だったことを示す、十分な根拠があるかもしれない（そしてわたしは実はそのような根拠があると考えているのだが、これはまた別の問題である）。しかしその可能性とはまったく関係なく興味深い人物なのである[16]。

記憶史は何ら新しいものではない。伝承と受容の垂直の線、文化的記憶の「遍歴路」の研究に、例えばアビ・ヴァールブルク（一八六六—一九二九、ドイツの美術史家）の図像学のプロジェクトが取り組んだ。唯一新しいのは、記憶史と事実史の区別である。この区別を理解していないと、想起の歴史あるいは記憶史は、あまりにも容易に、想起に対する歴史批判に陥ってしまう。それゆえ、例えばマーティン・バナールは、『黒いアテナ』を探求した彼の記念碑的な著作の第一巻と第二巻の間で、何の前触れもなく、記憶史家（彼は記憶史家としてはすばらしい）から、事実史家（彼は事実史家としてはそれほど上首尾とはいえない）に変わっている。[17] バナールは、ギリシアが想起される際に「古代モデル」と「アーリア・モデル」の違いがあることを指摘し、一八〇〇年頃に一方のモデルから他方のモデルに移行したとき、その根底にあった秘められた課題《アジェンダ》を明らかにした。そうして彼は、ヨーロッパ中心主義が文化の想起でいかなる役割を演じてきたのか、その記憶史的分析に重要な貢献をした。

バナールは第一巻で、ドイツ・ロマン主義におけるギリシア賛美の運動が、エジプトフォビアや反ユダヤ主義と分かちがたく混ざり合っていたことを示している。ギリシアの新しいイメージは、新しいドイツ像を形づくることに役立った。「アーリア神話」は、民族精神や独創性といったヘルダー〔一七四四―一八〇三、ドイツの思想家。『言語起源論』（一七七二）、『人類歴史哲学考』（一七八四―九一）など〕の諸理念とともに、この後ろ向きの自己形成のプロセスに大いに関与していた。第一巻でバナールは、記憶史家として、この「アーリア・モデル」を脱構築している。第二巻では「古代モデル」に立ち戻ることを要求し、自らのこの意見表明に、まるでそれが本来の歴史的真実を事実史的に解明したものであるかのような装いを与えている。しかしながら、その際にバナールが完全に見逃しているのは、彼のいう「古代モデル」もまた、同じく想像による構築物であり、すでにそもそもの発端から、十八世紀末と十九世紀初めの「アーリア・モデル」がちょうどそうだったように、利害の絡んだ論証の文脈の中にあった、ということである。[18] バナールが主要証人として引き合いに出しているディオドロス〔前一世紀のギリシアの歴史家。『世界史』四〇巻〕は、ギリシアと残りの世界の広い地域が、エジプトから来た人々によって開拓されたと主張した。すべてのギリシア人の著者が意見を同じくし、エジプトを文明の起源としてこのように高く評価していた、というのはまったく正しくない。ギリシア文化の起源とエジプトの重要性については、数多くの非常に異なった見解がある。[19] バナールはそれらの見解を、古代モデルにまで高められた一つの伝承に与して、平然と無視している。その伝承を代表しているのがとりわけディオドロスだ。もっとも、ディオドロス自身に特別な課題《アジェンダ》はなく、彼はいかなる主張も追求していない。彼はさまざまな著者から抜粋してギリシア史の概説をまとめた編纂者である。しかしながら、彼がエジプトに関して書き写した著者は、アブデラのヘカタイオス〔前三〇〇頃、ギリシアの歴史家・地誌作者〕だった。そしてこのヘカタイオスは、今では失われてしまった四巻のエジプト史の執筆を、特定の意図をもって決然と進めた。ヘカタイオスはヘレニストの草分けだった。[20] 彼は前三二〇年頃にアレクサンドレイアにやって来て、その地に一五年間留まった。彼はプトレマイオス〔一世〕の新たなディアドコイ〔アレクサンドロス大王の後継者〕帝国に、ヘレニズム世界《エクメーネ》の新たな状況下で基盤とすることができるような歴史を与えたいと思った。この目的のために格別にふさわしいと思われたのが、ギリシアと残りの世界の広い地域がエジプトから来た人々によって開拓されたとする、例の言い伝えだった。そうして彼は、プトレマイオス〔一世〕がエジプトの権力を掌握したことを、一種の起源への帰還であると解釈し、その支配地域を文明の揺籃地として、ほかのあらゆる地域よりも高く掲げることができたのだ。ヘカタイオスが、さまざまな文化の結び付きに、また、移住、征服、伝播についての諸伝説に関心を抱いたことは、ギリシアを賛美したドイツの古典文献学者カール・オトフリート・ミュラー〔一七九七―一八四〇、『ギリシアの部族と都市の歴史』〔一八二〇―二四〕〕が、文化の純粋性、独創性、排他性を求めたのと同じように、よく理解できる。ボシュエ〔一六二七―一七〇四、フランスの聖職者。『世界史叙説』〔一六八一〕〕の普遍史のプロジェクトは、フランスの王位継承者を教育し、政治情勢を改善するためのものだった。[21] このプロジェクトは多くの啓蒙主義者に共有された。例えば、『アテナイ書簡』を著したイギリスの知識人サークルや、[22] ヨーゼフ二世〔一七四一―一七九〇、オーストリアの啓蒙専制君主〕に期待をかけ、「エジプトの密儀」について書いたオーストリアのフリーメイソンたちがいた。[23] 彼らは探していたものを、エジプトの君主制についてのディオドロスの記述に見つけた。ディオドロスの記述はヘカタイオスの記録に基づいていた。ヘカタイオスはヘカタイオスで、同一のプロジェクトをすでに追求しており、その叙述を、プトレマイオス一世のための一種の帝王学の書としてしたためた。「古代モデル」は、ヘレニズムの初期と啓蒙主義においてかくも重要だったのだが、それは、このモデルが歴史的に正しかったからではなく、それが描いている啓蒙君主制のイメージが政治的に役立ったからである。これらの努力はすべて、文化的想起の脈絡に位置づけて考えるべきものであり、一つのアイデンティティが自らの過去を再構築することで己を形づくり、安定させてゆく不断のプロセスに含めるべきものなのだ。

この論争で大きな役割を演じているのが、歴史と神話の、重要ではあるが、致命的な結果を招きかねない区別である。この区別は、「純粋な事実」と、神話を形成する記憶の自己中心的性格を、あまりにも截然と区別することにつながる。歴史は、想起され、物語られ、「住まわれる」やいなや、つまりは現在の織物に織り込まれるやいなや、神話に変わる。歴史が神話の性質を有しているかどうかは、その歴史が事実かどうかとは、何の関係もない。ユダヤとローマの戦争に由来する古代の城塞マサダ〔一世紀後半のユダヤ戦争で対ローマ反乱軍が籠城し全滅した要塞〕は、争う余地のない歴史的・考古学的な諸事実からなる複合体である。しかし同時にそれは、現代のイスラエルの国民的神話の強力な要素でもある。マサダの神話的役割は、決してその歴史性を無効にするものではないし、また、マサダを脱神話化したとしても、われわれの歴史知識が豊かになることはないだろう。「ホロコースト」〔もともとはユダヤ教の用語で、全燔祭（動物を丸焼きにして神に捧げる儀式）の供物を意味する〕という言葉が見つかるやいなや、ナチス・ドイツがユダヤ人に対して犯した大量殺戮は、合衆国とイスラエルでは神話的な地位を帯びた。それによって、この諸々の出来事からなる複合体でさえも文化的記憶の体系の中で物語り、伝承し、表象することを可能にした、さまざまな意味が生み出された。ドイツではこの神話形成のプロセスはようやく始まったばかりであり、このプロセスが発展するには、おそらくはるかに長い時間が要るだろう。なぜなら加害者の国では、過去のこの部分を現在に組み入れることは、犠牲者たちの国々におけるよりもはるかに困難だからだ。「ホロコースト」という言葉もまた、ドイツのコンテクストでは適切ではないように思われる。しかしながら、これらすべては、この出来事それ自体の史実性とは何のかかわりもない。この出来事の歴史学的研究は、この出来事が当事者集団の集合的記憶の中でどのように想起され、伝承され、変容するかについての研究とは、念入りに区別されるべきである。[24]

記憶とは、個人や集団の能力として見るならば、ただ単に過去の事実を蓄えることではなく、過去を再構築する想像力の不断の作業である。換言するならば、過去を蓄えることはできず、過去は絶えず我がものとされ、媒介されねばならない。過去がどのように媒介されるかは、ある所与の現在に生きるある所与の個人や集団の、意味づけの要求や意味づけのフレームに左右される。[25]「われわれとは、われわれが想起するところのものである」[26]とすれば、ある思い出の真実は、その思い出が形づくるアイデンティティにある。この真実は時間に支配されている。それゆえ、アイデンティティが、そして現在が更新されるたびに、この真実も変化する。この真実は、どのようにしてそれが起きたのかという歴史にではなく、どのようにしてそれが集合的記憶の中に生き続け、展開してきたのかという歴史に存する。「われわれとは、われわれが想起するところのものである」とすれば、われわれとは、われわれが自分自身について語ることのできる物語である。「わたしたちは誰もが〈ライフ＝ストーリー〉を、一つの内なる物語を持っている――その物語の連続性、その物語の意味が、わたしたちの人生の本質をなすのだ。わたしたちは誰もが一つの物語を構築して生き、この物語がわたしたちを、わたしたちのアイデンティティを形成する」[27]。記憶と自己構築が物語によって組織されるという考えは、集合的な次元にも（そしてもしかしたら個人の次元よりもなお一層）当てはまる。この場合、〈ライフ＝ストーリー〉は「神話」と呼ばれる。これはある集団、ある社会、ある文化がそれを糧とし、その中で生きている物語のことである。伝統的な物語という意味での神話は、エスニック・アイデンティティが形成され発達する（「民族生成《エスノジェネシス》」）ときに決定的な役割を演じている。民族生成の運動は、典型的なことに、その推進力あるいは「神話原動力」〔Mythomotorik〕を、物語から引き出している。[28]それゆえに思い出の方でも、歴史を支配する力を帯びることがある。現在の出来事が、同時代人によってどれほど神話的な物語の相の下に経験され、消化されるかに応じて、歴史それ自体に物語が浸透してゆく。その歴史が物語の形式で書き留められようがられまいが、まったく関係なしに。物語の構造は、行為、経験、想起、叙述が組織されるときには、等しく効力を発揮している。それゆえ、物語られた想起を対象とする記憶史もまた、歴史とかかわりがあるのだ。

第四節　記憶史と言説史

記憶史は文化的記憶の歴史を研究する。「文化的記憶」という表現は、ギリシア語の名称「ムネモシュネ」を翻訳したものにすぎない。「ムネモシュネ」は想起を意味し、九人のムーサの母として、それらさまざまなムーサが体現していたすべての文化的活動を包括する上位概念であり、また、それらの活動の基盤であった。ギリシア人は、これらのさまざまな文化的活動を想起の擬人化の下にまとめることで、ただ単に文化の基礎が記憶にあると考えたばかりでなく、文化そのものを一種の記憶と見なした。しかしながら、本書でわたしがたどる記憶痕跡は、はるかに特殊なものである。この記憶痕跡は、アビ・ヴァールブルクがそう呼んだ「遍歴路」の一つである。さらに、この記憶痕跡の探索は独自の方法に基づいており、その方法を、記憶史のより一般的な関心事と混同してはならない。その方法とは言説史のことである。ここでわたしの念頭にあるのは、ミシェル・フーコーやほかの人々が言説と名づけたものの特殊事例にすぎず(29)、違いを際立たせるために、より適切には「論争」と呼ぶべきものである。「論争」でわたしが意味しているのは、互いに関連し合い、ある共通の対象について話し合っているテクストの連鎖のことである。論争は一種のテクストによる対話であり、この対話は、文書、正典化《カノン》、学校、教会などの形で永続性が制度的に保障される、その諸々の可能性に応じて、幾世代、幾世紀、それどころか幾千年を越えて交わされることがある。

論争は、一つのテーマの枠組によって、また、先行テクストと対象をいかに扱わなければならないかを定める多くの不文律によって組織される。そのような不文律は、対話、論証、引用、根拠づけの規則など、たくさんある。記憶史の言説分析は、テクストのこのような連鎖を想起の垂直的な痕跡として研究し、それらのテクストの背後で作用し、それらのテクストを結び合わせている諸々の糸を見つけ出す。つまり間テクスト性、理念革命、忘れられた原典への遡及、焦点の移動などである。ジークフリート・モーレンツは、ヨーロッパにおけるエジプト受容というより一般的な枠組で、ある特殊なテーマ（モーツァルトの『魔笛』とエジプトの関連）を扱い、その脈絡で、「エジプト＝古典古代＝西洋の生の連関」という言い方をした。この概念は、諸々の連関を曖昧なままにし、それらを神秘めいたものにしかねない。[30] 文化的記憶は、そのような「生の連関」を組織する原理であり、その形式の一つが論争である。

論争は間テクスト性だけに基づいているのではない。テクストの次元とならび、事柄の次元が常に存在している。論争は、先行テクストの連鎖（テクストの次元）と、共通のテーマ（事柄の次元）に対する、二重の関係によって定義される。通常、論争は諸々のテクストの間に、テクストが同一の著者の筆になる場合よりも強い類縁性を生み出す。フロイトの『モーセという男』〔*Der Mann Moses*〕の最初の二つの章は、彼のほかの著作よりも、例えばシラーの『モーセの使命』〔*Die Sendung Moses*〕にはるかに近い。ウォーバートンの『モーセの神的使命』〔*Divine Legation of Moses*〕は、シェイクスピアやポープについての彼の著作よりも、スペンサーやカドワースに近い。同じことがわたし自身のテクストについてもいえる。このテクストは、わたしのエジプト学関係の論文よりも、わたしが本書で解説する諸々のテクストとはるかに多くの共通点を持っているように思われる（例外は、この記憶史的叙述を、一神教の問題にとって重要であると思われるいくつかの史料と対比している、本書の第7章である）。

ある論争に参加しているテクストの間の類似性は（一人の著者の作品の間の類似性とは異なり）、クロード・レヴィ゠ストロースの神話概念を彷彿とさせる。彼は神話を、その諸々のヴァージョンの総体と考えた。それゆえ、モーセ゠エジプト伝承に関しては、「神話」という概念の方が「論争」という概念よりも適切ではないかと思えてくる。この場合も問題となっているのは、ヘラクレスやプロメテウスの物語と同様に、無数のヴァージョンで展開している一つの物語なのだから。唯一の違いは次の点にある。つまりモーセとエジプトの物語は、詩人たちによってではなく、学者たちによって語られるという点だ。それにもかかわらず、この物語が展開するときのダイナミズムは、ハンス・ブルーメンベルクが「神話の変奏」と呼んだものに完全に合致するように思われる。

言説や論争という概念に関連して、ここで個人的なコメントを付け加えたい。なぜなら次に述べることは一般の興味を引くように思われるからだ。エジプト人モーセについてのこの研究に取りかかったとき、わたしは一つのテーマに心をすっかり奪われるという経験をした。ロサンゼルスの大学図書館のスペシャル・コレクション・ルームで、スペンサーの『ヘブライ人の儀式法について』〔*De Legibus Hebraeorum Ritualibus*〕に初めて目を通してからというもの、そのテーマはどうしてもわたしの念頭を去らなかった。それは一九九四年十月のことだった。わたしはまるで抗しがたい力に押されるかのように、そしてわたしにしては（また外国語で書くにしては）信じられないほどの短期間で、すぐさま執筆を始めた。それからは、このテーマから再び身を離して別の仕事に取りかかるのが、非常に辛かった。この個人的なモーセ゠エジプト論争の経験は、スペンサー、カドワース、ウォーバートン、ラインホルト、シラー、そしてフロイトの頁からかくもはっきりと語りかけてくる魅惑がどのような性質のものであるか、わたしに教えてくれた。この経験はまた、読むことと書くことで生み出される連続性、そして「言説」や「論争」といった概念が指し示している連続性がどんな性質のものであるのか、それに対するわたしの意識を鋭敏にしてくれた。隠喩的に述べるならば、論争は独自の生を送るのであり、その生は、その論争に参加する者たちの内部で再生産されるのだ。事実、レヴィ＝ストロースは神話をそのように解していた。間違いなく論争には神話的な側面がある。書かれた言葉の空間でなされる学者たちの論争の背後、傍ら、根底には、エジプトの神話がある。この神話は、この空間を越え出て、その「神話原動力」の魔術を密かに及ぼすのである。十八世紀だったら、この神話原動力の及ぼす魅惑を、「論争の精神《ゲーニウス》」として擬人化することができたかもしれない。もちろん、われわれにはそのような便利な神秘化は許されていない。「言説」「論争」「文化的記憶」といった、しっかりと分析のなされていない概念を用いることも同断である。なぜわたしがこれらの用語を使っているのか、ここまでのコメントでわかってもらえたと望むほかない。

第五節　モーセとヨーロッパにおけるエジプト受容

モーセとエジプトをめぐる論争を調べることで、ヨーロッパにおけるエジプト受容の、これまでずっと注目されてこなかった局面が明るみに出る。通常、この受容史は二つの局面に区別される。それらの局面は普通、エジプトの二つの異なる「再発見」として、「エジプトマニア」や「エジプト・リヴァイバル」といった概念で扱われ、ヨーロッパ史の二つの出来事と結び付けられる。すなわちルネサンスとナポレオンのエジプト遠征である。

エジプト受容にとって、ルネサンスとは主に、ホラポロンの『ヒエログリュフィカ』〔*Hieroglyphica*＝五世紀頃に成立したヒエログリフ注釈書。原本はコプト語で書かれたと考えられるがギリシア語訳のみ残っている。ヒエログリフを象徴的・寓意的・魔術的文字と考えるルネサンス期の理解を決定づけた〕や『ヘルメス選集』〔*Corpus Hermeticum*＝「ヘルメス文書 *Hermetica*」（前三—後三世紀にヘレニズム文化圏で成立した、古代の神秘主義的な哲学、神学、占星術、錬金術、魔術などに関する一群の書物の総称）のうち、まとまった形で写本が伝えられた、主として哲学的・神学的内容の諸巻を指す〕のような、エジプト起源とされた文書の発見を意味した[31]。マルシリオ・フィチーノ〔一四三三―一四九九、イタリアの人文主義者〕や、フランチェスコ・コロンナ〔一四三三―一五二七、イタリアの文人・ドミニコ会修道士〕からアタナシウス・キルヒャー〔一六〇二―一六八〇、ドイツの百科全書的な学者〕にいたるルネサンスのほかの著者たちは、ヘルメス哲学を、古代エジプトの知恵と神学を伝えるものとして再構成した。これらの著者は、ギリシア語やラテン語の著述家たちが描いていたような古典的なエジプト像の輪郭を、ヘルメス文書からなんとか取り出してきた宇宙論的、神学的、哲学的内容で埋めることができると信じた。なにしろこの古典的なエジプト像は、極度のエジプトフォビアが刻み込まれた聖書のエジプト像とは反対に、紛れもなく親エジプト的だったのだから。マルシリオ・フィチーノは、古典的なエジプト像をヘルメス主義の伝統に結び付けることで、彼にはエジプトの知恵の内容と思われたものの宗主に名前を与えることができた。ヘルメス・トリスメギストス〔「三重も偉大なヘルメス」の意。エジプトのトト神とギリシアのヘルメス神が融合した神話的存在で、「ヘルメス文書」の著者とされた〕は、聖書のモーセに、少なくとも年齢の点では匹敵することができ、それゆえまさに「エジプトのモーセ」と呼ばれえたのである。

ルネサンスのエジプト「再発見」は、その後、とりわけ三つの論争に枝分かれしていった。

一、「ヘルメス」論争[32]は、エジプトを神学と知恵の起源と考え、『ヘルメス選集』をある〈原初の神学〉〔*prisca theologia*〕の集成と解釈した[33]。

二、「ヒエログリフ」論争は、エジプトの文字を純粋な概念文字と解釈して崇め、それを基にエンブレムの伝統を築いた[34]。

三、「年代」論争は、グレコ・エジプトの原典に時間の深みを発見し、創世から五千年が経ったとする聖書の年代学の狭い時間の枠組が吹き飛ばされると考えた[35]。さらに、年代にまつわる問題は、ほかの二つの論争においても、根本的な役割を演じた。なぜなら、原初の神学と見なされたヘルメス文書の格別の重要性が、その非常な古さによって根拠づけられ、ヒエログリフもまた、原初の文字として崇拝されたからだ。ルネサンスは一般に、エジプトフィリアの黄金時代と見なされている。ルネサンスのエジプト像は、「創造された伝統」の古典的な事例であり、後ろ向きの想像力が生み出した驚くべき成果である。それは歴史とはほとんど関係がなかった。それにもかかわらず、このエジプト像は、文化的記憶に途方もない影響を及ぼした。

エジプトの再発見として言祝《ことほ》がれる二番目の出来事は、ナポレオンのエジプト遠征である。この遠征によって、古代のモニュメントが初めて組織的に記録されることになった。このプロジェクトの結果、シャンポリオンが一八二二年にヒエログリフを解読し、一つの学問分野としてのエジプト学の基礎を築いた。しかしながら、この事業がエジプトフィリアを引き起こしたのではなく、むしろこの事業の方こそ、十八世紀後半にヨーロッパを襲ったエジプトフィリア――もしくはエジプト智学（E・ホルヌング）――の新たな波が生んだ成果と解さなければならない。このことは、とりわけ建築史に関する、一連の最近の研究からわかる。[36] モーセ論争がこの発展で重要な役割を演じていることが本書で明らかになるだろう。

これら二つのエジプト再発見が、多かれ少なかれ互いに独立していたと考えるのは、誤りである。第一に、中世全体を貫いて続いていた、ヘルメス主義の伝統があった。この伝統は、個々のヘルメス文書だけではなく、教父たち（とりわけラクタンティウス〔二四〇頃―三二〇頃、キリスト教の護教家〕）の著作に見られる、ヘルメス文書からの数多くの引用によっても支えられていた。そして第二に、エジプトの記憶史における、これまで見落とされてきた局面がある。この局面は十七世紀の後半に始まり、ナポレオンのエジプト遠征で頂点に達する。すなわちモーセ論争である。エジプト受容のこの局面が持っている計り知れない長所は、それが歴史学と文献学と正統信仰による批判を後ろ盾にしている点にある。この批判は、十七世紀の初頭に、ルネサンスのエジプトフィリアに終止符を打っていた。この場合、一六一四年という年が特別な役割を演じている。この年をフランシス・イェイツは「ルネサンスと近代の分水嶺」と呼んだ。この年に、『ヘルメス選集』が古代末期に成立したテクストであり、キリスト教徒による偽作であることを暴いたイザーク・カゾボン〔一五五九―一六一四、フランスの神学者・古典学者〕の著作が刊行されたのだ。[37] その論拠を年代学に求めていた〈原初の神学〉にとって、これは致命的な打撃だった。それに加えて、反宗教改革とピューリタニズム、この両者の正統主義の精神風土が先鋭化した。ルネサンスの親エジプト派は、後の時代には異端の烙印を押されることになる諸理念と戯れる一方で、キリスト教についてのきわめて広い定義の枠内でかなり屈託なく動き、それでも自らをよきキリスト教徒と感ずることができた。それに対して、十七世紀の学者たちが仕事をした精神風土は、厳しい制限と決定によって特徴づけられていた。それらの制限と決定を前にして、エジプトに関心を抱くことは正当化を必要とした。それゆえに彼らは、自分たちのエジプト研究をモーセ研究として、つまり、モーセの伝記、モーセの立法、モーセの一神論の教説の裏にあるエジプト的背景を解明するためのものとしてカムフラージュした。この論争の担い手たちは、ルネサンス期とは異なり、魔術や錬金術やカバラを好む哲学者や医師ではなかった。この論争のコンテクストをなしていたのは、ヘラルト・ヨハン・フォス（一五七七―一六四九）、サミュエル・ボシャール（一五九九―一六六七）、フーゴー・グロティウス（一五八三―一六四五）、ジョン・セルデン（一五八四―一六五四）、リシャール・シモン（一六三八―一七一二）、ジャン・ル・クレール（一六五七―一七三六）、ジョン・マーシャム（一六〇二―一六八五）、ヘルマン・ウィッツ（一六三六―一七〇八）、ピエール＝ダニエル・ユエ（一六三〇―一七二一）、そのほか多くの人々によって進められたような、聖書の歴史批判だった。それらの学者の中に、当然ながら、アタナシウス・キルヒャー（一六〇二―一六八〇）の名も挙げられるかもしれない。しかしながら、彼は学識の点ではほかの学者たちに少しもひけを取らないが、その無批判的で、一切合切を結び付ける精神ゆえに、啓蒙主義ではなく、いまだルネサンスの偉大な人物の列に加えなければならない。本書は、これらの学者のうちただ一人、ジョン・スペンサー（一六三〇―一六九三）に専念する。彼の貢献が、モーセとエジプトについての論争の、決定的な出発点になったからだ。

エジプトに対するこの新たな関心は、当時の宗教的・政治的衝突によって引き起こされた。宗教戦争の恐ろしい経験、そしてトマス・ホッブズやバルーフ・スピノザが口火を切った、無神論、汎神論、理神論、自由思想、その他諸々の異端をめぐる宗教論争。この時代の神学的、政治的、歴史的、哲学的論争では、人々はますますエジプトに注目するようになったのだが、それは自説を支えてくれる論拠をエジプトから引き出してくるためだった。エジプトは「あらゆる宗教の起源」とされ、理性と啓示、もしくは自然と聖書が最終的には収斂することを証してくれる論拠として利用された。密かなスピノザ主義者の少なからぬ者たちが、スピノザのことを意味しながらエジプトについて語ったのだが、彼らには、この追放された哲学者の名をはっきりと口に出す勇気はなかった。

エジプトの宗教は、明らかに多神教的で邪神礼拝的な外観を呈しているにもかかわらず、ある秘教的で根源的な一神論もしくは汎神論と考えられた。これはただ単に、その無批判的なエジプト像を相変わらず『ヘルメス選集』に依拠して描いていたアタナシウス・キルヒャーへの後退を意味していたわけではなかった。反対に人々は、カゾボンが『ヘルメス選集』の原典批判をして、その成立時期を後の時代に置いたことを、まったく公正に受け止めた。スペンサーとともに始まるエジプト受容の局面は、完全に啓蒙主義とその批判的・歴史的方法の枠内に収めるべきものである。後で明らかになるように、フランシス・イェイツはヨーロッパのヘルメス学の章をあまりにも早く閉じた。ヘルメス学の諸々の努力が一六一四年以降は地下にもぐり、後はただ、薔薇十字団〔十七世紀初頭のドイツで生まれた神秘主義的な世界改良運動〕、錬金術師、神智論者などのオカルト運動としてのみ存続した、と考えるのは正しくない。ヘルメス・トリスメギストスは、十八世紀に華々しくカムバックした。これは大方が、ラルフ・カドワースによる復権のおかげである。彼はヘルメス・トリスメギストスをカゾボンによる破壊的な批判から救い、エジプトフィリアの新たな局面を開いた。この局面はドイツでは、スピノザ主義の強力な潮流と交わった。スピノザやカドワースの名前とならんでこの局面に関与しているのが、イギリスとフランスの理神論者、ケンブリッジ・プラトニスト（カドワースはその一人だった）、自由思想家、フリーメイソンたちの名前である。[38]それらの人々のうち、わたしはウィリアム・ウォーバートン（一六九八―一七七九）に専念するつもりだ。彼は、モーセの使命が神的な性格のものだということをきわめて事細かに証示しているが、これは、彼が論駁しようと試みた当の諸理念を、最も包括的に、そして最も見事にまとめ上げたものといえる。

秘教的な一神論もしくは「エジプトの密儀」が崇拝の対象としているのは「自然」であると特定された。[39]エジプトの宗教には、象徴と密儀の織りなすほとんど透かし見ることのできないヴェールに覆われたまま、ある原初の啓示されざる一神教が保たれており、その一神教の崇める神性とは自然である。こう考える点で、ヘルメス論争、ヒエログリフ論争、モーセ論争は交わる。この発展は十八世紀末のエジプトフィリアで頂点に達する。そのことを示すとりわけ注目に値する二つの例が、モーツァルトの『魔笛』とナポレオンのエジプト遠征である。

エジプト人モーセをめぐる諸論争を扱うにあたり、わたしは「エジプト人」という語を広い意味で用い、エスニック・アイデンティティだけではなく、文化的アイデンティティをも指すものとする。さまざまな理由から、マネトー、ストラボン、トーランド、フロイトは、モーセを民族的にもエジプト人であると考えた。それに対してスペンサー、ウォーバートン、ラインホルト、シラーは、モーセをヘブライ人とする正典の伝統に忠実なままだった。しかし彼らはモーセのことを、文化的な意味ではエジプト人であると見なした。それもただ同化しただけでなく、「ヒエログリフの知恵と秘義」に通じていたエジプト人と考えた。一介のエジプト学者が、明らかにまったく別の専門知識を必要とするこのようなプロジェクトに、いったい何の貢献をすることができるのか、と疑問に思われる向きもあるかもしれない。その著者自身がエジプト語を知らなかった資料を研究するのに、エジプト語などできなくてもよい。ここでむしろ大切なのは、古典文献学者、教父学者、ヘブライ学者、ルネサンス研究者、理念史家、フロイト研究者の専門知識を併せ持っていることであり、これは、今日ではもうそれだけで、一つの独自の学問分野をなしている。いうまでもなく、これらの専門知識のどれ一つとしてわたしにはない。わたしは、本書で述べる考察が暫定的なものであることを、十分すぎるほどよく承知している。これらの考察は当然ながら、当該資料の本来の専門家たちによって批判され、補足される必要がある。それにもかかわらず、ここには、エジプト学者にしか発見できない事柄がある。それは、この論争を引き起こし、驚くべきことに、この論争がさまざまに変容し枝分かれしていっても消えることなく一貫して持続している、本源的な衝撃である。歴史学の一分野として、記憶史もまた、歴史なしにはやってゆくことができない。不断の歴史学的反省を通じてのみ、想起が作動する仕方は、目に見えるようになる。その一方で、歴史学に——そしてこの場合はエジプト学に——想起の一形式としての自らの役割を意識させるのは、絶えざる記憶史的反省なのである。

それゆえ、一人のエジプト学者がヨーロッパの精神史におけるエジプト像の究明に何を寄与することができるのか、ということだけが問われているのではなく、その反対に、この研究がエジプト学に何を寄与するのか、ということも問われている。記憶と歴史は二つの異なる事柄だが、相互に分かちがたく結び付いている。歴史家はいるが、記憶家はいない。記憶と歴史は、歴史研究の同じ階梯の上にある二つの極であり、ある者たちは一方の極に、ある者たちは他方の極により近いところにいる。この両極の間の絶えざる相互作用を見失わないために、この二つの極を区別することが重要なのだ。記憶は過去に住まい、その過去に自分自身のイメージを与えようとする。それに対して歴史学は、歴史実証主義というそのラディカルな形式の場合、過去を中立化し、それがどれほど異様に聞こえようとも、過去自身の声で語らせようとする。西洋のエジプト像に最も大きな損害をもたらしたのは、エジプト学が行なった諸々の発見と再構成に直面したことだった。エジプトから神秘のヴェールをはぎとったのは、ヨハン・

ヨアヒム・ヴィンケルマン〔一七一七―一七六八、ドイツの古代美術史家〕ではなく、アードルフ・エルマン〔一八五四―一九三七、ドイツのエジプト学者〕、クルト・ゼーテ〔一八六九―一九三四、ドイツのエジプト学者〕、サー・アラン・ガーディナー〔一八七九―一九六三、イギリスのエジプト学者〕のような、近代のエジプト学者たちだった。実証主義的な学問の成果を蔑むというのでは決してない。エジプト学は、その土台を据えるためには、実証主義的な文献学にならなければならなかった。しかし、大学の独立した一分野として、古代学とオリエント学のサークルの中で地歩を占めてゆく過程で、エジプト学の当初の問題設定は忘れられてしまった。そしてエジプトフィリアとエジプト学の間にはますます距離が広がってゆき、その隔たりは、相互の無理解という無人地帯になってしまった。

ほかならぬ第二次世界大戦後に、そしてほかならぬドイツで、この忘我的な実証主義に対する強い反動が形成されたのは、決して偶然ではない。この反動を担ったのは、ヨアヒム・シュピーゲル(40)、エーバーハルト・オットー(41)、ヘルムート・ブルンナー(42)、ジークフリート・モーレンツ(43)、ヴァルター・ヴォルフ(44)といったエジプト学者たちだった。彼らは、戦争の破局的な出来事とナチズムによる犯罪の印象が消えやらぬ中、エジプトに目を向けた。しかし彼らは、考古学、文献学、歴史学の発見の土地としてのみ、エジプトに目を向けたわけではない。そうではなく、道徳的・宗教的な方向定位の礎を認識することができるかもしれないという、多かれ少なかれ秘められた期待をもって、エジプトに目を向けたのだ。エジプトをもっぱら発見と解読の対象とするのではなく、エジプトとの一種の対話に乗り出すこと、「西洋のカノン」を聖書と古典古代の伝統で閉じるのではなく、エジプトを再びヨーロッパの文化的記憶の一部にすること、それが本書の企図である。このプロジェクトが目指しているのは、エジプトフィリアとエジプト学の間に広がる無人地帯にいわば入植し、エジプト学の記憶史的次元を再び取り戻すことだ。

第2章

隠蔽された歴史、抑圧された思い出

——モーセとアクエンアテン

第一節　アクエンアテン――最初の対抗宗教

自らアクエンアテンと名乗ったファラオ、アメノフィス四世は、モーセとは異なり、もっぱら歴史の形象であり、想起の形象ではない。紀元前一三三八年〔アクエンアテンの在位期間については諸説あるが、アスマンは前一三五二―一三三八と考えている〕に彼が没するとすぐに、その名は王名表から消され、その建造物は取り壊され、彼の描写や碑文は破壊され、彼がこの世に存在していたことを示す痕跡はほとんどすべて消された。[45] 数千年の間、彼が実行した途方もない革命のいかなる思い出も失われていた。十九世紀に再発見されるまで、この人類史上最初の宗教創唱者にして神性破壊者《テオクラスト》の名は、記憶から消えてしまっていた。モーセの場合は逆である。彼がこの世に存在していたことを示す痕跡は、これまで何一つ証明されていない。彼は立法、解放、一神教に関連するすべての伝承をその身に吸収することで、もっぱら想起の形象として成長し、展開した。

アマルナ時代の碑文が再発見され、初めて公にされるとすぐに、想起がモーセに帰してきた事柄と非常によく似たことをアクエンアテンが行なっていたことが、明らかになった。つまりアクエンアテンは、エジプトの多神教の祭儀や神像を破壊し、彼が「アテン」と呼んだ新しい光の神を崇める、厳格に一神教的な礼拝を創唱したのだ。若きアメリカ人エジプト学者のジェイムズ・ヘンリー・ブレステッドは、一八九四年にベルリン大学に提出した博士論文『アメノフィス四世の治下に編まれた太陽神賛歌について』〔*De hymnis in Solem sub rege Amenophide IV conceptis*〕で、アクエンアテンによる一神教革命が聖書の一神教を理解するうえでいかに重要かを示した。アーサー・ウェイゴール――別のエジプト学者で、ブレステッドほど堅実な文献学のバックグランドはなかった――は、アクエンアテンと聖書をもっと密接に結び付けた。詩編第一〇四編は、アクエンアテンの『大賛歌』を翻訳したものではないか。「アテン」〔Aton〕と「アドナイ」〔Adonai＝ヘブライ語で「わが主」を意味し、ユダヤ教で神を呼ぶときの婉曲語〕は同一の名前ではないか。(46) ジークムント・フロイトは同じ道を歩み、モーセを一神教のアテン教信者とし、アクエンアテンその人とは同一でないにせよ、玉座の近くにいた人物と考えた。それどころか、この想起されざるファラオと、歴史にいないモーセを、直接に同一視することがしばしば提案された。(47) そのような試みはもちろん、未来の代わりに過去をテーマとする「サイエンス・フィクション」の領域に含めるべきものである。

　アクエンアテンはエジプトのモーセだったのだろうか。聖書に描かれたモーセ像は、抑圧されたファラオの思い出が転位したものだったのだろうか。ただ「サイエンス・フィクション」だけが、そのような問いに対して、簡単に「然り」と答えることができる。しかし記憶史的研究は、アクエンアテンとモーセの結び付き、エジプトの一神教と聖書の一神教の結び付き、エジプトの対抗宗教と聖書のエジプトフォビアの結び付きには、何らかの歴史的な根拠があることを示すことができる。モーセをアクエンアテンの思い出が転位したものと見なすことは、すでに古代になされていた。とすれば、この宗教上の敵対関係の歴史をそもそもの発端から、つまり、紀元前十四世紀の中頃に一七年間エジプトを支配したアクエンアテンから始めない手はない。

　それどころか、宗教上の衝突の歴史であれば、ひょっとしたらもっと前に遡ることができるかもしれない。すなわち、パレスチナから移ってきたヒクソス〔古代エジプトの第一五・一六王朝を形成したアジア系異民族の呼称。「異邦の支配者たち」を意味する古代エジプト語のギリシア語形に由来〕がナイルの東デルタに定住し、以後、百年以上にわたってエジプトを支配するようになった紀元前十七世紀にまで。すでにユダヤ人の歴史家ヨセフス・フラウィウス〔三七頃―一〇〇頃、イェルサレム出身の帝政ローマの歴史家〕が、このエジプトの外来の支配者たちをイスラエルの先祖と考えている。しかし、ヒクソスとエジプト人の衝突が宗教的なものでなかったのは確かだ。ヒクソスは一神教徒でもなければ聖像破壊者《イコノクラスト》でもなかった。彼らの残したモニュメントからわかるのは、彼らがまったく反対に、完全に同化して伝統的な王の役割を担っていたということだ。後のペルシア人、マケドニア人、ローマ人がちょうどそうだったように。ヒクソスは、エジプト人が自分たちの神セトと同一視したバアルを崇めていたが、そのバアル崇拝には、対抗宗教的な性格はなかった（たとえ後の伝承が、アマルナ時代のトラウマの余波で、彼らにそのようなことをなすりつけたとしても）。そして彼らはエジプト人を、自分たちの神に帰依させようとはしなかった。改宗という考えは徹頭徹尾、多神教のコンテクストではばかげて見える。それどころか、純粋に宗教上の衝突が最初に勃発した瞬間を資料で探ってゆくと、まったく別の事柄が見つかるのである。

二つの根本的に異なり、相容れない宗教が、人類の歴史で知られているかぎり最初に衝突したのは、紀元前十四世紀のエジプトにおいてだった。この衝突は、それが同一の文化の枠内で起こり、外部からのいかなる攻撃的な働きかけもなく進行しただけに、なおさら尋常ではない。アクエンアテンによる一神教革命は、伝統を徹底的に否定し、暴力的なまでに非寛容だったという点で、対抗宗教のあらゆる特徴を示している。その治世の最初の六年間に、ファラオのアメノフィス四世は上からの革命によって、エジプトの全文化体系を、ただ歴史的進展の流れにゆだねられていただけだったらそこまで変わりえなかったほど、徹底的に変えた。この新しい宗教の神学的内容を扱うとなると、本書のテーマをあまりにも大きくそれてしまうだろう。しかしながら、少なくともその内容の基本的特徴については、最終章で補足的に述べるつもりだ。ここでわれわれの関心を引くのは、宗教上の敵対関係という局面と、この一神教革命の経験が同時代人に及ぼしたにちがいないトラウマ的な作用である。わたしが本書で再構成したいと思っている歴史は、まさにこのトラウマによって突き動かされたのだ。わたしが示したいのは、公的な歴史の記憶からは抑圧され排除されたアクエンアテンの革命は、トラウマ的な思い出となって生き続けたということである。アライダ・アスマンが示しているように、トラウマもまた、思い出を安定させるものとして働くことがある。(48)トラウマとは、これから見るように、アクエンアテンがエジプトの集合的記憶の中に生き続けている、その形式なのである。

アクエンアテンの一神教革命は、人類史における対抗宗教の最初の発現であるばかりでなく、その最も徹底的で最も暴力的な現れだった。神殿は閉鎖され、神々の像は破壊され、その名は削除され、その礼拝は断たれた。国内のすべての神殿で不断に儀式が執り行なわれることに、その国の政治的・経済的安寧のみならず、全自然の生命も左右されると確信していたような社会にとって、この神々の転覆がどれほど恐ろしい衝撃だったことか、古代エジプトの世界に深く分け入れば分け入るほど、それだけはっきりと実感することができる。儀式の中断は、エジプト人の考えでは、社会と宇宙の秩序の崩壊を意味した。恐ろしい、取り返しのつかない罪を犯しているという意識に、エジプトの住民の大多数が襲われたにちがいない。しかし、さらに別の事柄が重なって、この経験のトラウマ的性格を強めた。アマルナ時代の終わりにエジプトとヒッタイトの間に危機が生じた。その危機の中、ヒッタイト人は、シリアにあったエジプトの駐屯地を襲撃し、捕虜を得た。この捕虜たちはかの地に疫病を持ち込んだが、その疫病は二〇年にわたってアナトリアと近東の広い地域で猛威を振るった。それは、古代にこの地域を襲った疫病の中でも、最もひどいものだった。エジプト自身がこの疫病の被害を受けずにいたとはまず考えられない。神の恐ろしい怒りの表れとしか解しようのなかったこの経験は、対抗宗教による神性破壊《テオクラスムス》の経験をさらに強烈にし、最終的には、宗教上の敵というトラウマあるいは幻想《ファンタスマ》を呼び起こしたのである。

普通のエジプト人はどのみち神殿に出入りすることができなかったのだから、神殿が閉鎖されたからといって、彼らが気にするようなことはおそらくほとんどなかった、と異議を唱える人がいるかもしれない。儀式を執り行なうことと、宇宙の秩序を維持することの間には関連があるという考えは、もしかしたら、神官たちだけの確信だったのかもしれない。しかしながら、神殿だけが閉鎖されたのではなく、祭りもまた中止された。この措置は住民全体にきわめて深刻な打撃を与えたにちがいない。祭りは古代エジプトでは、神々が神殿を離れ、すべての民の前に姿を現す唯一の機会だった。通常、神々は、完全な闇の中に隔絶された状態で、彼らの神殿の内陣に住まい、当直の神官以外、誰も近づくことができなかった。しかし大きな祭りの日には、この秘匿性と公開性、聖と俗、内と外の境はなくなった。エジプトの比較的大きな祭りはどれも、一種の行列の形で催された[49]。アマルナ経験のトラウマ的性格を実感として理解するためには、古代エジプトにおける祭りの意義について少し立ち入っておかなければならない。

　エジプトの都市の観念は祭りという制度に基づいていた。都市は、大きな行列祭のときに神の現前を誰もが体験することのできる、地上の場所だった。その祭りが大切なものであればあるほど、都市もまたそれだけ重要だった。祭りは人々に、神との近さを媒介しただけでなく、社会に属しているという意識も媒介した。エジプト人は自分のことを、民族の一員ではなく、まずもって都市の成員と見なしていた。都市こそ、そこに自分が属し、そこで葬られたいと望んだ場所だった。しかしながら、ある都市に属しているということは、まずもって、その都市の支配者である都市神に帰属していることを意味した。そしてこの帰属感は、その神を崇める祝祭共同体の一員である、ということを通じて育まれ、固められた。それゆえ祭りが廃止されたことは、個々人のアイデンティティの意識に、それればかりか彼岸への期待に打撃を与えざるをえなかった。なぜなら、神々を崇める祭りでその神々に付き従うことは、彼岸の至福に到達するための最初にして最重要の歩みと見なされたからだ。テーベ〔ナイル川中流の古代都市で、第一八王朝の首都。アメンを主祭神とするカルナック神殿やルクソール神殿があった〕にあるパイリの墓（一三九号墓）には、アクエンアテンの後継者スメンクカラー〔第一八王朝のファラオ、在位前一三三八頃—一三三六頃〕治下の迫害の時代に、書記パワウが人目につかない場所に刻んだ掻き文字が残されている。それは不在の神に寄せた嘆きの歌で、そのような歌は、迫害の時代に、テーベに広まっていたにちがいない。このテクストは、「わが心は汝を見ることを熱望している」という文句で始まり、祭りの日に姿を現す神を目にしたいという憧憬をテーマとしている。[50] このテクストは、神の不在もしくは神隠れを「暗闇」と呼んでいる。

再びわれらの方を向きたまえ、おお、永遠の支配者よ。
まだ何も生まれていなかったとき、汝はここにあった。
そして「かの者たち」が滅びるとき、汝はここにあるだろう。
汝は、汝のもたらしたもうた暗闇を、われに見せる。
われのために照らしたまえ、われに汝の姿が見えるように。[51]

エジプト人にとってアマルナ宗教は初めての、そして後々の時代にいたるまでおそらくは唯一の、異質な宗教の経験だった。[52] エジプト人は、例えばバアル〔古代セム人が崇拝した天候と肥沃を司る男神。シリア・パレスチナに起源し、エジプトの神話にも取り入れられた〕、アナト〔シリア・パレスチナからエジプトに伝わった愛と戦いの女神〕、アスタルテ〔シリア起源の豊穣と戦いの女神〕、ケデシエト〔シリアからエジプトに伝わった愛の女神〕、レシエフ〔古代オリエントのアモリ人が崇拝した戦いの神で、エジプトの宗教に取り入れられた〕、テシュブ〔古代オリエントのフルリ人が崇拝した嵐の神〕のような、よその神々のことは知っていたが、構造的に異なる宗教は知らなかった。宗教は、それがどこのものであっても多かれ少なかれ同じと見なされたし、神々もそうだった。神々の名は、後ほど見るように、ある言語から別の言語へ容易に翻訳することができた。それどころか、少なからぬ神々がエジプトの神話に吸収統合され、エジプトに礼拝の地を得た。よその神々を拒絶することがなかったような世界では、対抗宗教がもたらした「神性破壊」の衝撃は、極度の異質性の経験だったにちがいない。

わたしがこれらの事柄を強調するのは、アマルナ時代が民衆全体によって体験されたときに背景をなしていたであろう、意味のフレームを問うているからである。意味のフレームは体験のフレームであり、また想起のフレームでもある。そのようなフレームを介してのみ、出来事は、経験可能になり、伝達可能になり、想起可能になる。それに対して、トラウマ的経験を特徴づけているのは、文化によってあらかじめ形成され、個々人に与えられている意味のフレームが、すべて役に立たないということである。そしてこれに相当することが、アマルナ時代のエジプトでも起こったと想定しなければならない。神性破壊、つまり、その像を壊し、その礼拝を禁止し、その名をタブーとすることで神々を破壊することは、いまだかつてないことだった。文化の意味のフレームをすべて吹き飛ばすような事柄を経験し、それを想起するのは、トラウマ的である。そのような経験の想起は、破壊、毀像、迫害、弾圧、瀆神が与えた途方もない印象を再現するのに、病、疫病、神隠れ、「昼の暗闇」といったメタファーに訴える。「汝のもたらしたもうた暗闇」や「昼の暗闇」は、神が遠く離れているという個人の経験を表す伝統的なメタファーだ。トゥトアンクアメン〔第一八王朝のファラオ、在位前一三三六頃―一三二七頃。この王の治下、アマルナ革命以前のアメン信仰に復帰した〕の復興碑に刻まれた銘は、この苦難の時代をほのめかしている。

エレファンティネ島からデルタの沼地にいたるまで、
神々の聖殿は打ち捨てられ、
まさに崩壊せんとしていた。
神々の聖なる場所は朽ちかけ、
瓦礫の山となって、

アザミに覆われていた。
神々の聖域は、まるでなかったかのようであり、
神々の住まいは踏みならされて道になっていた。
国はひどい病（*znj-mnt*）に襲われ、
神々はこの国に背を向けていた。
エジプトの国境を広げるために、
兵士がシリアに送られたが、
勝利を収めることはなかった。
人々が願い事をするために神に祈っても、
その神は来なかった。
女神を拝んでも、同じく、
その女神は来なかった。
人々の心はその体内で弱くなってしまった、
「かの者たち」が創られたものを破壊してしまったのだから。(53)

「ひどい病」というメタファーは、われわれがここで扱っている歴史が経過する中で、これから何度も出てくる。しかしながら、アマルナ時代の終わりに疫病が実際に発生したことを考慮するならば、この描写をメタファーとしてのみ解することはできない。わたしの見るところ、トラウマの形成には、対抗宗教が及ぼしたショックの経験も、壊滅的な疫病の苦しみも、ともに与ったのだ。そのうえエジプト人はこの疫病を「アジア病」とさえ呼んでいる。(54)

この事情は、アマルナの思い出が最終的にアジア人という敵のイメージと融合したことに与ったのかもしれない。これについては後で立ち入って論じるつもりだ。

それゆえ、アマルナの経験がトラウマ的だったと考える、十分な根拠があるのだ。目に見える痕跡がすべて組織的に抑圧されたことで、この経験のトラウマ的性格はかえって強められた。公式のクロノロジーの道具である王名表から、アマルナの王たちの名は消され、彼らの統治した期間は、アメノフィス三世〔アメンヘテプ三世とも。第一八王朝のファラオでアクエンアテンの父、在位前一三九〇頃―一三五二頃〕とホルエムヘブ〔第一八王朝最後のファラオ、在位前一三二三頃―一二九五頃。この王の治世にアテン神殿の破壊が始まった〕に割り振られた。一つの時代全体が公的指令によって集団の思い出から排除されたという事実は、すでにそれだけで、きわめて注目に値する。思い出が抹消された後、さらにその抹消の事実も消された。ショックの印象だけが、つまり、何か極度に不純で、瀆神的で、破壊的な事柄についての漠然とした思い出だけが残った。その思い出はいまや、特定の場所との結び付きを失い、ほかの経験と結び付くことができたのである。

そのような転位の最初の兆候が、伝統に回帰してから四〇年後にはもう現れた。その頃、宗教的に異なっているという観念がアジア人、すなわちエジプトの伝統的な敵に結び付くようになった。特定の場所とのつながりを離れたアマルナの思い出は、ヒクソスと、彼らの神でエジプトのセト神と同一視されたバアルに付着した。ラメセス朝のあるパピルスでは、ヒクソスの王アポフィスについて次のように述べられている。彼はセト以外にいかなる男神も女神も崇めなかった、つまり一神教徒であった、と。

しかしアポフィス王はセトを自らの主とした。
彼はセト以外に、国中のいかなる神にも仕えなかった。[55]

トラウマと痕跡の抑圧によって生み出された、集合的記憶の空所もしくは「クリュプタ」を、おそらくすでにこの時代には、別の思い出と経験が埋めたのかもしれない。そうして対ヒクソス戦争は、それが回顧されたときに、解釈し直されて宗教上の衝突に変わったのだ。この転位のプロセスは数世紀にわたって続いた。しかもこのプロセスは、対抗宗教が振るう暴力の物語に、そして、嫌悪と迫害というその物語の危険な意味論にうまく適合する事柄が起こるたびに、進行したのである。このプロセスが進むうちに、セト神も徐々に、対抗宗教の暴力を示す特徴を、そして悪鬼のごときアジア人の相貌を帯びてきた。アッシリアとペルシアによるエジプト侵略は、この観念の複合体を、新たな細部で豊かにした。アマルナ時代を抑圧することで生み出された真空は、絶えず新たな経験で満たされていったが、それらの経験の方でも、「神をも恐れぬアジア人」という、その頃形成されつつあった敵のイメージの刻印をすでに帯びていたのだ。

第二節　癩者とユダヤ人——ギリシア語とラテン語のテクストに描かれた、アクエンアテンとしてのモーセ

歴史を再構成するそのきわめて優れた試みの一つで、エードゥアルト・マイヤーはすでに一九〇四年に次のことを示した。つまり、アマルナ時代の何らかの思い出が実際にエジプト人の口承に生き続けていたにちがいなく、およそ千年の潜伏期間を経て再び文字資料に現れたということである。[56] マネトーの『エジプト誌』〔*Aigyptiaka*〕にある、癩者とユダヤ人についての相当に空想的な物語が意味しているのは、アクエンアテンとその一神信仰の宗教以外にありえないことを、彼は確かめた。ロルフ・クラウスとドナルド・B・レッドフォードは、マイヤーの仮説を、新たな資料によって立証することができた。[57] わたし自身は別の道を通って同様の結論に達した。わたしが問うたのは、

この物語は場合によってはどんな歴史上の出来事に関連しているのだろうか、ということではなく、アマルナ時代の抑圧された思い出は、場合によってはエジプトの伝承にいかなる痕跡を残したのだろうか、ということだった。この違いは重要だ。わたしはマネトーの物語を、アマルナ時代の経験が残した記憶痕跡としてのみ理解しているので、この物語が関連している「唯一真正の」歴史的出来事を見つけ出すというすべての試みに対してレイモン・ヴェイユが正当にも行なった批判は顧慮している。[58] ヴェイユはマイヤーの説明を、マネトーの物語の起源を単一の原因に求めすぎているとして退けている。彼はさまざまな原因があると考える説明を支持した。その説明によれば、「神をも恐れぬアジア人」の伝承はヒクソスの駆逐とともに生まれ、数世紀が経過するうちに、ヘレニズム時代の歴史記述に出てくる形に発展した。[59] ヴェイユによれば、アマルナの経験はこの発展に与っていたのかもしれないが、この物語を、ただ一つの歴史的出来事に関連づけて説明しようとするのは間違いであろう。

ヴェイユとマイヤーはどちらも正しかった。マネトーやほかの人々が伝えている物語は、歴史上関連のある多くの事柄を吸収統合した。それらの中には、紀元前十六世紀のヒクソス駆逐も含まれている。しかし、この物語の核をなしているのは、純粋に宗教上の対決であり、すでに見たように、この基準に適うエピソードはエジプト史には一つしかない。つまりアマルナ時代である。この核となるモティーフは、異邦人による侵略というモティーフと混ざり合った。アマルナのトラウマは、遡及的に作用してヒクソスの思い出を変形し、「アマルナに」続く時代には、異邦人による征服と支配が経験され想起される際に、その形式を決定したのだ。この説明は、ヴェイユの批判を顧慮しながらも、マイヤーの重要な洞察は捨てない。この発見が記憶史の諸目標にとって有している重要性は計り知れない。この発見は、いかにトラウマが一千年の時を越えて「思い出を安定させるもの」として作用しうるかを示すばかりでなく、文化における抑圧とトラウマによる変形のはらむ危険をも示している。宗教上の敵というエジプト人の幻想《ファンタスマ》は、初めはアジア人全般に、その後は特にユダヤ人に結び付けられた。このファンタスマは、西洋の反ユダヤ主義の多くの特徴を先取りしていた。[60] それらの特徴はいまや、その本来の衝撃に原因を求めることができる。この衝撃はユダヤ人とは何の関係もなかった。そうではなく、対抗宗教の経験に非常に強く関係していたのである。

マネトーはエジプトの神官だった。彼はそのエジプト誌をプトレマイオス二世の治下、紀元前三世紀の前半に書いた。[61] 彼の著作は全体としては失われてしまい、抜粋や引用の形でのみ残っている。それらの抜粋や引用はとりわけ、クロノロジーに関心を抱いていた教父たちや、ヨセフス・フラウィウスの著作にある。ユダヤ人の歴史に関心のあったヨセフスは、その論難書『アピオンへの反論』〔*Contra Apionem*〕で、ユダヤ人について述べた異教の著者たちの証言を集めた。彼のテクストは、エクソドスに関する聖書以外の記録をまとめたものであり、計り知れない価値がある。それらの記録は、イスラエルとエジプトという敵対する布陣に、エジプト人の側から照明を当てている。ヨセフスはマネトーから抜粋した二つの長い文章を載せている。[62] 一方の抜粋はユダヤ人が古い民族であることを証明するために引用され、他方の抜粋は反ユダヤ陣営による歴史の歪曲の例として引かれている。最初の抜粋（I、七三―一〇五）は真実として、第二の抜粋は虚偽として提示される。最初の抜粋はヒクソスを扱っている。彼らについては次のように述べられる。彼らは戦わずしてエジプトの地を蹂躙し、その住民をきわめて残虐に扱った。五一一年の間ヒクソスはエジプトを支配したが、最終的にはテーベ地方の王たちが反乱を起こし、彼らの主都アヴァリス〔下エジプト（ナイルデルタ地帯）の北東部にあった古代都市〕を攻囲した。[63] ヒクソスはシリアに移り、今日ユダヤと呼ばれている土地に定住し、イェルサレムの都を建設した、と。

マネトーからの二番目の抜粋（I、二二八―二五二）[64] は、ユダヤ人に対する一連のひどい誹謗で始まる。それらの誹謗をヨセフスは反駁しようとする。つまり、ここではマネトーは証人として挙げられるのではなく、打ち克つべき敵として戦いを挑まれるのだ。ヨセフスによれば、マネトーの一番目の記録は「神聖なる書」（*ta hiera grammata*）に基づいている。しかし二番目の記録は民間の説話や伝説（*mytheuomena kai legomena*）に基づいている。

つまりヨセフスは、この二つの記録を、同一の出来事のヴァリアントと解しているのだ。この場合、一方のヴァリアントは文字による伝承に、他方のヴァリアントは口伝に依拠している。しかしながらこれは明らかな誤読の事例である。このような誤読が生じたのは、それらの出来事が起こった年代についてマネトーの与えている示唆が、ヨセフスにはわからなかったからだ。マネトーは、ヒクソスによる支配をまったく正確に第一八王朝以前の時代に、そして二つ目の物語を賢者アメノフィス・パアピスなる人物の時代に位置づけている。どのエジプト人の読者にも、この人物があの有名な、神のように崇められ、とりわけグレコ・ローマン時代に崇拝された、ハプの子アメノフィスであることがすぐにわかった。この人物はアメノフィス三世の治世に、すなわちアマルナ時代の直前に生きていた。それゆえ、エジプト人の読者にとって、このエピソードの時代は明確に定められていた。詳しくいうと、ヒクソスが駆逐されてから二百年後の時代である。この示唆はヨセフス・フラウィウスの目を逃れたにちがいない。その結果、彼は誤読するにいたったのだ。この物語は個々の著者の文書や聖書にさまざまな形で出てくるが、それらの異なるヴァージョンをより容易に比較することができるように、この物語をいくつかのエピソードに分けよう。

〈一、**起点状況**——欠如〉

アメノフィス王は——とマネトーにある——、かつて先王の一人ホルに許されたように、神々を見たいという願いを述べた。ハプの息子[65]、賢者アメノフィスが王に答えて曰く、この国から癩者を一掃したならば神々を見ることができるであろう、と。つまり出来事の流れは一つの願いによって動き始めるのだが、その願いは、何かが欠如していることを推測させる。神々は国の穢れのために不可視となってしまった。その穢れの責めを帰せられるのが癩者たちである。

〈二、回避措置〉

王はこれを聞いてすべての癩者、その数八万人を集めさせ、東の荒野の採石場で強制労働に従事させた。これらの人々の中には多くの神官もいた。病人に対してなされたこの不正を目の当たりにして、ハプの子アメノフィスは、神々の怒りに対する恐怖に襲われた。彼は、癩者たちがよそからの助けを得て、一三年の間エジプトを支配するだろうと予見した。しかし彼は、この予言を自ら王に告げる勇気はなかったので、すべてを書き記して自害した。苦難の時代が訪れるという予言のモティーフを、この物語は、末期エジプト文学の多くのテクストと分かち合っている。最も広まっていたのが「子羊の神託」だ。この神託では九百年にわたる苦難の時代が到来すると予言される。(66)このテクストの舞台はボッコリス王〔第二四王朝のファラオ、バクエンレネフ（在位前七一八頃—七一二頃）の別称〕の治世である。この王はエクソドス物語のほかのヴァージョンにも登場する。このテクストでも外来の支配者たちが問題となっているが、彼らは神像を破壊するのではなく、アッシリアに運び去る。ギリシア語で伝えられている「陶工の神託」でも、外来の征服者たちの下で忍ばれる苦難の時代が同様に予言されるが、マネトーの物語に登場するのと同じアメノフィス王の治世が舞台となっている。(67)この物語のほかの諸ヴァージョンに繰り返し登場するモティーフは、不浄の者たちの強制収容と強制労働である。

〈三、ある指導者の下での組織化、立法〉

癩者たちはまず王から、打ち捨てられていたヒクソスの主都アヴァリスを自分たちのコロニーにして、そこに住まう許しを得る。その地で彼らは、オサルシフ〔Osarsiph〕という名のヘリオポリス〔下エジプト、現在のカイロ近郊にあった都市。太陽神ラー崇拝の中心地〕出身の神官を、自分たちの指導者に選ぶ。(68)この人物は彼らに律法を授けるのだが、それらの律法は、エジプトで禁止されていることはすべて命じ、エジプトで命じられていることはすべて禁止する。

最初に掲げられている最重要の禁令は神々を対象としている。つまり、神々は崇められてはならず（*mēte proskynein theous*）、その聖獣は保護されてはならず、その食餌のタブーは守られてはならない。この立法の原理を「規範転倒」と名づけたい。その原理は、他文化の忌み嫌う事柄を自文化の定める事柄に変え、その逆に、他文化の定める事柄を自文化の忌み嫌う事柄に変えることにある。この原理が食餌に適用されると、例えば、豚肉を食べるよう定められるのは、それが滋養に富んでいたり、安価だったりするからではなく、それがほかの連中のところでは禁止されており、それゆえ豚肉を食べることが、自分たちがその連中には属していないことをはっきりと実地に示してくれるからである。逆に、特定の料理を食べること、例えば肉と乳を組み合わせることが禁止されるのは、それが消化によくなかったりおいしくなかったりするからではなく、肉と乳を分けることが、肉と乳を一緒にすることを決まりにまではしていなくとも、普通に行なっている連中に自分たちが属していないことを、目に見える形で示してくれるからである。後ほどわたしはこの問題にもっと詳細に立ち入るつもりだ。なぜなら規範転倒の原理は、マイモニデスとスペンサーの解釈学で根本的な役割を演じているからだ。

第二の掟は、自集団に属していないすべての者との交際を禁ずる。この二つの掟のうち最初のものは、対抗宗教の発揮する否定的な力、つまりその「神性破壊の衝撃」にとりわけ特徴的であるように思われる。すなわち伝統的な神々を、それらの像、聖獣、犠牲、食餌のタブーもろとも破壊することである。それに対して第二の掟は、メアリー・ダグラスが「孤立文化」〔Enklavenkultur〕と呼んだものに特徴的であるように思われる。孤立文化とは脅威にさらされた少数派の文化のことであり、彼らは純粋性を守るための律法をたくさん生み出すことで、自分たちを隔離し、多数派に吸収されないようにする。メアリー・ダグラスが説得力をもって示したように、初期のユダヤ民族は孤立文化の古典的な事例である。[69] それゆえ、外部の人間と交わることを禁止している第二の掟は、アクエンアテンよりもむしろユダヤ人に関連しているのだろう。〈排外主義〉〔*amixia*〕という概念は古代のユダヤ人像のステレオタイプだったのでなおさらである。とすると、オサルシフによって導入された二つの掟のうちの二番目のものは、エジプト人がユダヤ人と出会ってから初めて物語の中に入り込んだ、副次的なモティーフと解しうるだろう。この出会いは、ユダヤからの亡命者たちがエジプトにやって来て、ユダヤ人傭兵として、例えばエレファンティネ島〔上エジプト、アスワン近郊にある小島で、軍事上・交易上の要衝だった〕のようなコロニーに定住させられた〔前〕六世紀には、すでにあったのかもしれない。しかし、二番目の掟さえも本来のアマルナ経験に由来する、という可能性も決して除外できない。アマルナ宗教も同様に孤立文化の特徴をいくつか見せている。そのことを最も明白に示しているのが、都市〔アクエンアテンが建設した新都アケトアテン（現エル＝アマルナ）〕の領域を画定し、その境界を決して越えないという王の厳かな誓いを記した境界碑である。これは、ゲディケが推測しているように、もしかしたら当時エジプトで猛威を振るっていたのかもしれない疫病に対する不安からなされたのだろうか。それとも、ファラオにしてはかくも異例で、まさに逆説的なこの措置を誘起したのは、純粋性を求める努力と、より精神的な種類の感染に対する不安だったのだろうか。いずれにせよ、アマルナを一種の孤立文化と見なし、隔離の掟も、それがどのように変形されていようとも、アマルナの思い出に結び付けるのは示唆に富む。さらには、外部の人間との接触禁止を一般化して、宗教間の翻訳可能性を否定したものと解することもできる。その場合、この禁令は、文化間のコミュニケーションを促進した古代の多神教を背景にして見なければならない。いずれにせよ、マネトーが挙げている二つの掟は、わたしが本書の冒頭で「モーセの区別」と呼んだものを、攻撃的に歪めた形で具体的に示している。ここで問題となっているのは真理と虚偽ではなく、否定と転倒のみである。ある集団が、よその人々の奉ずる諸価値をひっくり返し、よその人々との接触を禁止することで、自らを隔離するのだ。

〈四、対抗宗教の恐怖〉

対抗宗教的な諸制度を定めた後、オサルシフは都市の防備を固め、二、三百年前にエジプトから駆逐されていたヒクソスを、自分たちの反乱に加わるよう誘う。ヒクソスは戻ってくる。これを受けて、アメノフィス王は例の予言を思い出し、反乱者たちと戦うことを避け、聖なる像を隠し、国のあらゆる地方から集めた聖獣をすべて連れてエチオピアに移る。一三年の間、癩者とヒクソスはエジプトを支配するが、そのやり方たるや、エジプト人に、かつてのヒクソスによる支配を、まだしも黄金時代のように思わせるほど恐ろしいものだった。なぜなら今度は、町々が焼かれ、神殿が破壊され、神像が打ち壊されるだけではなかったからだ。至聖所までもが台所に変えられ、聖獣が串に刺されて焼かれるのである。オサルシフはモーセという名で呼ばれるようになる。

〈五、駆逐〉

しかしながら、最後にはアメノフィスとその孫ラメセスがエチオピアから戻り、癩者とその同盟者を駆逐する。

これは尋常ならざる物語である。この物語でアクエンアテンは「オサルシフ」、別名モーセの仮面をかぶって、エジプトの文字伝承に戻ってくる。アモス・フンケンシュタインは、この物語のマネトー・ヴァージョンを、彼が〈対抗史〉と呼んでいるものの典型的な例と位置づけている。彼の言葉を借りるならば、「対抗史は、古代からある独自のジャンルである。（…）その働きは攻撃的だ。その方法の要点は、敵の最も重要な資料を、それが本来述べている事柄に計画的に逆らって、利用することにある。（…）それが目指すのは、敵の自己像、敵のアイデンティティを、その思い出を脱構築することでゆがめることだ」[70]。これは、ヨセフス・フラウィウスがマネトーのテクストを（誤って）読んだ仕方を、的確に説明してくれる。しかし、マネトーの意図の説明としては、ほとんど的外れだ。マネトーはユダヤ人にまったく触れていないし、ましてや聖書にはまったく言及していない。彼はエジプトの神官に率いられたエジプトの癩者について述べているが、その神官がモーセと同一視されているのは、明らかに注釈による。なぜならその箇所は最後の最後になって初めて出てくるからだ。[71] マネトーは、「聖書を逆さにする」(フンケンシュタイン) ことで間テクスト性を実践しているのではなく、口承の伝説を書き留めている。これから示すように、モーセの物語は、多くの異なったヴァージョンが、古代の歴史著述家の間で流布していた。したがって彼らが、互いの著作を書き写しているだけでなく、いくつかの独立した(口承)資料を用いているのは明らかだ。それゆえこの物語は、エジプト人の著者とヘブライの聖書が想定上、最初に出会ったかもしれないときよりも、はるか昔に遡るにちがいない。[72] しかしマネトーだけがこの物語の主人公を「オサルシフ」と呼んでいる。ほかのヴァージョンはすべて主人公をモーセと呼んでいる。そしてほとんどのヴァージョンがモーセをエジプト人としている。マネトーはこの食い違いを意識していたはずだ。なぜならこの説話は、マネトーが知っていたにちがいない、もっと古いエジプトの史書にすでに出てくるからだ。そこでは指導者の名はモーセとされている。すでにマネトー自身が(それも後世の編纂者を俟《ま》たずに)、さまざまなヴァージョンを互いに一致させるために、オサルシフの名称変更について注釈を施したと考えられなくもない。

エクソドスについての、この聖書外の最古の記録を書いたのは、アブデラのヘカタイオスである。彼のことはすでに第1章で少し話題にした。エジプト史についての彼の世界的《エクメーネ》ヴィジョンは、アレクサンドレイアで構想された新しい世界秩序にとてもよく合うものだった。[73] ほかのほとんどのヴァージョンがそうであるように、彼のヴァージョンでも、物語は三つのエピソードに短縮される。つまり、一、窮境、二、回避措置、三、モーセが率いた対抗宗教の創立である。

この物語はある危機の時代に始まる。疫病がエジプトで猛威を振るっているのだ。エジプト人はそこから、神々が、エジプトに住まい異邦の祭祀や風習を持ち込んだ多くの異邦人のことを怒っていると推測する。そこで彼らは異邦人を追放することに決める。追放された人々は、一部はギリシアに、[74]一部はパレスチナにコロニーを建設した。他方の人々の先導者はダナオス〔ギリシア神話でアルゴスの王〕とカドモス〔ギリシア神話でテーバイの創建者〕だった。一方の人々を率いたのがモーセ、つまりイェルサレムのコロニーを建設し、律法を定めた者だった。ヘカタイオスによれば、モーセは神像を禁止した。「なぜなら神は人間の姿をしていないからである。地を包む天のみが神であり、全体を支配する者なのだ」。[75]マネトーとは異なり、ヘカタイオスは「モーセの区別」を、ある真理を導入したものとして、肯定的に説明している。その真理は虚偽と迷妄からはっきりと区別される。この真理は、ある唯一の、万有を包括する天の神を、一神教的に、そして像を用いずに崇拝することにある。真ならざるものとして排除された宗教の本質は、像の崇拝と擬人観にある。

この物語のほかのヴァージョン（一ダース以上もある）では、さらなる細部が述べられている。ときには王の名が告げられる。いくつかの資料では王はボッコリスと呼ばれ、[76]別の資料ではアメノフィスと呼ばれる。[77]これらのヴァージョンの多くが、著しい反ユダヤの傾向を示しており、ヨーロッパの集合的記憶の中で現代の反ユダヤ主義にいたるまで続いている音色を響かせている。[78]

リュシマコス——著者の一人で、エクソドスに関するそのとりわけ攻撃的な記録は、早くとも紀元前二〇〇年頃に成立した——の場合、飢饉が起点状況をなしている（一）。ある神託がボッコリスに、神殿に住み着いている「不浄で不信心の」(*anagnon kai dyssebon*) 者たちを一掃するよう指示する。ここでいわれているのは、その当時、癩病やほかの病気に罹り、神殿に庇護を求めていたユダヤ人たちのことである。二、これを受けてボッコリスの取った措置はとりわけ残酷である。彼は、癩者たちを溺死させ、ほかの者たちを荒野に追いやるよう命ずる。三、追放された者たちを、対抗宗教という形で組織することを、「モーセとかいう名の男」が引き受ける。彼は、追放された者たちを率いて国外に連れ出し、「誰に対しても好意を抱かぬこと（*mēte anthrōpōn tini eunoēsein*）、そして、全ての神殿と祭壇を破壊すること（*theōn te naous kai bōmous anatrepein*）」を命じた。この二つのモティーフは繰り返し登場する。最初のモティーフは〈アミクシア〉（排外主義）あるいは〈ミサントロペイア〉（人間嫌い）という概念で、第二のモティーフは〈アセベイア〉（不敬神あるいはまさに無神論）という概念で扱われる。[79] つまり、マネトーの場合と同じく、ここでも、モーセの区別が完全に否定的に描かれているのである。

同じ物語をいくらか異なった形で記述しているのがカイレモンだ。彼は一世紀の前半に教育者および神官としてアレクサンドレイアに暮らし、四九年にネロの教育係としてローマに呼ばれた。[80] 一、ここで〈起点状況〉をなすのは、夢の中でのイシスのお告げである。イシスはアメノフィス王の前に姿を現し、ある神殿を戦時に破壊したことを咎める。神殿書記のフリティバンテス（エジプト語で「神殿の長」の意）が王に、エジプトから癩者を「駆除」することで女神をなだめるよう忠告する。二、〈回避措置〉として、王は、二五万人の癩者を駆り集めて国から追放する。三、追放された者たちは、モーセとヨセフ、エジプト名ではティシテンとペテセフの下で、組織にまとまる。ペルシウム〔ナイルデルタの最東端にあった古代エジプトの都市〕で、アメノフィス王が国外へ出ることを許さなかった三八万人の移民が、彼らに合流する。対抗宗教的な立法について、カイレモンでは述べられていない。その代わりに、彼の物語は、マネトーの物語と同じ方向に進んでいく。つまり、四、移民と同盟した追放者たちはエジプトを征服し、王はヌビアへの逃亡を余儀なくされる。そして、五、王の息子で後継者のラメセスを俟って初めて、「ユダヤ人」をシリアに駆逐し、エジプトを奪還することに成功する。

モーセの物語の非常に興味深いヴァリアントが、ポンペイウス・トログス〔前一世紀頃のローマの歴史家〕の『フィリッポス史』〔*Historiae Philippicae*〕にある。ここではモーセはエジプト人としてではなく、ヨセフの息子として登場する。しかし、彼がイェルサレムで創始する礼拝は〈エジプト人の聖具〉〔*sacra Aegyptia*〕と記されている。エジプトを出たとき、モーセは「密かにエジプト人の聖具を持ち去った。エジプト人がそれらを力ずくで取り返そうとしたとき、彼らは嵐のために、国へ引き返さざるをえなかった」。それゆえ、モーセがイェルサレムで始めた礼拝は、これらの聖具を対象としていたにちがいない。紛れもない〈宗教の移譲〉〔*translatio religionis*〕である。エジプトを出ることになったきっかけは、ほかのほとんどのヴァージョンと同じだ。つまり疫病である。「だがエジプト人は、疥癬と皮膚炎に罹ったとき、ある神託に指示されて、その疫病が人々の間に広まらないように、モーセを病人もろともエジプトから追放した」。感染した人々をエジプトから追い出すにいたったこの衛生上の理由は、モーセによる立法の排他的性格をも説明する。「そして彼は、感染に対する恐怖ゆえに自分たちがエジプトから追放されたことを思い出したので、同じ理由で土地の住民に憎まれることのないように、異邦人と一緒に暮らさないよう気をつけた。この特殊な理由で生まれた規則を、モーセは後に、確固たるしきたりと宗教にまで高めた」[81]。律法を「衛生学」の観点から説明することは、後にきわめて重要になるだろう。なぜなら、例えばフリードリヒ・シラーが、追放の事情と、律法が癩病、その早期発見および治療に与えている非常な重要性との間に、同じような関係があることを指摘しているからだ。

エジプト人モーセの最も過激な肖像を描いているのが、『ユダヤ人について』の失われた書物を記したユダヤ人著者、アルタパノスだ。彼の記述では、モーセは民族的な観点ではユダヤ人として、しかし文化的な観点ではエジプトの宗教と文化の創始者として現れる。モーセは、後世のマルシリオ・フィチーノやほかのルネサンスの著者たちの作品でなされるように、ヘルメス・トリスメギストスに比されるだけではない。そればかりか、このモーセはヘルメスと、すなわちヒエログリフの発明者にして聖なる書の著者であり、また、後ほど立ち入って扱うストラボンのモーセや聖書のモーセがかくも激しく攻撃したその当の宗教の創唱者であるヘルメスと、文字どおり同一視されているのだ。彼はエジプトを三六の管区に分割し、どの管区にも一柱の神、聖なる物、偶像、それどころか聖獣を指定した。アルタパノスのモーセは同化の夢を体現している。彼は異文化に同化するのみならず、さらにはその文化に決定的な貢献をする。それどころか、その文化の礎を敷く。[82] アルタパノスは、モーセが、ユダヤ人に何らかのエジプトの宗教をもたらした、エジプト人の神官だった、という考えをひっくり返して、彼を、エジプト文化の市民生活や宗教の諸制度を創設したユダヤ人にする。ここでわれわれが扱っているのは、フンケンシュタインが定義した対抗史の一例である。つまり、これはヘカタイオスやマネトーの記述を正確に逆転させたものなのだ。それは彼らのテクストに抗して、[83] また聖書やほかのユダヤの伝承をほとんど参照することなく、書かれている。

もしかしたらこの伝説の最も攻撃的な、いずれにせよ古典的で、後々まで最も強い影響を及ぼしたヴァージョンが、タキトゥスの『歴史』〔*Historiae*〕第五巻三―五節に見られるかもしれない。[84] 一、〈起点状況〉をなすのは、エジプトで跳梁する、身体を醜く変える疫病である。ボッコリス王は神託に伺いを立て、次のように命ぜられる。王は国を「祓い清め」、この種族（*genus*）をよその土地に連れて行かなければならない、彼らは神々に憎まれているのだから（*ut invisum deis*）。二、〈回避措置〉として、ユダヤ人は荒野に追い立てられる。彼らを〈対抗宗教として組織すること〉をモーセは成し遂げる。彼はユダヤ人をパレスチナに連れて行き、イェルサレムを建設する。自らの権威を永久に確立するために、モーセは民に、ほかのあらゆる宗教に対立する、新しい宗教を授ける（*novos ritus contrariosque ceteris mortalibus indidit*）。タキトゥスは、ヘカタイオスやストラボンがそうしたように、神についてのユダヤ人の観念を、一神論的で非図像的なものとして説明している。「エジプト人は多くの動物や異形の像を崇めている。ユダヤ人は唯一の神を、しかもそれを観念としてしか知らない。彼らは、神像を人間の姿に似せて造る人々を、不敬と見なしている。至高にして永遠の存在は、彼らにとっては描くことができず、無限なのである」。[85] 彼特有の簡潔な筆致で、タキトゥスは、この新たな宗教の原理を「規範転倒」と定義している。「ユダヤ人は、われわれにとって聖なるものを、すべて俗なるものと見なしている。他方で彼らは、われわれの間で忌避されているものを、すべて許している」（*profana illic omnia quae apud nos sacra, rursum concessa apud illos quae nobis incesta*）。彼らは神殿でろばの像を祭り、雄羊を犠牲にする。「どうやらアムモンを嘲るために」。同様に彼らは雄牛を犠牲にする。なぜならエジプト人が〔聖牛〕アピスを崇めているからだ。ユダヤ人の宗教を対抗宗教として描くことは、タキトゥスでその頂点に達する。その対抗宗教は、エジプトの宗教を反転させたものであり、それゆえエジプトの宗教に完全に依存している。後ほど見るように、モーセの区別を規範転倒と考えるこの解釈は、ユダヤ教徒とキリスト教徒によって賛意をもって受容された。

ユダヤ人の神がろばとして描かれるという、奇妙でことのほか不条理なモティーフの説明は、この物語を神話の形で語っているプルタルコス〔四六頃―一二〇頃、帝政ローマ時代のギリシア人著述家〕に見つかる。オシリス〔神話では、豊穣を司りエジプトを治める神として崇められていたオシリスは、弟神セトに謀殺され、その遺体はばらばらにされてエジプト全土に捨てられる。しかし、妻であり妹でもあるイシス神によって遺体が拾い集められて復活し、冥界の王になる〕を殺害したセト神はエジプトから追放され、七日間をパレスチナへの逃亡の旅に過ごした。その地で彼は二人の息子をもうけ、それぞれイェルサレムとユダと名づけた。[86] セトは普通、エジプトの神話ではろばに結び付けられる。グレコ・エジプトのテクストでは、イアオ神、つまりユダヤ教の神名をギリシア語で表したものが、[87] セトとろばに結び付けられる。なぜならその名は、「ろば」を意味する、エジプト語の明らかに擬音的な単語に似ていたからだ。[88]

ヨセフスが攻撃の的にしているアピオン〔一世紀頃、エジプト出身の文法学者・古典注釈家・弁論家〕は、エクソドスの物語を、彼の失われた『エジプト史』の文脈で扱ったようだ。彼にとって、エクソドスはエジプト史の出来事であって、ユダヤ史の出来事ではない。事件を始動させる窮境あるいは欠如状況について、アピオンでは語られていない。彼はモーセのことをヘリオポリス出身のエジプト人と考えている。このモーセはユダヤ人をエジプトから連れ出したが、彼らに教えた宗教は、「彼の国の慣習に従ったままであった。彼は青天井の（無蓋の）祈禱所を都のさまざまな区域に建てた。それらの祈禱所はすべて東を向いていた。なぜならヘリオポリスでもそのようにして建てられているからである。彼は方尖柱《オベリスク》の代わりに列柱を立てた。その列柱の下には舟の模型が置かれていた。柱がこの水盤に投げかける影は、天にある太陽の運行に従って、円を描いた」[89]。アピオンはモーセの打ち立てた宗教制度を、革命的なものとしてではなく、その反対に、エジプトの伝統と完全に調和するものとして記述している。しかしながら、アピオンがモーセに帰しているこの伝統は、非常に特殊な伝統である。ヘリオポリスの太陽崇拝は、アクエンアテンによって導入された一神教の光崇拝に最も類似した伝統だ。それは対抗宗教ではないが、一種のオルタナティヴな宗教であり、ほかのエジプトの礼拝とは非常に異なるものだった。

　モーセの宗教を一神論的で、明白に対抗宗教的なものとして説明することに最も近づいている歴史家が、ストラボン〔前六三頃―後二一頃、ローマ時代のギリシアの地理学者・歴史家。『地誌』〕だ。エジプト人モーセが最も輝かしい、そして――記憶史の観点からすれば――後世に及ぼした影響が最も大きい登場の仕方をしているのが、この資料である。モーセのこの肖像に、十八世紀の人々は、「汎神論者の、もしくは最近の用語を用いるならば、スピノザ主義者の」肖像を認めた[90]。このテクストはまた、フロイトが試みたモーセのアイデンティティと一神教の起源の再構成に、最も近いところにある。

　ストラボンによれば、モーセという名のエジプト人神官が、エジプトの宗教に満足できず、国を去ることに決める。そして思いを同じくする多くの人々とユダヤに移る。事件を動かす起点状況は、それゆえここでは、国全体の窮境にあるのではなく、主役の個人的な、内面の急迫にある。モーセは、神々を動物の姿で描くエジプトの伝統を拒否する。彼の教えの要諦は次の認識にある。つまり、「われわれすべてと地と海を包み、われわれが天と地、そして事物の本性と呼んでいるかの一なる存在が、神である」[91]。この神性は、どんな像によっても描くことができないという。「むしろ肖像を造ることはすべてやめ、肖像なしに神を崇めなければならない」。神に近づくために肝要なのはただ、「高潔に、正しく生きること」である。ところで、ヘブライ人は後にこの純粋な教えから離反し、食餌の禁令、割礼、その他の律法を作り、迷信深い慣習を発展させた、と述べられている。[92]

このヴァージョンは二つの観点でことのほか興味深い。

一、このヴァージョンは一神教を対抗宗教と定義している。一神教を定義する目印は、多くの神々の代わりに唯一の神を信仰することにではなく、伝統的な宗教と根本的に、そして完全に断絶することにある。一神教は、特徴的なことに、伝統を迷信ならびに偶像崇拝と見なし、さらには、儀式魔術とフェティシズムの複合体と見なして忌み嫌う。これは、単一性と多数性という、純粋に神学上の問題に限定された現代の定義よりも、多くの点でより適切な一神教の定義であるように思われる。古代人は、正しい神の観念は何かといった神学上の問題よりもむしろ、儀式や犠牲、像や神殿、規定や禁止といった、宗教実践上の問題に関心を抱いていた。[93] 一神教運動の決定的な特徴は、その革命的、「偶像嫌悪的」、もしくは聖像破壊的な性格にある。それらの運動は、伝統に対する「不満」から生まれた対抗宗教なのである。

二、この一節は、モーセがエジプト人の神官であり、彼の宗教がエジプトの対抗宗教であったと、まったく簡潔に誤解の余地なく説明している。癩病と追放についてここでは語られていない。宗教上の敵対関係が衛生学と政治のメタファーに移し変えられることはない。対抗宗教が有する神性破壊の側面は、神像の破壊としてではなく、ただその禁止として表現される。それに対して、儀式法の排他主義的な役割は、モーセとは何の関係もない、後の退廃現象として描かれる。つまり律法はここでは拒絶されるのだが、それは、エクソドス物語のほかのすべての聖書外ヴァージョンでもまったく同じである。

したがって癩者の物語は、転位し変形した思い出の、格別の事例として解釈することができる。この伝承の中で、アクエンアテンの一神教にまつわるエジプト人の思い出が生き続けた。しかしながらこの思い出は、初めからトラウマ的性格を有していたがゆえに、しかしとりわけ、アクエンアテンの名やモニュメントや教義の痕跡がすべて文化的記憶から排除されたために、特定の場所との結び付きを失い、ありとあらゆる変形を被り、異質なものの影響を強く受けた。精神分析の概念を用いるならば、この思い出は「クリュプタ」を形成した。つまりこの思い出は、意識的な反省や処理の及ばないものになったのだ。[94] 集合的記憶の中に「クリュプタ」が形成されるとき、それは、強烈なトラウマ的経験によって引き起こされることがある。それどころか、意識的な想起よりも「クリュプタ化」(*encryption*) の方が、トラウマ的経験をよく保存すると主張する人々もいる。[95] しかしながら、アマルナの事例が示しているのは、抑圧あるいはクリュプタ化は、恐怖で染められた敵のイメージを生み出すことがあるということだ。そのようなイメージの中に、抑圧されたものが姿を変えて回帰するのである。

このプロセスを、変形と流布のすべての段階を通して追ってゆく代わりに、エクソドス物語の第三のヴァージョンを見てみたい。そのヴァージョンとは聖書の記録のことである。聖書のテクストは非常に複雑な多層構造をなしており、本書の問題設定の枠内で重要になるものよりも、ずっと多くの資料を含んでいる。しかしながら、いくつかのモティーフは、われわれがここで扱っている伝承に直接結び付いているように思われる。そして、それらのモティーフが、同じ物語のもう一つ別のヴァージョンを形成している。それらのモティーフとは以下のとおりである。

一、強制的に一所に収容して奴隷化し、労働に従事させ、抑圧する。これが神の怒りを呼ぶ。これはマネトーのヴァージョンと同じである（マネトーでは二番目のエピソード）。

二、神罰。そのためにエジプト人は「異邦人」と別れることを余儀なくされる。これはヘカタイオスのヴァージョンと同じである。このモティーフは聖書では十倍になって〔出エジプト記七章―一二章にある十の災い〕出てくる（へカタイオスでは一番目のエピソード)。

三、分離。これは聖書では、初めは拒絶されるが最終的にはしぶしぶ容認される国外移住として描かれており、追放としては描かれていない。つまりモーセに率いられた脱出《エクソドス》として描かれている(マネトーの五番目のエピソードを参照)。

四、モーセの立法。この場合、(他の)神々の崇拝を禁止することが、最初の位置を占める(マネトーの三番目のモティーフを参照)。

マネトーのヴァージョンと聖書のヴァージョンの最も目に付く共通点は、物語が情動で色濃く染められていることだ。どちらのヴァージョンも憎しみに支配されており、異邦人排斥の情動形成を促す。どちらの記録も対抗宗教の経験を再現している。聖書のヴァージョンでは、エジプト人は拷問吏、抑圧者、魔術師、邪神礼拝者として描かれている。エジプトのヴァージョンは、「ユダヤ人」を癩者、不浄の者、無神論者、人間嫌い、聖像破壊者、狂暴な野蛮人、神を冒瀆する者として描いている。しかし両ヴァージョンの相違も同じように目に付く。なぜならこの二つのヴァージョンは、相手をちょうど反転させるという形で、互いに参照し合っているからだ。すべての聖書外ヴァージョンは、異邦人あるいは不浄の者たちがエジプトから追放される、という点で一致している。聖書では、イスラエル人は彼らの意に反してエジプトに押し留められ、神が災いを通じて介入して初めて、国外に出ることを許される。しかしこの記録も、追放のモティーフの痕跡をまだいくらか留めている。

これらのさまざまなヴァージョンを、同時代の考古資料や金石文資料から読み取ることができる事柄と対照すれば、もちろん得るところが非常に多いだろう。しかし周知のようにこの分野では、徹底的な調査にもかかわらず、イスラエルの民のエジプト滞在と彼らの出国に関連づけられるようなものは、何一つ浮かび上がっていない。考古学的に証明でき、なおかつ、追放/国外移住の物語のこれら種々のヴァージョンに、意味内容の点で比較することのできる唯一の歴史的出来事が、ヒクソスのエジプト滞在である。

わたしは、ヨセフス・フラウィウスやドナルド・B・レッドフォードと、次の点で意見を同じくしている。つまり、ヒクソスのエジプト滞在と彼らの駆逐は、エクソドス物語の歴史的土台をなすのに、それだけで十分だということである。レッドフォードも、ヒクソス滞在にまつわるさまざまな思い出が、カナンとエジプトに流布していたと考えている。イスラエルでは、〔神によるユダヤ民族の〕選出という契約神学の考えが、カナンの民間伝説から取られた、ヒクソスにまで遡るエジプト滞在の思い出を変形した。支配者は虜囚に変わり、追放された者は国外移住者に変わり、占領者は解放された者に変わった。これが、ささいな発端、神による選び、大いなる約束という、神学の意味論の求めるところなのである。口承の枠内ではそのような転倒はありふれたことだ。なぜなら、「文字に留められた物語や王名表によって想像力が封じ込められていない」からだ。[96] もちろん、だからといって、ヒクソスがイスラエル人だったと主張するつもりはない。わたしはただ、パレスチナに追放されたり帰還したりしたヒクソスの諸部族の間では、数百年に及ぶエジプト滞在の思い出が鮮明に保たれていたにちがいない、と想定しているにすぎない。それらの思い出は、いかなる経路をたどってであれ、後のイスラエルの伝承財の中に、それどころか、共同体の基礎となる意味論の中に取り入れられたのだ。わたしは、ヒクソスはヘブライ人だったのか、と問うているのではない。そうではなく、ヒクソスのエジプト滞在の思い出から何が生まれたのか、と問うている。同様にわたしは、モーセはアテン宗教の信奉者だったのか、と問うているのではない。そうではなく、アマルナ時代の思い出から何が生まれたのか、と問うている。これらは異なる問いであり、それぞれが異なる答えに通ずる。わたしが問題にしているのは、歴史上の真偽を確証することではなく、集合的な想起が帯びるさまざまな形とそれらの変容なのだ。

エジプトでは、ヒクソスの侵入、支配、そして最終的な駆逐の経験は、王名表の公式の伝承に取り入れられた。

それゆえその経験は、あまりにも徹底的な変化は被ることがなかった。しかしながら王名表の伝承は、いかなる意味解釈も、物語による肉付けもなされなかった。これらの記録は、王の名と統治期間をリストにまとめたが、王を評価することは一切控えた。わたしのテーゼでは、ヒクソスの伝承が主として宗教上の衝突という意味合いを帯びたのは、アマルナ時代の後になってからだ。それも、時代を目撃した世代が死に絶えてからのことであり、その頃にアマルナの思い出は、ヒクソスの思い出と混ざり始めたのである。その頃になって初めて、ヒクソスは、ある異質で敵対する宗教の信奉者というイメージを帯びた。アマルナの経験は、ヒクソスの伝承に形を与え、「宗教上の敵」という意味のフレームを創り出した。そしてこのフレームは後に、アッシリア人、ペルシア人、ギリシア人、そして最終的にユダヤ人によって埋められたのだ。

もう一度繰り返すと、わたしが問うているのは、「実際はどうだったのか」ということではない。そうではなく、個人の思い出や集団の伝承という形で存在していたにちがいない思い出から、それも、カナンではヒクソスのエジプト滞在にまつわる思い出、エジプトではアマルナのショックにまつわる思い出から、何が生まれたのか、ということだ。わたしの考えでは、それらの思い出がヘレニズム時代にいたるまで生き続けていたことを説明する方が、それらが完全に消滅したことを説明するよりも容易である。ヘロドトスの著作やデモティック〔古代エジプトの民衆文字〕で書かれた文学には、数百年、それどころか一千年以上にわたって口承の中に存続していたにちがいない説話、逸話、寓話がたくさんある。[97]

癩者の物語は純潔と穢れを扱っている。ある欠如状況（神々が姿を隠したこと）や窮境（飢饉、疫病）が、神託や、霊感を受けた賢者を通じて、何らかの穢れの結果と解釈される。国は「異邦人」がいるために汚染に悩まされており、彼らを追放しないかぎり癒されない。民数記の魅惑的で説得力のある分析で、メアリー・ダグラスは、一つの循環構造を発見した。その構造では、癩者を追放するための律法（民数記五章一―四節）と、邪神礼拝者を追放するための律法（民数記三三章五〇―五六節）が、きわめて密接な平行関係に置かれている。[98] 癩病と偶像崇拝は、穢れの最もひどい形だ。なぜならそれらは、神が「その民のただ中に住まうこと」を妨げるからである。エジプトの物語は、〔民数記に述べられている恐れに〕相応する、「邪神礼拝者」側の不安を伝えている。エジプトの物語は偶像崇拝の対立物に照明を当てている。偶像崇拝はただ単に、「偶像」や図像の崇拝に基づく、ある特定の宗教態度を意味しているのではない。そのような態度の反対概念を挙げるとすれば、「無図像主義」（図像を用いないこと）といったところだろう。しかし偶像崇拝は「図像主義」よりも多くの事柄を意味している。問題となっているのは一つの攻撃的な概念であり、この概念は、文化的・宗教的な強い嫌悪感を表している。「偶像崇拝」という表現を用いることで、「無図像主義者」たちは「図像主義者」たちのことを、自分たちを脅かしている集団として指し示すのだ。偶像崇拝は、どんなことがあっても回避し阻止しなければならないものを表す、上位概念となる。偶像崇拝を扱っているテクスト群では、明瞭なクレッシェンドを聞き取ることができる。すでに第1章で示したように、偶像崇拝という概念も、偶像崇拝を忌み嫌うことも、ユダヤ人の歴史が経過するにつれて、どんどん強烈になっていった。しかしながら、この場合に支配的なメタファーは癩病ではなく、狂気である。偶像崇拝は、精神の錯誤あるいは錯乱と解され、身体の病とは解されない。それに対して癩病は、敵側の「図像主義者」たちが「聖像破壊者」を迎え撃つために用いる、メタファーなのである。

これが、癩者の物語がわれわれに教えてくれることだ。特定の脅威にさらされて、図像主義者たちは、似たような不安や嫌悪反応を発達させる。無図像主義がまさにそうであるように、図像主義も、純潔を厳格に保つことで神との近しさを確立する形式である。図像を破壊し、聖獣を屠殺することは、図像主義者にとっては脅威を意味しているが、それは、偶像崇拝が無図像主義者にとって意味している脅威と、まったく同じものなのだ。これらの行為は国を穢し、神々が住めないようにする。聖像破壊は、致命的な汚染という破壊的な暴力を振るう点では、癩病やペストのような、感染性が高く身体を歪める疫病にのみなぞらえることができる。「偶像」がイスラエルとその不可視の神との接触を破壊するのと同じように、図像を冒瀆することや破壊することは、エジプトとその神々との接触を無に帰せしめるのだ。図像主義と無図像主義はともに、神との近しさを確立するためのメディアだが、両者は互いに排除し合う。(99)

宗教象徴主義がエジプトで発展させた形式は、そのような不安を、人格化によって制御できるようにした。末期になるとセト神は、図像によってもたらされた神との近しさを脅かす、図像主義者たちがおよそ考え出すことのできたありとあらゆる危険を体現していた。神話ではオシリスの殺害者であるセトは、聖像破壊者のプロトタイプになった。セトはまずペルシア人に、それからユダヤ人に結び付けられた。わたしはすでに、セトがユダヤ人の始祖として登場するプルタルコスのくだりを挙げた。ローマ時代に書かれた、あるデモティックのパピルスでは、ユダヤ人は「律法違反者」(*paranomoi*) と呼ばれている。彼らは「かつてイシスの怒りによってエジプトから追放された」。そのテクストは予言であり、未来の災いを予告し、救いへの道を教えている。つまり「ユダヤ人を攻撃せよ。なぜなら神をも畏れぬ輩は汝らの神殿を略奪し」そして「汝らの最大の神殿は馬場の砂地になるであろうから」。ユダヤ人はそれどころか「ヘリオポリスの神殿」に住まうだろう。(100)

宗教上の敵の最たるもの——無神論者、聖像破壊者、瀆神者——としてのユダヤ人というイメージは、実は経験に関する事柄ではなく、想起に関する事柄なのである。それも、アクエンアテンにまつわる抑圧された思い出が回帰したものなのだ。エジプト人がユダヤ人に出会ったとき、その経験には、宗教上の敵である不浄のアジア人という、あらかじめ形成されていた意味のフレームがすでにはめられていた。マネトーはもしかしたら、「ユダヤ人」(＝ヒクソス)と「癩者」(＝エジプト人)をまだ区別しようとしたのかもしれない。しかしながらほかの著者は皆、とりわけヨセフス・フラウィウスは、癩者の物語を、エジプトからのユダヤ人退去の記録と混ぜ合わせた。タキトゥス[101]とオロシウス〔四世紀末から五世紀初めのスペインの神学者・歴史家〕は、西洋にこの擬似歴史的な伝承を仲介した。その際、歴史家としてのタキトゥスの権威が、想像、投影、変形された思い出からなるこの産物に、なお真正の歴史研究という威厳を授けた。

癩者の物語は常に、ヨーロッパの反ユダヤ主義の、エジプトにおける前奏曲と解されてきた。[102] この物語は、バビロン捕囚後にエジプトに移入してきたユダヤ人に対する、エジプト人の反動の表れとして説明された。わたしはこの物語を記憶史の観点で読み解いたが、その結果この物語には、アマルナの経験につながるトラウマ的次元のあることが明らかになった。しかし、これらの起源が可能性として考えられるとはいえ、この物語がユダヤ人に関連づけられ、そしてヨーロッパの反ユダヤ主義の一要素になったのは、まったくの真実だ。しかしカルロ・ギンズブルクが示したように、癩者の物語には、その一般的な受容史のほかにさらに、非常に奇妙で特殊な後奏曲が十四世紀にあった。[103] 一三二一年に、ユダヤ人と癩者が、キリスト教徒に対する共同謀議のかどで告発された。その結果、彼らは迫害され、殺害され、監禁された。癩者たちは、健康な者に自分たちの病を移すために、泉や井戸や川に有毒の粉をまき散らしたとして訴えられた。ユダヤ人はこの陰謀の共犯とされた。それどころか、いくつかのヴァージョンは、この計画全体の最終責任をグラナダのイスラム教徒のカリフに着せ、カリフが、キリスト教徒を根絶する見返りとしてユダヤ人に莫大な額の金を出した、と主張した。そしてユダヤ人の方は、彼らの病を広めるよう、癩者たちをそそのかしたとされた。年代記では、この物語は多くの異なったヴァージョンで伝えられている。それらのヴァージョンは、癩者だけを扱っているか、癩者とユダヤ人を扱っているか、あるいは癩者とユダヤ人とイスラム教徒を扱っているかのどれかである。ここに見られるのはエジプトのシナリオを完全に反復したものだ。つまり土地の癩者たち、移入してきた異邦人、外部から作戦行動を執る異国である。またしても、感染性の高い、身体を歪める病、対抗宗教の脅威、そして政治的陰謀という同じパターンが見つかる。[104]

三〇年後にペストがヨーロッパを襲ったとき、この疫病を広めた罪をユダヤ人に着せる試みが、あちこちでなされた。[105] 宗教上の他者というファンタスマ、そして感染と陰謀という恐怖症的観念は、ヨーロッパに生き続けてきた。十九世紀の反ユダヤ主義の言説、中でも、アードルフ・ヒトラーに強い影響を与えたリヒャルト・ヴァーグナーと皇帝ヴィルヘルム二世は、陰謀と感染という、まったく同じ言葉を用いた。われわれの世紀は、この集団的な異常心理の最悪の暴走を目の当たりにした。それゆえ、この異常心理の歴史を、その発端にいたるまで遡って追跡することが重要なのだ。そのような想起の作業が、文化的嫌悪あるいは宗教的嫌悪が形成されるときに働くかのダイナミズムをよりよく理解し、克服することに寄与できるかもしれないと期待しながら。

第三節　対抗宗教と旧世界における宗教の翻訳可能性

モーセの区別が、そしてこの区別に基づく対抗宗教が繰り広げるダイナミズムと衝撃的な作用は、宗教が共通であるという意識、いわばコスモポリタン的な宗教性を背景にして初めて理解することができる。この意識はヘレニズムにおいて、少なくとも教養ある人々の間では支配的な考え方だった。しかしながら、すでに前二千年紀には、旧世界のさまざまな文化とそれらの多神教は、文化間の翻訳可能性という点で、驚くべき水準に達していた。神々が国際的であるという確信は、すでに古代オリエントの多神教を特徴づけるものだった。多神教を何か原始的で野生のものと考えてはならない。古代オリエントとエジプトの多神教は、高度に発展した文化的成果である。それらの多神教は、初期国家の政治組織と分かちがたく結び付いており、部族社会にその存在は認められない。部族宗教を特徴づけるのは、その神観念がほとんど人間化されておらず、輪郭がおぼろで、分化していないことだ。儀式が捧げられる先祖の霊のほかに、部族宗教は、遠く離れたところにある何らかの高神、〈無為の神〉〔*deus otiosus*〕を知っているが、その神は、祭儀を執り行なうことなく崇められる。それに対して、高度文化の多神教の神々は通常、名前、姿、管轄に従って明確に区分され、人格化されている。多神教の偉大な成果とは、威力を言葉、図像、祭儀によって分節化し、構造を持った神々の世界として、また意味のある宇宙として表現したことだ。神話的物語や神学的・宇宙論的思弁は、個々の神々に、例えば「天」「太陽」「知恵」「文字」「冥界」といった特有の意味の次元を与える。この意味の次元のおかげで神々の名前は翻訳可能になる。部族宗教はエスノセントリズム的である。ある部族の崇拝する諸力は、別の部族で崇められている諸力と同じではない。それに対して、多神教のパンテオンの高度に細分された成員たちは、苦もなく、一方から他方の宗教もしくは文化に翻訳することができる。ギリシアの神々の〈ラテン語訳〉〔*interpretatio Latina*〕と、エジプトの神々の〈ギリシア語訳〉〔*interpretatio Graeca*〕の事例はよく知られている。翻訳がうまくゆくのは、名前が指示対象だけではなく、意味も有しているからだ。ある神の意味は、神話や賛歌や儀式などで展開されるような、その神特有の性質にある。この性質のおかげで、その神は、似たような特性を有するほかの神々と比較できるようになる。この神々の類似性ゆえに、それらの名前は、相互に翻訳することができる。しかしながら歴史の現実では、この関係を逆転させなければならない。神々の名を翻訳するという実践が、宗教の垣根を越えて神々は同じであり互いに比較できるという理解を生み出し、それが結果的に、神々は国際的である、つまり、どこでも多かれ少なかれ同じである、という考えにいたったのだ。

よその神々の名を翻訳するという伝統は、前三千年紀のメソポタミアの「リスト学」にまで遡る。シュメール人の最初期の文書に、シュメール語とアッカド語の単語を相関させた語彙集がある。その中には、神々の名を二つの言語、それどころか、エメサル（文学語として用いられた女性言語）、シュメール語、アッカド語のように三つの言語で記載したリストもある。(106) この種の資料で最も興味深いのが、三欄に分かれている『アヌ・シャ・アメリ』〔*amu ša ameli*〕のリストだ。最初の欄にはシュメール語の名前が、二番目の欄にはアッカド語の名前が、そして三番目の欄には比較のための第三項《テルティウム・コンパラティオーニス》、つまり該当する神の管轄あるいは役割が記載されている。(107) このリストは、神々の名の「意味」と呼びうるかもしれないものを伝えている。そして神々の名を同一視したり翻訳したりすることを可能にする手順を明らかにしてくれる。もっとも、こうして神学上の等価物を探すことがシュメール語とアッカド語に限定されていたかぎり、それは一つの共通の宗教文化の枠内に留まっていた。この場合、翻訳は二言語間でなされるが、二つの文化の間で行なわれるわけではない。しかしながら、これは青銅器時代の末期、カッシート朝には変わる。いまやそのようなリストは異民族の神々の世界にも拡張される。そのような「説明的神名表」の一つは、シュメール語とアッカド語のほか、さらにアモリ語、フルリ語、エラム語、カッシート語の神名を含んでいる。(108)

　これらの事例では、神々の名を翻訳するという文化のテクニックは、まったく異なる、互いにもともと異質の文化と宗教に用いられている。これらの民族は結局のところ同じ神々をただ異なる名前で呼びながら崇拝していたのだ、という確信はそれゆえ、決して平凡なことでも自明のことでもない。まったくその反対に、この認識は、初期高度文化の生み出した偉大な成果に数え入れなければならない。わたしは、よその宗教に対するこの寛容な態度を生んだ最も重要なきっかけの一つが、法の領域にあったと考えたい。それも、他の国家と正式に条約を結ぶという、古くから証拠が残されている実践にあったと考えたい。これもメソポタミア文化に独特のものであるように思われる。条約は双方の側から、厳粛な誓いによって固められなければならなかった。そして、誓いのかけられた神々は、双方の側から承認されねばならなかった。そのような誓いの神々のリストが、通常、条約文書を締め括った。宣誓をする両陣営が誓いを立てる神々は、当然、それぞれがパンテオンで占めている役割や位階の点で、相応していなければならなかった。こうして国際法の枠内で一種の間文化神学が発展したのだ。

異なる宗教の神々を等しいものと見なして翻訳することに人々が関心を抱いたのは、シュメールのパンテオンがアッカドによって吸収同化されたことに端を発し、そこから、外交政策ならびに国際法との関連でより一般的な文化のテクニックに発展したと考えて間違いないだろう。共通の世界に住み、共通の神々を崇めているという確信のようなものが、この政治的実践に先立ってあり、その実践の基礎をなしたとは思わない。事情はむしろ逆だったのだろう。つまり、古代の諸国家からなる世界が政治的・通商的にますます絡み合っていったこと、そして、神々の名も含めてありとあらゆるものを文化間で翻訳するという実践がなされたことが、さまざまな宗教には共通点があるという考え、それどころか、一つの共通の宗教という考えを次第に生み出していったのだ。よその民族、文化、政治体制は、いかようにも異質であってよかった――それらの民族、文化、政治体制が、その法的権威を信じることができる、何らかの定義可能で同定可能な神々を崇めてさえいれば、この異質性を克服して、同盟と合意のための共通の基盤を見出すことができた。なぜなら、相手の神々が自分たちの神々と同じではないということなど、まったくありえなかったからだ。それらの神々は、よその人々のところでは、ただ別の名前で呼ばれ、別の儀式によって崇められているにすぎなかった。神々の名称、イコノグラフィー、儀式――要するに文化は異なっている。しかし神々は同一である。文化の違いの背後で宗教が共通の基盤をなしているというこの理解は、最終的に、ヘレニズムに特有のメンタリティを生み出した。そのメンタリティにとって、神々の名は、それらの神々が顕現している自然の圧倒的な明らかさに比べて、それほど重要ではなかった。

その神学がこの普遍主義的な理解を最も強く刻印されていたのが、イシス神だった。しかしそれは、伝統的なエジプトの姿をしたイシスではなく、グレコ・エジプトの宗教融合で新たな姿を帯びたイシスである。いくつかの観点でイシスは、対抗宗教的な啓示一神教の抱く神観念とは正反対だ。イシスは区別を設けたり求めたりせず、眼前にあるすべての区別を取り払う。このオルタナティヴな神観念は、西洋の文化的記憶から決して消え去ることはなく、十八世紀に再び勢力を振るいながら前景に出てくる。この驚くべき作用史にはある本が大いに与っていた。マダウロスのアプレイウス〔二世紀のローマの作家〕の『変身譚』である。これは『黄金のろば』のタイトルでも知られており、皇帝マルクス・アウレリウスの時代に書かれた。この作品の最終巻である第一一巻は、古代末期の宇宙即神論的確信を非常にはっきりと、明確に表現しているばかりでなく、ある点では、すでにその確信を越え出ている。その巻はある忘れがたい場面で始まる。好奇心から魔術に手を出し、ろばに変身してしまった若者ルキウスは、数多くの冒険に巻き込まれたあげく、地中海の岸辺で、海上に昇る月の光に照らされて目を覚ます。彼は月に次のように語りかける。(109)

> 天を統べる女神よ――あなたが、万物を養うケレス、実りの源母であれ（…）潮に洗われるパフォスの聖域で崇められる、この世ならぬウェヌスであれ、（…）今日エフェソスの壮麗な神殿で崇拝されている、ポイボスの妹〔アルテミス〕であれ、（…）種々の祭礼で鎮められる、三様の姿をしたプロセルピナであれ（…）どのような名前で、どのような儀式に従って、どのような姿のあなたに呼びかけねばならないとしても、このうえなく惨めな境遇にあるわたしを救いたまえ（…）！

ルキウスには、自分の眼前には万物を包括する唯一の神があること、そしてこの神の圧倒的な明白さを前にしては、名前はどうでもよい〔gleichgültig〕（「等しく有効である」〔gleich gültig〕という意味でも）ことがわかっている。彼は、女神にどの名前で呼びかけたらよいかわからないので、この時代の宗教性を特徴づけるような、一種のエピクレシス〔（キリスト教で）聖霊の降下を求める祈り〕の形式に訴える。つまり、さまざま民族が与えている名称で、その神々に呼びかけることだ。個々の特殊な名称やエピクレシスや儀式は、月に顕現している宇宙的な力に比べたら、取るに足らない。女神は夢の中でルキウスに応え、まったく同じような仕方で名乗る。女神も自己紹介を一連の名称のカタログで始める。

ルキウスよ、そなたの祈りに動かされ、わたしは現れました。わたしは万物の母（*rerum naturae parens*）、四大の支配者、時の最初の子（*saeculorum progenies initialis*）、至上の女神、冥府の女王、あらゆる男神と女神を一つの姿にまとめる（*deorum dearumque facies uniformis*）天界の第一者、明るく輝く穹窿を、癒しをもたらす海の風を、冥府の嘆きに満ちた静寂を合図一つで意のままにする者。世界のあらゆる場所で多様な姿で描かれ、さまざまな儀式で祭られ、いろいろな名前で呼ばれ崇められている唯一の神。（…）フリュギア人はわたしをペシヌンティアと呼び、（…）アテナイ人はケクロピアのアテナと呼び、キプロス人はパフォスのウェヌス、クレタ人はディクテュンナ、シチリア人はオルテュギアのプロセルピナ、エレウシスの住民はデメテルと呼び慣わしています。ほかの人々はヘラ、またほかの人々はベローナ、ヘカテ、あるいはラムヌシアと呼んでいます。けれども、本来の教えを保持しているエチオピア人とエジプト人は、わたしにふさわしい儀式を捧げ、わたしの本当の名前で、女王イシスと呼び慣わし崇めています。

女神は万物を包括する神性として顕現する。この神性は、すべての神々をおのが内に含み、あらゆる区別を取り払う。諸民族が彼らの至高神に与える名前はすべて、この女神のものだ。イシスは「万の名を持つ神」と呼ばれる。この女神は、あらゆる神々の名が最後にはそこに向かう、終極の指示対象だ。『ヘルメス選集』には（ラクタンティウスによって引用されているので）有名な一節があるが、その一節は本書の扱っている歴史で重要な役割を演ずることになる。その一節には、神はあらゆる名前を持っているか、さもなければいかなる名前も持っていないか、そのどちらかである、神は一にして全なのだから、と述べられている。[110] この神の観念をイシスは己のものにしている。しかし彼女はさらに踏み込む。等しく有効なたくさんの「諸民族の名」のほかに、彼女には「本当の名前」がある。この名前を用いているのは、「元来の教えを保持している」二つの民族、すなわちエジプト人とその南の隣人だけである。ここでいわれているのはもちろん、エジプトと「エチオピア」の境にある、この女神の崇拝の中心地、フィラエ島〔上エジプト、アスワンの南にあった島（現在は水没）。前四世紀の第三〇王朝時代にイシス神殿が建立され、グレコ・ローマン時代を通じて崇拝を集めた〕である。[111]

アプレイウスは境界事例だ。一方で彼は、神々の名称は慣習によるものであり、眼前の自然に顕現している神的存在は誰の目にも明らかだという見解を共有している。他方にはこの〈本当の名前〉〔*verum nomen*〕という概念がある。この概念は、自然の明証という枠組を明らかに越え出ており、啓示の枠組に入れるべきものである。「諸民族の名」（個々の民族が神を崇めるときに用いているさまざまな呼称）は、啓示に基づくものではなく、神の自明性という普遍的経験に対する、各々の文化に特有の応答なのだ。しかしながら〈本当の名前〉はエジプト人とエチオピア人だけに啓示された。われわれがここでかかわっているのは、自然と啓示の間の移行段階としての神秘である。啓示は自然に対立する。啓示された名は翻訳されえない。しかし、「本当の名前」に基づくエジプトのイシス信仰と、その同じ神を自分たちの慣習的な名前で呼んでいるさまざまな民族のイシス崇拝の間には、いかなる対立もないし、ましてや対抗宗教的な敵対関係などない。「本当の名前」という考えは、これらの民族を異教徒にするのではなく、ただ、それほど秘密を明かされていない人々にするにすぎない。すべての民族が同一の神を崇めている。そして肝要なのは、あらゆる文化の差異の彼方にある、この自然の同一性なのだ。そしてどの民族にも、秘密が明かされてその神の本当の名前を知るという可能性が開かれている。どの民族も、秘密が明かされるならば、神の自然の明証から、つまりパウロが「見ること」と呼び、決断に基づく「信仰」に対置しているもの（コリントの信徒への手紙二、五章七節）から、「神秘的観入」（*epopteia*）に到達することができる。自然の観照と神秘的観入の間の境界線は、見ることと信ずることの間の境界線とは、別様に走っているのだ。

イシスを「諸民族の名」で呼ぶ伝統は、グレコ・エジプトのイシス信仰では広く行き渡っていた。わたしは自著『エジプト――意味史の試み』でさらに例を挙げているので、ここで繰り返すことは控えたい。(112) アプレイウスがここで用いている形式は、どの読者にも、イシス信仰に典型的な特徴だとわかった。諸民族の名を用いて賛美するというモティーフは、すべての文化的・民族的差異を、一つの共通の普遍宗教という背景に対し、単なる表面的な現象と見なして相対化する。しかしながら、これは賛歌の手法の一つであって、この手法はもっぱらイシスにかぎって用いられるわけではない。この手法はむしろ「至高の存在」（ギリシア語の表現ではヒュプシストス、すなわち「至高者」）という観念に特徴的である。その要諦は、ある至高の存在を信仰することにあるのだが、その存在は、その本性の中に何万とも知れぬ有名・無名の神々を包含しているばかりでなく、それらの神々のさらに上に、さまざまな宗教の文脈で至高神の役割を演じている、三柱か四柱の神を含んでいる（通常はゼウス、サラピス〔エジプトの習合神オシリス＝アピスに、ゼウスやディオニュソスなどヘレニズム世界の諸神の属性が混ざった神〕、ヘリオス、そしてイアオ＝ヤハウェ）。この存在は、ヒュプシストスすなわち「至高者」と、(113) あるいはまた、広範囲に流布していた「一なる神の定式」を用いてヘイス・テオスと呼ばれる。(114) この神観念を表す典型的な形式が、さまざまな至高神が、それらの上位に置かれたある唯一神において同一であることを告げている神託である。

一者はゼウス、一者はハデス、一者はヘリオス、一者はディオニュソス。
あらゆる神々のうちにある一なる神。(115)

一なる者ゼウス、一なる者ハデス、一なる者ヘリオスはサラピス。[116]

ユダヤ人の神イアオが一なる至高の存在に高められる場合でも、イアオは超越神として世界外にあることを放棄し、内在的な宇宙神にならなければならない。これらの神託の一つでは、イアオは時の神（オーラム＝アイオーン）であると宣言される。この神は、ハデスとして冬に、ゼウスとして春に、ヘリオスとして夏に、そして「アブロス・イアオ」として秋に顕現する。[117] これらの神託や陳述には、数え切れないほどたくさんの個々の神々の上位にある、一なる至高の神的存在に対する希求が表れている。この希求は「世界文明《エクメーネ》の時代」に特徴的なものであり、政治的統一を求める努力に対応している。[118] 一つの「至高の存在」（ヒュプシストス）を信ずることは、明らかにコスモポリタン的な性格を帯びている。この考え方を特徴づけているのは、さまざまな言語と宗教に由来する名前を組み合わせることだ。

このコスモポリタン的宗教性のライトモティーフの一つが、至高の存在を「諸民族の名」で呼ぶという慣習である。ライデン・パピルス（I、三八四）に記されているある奉献儀式は、イアオ＝サバオート＝アブラサクス神に、次の言葉で呼びかける。

われはいま一度汝に呼びかける
エジプト人のように、フノ・エアイ・イアボクと、
ユダヤ人のように、アドナイエ・サバオートと、
ギリシア人のように、万人を支配する王と、

エジプトの高位の神官のように、万人を明視する秘められたる者、不可視の者と、
パルティア人のように、オイエルト（地上の偉大なる者）、万物の支配者と。[119]

ある魔術の呼びかけは次のように始まる。

われは宇宙を包括する汝を
あらゆる言語と方言で呼ぶ。[120]

ヒッポリュトス〔一七〇頃―二三六頃、帝政ローマのキリスト教神学者〕は、ナアセン派〔ヒッポリュトスが伝えるグノーシス主義の一派〕の説教について記録しているが、その中でアッティス〔フリュギア起源の大地母神キュベレに愛された美少年で、死と再生の神〕崇拝に由来する一つの歌を伝えている。その歌はアッティスを諸民族の名で呼んでおり、この説教の「テクスト」をなしている。

汝がクロノスの後裔であろうとも、ゼウスあるいは大いなるレアの祝福された息子であろうとも、
汝に栄えあれ、アッティスよ、レアの悲しき知らせ。
アッシリア人は汝を三重に熱望されたアドニスと呼び、
全エジプトは汝をオシリスと呼び、
ギリシアの知恵は汝を月の角と呼び、
サモトラキ島の人々は「高貴なアダムナ」と、

ハエモニア人はコリュバントと、
フリュギア人はあるときはパパス、あるときは死あるいは神と、
あるいは「恐れなき者」、山羊飼い、罌粟《けし》の穂と、
あるいは実り豊かなアーモンドの木から生まれた人、笛の奏者と呼んでいる。[121]

特に興味深いのは、ローマ時代末期の詩人アウソニウスが、彼の地所にあるリベル・パテル〔古代ローマの葡萄酒の神〕の彫像に寄せて書いたエピグラムである。なぜならそのエピグラムは、モーセ＝エジプト論争で大きな役割を演ずることになるからだ。[122] 問題となっているのは、Mixobarbaron Liberi Patris Signo Marmoreo in Villa nostra omnium Deorum Argumenta habenti という表題のエピグラム第四八番である。[123] そのテクストをヒュー・G・イーヴリン＝ホワイトの校訂および翻訳に従って載せる。

Ogygiadae[124] *me Bacchum vocant,*
Osirin Aegypti putant,
Mysi Phanacen nominant,
Dionyson Indi existimant,
Romana sacra Liberum,
Arabica gens Adoneum,
Lucaniacus Pantheum.

オギュゲスの息子たちはわたしをバックスと呼び、
エジプト人はわたしがオシリスであると信じ、
ミュシア人はわたしをファナケスと名づけ、
インド人はわたしがディオニュソスであると考え、
ローマの儀式はわたしのことをリベルと、
アラビアの民はアドニスと、
ルカニアクス[125]の住民は汎神と見なしている。

至高神に諸民族の名で呼びかけるというこの伝統には、宗教の真理は普遍的であり、宗教上の制度や名前は相対的なものであるという古代末期の根本的な確信が表れている。この確信は十八世紀に大きな反響を呼ぶ。モーツァルトのフリーメイソン・カンタータ（KV六一九）や、ゲーテの独白〈その名を唱えることのできる者がいようか〉『ファウスト』第一部、「マルテの家の庭」でのファウストの台詞〕は、同じ確信を非常によく似た言葉で表明している。

神々の名は慣習に基づくものであり、それゆえ翻訳可能であるという考えは、自然の明証に基づいていた。つまり、すべての人間にとって身近でわかりやすい経験を引き合いに出すならば確かなことだった。セネカはまさにこの意味で、神が単一だということの目に見える証拠を指し示している。「おまえが目にしているこの宇宙、神々と人間を包んでいるこの宇宙は一なるものである。わたしたちは一つの大いなる身体の部分にすぎないのだ」[126]。セルウィウス〔四世紀のローマの文法学者〕によれば、ストア派は、ただ一つの神のみが存在し、その名前はその行為の仕方や管轄に応じて変わると教えたという[127]。ストア派の哲学者ポセイドニオスを介してユダヤ人について知っていたウァッロ（前一一六―前二七）は、ユピテルとヤハウェを区別することは不要だと考えた。「なぜなら彼は、同一の事柄が意味されているかぎり、名前は肝要ではないと考えたからである」(*nihil interesse censens quo nomine nuncupetur, dum eadem res intelligatur*)[128]。紀元後三世紀の新プラトン主義の哲学者ポルフュリオスは、神々の名は単なる慣習に基づいているという見解を主張した[129]。ケルソス〔二世紀頃、ギリシアのプラトン主義哲学者〕は、キリスト教徒に対する論駁書『真の教え』〔*Alethes Logos*〕で、「神を『至高者』(*Hypsistos*) と呼ぼうがゼウスと呼ぼうが、アドナイと呼ぼうがサバオートと呼ぼうが、あるいはエジプト人のようにアメンと呼ぼうが、スキタイ人のようにパパイオスと呼ぼうが、どうでもよいことだ」と論じた[130]。意味されているものが明らかであれば、その名称は重要ではないのだ。

プルタルコスは、イシスとオシリスについての論文で、この一般的な確信を的確に把握している。さまざまな神名の背後には常に同一の宇宙的現象がある、と彼は書いている。それらの現象とは、太陽、月、天、地、海などである。すべての人間は同じ一つの世界に住んでいるのだから、彼らは、この世界の支配者である同一の神々を崇めている[131]。「わたしたちは民族が異なれば神々も異なるとは考えないし、ギリシア人の神々と異邦人の神々、北方の神々と南方の神々を区別することもしない。そうではなく、太陽、月、天、地、海が、異なる民族の許では異なる名前で呼ばれているにもかかわらず、誰にとっても同じであるように、万物に秩序を与える一つの理性 (*logos*)、万物を統べる一つの摂理、万物にあてがわれて助けとなる諸力もまたそうなのである。さまざまな民族はこれらに、それぞれの慣習に従って、異なる崇拝の仕方や名称を与えた。そして彼らは聖なるものとされる象徴を用いている[132](…)」。神々の名が翻訳できるのは、比較のための第三項として使える、一つの指示対象が常にあるからだ。その指示対象とは、機能に応じて区分され、神々によって生気を与えられたコスモスという理念である。人間は、そのコスモスの中で働いている諸力を認識し、それらに名称やイコノグラフィーや神殿や儀式を捧げることで、そこに己の場所を見出して保持し続けるのだ。

わたしが（後ほど詳しく扱う十八世紀の表現を借りて）宇宙即神論〔Kosmotheismus〕と呼んでいる、この広く行き渡った宗教上の確信の圏域には、宗教間の敵対関係の入り込める余地などなかった。これが、なぜユダヤ教やキリスト教といった対抗宗教の敵対的力が、古代の教養人にかくも強い衝撃を与えたのか、その理由である。宇宙即神論と一神教の対立、あるいは自然と啓示の対立は、決して解消されたわけではなく、ただ、キリスト教会の輝かしい発展の裏で抑圧されただけだった。この対立がルネサンスにおいて回帰したこと、そしてこの対立が近代の形成期にたどった緊張に満ちた歴史が、エジプト人モーセをめぐる論争のサブテクストをなしている。

第3章

律法の意味と起源

——エジプト学者としてのジョン・スペンサー

ジョン・スペンサー（1630-1693）

『ヘブライ人の儀式法について』テュービンゲン版（1732年）の口絵

モーセの区別の上に打ち立てられた一神信仰の宗教は、文化間の翻訳不可能性という限界を設けたが、この限界の重要性を余すところなくはかるためには、宇宙即神論の翻訳可能性を背景にして見なければならない。新プラトン主義、ヘルメス主義、錬金術、カバラのような個々の伏流を例外とすれば、宇宙即神論はローマ帝国の没落とともに消えた。中世は多かれ少なかれ聖書の一神教の境界内にしっかりと閉じ込められていた。対抗宗教の境界線を消しかねないエジプト人モーセのような形象が占めうる場所はそこにはなかった。エジプトは「他なるもの」と見なされ、キリスト教世界の源泉とは考えられなかった。

この状況は、聖書や教父の著書以外の資料でエジプトを把握することができるようになったルネサンス期に変わった。エジプトがこうして再発見あるいは再発明されるにあたり、決定的な突破口となったのが、二冊の本だった。つまり、ホラポロンの『ヒエログリュフィカ』と『ヘルメス選集』である。モーセがエジプトで受けた教育について述べている、あの聖書中ただ一つの箇所（使徒言行録七章二二節）で、モーセは「エジプト人のあらゆる知恵」に精通していたといわれているが、それが何を指していたのか、これらの書物を通じて明らかになった。[133] この発見が契機となり、文化、歴史、宗教における根本的な方向転換のプロセスが始まった。ヘルメス文書と聖書の間には非常に類似した点があると考えられた。その類似点を前にして翻訳不可能性の壁は崩れ、エジプトは、聖書の一神教の「他なるもの」としてではなく、その根源として姿を現し始めた。知恵の系譜でエジプトが第一位に躍り出たのである。

ジョン・スペンサーは、古代エジプトを対象とする学問的研究の、この第一段階の歴史では遅れてやって来た人だった。古代エジプト、そのヒエログリフ、そしてヘルメス主義の教説について書いたマルシリオ・フィチーノ、ジョルダーノ・ブルーノ、ロバート・フラッド、アタナシウス・キルヒャーそのほか多くの人々ではなく、彼を出発点に置く理由は、すでに第1章で述べた。スペンサー、そしてラルフ・カドワースやジョン・マーシャムのような何人かの同時代人をもって、エジプトに関する言説は、ヘルメス主義や、その他の神秘主義的、魔術的、オカルト的な関心領域の地平から歩み出て、啓蒙主義の言葉を語り始める。啓蒙主義の立場から見ると、スペンサーは遅れてやって来た人ではなく、パイオニアなのである。ジョルダーノ・ブルーノやアタナシウス・キルヒャーではなく彼を俟って初めて、シラーに通ずる、そしてシラーを経てフロイトにいたる論争が始まるのだ。スペンサーは、何らかの〈原初の神学〉の故郷としてエジプトに興味を抱いたのではなく、成立しつつあるモーセの宗教の歴史的コンテクストとして関心を払った。モーセによる立法の意味を理解しようと思うならば、このコンテクストを究明する必要があったのだ。これはまったく別様のアプローチであり、比較研究の批判的なパースペクティヴを最初から内に含んでいる。

ジョン・スペンサー(一六三〇―一六九三)はイギリスのヘブライ学者[134]で、一六六七年以降、ケンブリッジのコルプス・クリスティ・カレッジの長を務めた。一六七〇年に彼は『ウリムとトンミム』〔ユダヤ教の祭司が身につける「裁きの胸当て」に入れられた、神託を得るための二つの小物〕についての博士論文を刊行し、一六八五年には記念碑的著作『ヘブライ人の儀式法とその根拠について　三巻』〔*De Legibus Hebraeorum Ritualibus et Earum Rationibus Libri Tres*〕を刊行した。[135]スペンサーの見るところ、モーセはエジプト人ではなく、エジプト化したヘブライ人だった。しかし、エジプトの「密儀」をヘブライの律法に移し変えるのに、モーセは、生まれながらのエジプト人である必要はなかった。彼がエジプトの知恵に徹底的に精通していたのであれば、それでまったく十分だった。そしてこれが本当だということは、聖ステファノ〔一世紀前半のキリスト教指導者・最初の殉教者。使徒言行録六・七章によれば、イェルサレムでユダヤ教徒の反感を買い、殺された〕が、石打ちの刑に処せられる前に行なった弁明もしくは別れの辞で聖史を手短に再述したときに、はっきりと認めている。曰く、「モーセはエジプト人のあらゆる知恵を教わったのです」。スペンサーの企てにとって、この短い文は決定的だった。この文は、彼がそこに自分の建造物を据えることのできる土台をなし、また、彼を異端告発から守ってくれる証拠となった。〔使徒言行録にある〕この一節、そしてフィロンの『モーセの生涯について』〔*De vita Mosis*〕にある、モーセは「いにしえのエジプト人の象徴哲学の秘密に通じていた」[136]という短い注釈は、スペンサーで始まりフロイトで終わるモーセ論争に繰り返し登場する、ライトモティーフをなしている。

スペンサーの企図は、ヘブライ人の儀式法がエジプトに起源することを証明することにあった。彼の企てがいかに大胆で新しいものだったかを理解するためには、スペンサーがどのようにしてキリスト教神学の二つの基本想定をひっくり返したかを、手短に見ておく必要がある。第一の基本想定は、トーラー〔旧約聖書の初めの五書を構成する創世記、出エジプト記、レビ記、民数記、申命記を指す。モーセ五書とも呼ばれる〕にある六一三の掟と禁令を、道徳法（*praecepta moralia*）、政治・裁判法（*iudicialia*）、儀式法（*caeremonialia*）に区別して評価するという、トマス・アクィナスにまで遡る伝統的な考え方である。[137] 道徳法とは十戒のことだ。政治・裁判法（例えば七年目に負債を免除すること）と儀式法（例えば子山羊をその母の乳で煮ないこと）が残余をなす。道徳法は永遠だ。裁判法は場合によってはまだ拘束力を持ちうる。しかし儀式法はキリストによって廃止されたので、もはやキリスト教徒は遵守してはならない。[138] 第二の基本想定は、聖書の戒律と異教徒の慣習の間に何らかの一致があるとしたら、それは例外なく悪魔の仕業である、悪魔は神の真似をする猿なのだから、という正統信仰の見方である。[139] ヘブライの律法は原像であり、異教はすべて退化現象であるか、さもなくば、この原像を模倣したまさに悪魔の制度である。スペンサーは時代の順序を逆転させ、エジプトが儀式法の手本でありその起源だったことを証明することで、この第二の基本想定を反駁した。儀式法が重要でないと考える一番目の想定に関していえば、スペンサーは革命的な一歩を踏み出した。つまり彼は儀式法の問題の所在を、キリストによる決着から、モーセによる開始に移したのである。ユダヤ教とキリスト教の対立ではなく、異教とモーセの一神教の対立が、彼のテーマだった。スペンサーは、理性的に考察したらわけがわからない儀式法の意味を、その終焉とキリスト到来の予示に求めたのではなく、その起源と歴史的由来に求めた。[140]こうして彼は、異教の研究を、神学的に正当化された歴史的・好古的研究の中心対象の地位にまで高めた。彼は関心の焦点を、時間を超越した道徳法から、とっくの昔に時代遅れとなり、合理的には説明することのできない儀式法に移した。それどころか彼は、この儀式法を介して、古代エジプトの邪神礼拝という「身の毛がよだつ行為」に通ずる道を開こうとした。彼はエジプトに対する嫌悪の念を戦略的に表明しているが、それにもかかわらず、エジプトの儀式についての非常に綿密で、立証材料が十分に添えられたその記述は、十八世紀の親エジプトの人々にとって最重要の文献の一つになった。

第一節　忘却の記憶術としての規範転倒——マイモニデス

スペンサーの企ての要諦はモーセの儀式法を説明することにあった。こうして彼は、その五百年前にラビ・モシェ・ベン・マイモン（マイモニデス、一一三五—一二〇四）が、その有名な『迷える人々のための導き』（*Dalālat al-ḥa'irîn*、ヘブライ語 *Moreh nebukhîm*、一一九〇年）で追求していた企図を引き継いだ。[141]十七世紀のプロテスタントの学者にとって、マイモニデスは、リチャード・ポプキンやそのほかの人々が示したように、第一級の権威だった。[142]スペンサーは、自分がマイモニデスのおかげを被っていることを、完全に自覚していた。彼は、六一三の律法のうち神から理由もなく授けられたものは一つもありえず、道徳的な説明や神秘的な理由づけができない場合には、その律法の根拠は歴史に求めなければならない、というマイモニデスの前提となるテーゼを受け継いだ。

マイモニデスは、神が歴史の中でどう振る舞うかについて、神が自然の中で創造者としてどうあるかに照らし合わせて考えた。自然には唐突なコントラストも、突然の方向転換も、不合理な現象もない。一切が互いに有機的に調和しており、滑らかに移行しながら互いを源として発する。〈自然は飛躍しない〉〔*Natura non facit saltus*〕。一方の極端から他方の極端にいたるには、一連の際限なく細やかな移行と長い迂路を経ねばならない。ここに神の行為の「狡知」や「知恵」や「戦略」がある。これは、ヘーゲルの「理性の狡知」となって再び登場する考えであり[143]、マイモニデスでは *talattuf* つまり「精妙、繊細、着想の豊かさ、賢さ、狡知」(*latifa*「機知、巧妙」)や、*hilah* つまり「術策、戦略」といった語で言い換えられている。啓示もそのようなものとして考えなければならない。すなわち、滑らかな変化と自然な成長のプロセスとして考えなければならない[144]。滑らかな移行の論理は、あらゆる「神の御業(*peulot ha-elohijot*)もしくは自然(*tiw'ijot*)」の中に示されている。こうしてマイモニデスは、啓示宗教と「自然に成長した」宗教との旧来の区別を破壊する。歴史の現象として、啓示宗教も「自然に成長した」ものである。もちろんその逆に、自然な成長も歴史も、神の行為の示現と見なされる。

スペンサーはこの理論を受け継ぐ。しかし彼の与える歴史的説明は、多くの点で、彼の先行者の説明とは異なる。確かにスペンサーは、歴史的説明という方法でも、まだマイモニデスを手本にしている。マイモニデスは「護教論的な意図を抱いていたので、古代オリエントの異教について説明することを余儀なくされ、必然的に一種の歴史研究の仕事に引きずり込まれた」[145]。しかしながら内容の観点からすれば、スペンサーの「異教徒研究」は、まったく別の領域に踏み込んでいる。マイモニデスの異教徒は、エジプト人ではなく、「サービア教徒」だ。このサービア教徒は、神を信じているがゆえに法によって守られる民として、ユダヤ教徒とキリスト教徒と一緒に、コーランの中で二、三回言及されている[146]。イスラム教は、ユダヤ教徒やキリスト教徒とは異なり、「異教徒」と「信者」の中間にある第三の存在を知っている。すなわち「啓典の民」だ。彼らは自分たちの宗教を保持してもよいが、その代わりに税を払わなければならない。ここでコーランがどの宗教あるいは宗派のことをいっているのかは、いまだ解決していない問題である。スペンサーの時代には、サービア教徒はたいていペルシア人、ゾロアスター教徒、あるいは「東方のカルデア人」に結び付けられ、彼らの宗教は、星辰を邪神礼拝的に崇める占星術として描かれた[147]。より近い時代には、マンダ教徒〔古代以来、イラクとイランの一地方に存在するグノーシス主義の一宗派〕か、あるいは似たような運動のことだと考えられた。[148] アモス・フンケンシュタインは、サービア教徒が「紀元後二世紀か三世紀のグノーシス主義の一分派のわずかな生き残り」であると見ている。[149] 八三〇年頃、この名称は、ハラン〔現在のトルコ南東部にあった古代都市〕に住む人々によって用いられた。彼らはその地で本物の「異教徒」として持ちこたえ、バビロニアの月神シンを崇拝した。イスラムの脅威に直面して、彼らは、自分たちはコーランで言及されているサービア教徒であると主張し、ヘルメス文書を自分たちの聖書として指し示したのだ。[150] しかしながら一〇五〇年頃には、彼らもイスラム教に改宗することを余儀なくされ、サービア教徒としては姿を消した。その百年後に執筆したマイモニデスは、この表現で、ハランのヘルメス主義の占星術師たちのことを指していたのかもしれない。彼らの存在は、彼らが残した書物によってまだ知られていた。[151] あるいはマイモニデスは、イブン・ワフシーヤの農書『ナバテア人の農業』（十世紀）を介して知った、グノーシス主義の一分派のことを考えていたのかもしれない。[152] マイモニデスは、サービア教徒を律法の歴史的背景をなす異教世界の代表者とすることで、モーセを越えてアブラハムにまで遡る。モーセにとってのエジプト人に相当するのが、アブラハムにとってのサービア教徒だ。神と契約を結んだとき、アブラハムはハランに暮らしていた。そしてハランはサービア教の主都であり、そこではサービア教の最後の代表者たちが、（〔マイモニデスが執筆した〕当時の）直近の過去にいたるまで、まだ持ちこたえていた。マイモニデスはこのサービア教徒から、かつて全世界に広がっていたという一つの「信仰共同体」（アラビア語で *umma*）をこしらえた。彼にとって、サービア教徒は典型的な異教徒というだけではなかった。彼はまた、異教を一つの自立した、まとまりのある宗教、つまり〈サービア教〉〔*'ummat Sa'aba*〕と解した。しかしながら実際には、マイモニデスが描いているような、この名称を持つ一つの強大な多神教など、存在していなかった。

マイモニデスのサービアは、マネトーの規範転倒の原理を首尾一貫して用いることで構築した、想像上の文化だ。

マネトーはエジプトの慣習に通暁していた。そして彼は、それらの慣習をひっくり返すことを自らの掟とした、ある社会を案出した。マイモニデスはユダヤ教の規範を熟知していた。そして彼は、ある異教の対抗的共同体、つまり〈サービア教〉を、ユダヤ教の律法の反対像として案出した。律法が「x」という活動を禁止しているならば、この「x」を実践していた異教徒のグループがいたにちがいない。この二つの対抗する構築物を真ならしめているのは、対抗宗教のはらむ否定の潜勢力と敵対的力である。

　律法の歴史的背景を再構成するにあたって、マイモニデスには、エクソドス伝承ゆえにはるかに容易に思い浮かぶエジプト人ではなく、サービア教徒にこだわる格別の理由があった。彼の目的に好都合だったのは、まさにサービア教徒がまったく重要ではなかったからだ。彼は真の再発見をしたという感激をもってサービア教徒について語り、〈サービア〉〔*Sa'aba*〕を、かつて世界中に行き渡っていた宗教として描いている。かつて彼らがいたことを思わせるような記憶の痕跡が、せいぜいのところ、いくつかの目立たない学問的論文の中に生き永らえてきたにすぎないという事実は、マイモニデスにとって、律法についての自分の解釈が有効であることを証明してくれる最良の根拠だ。彼は、儀式法の役割とは一種の忘却術、つまり「サービア」の偶像崇拝を止めさせるための禁断療法だと説明する。ウンベルト・エーコは、個人の記憶のレベルではいかなる忘却の術もありえないと主張しているが、それは正しいかもしれない[153]。しかし彼の論拠は集合的記憶には当てはまらない。ある思い出を抹消する最も効果的な方法は、その思い出の上に、何らかの対抗的な思い出を被せることだ。これは個人のレベルでも集団のレベルでも機能する戦略である。それゆえ、異教の儀式を忘れさせる最良の手段は、別の、できるだけ正反対の儀式を導入することだ。キリスト教徒は、彼らの教会を異教徒の神殿の廃墟に建立し、彼らの祭りを異教徒の祭りの日に祝うことにしたとき、同じ原理に従った。サービア教徒は、宗教空間を、あらゆる種類の儀式で満たしていた。モーセ――あるいは神――は、その律法をタブラ・ラサに書き込むことはできず、すでに記された文字の上に重ね書きするしかなかった。マイモニデスが神の狡知という理論を持ち出すのは、まさにここである。神は歴史においても、自然におけると同様、有機的な調和、精妙な迂路と移行の原理によって働く。神は、自然において飛躍しないのと同様、歴史においても突然の改宗を求めることはない。神の「狡知と知恵」は、その儀式法の新たな文字を、古い文字がちょうど覆い隠されて読めなくなるように配置することにあった。その結果サービア教徒は、「彼らが邪神に捧げていたこれらの儀式や礼拝のすべてを、いまや神の栄光のために執り行なわざるをえなかったのである」(154)。マイモニデスによればこれが規範転倒の意味である。律法は何もない空間で発布されるのではない。律法は、すでに存在している律法を引き合いに出し、それらを正反対のものに変えることで抹消するのだ。神の「戦略」は大成功を収めたので、サービア教徒と、彼らのかつて強大だった宗教は、忘却にゆだねられた。

民族学者メアリー・ダグラスは、マイモニデスを、その規範転倒の理論ゆえに批判せねばならないと考えた。なぜなら彼の理論は、あるタブーを一つの文化の分類体系の内側から出発して解釈する代わりに、外的な理由に注意を払うからだ(155)。確かに、事象を本来あるがままに観察することにこだわる現代の民族学は、文化間の反動形成を考慮に入れるような説明は、ほとんど容認しないだろう。方法上の理想は、ある現象をその文化システムに特有の概念体系と内的論理から解釈する、「イーミック」な説明である。それに対して、マイモニデスにとっては、文化システムを取り巻いている環境がまさに問題だった。彼はその環境を歴史的次元として再発見しようとした。いずれにしてもこれは、史学的思考の歴史における一つの画期であり、彼の理論がどれほど有効であるかは、これとはまったく別の問題である。彼の理論は確かに、ある文化のタブー観念がもともとどんなものかを説明することには使えない。だが他方で、ハラハー〔ユダヤ教の法規〕は自生的な現象などでは決してなく、ユダヤ教の律法は、その自己理解では、他者に対して自己を区別するためのメディアである。それゆえ、彼の理論は歴史的に興味深いというだけでなく何らかの真実をも含んでおり、諸文化の規則体系には、相互に対照をなすことで自他を区別するという側面があることに気づかせてくれるといっても、あながち間違いではないだろう。文化の規則体系が有するこの側面は、メアリー・ダグラスの理論では、十分に照明が当てられていない。

この意味ですでにマイモニデスが、スペンサーよりも五百年前に、その狡知の神学を土台にして、正真正銘の宗教史的研究に向かっていたのである。神の振る舞いの理由を見つけ出したければ、神がかくも巧みに、賢く、狡猾に、そして慈悲深くかかり合った歴史的状況を知らなければならない。こうも表現できるかもしれない。神はその意図を歴史の中に隠したのだから、歴史研究は神学の課題となる、あるいはそのようなものとして正当化される、と。[156]かくしてマイモニデスはサービア教徒を発見（あるいは案出）するにいたった。スペンサーはマイモニデスを大いに尊敬していたので、サービア教徒とはいったい何者なのかを明らかにすることに労を厭わなかった。そして彼は最終的に、「サービア教徒」という表現を可能なかぎり広い意味で「異教徒」と解するという、真に独創的な解釈に行き着いた。[157]そうして彼はためらうことなく、「サービア教」という概念を、古典籍からとにかく取り出してくることのできた、古代エジプトについてのあらゆる歴史的知識で満たすことができた。そのような知識は、律法を歴史的背景に関連づけるというマイモニデスの試みには、驚くほど欠けている。まさにこれらの知識が盛られているがゆえに、スペンサーの本は、現代の宗教史とエジプト学の先駆と呼ばれうるのだ。[158]マイモニデスとスペンサーは、律法には〔自集団を他集団から〕対照的に区別するという重要な意義があり、対抗宗教が否定の衝撃力をはらんでいると考える点で、見解を同じくしている。律法の根拠は、それを〈偶像崇拝〉〔*idololatria*〕や〈邪神礼拝〉〔*avodah zarah*〕という名の、打ち捨てられた伝統を背景にして見たときに初めて明らかになる。[159]しかしマイモニデスが、サービア教徒に関して見つけ出すことのできた、あるいは案出することのできた事柄でよしとしなければならなかったのに対して、スペンサーはまったく違う仕方でエジプト人を発見し、真正の歴史研究を開始した。マイモニデスやアウグスティヌスやトマス・アクィナスのような人々の護教論的な歴史神学に代わり、スペンサーの場合には、十七世紀末の歴史批判的な「好古趣味」が登場する。この好古趣味は、犯すべからざる規範とされた伝承に、当時の考古学、金石学、文献学の方法を用いて、くまなく照明を当てた。

歴史的に根拠づけるというマイモニデスの方法とスペンサーの方法の間には、さらなる違いがある。マイモニデスは、歴史的に説明するという自分の方法が、時間を超越した律法の有効性を損なうかもしれないとは思わなかっただろう。史学的な考え方と律法主義的な考え方は相反する。ある法が有効であるかぎり、その法には時間を示す指標はない。法廷で問題となるのは、ある法が効力を有しているかどうかということだけであり、その法が五〇年前に公布されたのか、最近公布されたばかりなのかということではない。注釈であれば、法の意味を明らかにするために、それが公布されたときの歴史的状況を扱うこともあろう。しかしこれは別種の言説である。ある法をそのコンテクストに置いて歴史的に説明するというこの形式は、法廷では、当該の法に基づく判決に異議を唱えるための論拠として用いることはまずできないだろう。確かにローマ人は、法が生まれたときの歴史的状況とその本来の意味を、(その法の字句どおりの表現よりも) 重く見た。[160] しかし、この形式の史学的思考が意図していたのは、基本的に保守的な性質の事柄だった。歴史が研究されたのは法を維持するためであって、それを廃止するためではなかった。ある法は、その本来の意味もしくはそれが本来念頭においていた事態が、その法の超歴史的な重要性が明るみに出るまで一般化されることで、維持された。マイモニデスの方法もこれと同じだった。彼は、律法の本来の目的は偶像崇拝を破壊することにあったと主張し、サービア教徒を用いて歴史的〈状況〉〔*circumstantiae*〕を再構成することで、このテーゼを例証する。しかしながら彼の意図は保守的である。つまり彼は律法を維持しようとするのだ。それゆえに彼は偶像崇拝の概念を一般化して、サービア教徒が没落した後もなお続く、超歴史的な危険と誘惑を表すものに拡大する。そうして彼はそのよく知られた、純粋に哲学的で反歴史的な偶像崇拝のコンセプトにたどり着く。マイモニデスにとって律法は、その前提をなす歴史的状況が消滅したにもかかわらず、効力を保ち続けている。なぜなら偶像崇拝は、正しく理解するならば、時間を超越した誘惑だからである。ユダヤ教はこの世界では対抗宗教としてのみ存在することができる。つまり法的思考の脈絡では、歴史的に根拠づけるということは、律法を脱時間化し、それが帯びている時代を示す指標を見えなくし、時間を超越したその有効性を保つという、最終的には反歴史的な目的に仕えるのだ。

「歴史的法」とは、その語の意味するとおり《ペル・デフィニティオーネム》、もはや効力を有していない過去の法のことである。そのような法は、歴史家の関心は引くが、弁護士の興味を引くことはない。過去を法律学的に、あるいは目下の文脈により適した概念を用いるならば「ハラハー的」に利用することは、反歴史的である。なぜならそれは、律法が歴史的なものになることを阻止しようとするからだ。[161] マイモニデスはハラハーの考え方の枠内で論じた。彼にしてみれば、サービア教徒の没落後に律法がその有効性のなにがしかを失ってしまったなどということは、認められないだろう。彼は律法を歴史化しても、それを「歴史的なもの」として説明するところまでは決していかない。それに対してスペンサーは、ハラハー的思考の枠を越えて、史学的思考の枠内で論じた。この点で、両者の歴史的説明の方法は、決定的に異なっている。歴史的コンテクストに位置づけるというスペンサーの方法は、キリスト教の進化主義を土台にしている。この進化主義は、律法の起源だけでなく、その終わりも知っている。スペンサーは、マイモニデスが律法を合理的に、そして歴史的に説明したことを賛嘆している。しかし彼には、マイモニデスを読んだユダヤ教徒が、なぜそこから、彼にとっては明白な結論を引き出さないのか理解できない。「このモーセの生きた時代をかくも敬っている今日のユダヤ人が、これらの言葉に注意を払いさえしたら。そうすれば、彼らがこれらの儀式に注いでいる熱狂はすぐに冷めるだろうに。そして彼らはわれわれのメシアを、モーセの律法の根拠が消滅したのだからそれを廃止したままでなのに、そのことでかように罵ったり呪ったりして迫害することはしないだろうに[162]」。

ペサハの子羊の犠牲

マイモニデスが歴史的根拠を求めて、マネトーやタキトゥスのような異教の著者たちが用いたのと同じ「規範転倒」の原理に訴えているのは、本書の記憶史的な問題設定の観点からすると、きわめて驚くべきことである。というのも、これら異教の著者たちには、モーセに剽窃の罪を着せるという、誤解の余地なく攻撃的な意図があったからだ。モーセは何ら独自の律法を生み出したわけではなく、ほかの人々の慣習を逆さまにしたにすぎない。マイモニデスはこの論拠に反ユダヤ主義の傾向を感じ取ることはなかったようだ。タキトゥスが、ユダヤ人は〈アムモンを嘲るために〉雄羊を犠牲にしたと説くとき、その主張は、マイモニデスがペサハの子羊の慣習〔ユダヤ教の過越祭では、最初の晩に正餐を催し、屠った子羊の肉を焼いて、種入れぬパンと苦菜を添えて食べる〕に施した説明に非常に近づいている[163]。これはマイモニデスが、サービア教徒ではなくエジプト人を引き合いに出している、数少ない箇所の一つだ。彼の説明は出エジプト記八章二二節、ならびに、この節のオンケロス〔三五頃—一二〇頃、モーセ五書のアラム語訳『タルグム・オンケロス』の作者とされる〕による解釈に基づいている。モーセはファラオに、イスラエル人が彼らの年ごとの祭りを荒野で祝うことができるように、三日間の休みを請う。祭りを荒野ではなくエジプト国内で祝うようファラオが命じたのに対して、モーセは次のように異議を唱える。「もしもわたしたちがエジプト人の厭うものを捧げれば、彼らはわたしたちを石で打ち殺すのではありませんか」〔出エジプト記八章二二節〕。オンケロスの説明では、「エジプト人の厭うもの」という言葉は、エジプト人が彼らの至高神である「雄羊の印」を崇めていることを暗示している。雄羊は明らかに獣帯記号〔黄道帯の宮〕を指しており、倦むことを知らないスペンサーが引き合いに出しているほかの注釈者たちも、そのように解している。しかしながら雄羊は、占星術の理由とは別の理由で、神聖なのだ。雄羊は、エジプト人の至高神アメンの聖獣であり、またエレファンティネの都市神クヌムの聖獣でもあった。最後に挙げた神はこの文脈でとりわけ興味深い。というのもその神殿の近隣で、まさにモーセの避けようとした出来事が起こったからだ。それは目を見張るような出来事なので、少しの間、記憶史を離れて事件史に寄り道しておこう。

その事件は紀元前五世紀に、エジプトの南の国境にあるエレファンティネ島で起こった。[164] その島には人口の密集した小さな町だけでなく、ユダヤ人傭兵のコロニーもあった。このユダヤ人傭兵たちは、ヨシヤ〔旧約聖書に登場するユダ王国の王。在位前六四〇頃―六〇九。律法（トーラー）の遵守、偶像の破壊、ヤハウェ祭儀のイェルサレム神殿への集中・限定など、徹底した宗教改革を進めた〕による改革の前にこの地にやって来たように思われる。なぜなら彼らのユダヤ教の形式はかなり異端的だからだ。彼らは自分たちの神「ヤハウ」〔Jhw〕（その神名は、**JHWH**ではなくこの形で、アラム語のパピルスに出てくる）[165] のために、シナゴーグではなく神殿を建立した。これはイェルサレムにおける祭儀の独占に対する重大な侵犯だった。そればかりでなく、彼らはヤハウのほかに、もう一柱の女神を崇めていた。しかし、規範的なユダヤ教の、亡命時代以後の正統形式を逸脱しているこれらの点を除けば、彼らはヤハウの熱烈な信者だった。彼らの名前にはたいてい、この神名が含まれていた。[166] そして彼ら自身は、自分たちのことを疑いなくユダヤ人と考えていた。[167] この集団が残したある家族文書やその他の記録資料の中に、アラム語とアラム文字で書かれた通信文の断片がある。それらの断片はあるきわめて驚くべき事件について教えてくれる。それらの断片の一つは、そのコミュニティのリーダーであるイェダニヤが、ペルシア帝国のユダヤ総督バゴヒ／バゴアスに宛てて書いた手紙だ。その手紙は、ヤハウの神殿を再建する正式の許可を求めている。その神殿は三年前に、隊長ネファヤン指揮下のエジプト人兵士たちによって、その父親でペルシアの地方長官（*frataraka*）であるヴィドランガ／オグダネスの命を受けて、破壊されていた。手紙の書き手はクヌム神の神官たちを、サトラップのアルシャム／アルサメスの一時的な留守を利用してヴィドランガを買収したかどで咎めている。この手紙は、ヴィドランガ、ネファヤン、そしてこの事件にかかわったすべての者がその間に処刑されたことを、満足の意をもって知らせている。しかし神殿はいまだに再建されておらず、コミュニティは三年前から喪に服して断食を続けている。イェダニヤは自分の切願を非常に興味深い歴史的論拠で支える。それによれば、カンビュセス〔アケメネス朝ペルシアの王、在位前五二九—五二二〕は、エジプトを征服したとき（紀元前五二五年）、エジプトのすべての神殿を破壊したが、自分たちの神殿は容赦してくれたという。[168] エジプトの神殿と祭祀に対してカンビュセスが敵対的な態度を取ったというのは、ギリシアとエジプトの文学における一つのトポスである。彼はそれどころか聖牛アピスを殺したとされる。[169] こういったことはすべて、通常は、伝説やギリシア側のプロパガンダとして片づけられる。なぜなら、同時代のエジプトの記録資料には、そのような振る舞いがあったことを示唆するものは一つもないからだ。[170] それどころか、カンビュセスの後継者ダレイオス一世は、エル＝カルガのオアシスにアメン神殿を建立した。ディオドロス（もしくはヘカタイオス）は、ダレイオス一世をエジプトの偉大な立法者の一人に数え入れ、エジプト人はこのペルシアの王をその没後すぐに神として崇めたと語っている。[171] しかしまた、ダレイオスのこの並外れた敬虔さは、償いと和解の行為だったのかもしれない。なるほど、確かにイェダニヤは、これらの出来事が起きた百年後に手紙を書いている。しかし彼が、バゴヒ／バゴアスの支援を取り付けるために、反ペルシアのプロパガンダに頼ることなどありえない。アケメネス朝のゾロアスター教と、ユダヤ人のヤハウェ信仰の間に、反エジプト的、対抗宗教的な連帯感のようなものがあったにちがいない。その連帯感にイェダニヤは訴えているのだ。

　別の記録文書にはバゴヒ／バゴアスの返事が載っている。彼は神殿を再建して二種類の供儀を執り行なうよう勧めている。つまり、食品の供物（*mincha*）と焚香である。しかしユダヤ教の儀式には三つの供儀がある。ここでは言及されておらず、したがって許されていない第三の供儀があり、その供儀を執り行なう許可を、イェダニヤは求めていたのである。つまり全燔祭の犠牲もしくはホロコースト（*'ola*）だ。この供儀では、生け贄となる動物が祭壇で丸焼きにされる。第三の記録文書は、「羊、牛、山羊はそこではホロコーストとして捧げられてはならず、ただ香煙と〈供物《ミンハー》〉のみ許される」と明確に定めている。[172] 結論は明らかだ。つまりそのような全燔祭の犠牲、とりわけ羊のそれが、衝突のきっかけだったのだ。クヌム神の聖獣は雄羊で、その神殿と雄羊の墓地は、ヤハウ神殿に隣接していた。そのクヌム神の神官たちは、ユダヤ人が捧げるペサハの子羊の犠牲に憤慨していたのだ。つまり、出エジプト記八章二二節でモーセの危惧しているまさにそのことが、エレファンティネ島で起きたのである(173)。

　この事件は、テクストの外部にもやはり何らかの現実があり、われわれは想像物や構築物だけではなく経験の世界ともかかわり合っている、という事実を思い出させてくれるので、われわれにとって救いとなるかもしれない。規範転倒の脈絡では、経験と想像は一種の悪循環《キルクルス・ウィティオースス》をなす。想像は経験から糧を得る。そして経験は諸々の想像物によって枠をはめられ、あらかじめ刻印される。真の核心は、エジプト人がアマルナ時代に初めて経験し、それ以来「アジア人」に結び付けてきた、対抗宗教の敵対的な暴力にある。ユダヤ人がエジプトに定住したとき、彼らは、エジプト人があらかじめ抱いていたシェーマを満たし、固めたのだ。しかし忘れてならないのは、末期のエジプトの歴史には、隣接する州の間で起こった、似たような衝突の物語がたくさんあるということだ。それらの州は、相手が自分たちのタブーを破ったといって、互いに咎め合った。外来の勢力に支配されていたこの時代、どの神殿も、純粋性を守り犠牲を捧げるための独自の規則体系を発展させた。エジプトには「民族」や「国民」のような包括的な概念がなかったので、自己を定義し、〔外集団とは〕（対照的に）区別されるエスニシティを求めるとき、その努力はより小さな単位に向かった。それゆえ州、州都、そしてその都市神が、諸々の土着主義運動の焦点になった。しかしこれらの衝突は神殿を破壊するところまでは決していかなかった。これが、規範転倒の原理にかくも攻撃的な表現を与えている「癩者の追放」をめぐる諸伝承の、歴史的背景である。

　ペサハの子羊についてのスペンサーの解釈は、規範転倒を適用している点で、マイモニデスに倣っている。子羊が犠牲にされるのは、それがエジプト人の最も神聖な動物、つまり彼らの至高神アメンの動物である雄羊に対応しているからだ。スペンサーは、エジプトの始祖のヘブライ語名であるハム〔Ham〕とミスライム〔Misraim〕を、「アムモン（ハムモン）」〔(H) ammon〕と「ミソリもしくはオシリス」〔Misori vel Osiris〕に結び付けている。こうして彼は、なぜ雄羊を伴うアメン（＝ハム）と、雄牛を伴うオシリス（＝ミスライム）が、エジプト人の最高の神々にして最も神聖な象徴であったかを説明する。[174] 神は、子羊と雄牛を犠牲にするよう命じたとき、自分の最強の敵であるアメンとオシリスにじかに対抗した。それゆえ神には、生け贄の動物の種と性を正確に定める十分な理由があったのだ。[175] スペンサーにとって、「神がその律法でエジプト人の最も重要な動物を貶めようとした」ことは明白であり、彼はそのうえタキトゥスの言葉（*in contumeliam Ammonis*〔アンモンを嘲るために〕）まで、賛意を込めて引いている。[176] ユダヤ人について書いた古代のすべての著者の中で、タキトゥスは、規範転倒の原理を最も鋭く、攻撃的な形で表現した。同じ論法が、マイモニデスやスペンサーのような著者に再見されるのは興味深い。彼らはその論法を、外部から攻撃的に用いているのではなく、内部から肯定的に使っている。神がユダヤ人に、エジプトの慣習を単にひっくり返したにすぎない律法を授けたのは正しかった。なぜならユダヤ人は脱エジプト化されねばならなかったからだ。スペンサーを、マネトーやリュシマコスやタキトゥスのひそみに倣って反ユダヤ的な憶測を続けている、といって咎めるとしたら、それは不当どころではないだろう。[177] 彼は「内部」から論じている。その内部では、規範転倒は、破壊と革命を引き起こす人間の戦略としてではなく、「神の狡知」として、そして偶像崇拝からの救いとして現れる。そのうえ彼は、この論拠のはらむ両面価値的な性格を完全に承知しており、この論拠の純粋に攻撃的な側面に対してはっきりと距離を取っている。スペンサーはまるまる一章を費やして、「なぜ神は、彼ら［サービア教徒］のしきたりとは正反対の、かくも多くの律法と儀式を定めたのか」（*cur Deus tot leges et ritus eorum moribus opposítas instituerit*）という問題を扱っている。[178] この問いに対して、初めは〈否定的〉な、それから〈肯定的〉な答えが与えられる。ここでスペンサーは次のように述べて、彼の手本であるマイモニデスとその規範転倒の原理にはっきりと異議を唱えている。つまり、神がこれらの律法を授けたのは、単なる否認のためではなく、また、自らの民をほかのすべての民族とはできるだけ異なったものにするという目的のためでもなかった、と。彼は古典の伝統、とりわけディオドロス、リュシマコス、タキトゥスとも距離を置き、モーセがほかの民族の律法に対する単なる憎しみからその律法を発布することなどありえなかったと指摘する。彼が打ち破ろうとしたさらなる論拠は、次に挙げる正統的なユダヤ教の説明であり、その説明に対してはすでにマイモニデスが反論している。つまり、神がこれらの一見したところ「不条理で無益な」律法を発布したのは、ひとえに、己の絶対的な支配をはっきりさせるためであった、という説明である。「このような見解を退けるには、論拠をもってしてではなく、皮肉でもってする方がふさわしい」(*Haec opinio digna est, quae Satyris potius quam argumentis explodatur*)と彼は述べている。

スペンサーの説明は純粋に歴史的だ。つまり子羊の犠牲は、アメン(=エジプト)から自己を象徴的に遠ざけるための行為である。ペサハの儀式全体が、エジプトおよびその偶像崇拝との決別を演出している。スペンサーの論証の中心的な狙いは——そして綿密に構築され、立証資料が付されたその記述の主要な関心は——神学的というよりも史学的な性格のものだ。彼の執筆した時代には、まだクロノロジーの基礎となる事柄をめぐって争われていた。それゆえ彼は、聖書、古典、教父、ラビの膨大な文献資料を並べている。それもひとえに、エジプトの「動物崇拝」[179]がモーセの時代よりもはるか昔に遡ることを証明するために。これさえもまだ明らかにする必要があったのだ。この本来の意味で史学的な関心こそ、スペンサーによるこの対象の取り扱いを、マイモニデスのそれとは区別し、彼の著作を正当にも「近代的な、史的比較宗教学の嚆矢」と呼ばせるのだ。[180]

この史学的アプローチをもっとよく示している、きわめて注目に値する例が、ほかにもたくさんある。以下ではそれらのうち——残念ながら——二つの例だけを紹介する。「子山羊をその母の乳で煮ることを禁ずる律法」(*lex hoedi coctionem in lacte matris prohibens*)[181]と、初物を供える際の悲嘆の禁止(*non comedi ex eo in dolore meo* [*be-'oni*]、

「わたしはそれを喪中に食べたことはない」）である。[182]

子山羊をその母の乳で煮ることの禁止

この禁令について自分の説明を提示する前に、スペンサーはそれまでの伝統的な解釈を四つのカテゴリーに分けている。一、憐憫、二、邪神礼拝的な儀式の規範転倒、三、多産魔術の禁止、四、衛生、つまり、あまりにも栄養のある食餌を避けること（*quod cibus crassissimus sit, nimiamque repletionem generet*〔あまりにもこってりした食べ物は何であれ、食あたりを引き起こすかもしれない〕）である。

スペンサーはまず解釈一を退ける。その解釈の例として、彼はフィロンの『慈悲について』〔*De misericordia*〕、および、イブン・エズラ〔一〇八九頃―一一六四頃、スペインのユダヤ系の聖書注解者・詩人〕、イサク・アラマ〔一四二〇頃―一四九四、スペインのラビ〕、そしてシメオン・ド・ミュイ〔一五八七―一六四四、フランスのヘブライ学者〕を挙げる。これらの人々は、この律法やほかの似たような律法には、残酷な行為を防ぎ、柔和、憐憫、洗練を促進するという教育的な意図があると考えた。この解釈は現在でも、オトマール・ケールのような神学者が唱えている。ケールはこの禁令についてまるまる一冊の（そして並外れて学識豊かな）モノグラフを書いている。[183] スペンサーは、死んだ動物には、誰の乳で煮られているのか、その違いを感知することができないという（しかし当然ながら、解釈一を主張する人々にとってはむしろ、自分の子供が殺されて食べられるという目に母親をあわせない、ということが問題になっている）。スペンサーは解釈四も退ける。この解釈の代表者として、彼はマイモニデスを引用している。衛生学的な解釈は十九世紀末のユダヤ教の護教論が好むようになる。スペンサーの異論はそれに劣らず合理的だ。たらふく飲み食いするという目的のためだったら、どの乳でもよいだろう。衛生理論は、子山羊を煮てはならないのが、なぜほかでもないその母の乳なのか、説明することができない。[184]

それゆえスペンサーは解釈二と三を有力視しているが、この二つの解釈は実際、決して互いに排除し合うものではない。真の宗教史家として、彼は、子山羊がその母の乳で煮られる異教の多産儀式があるかどうか探す。イサク・アブラバネル〔一四三七―一五〇八、ポルトガルのユダヤ系の聖書注解者〕による出エジプト記の注解から、彼は〈メスタ〉〔*mesta*〕というスペインの祭りについての情報を取り出す。その祭りは年に二度、牧人たちによって、子山羊と乳を用いて催された。確かに神は、イスラエル人がそのような異教の儀式に加わるのを妨げようとした。しかし、この目的のためであれば、神は子山羊を「煮ること」（*coctio*）ではなく、「食べること」（*comestio*）を禁止しただろう。そしてはたせるかな、スペンサーは「古代の名の知れぬカライ派〔八世紀に中東で創始され、九―十二世紀に地中海沿岸に広まったユダヤ教の一派〕の人」[185]を見つける。その人物は「古代の異教徒の間で行なわれていた慣習」について伝えている。その慣習では、果実をすべて採集した後に子山羊をその母の乳で煮て、それから「魔術の方途によって」（***derek kisuph***）その乳を木々や畑や庭や果樹園に注ぎかけるのだが、そうすることで翌年の多産が約束されると信じられた。スペンサーはさらに、この相当に孤立した証言を、それに劣らず外典的な資料であるラビ・メナヘムからの引用で裏付けることができる。メナヘムは次のように書いている。「聞くところによれば、異教徒は肉、とりわけ山羊と子羊を乳で煮て、彼らが木々を植えるときには、より多く、より早く実を結ぶように、それらの木々の種を燻して、その乳を注ぎかけるのを慣わしにしていたそうだ」[186]。自分の引き合いに出している〈古代の名の知れぬカライ派の人〉〔*Vetus Karaita anonymus*〕とラビ・メナヘムが、この異教の多産魔術を、マイモニデスがそのサービア教徒を案出したのと同じ原理に従って創り出したかもしれないということは、スペンサーの頭には思い浮かばなかった。その原理とはすなわち、規範転倒を逆向きに適用することである。子山羊をその母の乳で煮ることを禁ずる律法があるならば、まさにそれを行なっていた異教の儀式があったにちがいない。すると想像力が早くも働き始めて、一群の牧人が子山羊をその母の乳で煮て、木々や畑や果樹園にその乳を注ぎかけている田野の情景を描きあげるのだ。

ところで現代の聖書にも、この禁令に「多産魔術の禁止」という見出を付しているものがある。(187)

規範転倒の原理、すなわち文化の異者性を構築する原理は、どうやら逆方向にも働くようだ。この原理は、ある所与の秩序から出発して、その秩序を逆さまにした鏡像に基づく文化を想像する。そうして過去を「見知らぬ国」に変える。(188)スペンサー自身の説明はこれらのラビの証言に依拠し、それらの証言を、コンテクストに関する興味深い観察で補っている。彼が説明しているように、神は四つの規則を授けたが、それらの規則は三つの大祭に属している。その三つの大祭とはペサハ、シャヴオット〔七週祭《ななしゅうさい》。ペサハから五〇日目に行なわれる祭りで、神から律法を授かったことを記念し、また春の収穫を祝う〕、スコット〔仮庵祭《かりいおさい》。祖先がエジプト脱出後、荒野に暮らしたことを記念する秋の祭りで、屋外に仮住まいを設けて起居し、また果実の収穫を感謝する〕である。四つの規則とは、一、種を入れて発酵させたパンを供えないこと、二、供物の残りを翌朝まで残しておかないこと、三、初物を神の宮に持って行くこと、そして四、子山羊をその母の乳で煮ないことである。規則一と二はペサハに、三はシャヴオットに属しているので、四はスコットに関係しているにちがいない。したがって規則四は、多産儀式を執り行なう機会が与えられているまさにそのときに、守られなければならない。スペンサーは自分の記述を締め括るにあたり、ホラティウスからある一節を引用している。その一節は、果実の取り入れに際して行なわれた、そのような多産儀式の一つをきわめて美しく、具体的に描いているが、その儀式では肉と乳が問題になっている。(189)さらにスペンサーは、アブレンシス〔一四〇〇頃—一四五五、スペインの聖職者・聖書注解者〕の出エジプト記注解から一つの箇所（***questio 37***）を引いている。アブレンシスはすでにこの詩人と聖書を関係づけていた。「（…）異教徒は、多くの果実を得るために、シルウァヌスに乳を、ケレスに豚を捧げた。彼らが、シルウァヌスに捧げた乳で子山羊を煮たのかどうかは、詩人たちの作品からは読み取れない。しかし十分にありそうなことだと思われる」。しかしスペンサーは、この聖書の規則の起源だけでなく、この規則が現在ユダヤ人によって適用されていることにも関心を抱いている。数頁にわたって彼は、肉と乳を厳格に分けるユダヤ人のしきたりについて事細かに説明し、次のように詳述している。「彼らは二種類の食器を、一方は肉料理のために、他方は乳料理のために揃えている。そして二種類のナイフを、一本は肉を切るために、もう一本はチーズを切るために用意している。彼らはまた、肉料理と乳料理に同じ塩で味付けをしないよう、二つの塩容れを卓上に置いている。彼らはまた両方の料理用に、二種類の手ぬぐいを持っている。それらの手ぬぐいには、うっかり混同することのないように、印や文字が縫い付けられている(190)(…)」。そして彼は、この戒律が今日のユダヤ教で有している、並外れた重要性を強調している。

初物を供える際に嘆き悲しむことの禁止

スペンサーは、「わたしはそれを喪中に食べたことはない」という節(申命記二六章一四節)から、「あなたはわたしの死を悼んでそれを食べてはならない」という禁令を導き出しているが、この解釈は(それがいかに的外れであろうとも)彼が宗教史家であるばかりでなく、エジプト学者でもあることを示している。この〈非常に曖昧な箇所〉〔*locus perobscurus*〕の意味は何だろうか。スペンサーは今回は、この掟が目の敵にしているかもしれない異教徒もしくはサービア教徒が、疑問の余地なくエジプト人であることを特定できると考えている。ディオドロスは、エジプト人が初物を供える儀式の際に大声で嘆き悲しみ、イシスの名を呼んだと伝えている(191)。スペンサーはこの箇所を、それらの儀式を詳細に描写しているユリウス・フィルミクス・マテルヌス〔四世紀ローマの占星術師・キリスト教護教家〕の言葉を用いて説明している。

神殿の最奥部に(*in adytum*)、彼らはオシリスの偶像を埋めた。この偶像を彼らは毎年悼んだ。彼らは、自分たちの王の悲痛に満ちた運命を嘆き悲しむために、頭を剃ったり、胸を打ったり、手足を掻きむしったりした。

(…)この哀悼と埋葬の行為を弁護する者たちは、物理的な解釈を与えている。彼らのいうところによれば、穀種はオシリスであり、大地はイシスであり、暑熱はテュフォンである。穀物は暑熱の働きかけで熟すので、人々の生活を維持するために穫り入れられ、大地との結び付きを解かれる。そして冬が来ると穀物は大地に播かれるが、彼らはそれをオシリスの死と埋葬と呼んでいる。しかし大地ははらみ、新たな実を結ぶ。[192]

これは、エジプトのコイアク(古代エジプト暦の四月。一年、一二の月を三分割したアケト(氾濫季)、ペレト(播種季)、シェムウ(収穫季)の三季節のうち、アケトの最後の月。この時期にナイルの洪水が引き、播種が始まる)の儀式、とりわけ穀物ミイラの祭礼と「大地を掘り返すこと」(*ḥbs tꜣ*)の儀式を忠実に描写したものである。わたしはスペンサーの記述を、彼が利用できなかったいくつかのエジプトの証拠で補完するという誘惑に抗うことができない。大英博物館所蔵のあるパピルスには、オシリスの死に引き続いて訪れた破局が描かれている。その破局が、コイアクの祭礼の期間、嘆きの対象となる。

大地は荒れ果て、
太陽は昇らない。
月はためらい、もはや照らない。
大洋は揺れ、陸地はひっくり返り、
河はもはや舟で行くことができない。
誰もが嘆き涙する、
男神たちも女神たちも、

人間も、霊魂や死者も、
小さな家畜も大きな家畜も啼泣する。[193]

種子を「土に埋めること」は、あたかも埋葬であるかのようになされる。「大地を掘り返す」祭りは夜に催される儀式だ。別のパピルスには次の文句がある。「おお、ソカリス・オシリスよ、この不幸〔汝の死〕が初めて起きたとき、汝をミイラにして汝の匂いをかぐわしいものにするために、ブシリスに聖所が建てられた。(…) わたしとわたしの妹ネフティスは、この聖所の入口に松明をともした。(…) それ以来、汝のために、大地を掘り返す大いなる祭礼が執り行なわれてきた[194]」。明くる日には「大いなる哀悼」が催される。つまり国中が死せるオシリスを悼むのだ。祭りのサイクルは八日後に「ジェド柱を立てる」儀式で閉じる。

スペンサーの論証に戻ろう。彼はエジプト人からフェニキア人に移る。フェニキア人は、エウセビオス〔二六〇頃—三三九、カイサレイアの司教・ギリシア教父〕によれば、「大地の老いゆく芽を憐れみ、悼み、涙を流し、嘆いた[195]」。これは死せるアドニスの哀悼を指している〔アドニスはフェニキア人が崇めた神。女神アフロディテに愛された美少年で、狩の途中、命を落とした。春になると葬送のアドニス祭が行なわれ、儀式の終わりには再生したアドニスがアフロディテと結ばれた〕。それをスペンサーは、アンミアヌス・マルケリヌス[196]〔三三〇頃—三九五頃、ローマの歴史家〕とルキアノス[197]〔一二五頃—一八〇頃、シリア出身のギリシアの風刺作家〕を引用して具体的に説明している。こうして彼は、古代のイスラエル人を取り巻いていた全文化的環境、すなわちエジプトとカナンでは、初物を穫り入れて供えることは、葬祭の性格を帯びた哀悼の儀式に結び付いていたことを示すことができた。これが、彼の見解によれば、ヘブライ語の *be-'on=i*、すなわち「わたしの喪中に」という表現の最も納得のゆく説明なのだ。七十人訳聖書では、この表現は *lype*〔嘆き〕や *pothos*〔哀惜〕という語ではなく、*en odyne mou*〔わが断魂のうちに〕という言葉で訳されている。これは悲嘆を表す最も強い表現であり、例えば、ラケルを亡くしたヤコブの悲嘆を表すのに用いられている。ヘブライ語の *'on* が七十人訳聖書で *odyne* と訳されている箇所は、ほかにここだけである。ヤハウェは、まるで自分がオシリスやアドニスと同様の仕方で死んだかのように、初物が哀悼の気持ちを示しながら捧げられることを望まなかった。オシリスやアドニスとは反対に、聖書の神は生きている神である。死はこの神の最も忌み嫌うものであり、例えば死骸を嘆き悲しむことのように、死や死ぬことに結び付いた事柄はすべて、供物を受け入れがたいものにする穢れの源泉なのだ。(198)

第二節　応化——律法の文化適応

スペンサーにとって、マイモニデスや古代の著者から受け継いだ規範転倒の原理は、いくつか考えられる歴史的説明のカテゴリーのうちの一つにすぎない。このタイプの説明に、彼はその三巻の本のうち第二巻を充てている。特徴的なことに、その巻もエジプト人ではなく「サービア教徒」について述べている。ほかの二つのカテゴリーが文化適応〔Inkulturation〕と受容だ。文化適応はこの場合、ある具体的な社会において、ある観念体系が歴史的に鋳造もしくは具現されることと定義される。つまり、ある特定の歴史的文化が有する意味のフレームや実際的な慣習のことである。受容とは、ある文化の観念、イメージ、慣習などが、別の文化によって借用されることを意味する。これらはスペンサーの概念ではないが、この区別は彼による。わたしがここでこれらの概念を持ち出すのは、ひとえに、スペンサーが素材を配列したときに、その根底にあった区別を際立たせるのに役立てようと思うからだ。彼は次のような区別を設けている。第一巻では、ここで「文化適応」と呼んだ原理に従って説明される律法を扱い、第二巻では、「規範転倒」として説明されるサービア教徒の律法を扱い、第三巻では、受容の原理に従って説明される律法を扱っている。彼自身はしかし、かなり無差別に、〈応化〉〔*accommodatio*〕、〈転用〉〔*translatio*〕、〈変化〉〔*mutatio*〕、

〈派生〉〔*derivatio*〕といった概念を用いている。[199]

応化と転用は、「文化適応」という概念にも「受容」という概念にも関連づけられる表現だ。「応化」という表現が用いられるのは、律法を取り巻く歴史的状況、律法の〈時代的指標〉が問題になる場合である。それに対して、「転用」という表現をスペンサーが使うのは、律法が文化によって決定され枠をはめられていること、つまり律法の〈文化的指標〉を強調しようとする場合である。しかしながら方向はそれぞれ異なっている。文化適応はここでは、何か神的なものを特定の文化の表現形式へと、いわば垂直方向に翻訳すること、一種の文化の「受肉」を意味する。それに対して受容は、いくつかの形式や観念を、ある文化から別の文化へ「水平方向」に翻訳もしくは借用することを意味する。

スペンサーが第一巻で証明しようとする仮説とは、神が自らの真理をその表現形式に翻訳しなければならなかった社会あるいは文化は、隅から隅までエジプト化されていた、という想定である。律法が授けられたイスラエル人は、文化的な観点からすれば、エジプト人だった。彼らは、エジプトに長く滞在しているうちに、エジプト文化に完全に同化していた。彼らにとってヤハウェは、ファラオにとってちょうどそうだったように、未知の神だった。[200]今日であれば、彼らの「エスニシティ」あるいは「文化的アイデンティティ」と呼ばれるであろうもの、そしてエジプト人に対して彼らを際立たせたであろうものは、まだなかった。というのも、そのような弁別的アイデンティティを構築することが、ほかならぬ、律法の役目だったからだ。神は限りない情けをもって自らへりくだり(*condescendentia*)、すでにある文化の刻印もしくは書き込みに、容赦なく己の新たな律法を上書きするようなことはしないと決めた。むしろ神は、自らの律法の意味を、彼らの文化的背景をなすテクストに翻訳し、自らの真理を、エジプトで歴史的・文化的に刻印され制約を受けている、彼らの理解の形式に「応化」させた。

スペンサーは、応化という自分の概念を展開するにあたり、ペルシウムのイシドロス〔三六〇頃─四三一／四五一頃、エジプトはペルシウムの修道僧・神学者〕から引用した美しい一節を前置きしている。その引用は彼の本のモットーとして掲げられている。(201)

hosper tes men selenes kales ouses, tou de Heliou kreittonos, heis estin ho demiourgos; houto kai palaias kai kaines diathekes heis nomothetes, ho sophos, (kai prosphoros) kai katallelos tois kairois, nomothetesas.

Quemadmodum et pulchrae Lunae, et pulchrioris Solis, unus idemque effector est; eodem modo et Veteris et Novi Testamenti unus atque idem est Legislator, qui sapienter, et ad tempora accommodate, leges tulit.

美しい月とさらに美しい太陽が一つの同じ創造主を頂いているように、旧約と新約にも唯一の立法者しかいない。その立法者は律法を賢明に、そして時代の状況を顧慮して定めた。

この文は、モーセの律法を取り巻いていた「時代の状況」を再構成することに対して、スペンサーが抱いていた史学的関心を、最もよく表している。彼は、律法の意味は、ヘルダーが百年後に「時代精神」〔Zeitgeist〕と呼んだものを顧慮して初めて解明することができると確信していた。「時代の精神」(*genius seculi*)という言葉を用いるとき、スペンサーは、ヘルダーのこの表現をほとんど一字一句違わずに先取りしている。(202) モーセの律法の歴史的背景、あるいは枠となる条件を再構成することに関心があったからこそ、彼はエジプト学的研究に向かったのである。なぜなら彼は、モーセの律法の歴史的背景をなしていたのが古代エジプトだったことを、確信していたからだ。スペンサーの時代にはまだ、エジプトが歴史の中に占める位置は、とうてい確固たるものではなかった。(203) ごく一般的な年代学上の基礎でさえも議論の対象になっていた。エジプト文化がモーセの立法よりも古かったことを証明するために、スペンサーは労を厭わなかった。〈モーセの時代よりもずっと前に〉〔*iam diu ante Mosis tempora*〕という言葉が、彼の説明のライトモティーフをなしている。しかしながら、厳密な意味での年代学上の諸問題に、スペンサーは特に関心を抱いていたわけではない。彼はそれらの問題をジョン・マーシャムにまかせた。マーシャムのしばしば版を重ね、広く読まれた本『エジプト・ヘブライ・ギリシア編年譜』〔*Canon chronicus Aegyptiacus, Hebraicus, Graecus*〕は一六七二年に初めて刊行されたが、一六七〇年に出たスペンサーの博士論文をすでに賛嘆を込めて引用している。つまり、この二人の学者の間には、何らかの関係があったのだ。マーシャムは、（世界の創造から数えて）二三七〇年に起きたノアの洪水から、四一七〇年のペイシストラトス〔前六〇〇頃—五二七頃、アテナイの僭主〕の死にいたるまでの世界史を、一八の世紀に分けている。エクソドスとモーセの律法を、彼は第九の世紀、すなわち、エジプトの建国者メネスの九百年後、そしてエジプトの知恵の創始者ヘルメス・トリスメギストスの八百年後に位置づけている。ヘルメス・トリスメギストスのエジプト名であるトトを、彼は第一王朝のアトテスなる王と同一視している。それどころかマーシャムは、ポルフュリオスの『禁欲について』〔*De abstinentia*〕から引いてきたエジプトの道徳法を十戒と比較して、モーセは「倫理と民事の規律」をエジプトから借用した、と考えている。それゆえマーシャムとスペンサーは、年代学上の立脚点でも、エジプトの文化史上の意義についても、見解を同じくしていたと想定してよい。

スペンサーが主に関心を抱いていたのは、転用と受容のなされる方向だった。誰が誰から受け取ったのか。有名なアタナシウス・キルヒャーを含めた一連の指導的な学者たちが唱え、今一度〈絶対の権威をもって〉〔*ex cathedra*〕枢機卿ピエール＝ダニエル・ユエ[204]が布告していた当時の支配的な説——この二人の著者の作品をスペンサーは熟知していた——は、エジプト人がモーセを剽窃したという前提から出発した。忘れてならないのは、当時の歴史意識はまだ、冒すべからざる規範《カノン》とされた聖書年代学の建物の中に、しっかりつなぎ留められていたということだ。これが含意しているのは、一方では厳格な伝播主義――すべては唯一の起源に発した――であり、他方では序列である。その序列では、古くて起源に近いものほど、新しくて派生したものよりも、強い拘束力を有していた。年代学上の問題は、同時に、真理と拘束力の問題にかかわっていた。多くの人々――その中にはほかならぬアイザック・ニュートン[205]も含まれる――にとって、スペンサーとマーシャムがエジプトの宗教を古い時代に位置づけたことは、キリスト教の世界像を揺さぶることを意味したのであり、その揺さぶりを克服することが必要だった。まだジャンバッティスタ・ヴィーコ〔一六六八―一七四四、イタリアの歴史哲学者。『新しい学』（一七二五）〕も、マーシャムとスペンサーに激しく異議を唱えている。

スペンサーは、正統教義が説く剽窃理論に、同化という自分のコンセプトを対置した。[206] エジプトの文化の方が古くて水準が高いことを目の当たりにして、イスラエル人はエジプトの儀式と慣習に完全に同化したので、「両民族の生活形式における相違をたった一つでも見つけるのは不可能だった」。[207] スペンサーはあるラビ文献を引用している。それによれば、「イスラエル人は、荒野で休らったところではどこでも、邪神像を造り始めた」。[208] 彼らが造った邪神像はエジプトのものだった。その最も明白な証拠が黄金の子牛である。すでにフィロンやラクタンティウスやヒエロニュムスのような古代の著者や、『イェルサレム・タルグム』〔*Targum Hierosolymitanis*〕が、その子牛を聖牛アピスと同定していた。[209] 邪神像を造ったイスラエル人は、彼らが知っていた神に祈ったのであり、モーセの説く「未知の神」に向かってではなかった。

スペンサーによれば、すでにエウセビオスが、律法のことを〈いわば保護者にして導き手、あるいはまた、重いエジプトの病に罹ったすべてのユダヤ民族にとっての、一種の医者のようなもの〉〔*curatrix quaedam et gubernatrix aut etiam, instar medici cuiusdam, universae Iudaeorum nationi, gravi Aegyptioque morbo laboranti*〕と呼んでいる。[210] スペンサーも同様に、彼の用いるメタファーを、主として医学と教育学の領域から引いている。両方のメタファーは、律法の歴史的性格を際立たせる、進歩のイメージを描いている。律法は、治療あるいは教育の前進になぞらえることができるような進歩の脈絡で、ある目的に仕えていた。『儀式法について』の第一巻で、エジプトは歴史的背景として、また、進化のプロセスの一段階として構築される。そのようなものとして、エジプトは、どちらかといえば否定的な姿で現れる。すなわち克服されるべき一つの段階としてである。律法は、漸次的な脱エジプト化のプロセスを開始するために、あるエジプト化された民族に授けられたのだ。第一巻の鍵となる概念が「歴史的応化」である。神の立法は歴史的状況を顧慮しなければならなかった。このことは、なぜ律法が異教の要素、とりわけエジプトの要素をかくも多く受け容れて「転用」しているかを説明してくれる。

第二巻の鍵となる概念が「規範転倒」である。スペンサー自身はこの表現を用いていないけれども。規範転倒は、歴史的コンテクストに関連づけるもう一つの形式、システムと環境が関係するもう一つの形式である。われわれがここでかかわっているのは、受容と転用ではなく、直接の対照区別だ。歴史的背景はこの場合、はるかに否定的な姿を帯びて現れる。つまり、それと戦い、克服し、最終的には忘却しなければならない対抗文化として現れる。しかしスペンサーは、マイモニデスからこのコンセプトを受け継いだのに違わず、この対抗文化を表すのにマイモニデスが用いた名称を使っている。その名称とは「エジプト」ではなくて〈サービア教〉〔*'ummat Sa'aba*〕である。

第三の（そしてはるかに分量の多い）巻で初めて、エジプトはより肯定的な姿で現れる。この第三巻の鍵となる概念が *translatio*、すなわち「転用」もしくは「翻訳」だ。この表現は第一の〈論説〉〔*dissertatio*〕のタイトルに出てくる。この論説は「より一般的に、異教徒の慣習から律法に転用された儀式を扱う」（*quae generalius agitur de Ritibus e Gentium moribus in Legem translatis*）。

〈転用〉は応化の肯定的な形式である。この概念が関係しているのはエジプトから借用された儀式や慣習であり、それらの儀式や慣習は、上書きされて最終的に克服されるのではなく、何か価値のあるものとして保持される。これに関連して、モーセがエジプトで受けた教育が重要になる。モーセは間違いなくヒエログリフに精通していた。（当時の学者の例にもれず）スペンサーはヒエログリフを、神官たちが自分たちの知恵を選ばれた者に伝えるために用いた、一種の暗号文字と考えた。彼の典拠はアレクサンドレイアのフィロンの『モーセの生涯について』だ。その巻一で、モーセはエジプトの教師たちから、ほかの事柄とならんで、「象徴を介して伝えられた哲学」（*ten dia symbolon philosophian*）も学んだと述べられている。

『儀式法について』の第三巻を構成している八つの「論説」で、スペンサーは、供儀、祓い清め、新月の祭り、契約の箱〔モーセの十戒が刻まれた石板が納められていたとされる箱〕、ケルビム〔旧約聖書に登場する人面または獣面で有翼の超人的存在〕、神殿、贖罪の雄山羊、ウリムとトンミム（高位聖職者の胸飾り）[211]といった制度が、たいていはエジプトに起源するものであることを証明しようとする。最後に挙げた論文は一六七〇年の彼の博士論文に依拠している。

このタイプの応化をスペンサーは次のような定式にまとめる。つまり、神は己に捧げられる礼拝に、イスラエル人がエジプト滞在中に聖なるものとして崇めることを学んだ事柄は何であれ、欠けることを容認しなかった（*nec quicquam cultui suo deesse quod in ceremoniis Aegypti deperire solebant et venerari*）[212]。この考えをさらに敷衍すれば、次のようにいえるかもしれない。すなわち、神は己の宗教が可視性に欠けることを望まなかった、と。宗教の可視性あるいは美的次元が、スペンサーの中心的な関心事である。彼が興味を抱いているのは神学や神話ではなく、宗教が表現され生きられるときに纏う、可視的で物質的な形式なのだ[213]。プロテスタンティズムによって抑圧された宗教の美的側面、すなわち儀式や祭礼に対する関心を、スペンサーは、バロック時代のほかの学者と共有していた[214]。

スペンサーのテーゼによれば、宗教の可視的な次元は多かれ少なかれ普遍的であり、古代イスラエルの宗教は、この点では、教義の次元に比べて、その文化的環境――とりわけエジプト――にはるかに近かかった。この原理に従って、つまり可視性に対する欲求から、神はその民に、理論的あるいは神学的レベルでは厳禁されていた像さえも容認した。契約の箱とケルビムは、神の現前を視覚化したものと解しうる（*presentiae divinae symbolum, cultus divini medium, rerum sacrarum repositorium*[215]〔神の現前の象徴、神の崇拝の手段、聖具の器〕）。スペンサーは契約の箱を、〈神秘の箱〉〔*cista mystica* ＝古代ギリシア・ローマの密儀で用いられた聖具〕とエジプトの棺が結合したものと解釈している。

ケルビムが問題なのは、それが像の禁止にはなはだしく矛盾しているからだ。ケルビムはただ「ヒエログリフ」あるいは象徴としてのみ許容できる。ケルビムがエジプトに起源することを最もはっきりと示しているのはその外見である。エゼキエルはそれらを「生き物」あるいは「獣」（*khayyot*）として描いている。どれもが人間の顔、獅子の顔、雄牛の顔、鷲の顔をしている〔エゼキエル書一章一〇節〕。そのようなものとしてケルビムは黙示録に再び登場する（ヨハネの黙示録四章六―七節）。ケルビムはそれゆえ、エジプトの神々やヒエログリフと同じように、〈多形態〉〔*multiformis*〕もしくは混合形態なのだ。（スペンサーも忘れずに指摘しているように）たとえエジプトのイコノグラフィーの中にケルビムに正確に対応するものがないとしても、ケルビムは際立ってエジプト的に見えるので、それらには、エジプトのヒエログリフが果たしていたのと同じ役割があったとしか考えられない。つまり、何らかの聖なる真理を伝達し、かつ包み隠すための暗号文字としての役割である。

スペンサーを読むと、彼がどんな事物についても、それがエジプトに起源することを見つけ出そうとするエジプトマニアであるかのような印象を容易に受ける。しかしこの印象は正しくない。彼が自分の資料に、徹頭徹尾、啓蒙主義の歴史的・批判的精神をもって取り組んでいることを最もはっきりと示しているのが、ウリムとトンミムについての博士論文だ。彼はこの二つの服飾品を、大祭司が神託を伺うさまざまな機会に身に付けた、二つの異なる胸飾りと解釈している。ウリムは戦争にかかわる問題に、トンミムは裁判にかかわる問題に結び付いている。ウリムについて、スペンサーは、それがエジプトに由来するという、アタナシウス・キルヒャーが主張した説を退ける。スペンサーに違わず、キルヒャーも、ウリムがテラフィム〔古代ヘブライ人の家神像〕と同じものと考えた。しかし彼はさらに踏み込んで、テラフィムをセラフィム〔ユダヤ教・キリスト教の熾天使〕と同一視し、セラフィムをセラピス（サラピス）に由来すると考えた。この種の語源学に対しては、スペンサーはただ侮蔑と嘲笑をもって応えるほかない。スペンサーは、エジプトの儀式や制度が古い時代に遡るということに頑としてこだわっているが、だからといってサラピスを、その礼拝がプトレマイオス三世〔在位前二四六―二二二〕の治世に初めて導入された、エジプトのパンテオンの新参者として格付けすることを妨げられはしなかった。スペンサーがこのように批判的に論ずるのを目にすると、ほっとする。こうして彼は、自らの解釈に対する心構えを、読者にさせる。

ウリムはエジプトとは何の関係もない。しかしトンミムはエジプトから借用された。トンミム〔Thummim〕という語は「完全である」を意味する *tam* に由来し、おおよそ「完璧」「完全」を意味している。しかし七十人訳聖書は、この表現を *teleia*「完全」という語ではなく、*aletheia*「真理」という語で訳している。スペンサーがこの特異な翻訳に施した説明には説得力がある。すなわち、エジプトでは最高位の裁き司は真理の像を胸飾りとして身に付けており、トンミムはこの慣習をヘブライ人が借用したものにすぎないということを、訳者たちは明らかに知っていたのだ。エジプトの裁き司に関しては、スペンサーは、アエリアヌス〔一七〇頃―二三五頃、ローマの著述家・修辞学者〕やディオドロスに依拠している。この場合、これらの著者は信頼できる資料といえる。[216] 最高位の裁き司として振る舞った大臣は、実際に、真理の女神マアトの像を胸につけた。したがって、スペンサーはここで本物のエジプトの慣習を引き合いに出しているのだ。[217]

スペンサーの著作は二つの観点で画期的だった。まず特筆に値するのは、正統教義が啓示の概念で事足れりとしていたところで、彼がおしなべて歴史的起源を探し求めたことだ。個々の掟や制度の歴史的根拠を問うたという点では、彼はマイモニデスの跡を継いでいる。しかし、歴史的コンテクストの解釈の仕方では、マイモニデスとは異なる。スペンサーは想像上のサービア教徒を歴史上のエジプト人で置き換え、規範転倒の原理を借用と翻訳の概念で補ったが、それによってこの物語は、彼の記述の中でまったく別の意味を持つようになった。マイモニデスは啓示を（それが歴史的コンテクストを顧慮したものであったがゆえに）歴史的に制約されていると解釈した。それに対してスペンサーはさらに歩を進め、啓示という出来事を、同化、借用、再解釈、再編集のプロレスに還元する。律法を歴史的に説明するということは、スペンサーにとっては、エジプトに発するその起源を見つけ出すことを意味する。この点で、スペンサーは歴史主義と比較宗教史の先駆者の一人といえる。確かに、モーセの定めた律法と制度の起源を、ほとんど例外なくエジプトに帰そうとした彼の努力は、あまりにも行き過ぎていた。しかし彼はこうして、エジプトの文化と宗教について当時手に入れることのできたすべての資料を事実上集め、新たな歴史像とエジプト像の基礎を据えるうえで画期的な働きをした。起源を導き出そうとしたスペンサーの試みの肝要な点は、それが当たっているかどうかにあるのではなく、それがエジプト文化をどれだけ目に見えるものにし、近づきうるものにしたかにある。何でもかんでもエジプトに起源を求めるスペンサーの傾向には、すでに述べたように、エジプトマニアの観がある。ケルビムに関していえば、われわれにしてみれば、エジプトと比較するよりも、アッシリアやバビロニアと比較する方がはるかに自然だろう。しかし忘れてならないのは、（謎めいたサービア教徒の背後にひょっとしたら隠れているかもしれない）アッシリアとバビロニアは、スペンサーの時代には失われて近づくことができない文化だった、ということだ。その一方でエジプトは、古典時代の著者たちの関心のおかげで、西洋の文化的記憶にずっと鮮明に保たれてきた。それゆえエジプトは、スペンサーが対応物を探して回ることのできた唯一の文化だったのだ。

スペンサーがモーセの律法を歴史的に解釈したことで、エジプトがまたもや再発見されることになった。最初の再発見は、ヘルメス主義の伝統が、マルシリオ・フィチーノの訳した『ヘルメス選集』の版本で十五世紀末に開始していた。スペンサーの著作は古代エジプトに対するまったく新しい視野を開いた。ヘルメス主義が描いたエジプト像は、エジプトに対する極端な、そして手放しの感激で染められていた。他方、スペンサーのエジプト像は、同じように極端なエジプトフォビアを特徴としている。スペンサーが、エジプトに対してかくも燃えるような関心を示し、およそ聖書や古典籍やキリスト教徒やラビの文献で見つけることができたものは何であれ、エジプトに関するあらゆる情報を集めることにかくも力を注いだ研究者だということを考えると、このことは逆説的に聞こえるかもしれない。しかしながらスペンサーは、エジプトに対する評価の点では完全にはっきりしており、エジプトの宗教については際立って攻撃的な言葉遣いをした。それは、エクソドスに関する聖書外の記録で出くわしたのと同じ、病と穢れの言葉だ。スペンサーのテクストにはその例がいっぱいある。次に引用する言葉はすべて単一の頁に出てくる。エジプトの宗教はそこでは、*faeces superstitionis Aegyptiacae*〔エジプト人の迷信の糞尿〕、*idolomaniae pestis*〔偶像狂いの悪疫〕、*impietatis Aegyptiacae lues*〔エジプト人の不信心の伝染病〕、そして *pestis Aegyptiaca*〔エジプトの悪疫〕と呼ばれている。翻訳しなくてもよいだろう。彼は当該の頁でさらに次のように問うている。少しの間しかエジプトに滞在していなかったアブラハムがどうして、このエジプト人の不信心の〈伝染病〉〔*lues*〕から身を清潔に保つ代わりに、その「糞尿」を飲んで、この悪疫を〈忠実なる者たちの父の健全な家〉〔*salutifera patris fidelium domus*〕に持ち込む気になれるのか、と。もちろん、アブラハムはその伝染病に対して免疫性を保ち続けていた。四百年続いた例の二度目の滞在中に初めて、イスラエル人は「感染」し、エジプトの悪疫に「汚染」された。この悪疫をまさに「偶像病」〔Idolitis〕と名づけたくなる。(218)

病の言葉がまさに同じ文脈で、すなわちエジプトとイスラエルの対決という文脈で再び登場するのを見るのは、非常に興味深い。癩病、ペスト、疥癬といった、外貌を歪める感染性の病というモティーフは、ユダヤ人の規範的なテクストやエジプト人の民間伝説においてのみならず、ジョン・スペンサーの学識ある言説でも中心的な位置を占めているが、それほどにこのモティーフは、この伝承全体の特徴をなしているようだ。病は宗教上の他者性を表すのに特に好まれたメタファーらしい。エジプト人の立場からすれば、一神教の聖像破壊は病に見える。他方、ユダヤ教徒とキリスト教徒の側からは、〈邪神礼拝〉や〈偶像崇拝〉は同じく病として描かれる。[219] 主教テオドレトスは五世紀に護教論『ギリシア人の（＝異教徒の）迷妄の治療』（*Hellenikôn therapeutikê pathemáton*）を著した。すでにエウセビオスが、先に言及したように、律法を「重いエジプトの病に罹ったすべてのユダヤ民族にとっての医者」と呼んでいた。[220] ハイネの次の詩行『新詩集』（一八四四）所収の詩「ハンブルクの新イスラエル病院」より、

ナイルの谷から引きずってきた疫病、
いにしえのエジプトの不健康な信仰

そして、医学博士ジークムント・フロイトの宗教病理学が想い起こされる。彼はこのハイネの詩行を、モーセについての自著で引用している。[221]
真と偽を分かつモーセの区別を健康と病気の区別に翻訳する、この攻撃的な宗教病理学を、スペンサーは書き継ぐ。偶像崇拝は常に「疫病」と呼ばれる。しかしながら彼のお気に入りのメタファーは、マイモニデスの場合と同じく、中毒だ。律法はこの民族に一種の禁断療法として授けられる[222]――〈偶像崇拝という悪疫に襲われたイスラエル人に治療を施すために〉〔*ut Israelitis suis idololatriae pestae correptis medelam adhiberet*〕――そうして彼らの心を異教から引

き離すために。[223] 病と中毒の違いは、「内面的人間」と心理的もしくは精神的能力にアクセントが置かれる点にある。中毒として見るならば、偶像崇拝は、意思形成、熟考、選択、決定を行なう内面の自由を脅かす。この点で中毒のメタファーは、聖書の預言者たち、とりわけホセアが用いている姦通や姦淫のメタファーと同じ方向を指し示している。[224] 姦通は過てる対象に向けられた欲望であり、中毒と同じように、精神的錯誤というよりもむしろ情動的な強迫である。病（とりわけ、スペンサーがひっきりなしに援用している性病）、中毒、姦通は、禁止された接触と、その致命的な結果を表すメタファーだ。「姦通」は、夫婦の貞操の境界線を別の相手との接触によって侵すことを意味し、「病」は、穢れた人々との接触によって感染した状態を意味し、「中毒」は、習慣化して欲求に変わった、穢れた接触のことを指している。

第三節　ヒエログリフと律法――〈法の外皮の下に〉

病と感染の比喩で語られる世界がどれほどエジプトフォビアで染められていようとも、スペンサーのテクストには、もっと肯定的なエジプト理解が隠されている。それは秘密という考え、そして、ある覆い隠された真理の伝承という考えだ。この考えによれば、モーセはその真理をエジプトで学び、自らの立法の形に翻訳したとされる。ヒエログリフの本質に関して、スペンサーは、ポルフュリオスとアレクサンドレイアのクレメンス〔一五〇頃―二一五頃、ギリシア教父。エジプトのアレクサンドレイアで活躍〕を引き合いに出している。彼らは、ヒエログリフがエジプトで用いられたいくつかの文字体系のうちの一つにすぎないこと、つまり、特殊な目的に使われた特別な文字だということをはっきりさせた（これについては後ほどウォーバートンとの関連で詳しく扱う）。さらにスペンサーは、ヒエログリフについての旧来の理論に与している。その理論は、ヒエログリフに関するホラポロンの二巻の書物に基づいており、[225]とりわけアタナシウス・キルヒャーによる解読の試みに依拠していた。[226]この理論によれば、ヒエログリフは、諸概念を指し示す図像的シンボルだった。ヒエログリフは、例えば一般民衆には秘めておかなければならない「神秘的な」理念を伝承する場合のように、もっぱら宗教上の目的のために用いられた。そこでスペンサーは次のように主張する。神がモーセを介してその民に授けた律法、儀式、制度の大半は、ヒエログリフと同じ性格のものである、と。

少なからぬ律法は、事物の象徴的意味を指し示しているがゆえに、実のところヒエログリフである、という魅力的な考えを、スペンサーはアレクサンドレイアのクレメンスから借用した。[227]クレメンスは、彼以前にプルタルコスがそうしたように、[228]「穀物用の枡の上に座るな」「ナツメヤシを植えるな」「家の中では剣で火を掻き起こすな」「車の上で食べるな」などのピュタゴラスの禁則をエジプトのヒエログリフと比較して、一種の儀式記号論の基礎を敷いた。それをスペンサーはモーセの儀式法に適用することができた。ピュタゴラスの禁則もしくは「象徴」は、古代の哲学でよく扱われてきたテーマである。ある人々――その一人がアリストテレスだった――は、これらの規定は太古のタブーだと考えた。プラトンの伝統にあったほかの人々は、これらの規定は、象徴的な意味を伝える、暗号化された比喩だと考えた。しかし、こうしてエジプトのヒエログリフと面白い比較をしているのは、プルタルコスとクレメンスだけだ。この比較によって、文字と言葉と行為の間に結び付きが生み出される。プルタルコスによれば、ピュタゴラスがエジプトの神官たちを賛嘆して彼らの真似をしたというだけではなく、ピュタゴラスの方もエジプト人に賛嘆されたという。なぜならピュタゴラスは、行動規則をヒエログリフのように暗号化して、一種の儀式暗号文を作成する術を心得ていたからだ。スペンサーによれば、まさに同じ術をモーセもエジプト人の許で学び、ヒエログリフを発展させて、ユダヤ教の儀式法の記号論を生み出した。

スペンサーの場合、律法はこの脈絡では、その中に何らかの真理を包み隠して伝承する「ヴェール」(*velum*)、「覆い」（*involucrum*）、あるいは「外皮」（*cortex*）になる。ある律法に付与された、このヒエログリフのごとき役割は、スペンサーの体系では、その律法の「二次的」根拠もしくは目的をなしている。スペンサーはその著作の冒頭で、第一の根拠と第二の根拠の区別を導入している。第一の根拠とは、偶像崇拝を克服するために律法に課せられている、治療もしくは教育の役割のことである。他方、ある種の規定が有している二次的役割は、「何らかの秘義」を「暗示すること」（*adumbratio*）にあるという。[229] この区別はマイモニデスに倣っている。スペンサーによれば、マイモニデスの「二重の表現」（*verba duplicata*）という考えは、〈字義どおりの意味〉〔*sensus literalis*〕と〈神秘的意味〉〔*sensus mysticus*〕を区別したものらしい。[230]

律法の「神秘的」あるいは「内的」意味とは何のことだろうか。この問題について、ユダヤ教の考えとキリスト教の考えは大きく分かれる。ユダヤ教の伝統では、律法の神秘的意味は「天上の真理」を指しているという。これが暗示しているのは、疑いなく、天の宮殿（*hekhalot*）という神秘的な建築物のことである。奥義を極めた者は、これらの宮殿を通り抜けて、神の玉座である戦車（*merkaba*）にまで昇る。キリスト教の伝統では、律法の神秘的意味とは、キリストの予示だと考えられる。しかしながら、スペンサーはこの点では、きわめて冷静かつ慎重である。つまり彼は〈寓意的に解釈する輩〉〔*allegorizantium natio*〕に対してはっきりと距離を取っている。スペンサーにしてみれば、これらの人々は、寓意的解釈をするときに際限を知らないのだ。[231] スペンサーは、寓意的あるいは神秘的解釈の有効範囲を、少数の儀式と制度に限る。しかしここで彼が考慮に入れているのは「福音の」秘義だけではない。スペンサーは、ある律法の隠された意味は、一、天上の事物のイメージ（*imagines rerum coelestium*）、二、何らかの哲学上の秘密（*arcana quaedam philosophica*）、三、福音の秘義の写し（*mysteriorum evangelicorum simulacra*）、四、何らかの道徳上の秘密（*arcana quaedam ethica*）、あるいは、五、モーセの儀式の覆いの下に隠されているかもしれない歴史上の秘密（*mysteria quaedam historica in rituum Mosaicorum involucris occultata*）を伝えることに、その本質があるかもしれないと考えた。ペサハの儀式のような祭礼はエジプトからの脱出を想起させる記念の制度である。スペンサーはこの節をプルタルコスからの引用で締め括るが、その際、プルタルコスがエジプト人について述べていることを、イスラエル人に当てはめる。「彼らの聖なる儀式は、理性に逆らうようなこと、作り話めいたこと、迷信の臭いのする事柄は何も定めていない。そうではなく、それらの儀式の奥まったところには、何らかの道徳的でためになる教えや、哲学あるいは歴史の認識が隠されているのだ[232]」。

律法には二重の意味があるにちがいない。なぜなら律法は二重の目的を果たしているからだ。律法の一次的もしくは「肉的な」(*sarkikos*——スペンサーはギリシア語の概念を用いている)目的は、民の罹った偶像崇拝中毒を治し、「粗野」な彼らを教育することにある。律法の二次的もしくは「霊的な」(*pneumatikos*)意味は、より高次の真理を、より高い理解力を有する者たちに伝えることにある。すでにエウセビオスが同じ区別を立てている。「モーセはユダヤの民に、彼らの律法に記されているすべての儀式を受け容れるよう命じた。しかし彼はまた、この外的な覆いから自由であるがゆえに精神と徳がより強靭な者たちには、より神的で、普通の人間の理解力を超えた哲学に慣れ、精神の目で律法のより高次の意味を看破するよう求めた[233]」。

モーセは、いわば二重コード化とでも呼ぶべきこの原理を、エジプトの教師たちから教わった。それゆえに神は、彼を自分の第一の預言者に選んだのだ。つまり「エジプトのヒエログリフの学識で育まれた男」(*hieroglyphicis Aegypti literis imutritum*)を。「神は、モーセがより崇高な事柄の、神秘的なイメージを描くように望んだ。モーセが教わったヒエログリフの学識ほど、この目的に適したものはなかった[234]」。スペンサーはさらに続ける。おそらく神は、何らかのより聖なる事柄(*sacratiora quaedam*)を、異教の、とりわけエジプトの賢者たちの実践に応じて、象徴と記号の織り成すヴェールで覆い(*symbolorum et typorum velis obducta*)、律法の中に隠したのだろう。より崇高な性質の事柄はすべて「神秘的な、いわば曖昧模糊とした形で」暗示するという方法は、エジプト人の間で大いに流行していた、という自分のテーゼを裏付けるために、スペンサーは「いにしえの人々」(*veteres*) と、ホラポロンの著した「ヒエログリフ学の大全」を挙げる。彼は、これと同じ「神秘的な哲学の方法」をペルシア人に帰したという、オリゲネス〔一八五頃―二五四頃、聖書釈義家・ギリシア教父〕を引き合いに出す。[235] そしてアレクサンドレイアのクレメンスの次の文を引用する。「すべての神学者 (*pantes theologisantes*) は、異邦人であれギリシア人であれ、現実の諸原理を秘密にしておき (*tas men archas ton pragmaton apekrypsanto*)、真理をもっぱら謎、シンボル、アレゴリー、メタファー、そのほか同様の転義表現や文彩を用いて伝えた (*ten de aletheian ainigmasi, kai symbolois, allegoriais te, au kai metaphorais, kai toioutoisi tisi tropois paradedokasin*)」。[236] この二つの箇所はカドワースの著作との関連でまた取り上げる。これらの箇所はそこではもっと中心的な役割を演じている。

スペンサーは次のように結論する。「神はユダヤ人に、ただ外面上肉的であるにすぎず、内面においては神的で驚嘆すべき宗教を授けたが、それは、知恵の名の下に伝承されてきた事柄のうち、何かしらが自分の律法と礼拝に欠けているかのように見えることがないように、自分の定めた諸制度を時代の好尚と慣習に応化させるためだった」と考えるのは、それゆえ至極妥当である、と。[237] 宗教の「肉的」あるいは感覚的もしくは美的な外面は、エジプト人の許では、ヒエログリフという形でかくも見事に作り上げられていた。モーセはこの外面を、儀式法という形で、ヘブライ人の宗教のために借用するよう命ぜられた。同じ文脈でスペンサーは、後にラインホルトとシラーのエジプト像の要石となる、例のアレクサンドレイアのクレメンスのいくつかの章句の一つも挙げている。「エジプト人は、彼らが真理の聖域の最内奥に保持している、真に秘密のロゴスを『至聖所』で表し、ヘブライ人はそれを「神殿内の」帳でほのめかした。それゆえ、秘匿するということに関していえば、ヘブライ人とエジプト人の謎めいた表現 (*ainigmata*) は互いによく似ている」。[238] これらの文は、エジプトとイスラエルの関係をまったく別様に理解するための道を準備した。スペンサーはまだその道を歩んでいない。しかし十八世紀が経過するうちに、この道はどんどん重要になってゆき、ついには新しい、肯定的なエジプト像に通ずる。そのときエジプトの宗教は、モーセの一神教と同じ真理の源泉と見なされる。エジプトがそのヒエログリフのヴェールの下に隠して秘密にしてきたものを、モーセはその立法によって――しかし同じようにヴェールの下に隠して――公示した。

第四節 〈ヘン・カイ・パン〉――ラルフ・カドワースの説くエジプトの秘められた神学

モーセのエジプト的背景に関するスペンサーの研究は、儀式の問題に集中していた。「転用」という彼のコンセプトは、モーセの儀式法を、エジプトの儀式を変形したものとして解釈することを目的にしていた。スペンサーがどうして、モーセの受けた〈神学上の〉教育について何も述べていないのか、不思議だ。モーセは神的存在についていかなる考えをエジプト人の教師たちの許で学んだのか、という問いは、スペンサーを煩わさなかったようだ。スペンサーがこのテーマを考察の外に置くことができたのは、そのテーマがまさに、一六七八年に刊行されたラルフ・カドワースの『宇宙の真の知的体系』で、きわめて包括的かつ感銘深い仕方で扱われていたからだ。[239] ケンブリッジの二人の指導的なヘブライ学者にして、十七世紀をかくも特徴づけるかの驚くほど生産的な博識の代表者であるスペンサーとカドワースが、お互いのことをよく知っていたと想定してもよい十分な根拠がある。スペンサーによるエジプトの「可視的な宗教」の再構成と、カドワースによるエジプトの「秘められた神学」の再構成が相互に補い合っている様は、両者の間に何らかの分業があったのではないかと推測させるほどだ。唯一の違いは次の点にある。つまりカドワースは、スペンサーとは異なり、その再構成を、モーセがエジプトで受けた教育を究明するという形には持っていかなかった。[240] 彼はモーセの区別、すなわち、宗教における真と偽の区別について研究したが、その区別は、エジプト人の偶像崇拝とイスラエルの一神教の間の敵対関係となって現れる聖書に描かれた形式ではなく、抽象的で哲学的な形式であり、モーセの区別はこの場合、神と世界の区別に還元される。カドワースは、理神論の先駆の一つである「ケンブリッジ・プラトニスト」のサークルに属していた。彼の神は哲学者たちの神であり、彼の敵は偶像崇拝ではなく、無神論もしくは唯物論だった。それゆえ彼の本からは、それが一神教の歴史にとって有している重要性は、はっきりとは見えてこない。その重要性が初めて明るみに出るのは、その本が受容されていく過程で、エジプトの神学についてカドワースの描いた像と、エジプトの儀式についてスペンサーの描いた像が、エジプトの宗教についての一つの全体像に統合されたときだった。

カドワースが『宇宙の真の知的体系』で取り組んだ問題とは、無神論の問題だった。スピノザの名前は挙げられていないけれども（しかし本書第5章注（471）を参照）、（トマス・ホッブズのほかに）誰に対してこの「反駁」が向けられていたかは明らかだ。カドワースが開始しようとした論争は、百年後になって、実際に勃発した。「汎神論論争」については後ほど立ち入って扱うつもりだ。しかしここであらかじめ述べておきたいのは、ドイツとイギリスの初期ロマン主義を呪縛することになったのは、ほかでもない、カドワースがエジプト人の「秘密神学」を表すのに用いた定式だったということである。その定式とは〈ヘン・カイ・パン〉、一にして全、もしくは全一だ。[241]

カドワースが、ギリシア語やラテン語の著者たちの膨大な引用を集めて証明しようとした仮説とは、一神教は、無神論すらも含めたあらゆる宗教に共通する、という考えだった。すべてに共通するものは真であるにちがいない。その逆も然りである。これは当時のエピステモロジーの基本想定の一つであり、この想定は、「自然」という観念および「自然宗教」という概念の根底にもあった。ある至高の存在の認識が「宇宙の真の知的体系」をなす。なぜなら——すでにチャーベリーのハーバート〔一五八三—一六四八、イギリスの政治家・哲学者。理神論の父と称される〕が一六二四年に示したように——「至高の神が存在する」という想定は、すべての想定の中で最も普遍的なものだからだ。[242] 無神論でさえもこの普遍的な考えに一致している。なぜなら、無神論が否定しているのは、まさにこの唯一の至高の神の存在であり、例えば多神教の一柱の神あるいはすべての神々を否定しているわけではないからだ。[243] 有神論者と無神論者に共通するこの概念は、「永劫よりおのずから存在し、森羅万象の原因である、唯一の、完全な、意識ある、理解する存在［あるいは精神］」（*A Perfect Conscious Understanding Being* [or Mind] *Existing of it self from Eternity, and the Cause of all other things*）と定義される。[244]

そしてカドワースは、無神論だけではなく多神教でさえも、唯一の至高の神というこの考えを共有していることを証明しようとする。彼が最初に攻撃する「とんでもない偏見」とは、原始的な古代の宗教はすべて多神教であり、ただ「取るに足らないほんの一握りのユダヤ人」だけが、唯一の神という観念を形成していた、という考えである。「真であるものは自然であるにちがいない」そして「自然であるものはすべてに共通するにちがいない」という原則に従って、カドワースの敵たちは次のように結論した。つまり、唯一の神という観念は「自然の中に基礎を持っておらず、「純粋に人為的な形成物と見なされねばならず、その起源はもっぱら、ユダヤ教徒やキリスト教徒やイスラム教徒の内輪の空想や想像、あるいは具体的な律法や制度に負っている」と。[245] これが、「かの神観念が自然であること」を立証するという企て、それも、多神教でさえも唯一の至高神という観念を暗に含んでいることを証明することで立証するという企てに着手したときに、カドワースが反駁しようとした想定である。この企てによって彼は、古代エジプトの宗教とその〈秘密神学〉〔*arcane theology*〕を、新たに評価するにいたった。

まず彼は、神についての諸々の観念を分けるために、非常に役に立つ区別を導入する。つまり、「創造されたのではなく、おのずから存在する神々」と、「生まれ、死すべき神々」の区別である。[246] そして彼は、これまでどの異教徒も、創造されたのではなくおのずから存在する神々が多数いるとは考えていないことを確認する。異教徒は常に、ほかのすべての神々がそこから生まれ出た、そのような唯一の神性の存在だけを信じてきた。このことが委細を尽くして示される。まずはギリシア人の多神教について（ヘシオドスから背教者ユリアヌスにいたるまで）。それから、シビュラの託宣〔古代のシビュラ（巫女）の神託をまとめたというギリシア語韻文集〕、ゾロアスター教、カルデア人の宗教、そしてオルフェウス教について。彼は「二神論」（＝二元論）のいくつかの形態は許容している。それらの二神論は二つのおのずから存在する神々を知っている。一方の神は善の原理であり、他方の神は悪の原理である。彼が「二神論者」に数え入れているのは、プルタルコス、マルキオン派〔二世紀に興ったキリスト教の分派。旧約聖書の否定とグノーシス主義的二元論が特徴〕、マニ教徒〔三世紀にペルシアのゾロアスター教から派生。キリスト教、グノーシス主義、仏教の要素を取り入れた混合宗教で、善悪、光闇、霊肉の抗争する二元論的宇宙観に立つ〕である。しかしプラトンも、また驚くべきことにゾロアスターも、二神論者に数え入れられていない（なぜなら「これらペルシアのマギたちは、彼らのいう〈アリマニウス〉［アフリマン］を、われわれの見るところエジプト人がテュフォンのことをそう考えたように、悪の人格化としてのみ解したか、あるいは、何らかの〈悪魔的力〉として解したか、そのどちらかである」からだ）[247]。カドワースはこの節を、「オルフェウスのカバラ」とその「神は全であるという大いなる奥義」〔*Grand Arcanum, That God is All*〕――神はあらゆるもの、もしくは宇宙である――で締め括る[248]。このことから――とカドワースは結論する――「疑問の余地なく明らかになるのは、オルフェウスが、ほかのすべてのギリシアの異教徒とともに、唯一の普遍的で一切を包括する神性、つまり、全である一者を知っていた、ということである」[249]。こうして「全一者」が初めて登場することで、第四章の第一八節をなす、五〇頁にも及ぶエジプト学のための土俵が整った[250]。

カドワースはエジプトを学問の故郷として描く。エジプトの学問は歴史、哲学、神学に分かれていた。エジプトの古文書は宇宙の誕生にまで遡り、「実際に与えるべきであった年齢よりも高い年齢を、世界に付与した」[251]。エジプト人は宇宙の誕生を創造として理解したのであって、「アナクシマンドロスやデモクリトスやエピクロスが後に考えたように、偶然に、神なくして始まった」発展と解したのではなかった。なぜならシンプリキオス〔六世紀前半、ギリシアの新プラトン主義哲学者〕が、創世についてのモーセの記録は「エジプトの神話にほかならない」とはっきり確言しているからである。エジプトの哲学には、〈純粋数学と混合数学〔算術、幾何学、天文学〕〉、そして、魂の不死についての教えが含まれていた。彼らの神学は〈民衆のための架空の神学〉と、もう一つの「秘められた神学、秘密の深遠な神学」〔*aporrhetos theologia, Arcane and Recondite Theology*〕に分かれていた。「この神学は民衆には秘密に留められ、ただ王たちと、その能力があると見なされた神官たちだけに伝えられた」[252]。このエジプトの「二重神学」もしくは「二重の教義」という再構成は、エジプトの宗教をめぐる十八世紀の議論を決定づけたばかりでなく、トーマス・マンの「秘教的一神論」というコンセプトも含めて[253]、比較的最近のエジプト学の諸理論にもいまだに響きを残している。後世に甚大な影響を与えたこの再構成は、三つの文章に依拠している。これらの文章については、先にスペンサーとの関連で簡単に触れただけなので、ここでカドワースの翻訳に従って挙げたい。

最初の文章はオリゲネスのものだ。「オリゲネス〔Origenes〕という名前からしてすでにエジプト的である。なぜならこの名前は、ホルス神から生まれた〔Horo-genitus〕という意味だからである。彼はケルソスが、自分はキリスト教に関する事柄はすべてすっかり理解している、と大言壮語しているのをとらえて、次のように述べている。ケルソスはここでは（と彼はいう）、エジプトに旅をする人と同じように振る舞っているようだ。かの地ではエジプト人の賢者たちが、彼らが神的であると見なしている事柄について、かの国に特有の学識にふさわしく、大いに思索している。他方で無知な人々は、賢者たちが哲学的思索に耽っている間、その真意はわからないが自分たちに多くの楽しみを与えてくれる特定の寓話しか聞かない。ケルソスはエジプトを旅する人と同じように振る舞っているといったが、つまりこの旅行者は、これらの無知な人々とだけ交わって、神官の誰からも、彼らの秘められた、より高次の秘義についてこれっぽっちも教えてもらわなかったのに、エジプトの神学に関することなら何でも知っているといまや大言壮語するのだ（…）エジプト人の賢者と無知な者の違いについて、われわれが今確かめたことは（と彼はいう）、ペルシア人にも当てはまる。彼らの許では、宗教儀式は、洞察力ある人々によって賢明な仕方で執り行なわれる。その一方で、浅はかな衆人の視線は、外的な象徴や祭式に注がれるが、それ以上先を見ることはない。同じことがシリア人やインド人、そして、宗教的な寓話のほかに学問と教義を有している、他のすべての民族についてもいえる」[254]。

二番目の証言はアレクサンドレイアのクレメンスのものだ。「エジプト人は、彼らの宗教上の秘義を、誰にでも無差別に明かすわけではないし、また、神的な事柄についての知識を世俗の者たちに伝えることもしない。そうではなく、王国を継承する天命を授かっている者たち、そして神官のうち、その生まれと教育によって最も適格と判断された者たちだけに明かす」[255]。

エジプト人の秘密神学に関する三番目の証言は、プルタルコスの論文『イシスとオシリスについて』から引かれた二つの有名な文章だ。一方の文章はスフィンクスについて述べている。「エジプト人の許では、戦士階級の者が王に選ばれると、その者はただちに神官たちのところに連れてゆかれ、かの秘密の神学を教わる。その神学は、神秘的な真理を曖昧な物語や寓意の下に隠している。それゆえ、彼らはスフィンクス像を自分たちの神殿の前に据えているのだが、そうすることで、自分たちの神学には何らかの秘密の、謎に満ちた知恵が含まれていることをほのめかしているのである」[256]。もう一方の文章は、神秘的な沈黙を表す象徴として、ハルポクラテスについて述べている。「エジプト人のハルポクラテスを、未熟な、まだ幼い子供の神と考えてはならない。そうではなく、神々について人間が口にする不完全で、舌足らずで、不明瞭な語りを統べ、規制し、正す神と見なさなければならない。それゆえこの神の像は口に指を当てているのであり、これは沈黙し、口を堅く閉ざすことを表す象徴なのである」[257]。

エジプト人は、彼らの知恵を知者たちに伝え、同時に、無知な者たちには秘密にしておくために、二つの方法を用いた。それが寓意とヒエログリフである。カドワースは、ヒエログリフについての一般的な解釈に従った。その解釈によれば、ヒエログリフは〈音や語に対応しているのではなく、精神の対象や観念をじかに表している形象〉[258]

であり、それらは主に、「彼らの神学と信仰の奥義を、世俗の大衆には秘めたまま表現する」ために用いられた。これが、モーセの教わった「ヒエログリフの学と理論」だった。カドワースの見るところ、その学の本質が「一にして普遍なる神性、全世界の創造者についての教え」にあったのは、まったく疑いの余地がなかった。[259] カドワースは、古代エジプトの神学についてのこの解釈を、想定されうる二つの異議から守っている。

第一の異議は、エジプト人は無神論者で唯物論者だと非難するもので、ポルフュリオスがその『アネボーへの手紙』で持ち出している。ポルフュリオスは、エジプト人は「惑星、獣帯の星座（…）そして、彼らの呼び方によれば、強力なる君主たち」以外にいかなる神々も知らない、と主張している。これはエウセビオスも力説しており、彼は次のように述べている。「エジプト人の完全に秘められた神学は、星辰と惑星以外にいかなる神的なものも崇めず、この宇宙の根本原因として、いかなる非物質的原理もしくは創造的理性も知らず、ただ目に見える太陽だけを認めていた（…）精神のない質料と、死せる、生気のない物体のほかにいかなる神的なものも崇拝しなかった、このエジプト人の秘密神学から何が生まれたか、見るがよい」[260]。カドワースの目には完全に的外れに映る、エジプトの神学についてのこれらの見解は、「絶対的無神論」という彼の概念にまさに対応している。これらの見解はすでにイアンブリコス〔二四五頃―三二五頃、シリア出身の新プラトン主義者〕によって反駁されていたので、カドワースはこの非難に対しては、〔イアンブリコスの〕『密儀について』から長い引用をするだけで済ますことができる。

自分の解釈に対する第二の異議を、カドワースは自らに申し立て、次のように問う。「ひょっとしたらエジプト人はむしろ、思慮のある、おのずから存在し、創造されたのではない神性が複数あることを知っていた『多頭制論者《ポリアーキスト》』（多神論者）だったのではないだろうか」。彼はこう自問して「トリスメギストスの書物」に目を向ける。しかし、マルシリオ・フィチーノやジョルダーノ・ブルーノの時代から何事も起こらなかったかのように、いまだヘルメス・トリスメギストスに〈原初の神学〉の体現を認めていたアタナシウス・キルヒャーとは反対に、カドワースはあまりにも批判的で良心的な学者だった。それゆえ彼は、これらの文書を古代エジプトの秘密神学の計り知れないほど貴重な原典として活用する前に、イザーク・カゾボンが『ヘルメス選集』の成立年代を遅い時代に位置づけたことに、十分な顧慮を払わずにはいられなかった。イザーク・カゾボン（一五五九―一六一四）は『ヘルメス選集』が古代末期に成立したことを疑問の余地なく証明したが、さらにそれが、キリスト教徒によって捏造されたものであると主張した。[261] フランシス・イェイツは、カゾボンの著作が刊行された一六一四年を、まさに「ルネサンス世界と近代世界の分水嶺」と呼んだ。[262] カゾボンによるヘルメス文書の年代確定は、「ヘルメス主義の種々の立場によって何らかの自然神学を打ち立てようとするあらゆる試みの土台を揺るがした」。『ヘルメス選集』をかくも壊滅的な批判から守るのは、確かに容易なことではなかった。カドワースがこの課題に挑んだとき、彼の用いた論拠は必ずしも常に確実とはいえなかったが、それにもかかわらず、彼は決定的な成功を収めた。これが、なぜ分水嶺の効果が起こらず、なぜその後もヘルメス主義に依拠して諸々の自然神学が打ち立てられていったのか、その理由である。フランシス・イェイツはヘルメス主義の章をあまりにも早く閉じた。十八世紀が参照したのは、例えばカゾボンではなかった。むしろカドワースが読まれた。ヘルメス文書が十八世紀に強い影響力を保ち続けていたとすれば、それは、カドワースによる介入のおかげであり、それらのテクストは彼の解釈に基づいて読まれたのである。

カドワースは、カゾボンが『ヘルメス選集』の一七の書すべてを、単一のまとまったテクストとして扱ったと非難した。彼の言い分によれば、それゆえにカゾボンは、局所的な射程しか有していない観察結果を、テクスト資料全体に当てはめるという誤りを犯してしまったのだ。「したがって、学識豊かなカゾボンもはたせるかな、ヘルメスの書物のうち、せいぜい二、三の書の中に捏造箇所を発見したにすぎないのに、それに基づいて、これらの書物すべてがキリスト教徒によるまやかしの虚言であると宣告したとき、きちんと考えなかったか、あるいは正確な結論を導き出さなかったようだ。彼がこのような誤りを犯すにいたったのは、おそらく、マルシリオ・フィチーノがヘルメス・トリスメギストスの名の下に公刊したものはすべて、『ポイマンドレス』というただ一巻の書物のさまざまな章をなしているにすぎないという、（すでにフランチェスコ・パトリッツィが反駁している）一般に流布した謬見に従ったからであろう。しかしこれらは実際には、同じ数の、はっきりと区別される、互いに独立した書物であり、それらのうち、『ポイマンドレス』はただ最初の位置を占めるにすぎないのだ[263]。『ヘルメス選集』をキリスト教徒による捏造と解釈するカゾボンの判断基準は、カドワースによれば、〔『ヘルメス選集』の〕一七の書のうち、三冊にしか当てはまらない。すなわち、第一冊子『ポイマンドレス』、第四冊子『クラテール』、第一三冊子『山上の教え』である。これらの文書だけがキリスト教徒による捏造であるとカドワースはいう（ところで今日では、これらの冊子に関しても、もはやそうとは考えられていない）。残りの書物は、カドワースお気に入りのテクストである『アスクレピオス』も含めて、本当のエジプトの神学について証言しているものとして、保持されるべきである。これらの書物の成立した時期は遅いかもしれない。しかしこれらの書物は、〈エジプトの異教と、神官たちによるその継承がまだ途絶える前に〉書かれたのだ[264]。そして、たとえキリスト教徒による捏造がその中にいくつか紛れ込んでいたとしても、いくらかの真実がそこにはあるはずであり、信ずるに値するのだ。少なくとも、〈ヘルメス・トリスメギストスあるいはエジプトの神官たちが、彼らの秘められた真の神学で、実際に一つの至高の普遍的な神の存在を認めている〉という点ではそうなのである[265]。

もっともカドワースは、ヘルメス文書だけを土台にして自分の建造物を組み立てないよう、慎重に努めている。彼はヘルメス文書に言及する前に、彼の目にはそれほどいかがわしくないように見える、非常に多くの証言を並べる。「エジプト人は、彼らの多くの神々のほかに、一つの至高の、万物を包括する神性を知っていた」ことを証明するためだ[266]。プルタルコスの論文『イシスとオシリスについて』は事実、エジプトの宗教について当時手に入れることのできた最良の資料と見なしてよいのだが、この論文は、エジプト人が彼らの至高神を「第一の神」と呼んでいたことを、何度も確言している。この神はエジプト人に「不明の隠れた神」と見なされ、（さまざまな理由から）一頭のワニで象徴されていた。[267] ホラポロンは「エジプト人は、一人のパントクラトール（すべてを支配する者）にしてコスモクラトール（宇宙を支配する者）、つまり全世界を統べる全能の存在を知っており、それを蛇の像で象徴的に表していた、と伝えている」。この「第一にして最も神聖な存在」は、エウセビオスによれば、「ハヤブサの頭を持つ一匹の蛇の姿で象徴的に描かれていた」という。

カドワースは後の方でエウセビオスのある箇所に触れている。エウセビオスはその箇所で、かの「一なる精神的創造者」の名前として「クネフ」〔Kneph〕を挙げ、次のように述べている。「世界を創造した理性的叡智は、容易には見つけ出すことができず、冥々として秘められている（…）そしてこのクネフからもう一つの神が生み出されたらしいが、この神をエジプト人はプターと呼び、ギリシア人はウルカヌス［＝ヘファイストス］と呼んでいる」。[268]「クネフ」は、エジプトの神名〈ケムアテフ〉〔*Km-3t=f*〕、「自らの時を完成せる者」を正確に再現したものであり、世界の先在を体現する、アメン神の原初形態の名前である。

それからカドワースは「神聖なるイアンブリコス」に向かう。その書『エジプト人の密儀について』〔*De mysteriis Aegyptiorum*〕は、期待に違わず、秘められた一者という彼の理論を支えてくれる豊富な資料を提供してくれる。そしてカドワースは、ダマスキオス〔四六〇頃―五三八以降、新プラトン主義の哲学者。プラトンが創設したアカデメイア最後の学頭〕から引用した非常に興味深い一節で締め括る。「われわれの時代に生きていたエジプトの哲学者たちは、特定のエジプトの文書に記されてあった、彼らの哲学の隠された真理について、次のように説明した。すなわち、あらゆる事物には一つの原理があり、それは『不可視の暗闇』という名で称えられ、それが三度繰り返される、と。この『不可視の暗闇』とは、かの至高の神性を説明したものであり、それが把握不可能であることをいっているのだ[269]」。

「大衆向きの宗教と神学」では、この至高にして秘められた神は「ハムモン」〔Hammon〕あるいは「アムモン」〔Ammon〕と呼ばれていたという。セベンニュトスのマネトーは、*Amoun* という名は「隠れたもの」という意味だと説明している（ところでこれはまったく正しい。エジプトの神学を反映したこのギリシア語の文章にあるほかの多くの事柄も同様である。これについては第7章で、エジプトの資料を用いて、筋道立てながら論ずるつもりだ）。イアンブリコスはこの名前を「デミウルゴスの精神、知恵とともに生成して明るみに出る真理を統べる者、隠れた諸原因の秘められた不可視の力」と説明している。この定義からカドワースは、「ハムモンはエジプト人の間では、かの至高の神性の名であったばかりでなく、ある隠れた、目に見えない、無体の神性を表す名でもあった」と結論する。[270]

隠れた神という観念をもってサイスのヴェールに覆われた神像のための舞台が整った。プルタルコスとプロクロス〔四一〇頃—四八五、新プラトン主義の代表的な哲学者〕による有名な描写が、エジプトの神学の核心を突いていると考えたのは、どうやらカドワースが最初らしい。彼は、「サイスの神殿にある」碑文の、プルタルコスが伝えているヴァージョンを、〈われはかつてありしもの、今あるもの、そしてこれからあるであろうもののすべてである。そしてわが纏うペプロス〔古代ギリシアの女性の上衣〕あるいはヴェールを、死すべき人間の誰一人として、これまでに取り除いたことはない〉〔*I am all that Hath been, Is, and Shall be, and my* Peplum *or Veil, no mortal hath ever yet uncovered*〕と翻訳し、次のことを明確にしている。つまり、この観念を「精神のない物質」と解するのは不可能である、ここで「全である一なるもの」として語っているのは、人格を備えた「わたし」なのだから、と。[271] カドワースはこのヴェールを、外と内との区別、「外的で目に見えるもの」と「隠れた崇高なるもの、目に見えず、死すべき者には把握できないもの」との区別を表す象徴と解釈している。彼はこの区別を、「神が自分自身についてモーセに与える説明、〈あなたにはわたしの背後は見えるが、わたしの顔は見えない〉」と比べる。[272] フィロンは「この言葉を次のように解釈している。〈賢者にとっては、神をア・ポステリオリに、あるいはその御業から知るだけで十分である。しかし、神性の覆われざる本質を注視しようと望む者は誰であれ、その神性の超越的な放射とその光線の輝きによって目を眩まされるだろう〉」[273]。まさにこの形で、十七世紀と十八世紀には、ヴェールに覆われたイシスが自然の寓意として描かれた。すなわち、彼女の足跡を〈後から〉〔*a posteriori*〕測定する哲学者や童子を従えた姿として描かれた（後述の二三二頁以下を参照）。聖書が神の背後と呼び、フィロンがその御業と解釈しているものを、その碑文は「ペプロスまたはヴェール、あるいは神性の外衣、もしくは『ヴェールに覆われた神性そのもの』と呼んでいる。それゆえ明らかに」とカドワースは続ける。「ここに描かれている神性は単に、生気のない死せる物質であるところの、目に見える有形の世界ではありえない。というのも、この物質世界はまったくの外面であり、感覚に露になっていて、そこには隠されたもの、もしくはヴェールに覆われたものは何もないのだから」。

ホラポロンはエジプトの「神」の概念を、「世界にあまねく広まり、万物に最内奥まで浸透している精神」と説明している[274]。カドワースはこの説明を、サイスのある碑文に言及したイアンブリコスの文章と結び付ける。その碑文をカドワースは、プルタルコスが伝えている碑文と同じものと考えている。ビテュスという名の予言者が「かの地のサイス神殿で、全世界にあまねく広がる、もしくは広まる神の名について説明した」という[275]。カドワースは、拡散の概念を延長の概念によって補うことで、ここでいわれているのは〈広がりのあるもの〉〔*res extensa* = 物質〕のことであり、それが、〈思惟するもの〉〔*res cogitans* = 精神〕であるこの神性のヴェールをなしていることを、同時代の読者にはっきりさせる。彼はまた、「エジプトの女神ネイトから派生したギリシア人のアテナも、そのペプロスで有名だった」という事実を指摘する。一着のペプロスが毎年この女神に奉献された。その「女神アテナの大祭では、女神の彫像に、町の高貴な乙女らの手で、彼女たちの刺繍したペプロスが厳かに着せられた」。カドワースは、「サイスの神殿にあるエジプトのネイト神の彫像も、その碑文にあるとおり、そのようなペプロスで覆われた」と考えてまず間違いないと見ている。それから彼はプロクロスのヴァージョンに言及する。プロクロスは次の文を付け加えている。「そして太陽は、わたしの生み出した実り、もしくは新芽だった」。この文は、エジプト人にとって〈太陽は至高の神性ではなかった〉ことを証明している。

カドワースはまとめる。「第一の神」とはエジプト人の至高神である。「エジプト人はこの神を、世界が創造される以前から、世界の外部に、そして世界とは独立して存在している、不可視の隠れた神として把握している。同時に彼らはその神を、世界としても理解している」。『第一の神』もしくは〈一なるもの〉〔*to Hen*〕と、〈全なるもの〉〔*to pan*〕もしくは宇宙は、同義の表現だった。なぜなら、第一の至高の神性はあらゆるものを含んでおり、あらゆるものにあまねく広がっているからである」。これでわれわれは全一者に戻ってきた。そして、オルフェウスが***hen ti ta panta***、すなわち〈万物は一であった〉という教義をどこから得てきたのか、いまや明らかになった。すなわちエジプト人からである[276]。エジプト人にとって、一なるもの（***to Hen***）、つまり万物の目に見えない根源は、万物（***to Pan***）の中に現れている、もしくは「包み隠されている」。〈全〉〔*Pan*〕は〈一なるもの〉の外的な現れ、あるいは延長である。このことはアルカディアの牧神パン〔Pan〕にまったく新たな光を投げかける。つまり、（***to***）***Pan***すなわち「全なるもの」は、自然と同一のものであり、アルカディアのパンは自然の神なのだ。カドワースは、パンについて述べられているいくつかの文章を、汎神論との関連で検討している。それらの文章には、プルタルコスの有名な『偉大なるパンの死』の物語も含まれている[277]。後にバークリーは、〈全なるもの〉を自然の女神であるイシス、すなわち〈産出される自然〉〔*natura naturata*〕と同一視して、〈産出する自然〉〔*natura naturans*〕であるオシリスと区別する[278]。これはモーセの区別とはまったく異なる区別である。カドワースが、モーセの区別のように、真の宗教と偽の宗教を区別するとき、迷妄は異教徒（ましてやエジプト人）の側にあるのではなく、唯物論者の側にある。彼らは外面的なもの、物質、延長、目に見えるもの、〈産出される自然〉に固執して、それ以外のものは何も承認しないのだ。

〈ヘン・カイ・パン〉の神学がエジプト人の〈秘密神学〉だということを、考えうるすべての疑いを退けて証明した今、カドワースは『ヘルメス選集』の一七の冊子から、二三をくだらない、どの点から見てもすばらしい引用を持ち出してくる。それらの引用では、全一者の観念について、これ以上望めないほど明確に、はっきりと述べられている。彼はこれらの章句を、ギリシア語あるいはラテン語の原文に、賛歌のように躍動的な自訳を添えて、引用している。汎神論的な標語や宣言がこうしてたたみかけるように一挙に披露されるとき、ここまで彼の筆致を追ってきた読者が受ける印象は、理屈抜きに圧倒的である。

汝ら、わが内なるすべての力よ、
かの一にして全なるものを称えよ。(279)

これらの頁が一世紀以上にわたって光輝を放ち続けたのはなんら不思議ではない。これらの頁によって、ヘルメス・トリスメギストスが華々しくカムバックする道が整えられた。ヘルメス文書は、プルタルコスが外側から描いていることを、内側から表現している。サイスのヴェールに覆われた神像に付された碑文とヘルメス文書は、全である一者、〈万物であった一なる神〉の存在を、いずれも疑いなく確証している。(280)

もう一つ別の碑文は、サイスの碑文とヘルメス文書にある〈ヘン・カイ・パン〉を、このように同一視してもよいことを証明している。それはカプアで発見されたある祭壇に見られる碑文で、アタナシウス・キルヒャーが公表したものだ(そのテクストをカドワースが配置したとおりに載せる)。

TIBI.
UNA. QUÆ.
ES. OMNIA.
DEA. ISIS

「全である一者、女神イシスよ、汝に〔捧げる〕」。[281] この関連で、アプレイウスにあったあの忘れがたい女神イシスの顕現のことを思わない者がいるだろうか。カドワースは、アプレイウスとそのイシスの観念に数頁を割き、それからサラピスに移る。もちろん彼は、「オリゲネスが伝えているように、この神性はアレクサンドレイアのプトレマイオスによって導入された成り上がり者（***upstart***）である」ことを知っている。[282] サラピスはある神託ではコスモスとして現れる。

星辰を戴いた天はわたしの頭、
海はわたしの体、
わたしの両耳は天空《エーテル》の中にあり、
太陽の明るい光は万物を透視するわたしの目。[283]

すでに別の箇所で示したように、サラピスによるこの自己描写は、ヘレニズムで広範囲に流布していた〈宇宙神〉〔*Dieu Cosmique*〕（アンドレ＝ジャン・フェステュジエール）の観念に合致しているが、エジプトの文書にもよく似た例があり、それらの類例は紀元前十三世紀にまで遡る。[284] これについては第7章でまた取り上げる。

『ヘルメス選集』やその他のギリシア語とラテン語のテクストを、エジプトの神学の信頼すべき証言として引き合いに出したとき、カドワースは間違っていた、というと、彼に対して公正ではないだろう。彼が企てたのは、ヘルメス主義の伝統の起源をはるか古代の最盛期にまで遡らせることではなく、捏造であるとしたカゾボンの裁断に対して、これらのテクストを復権させることだった。この点で彼は正しかった。そして彼は、カゾボンの説に譲った三冊子の場合でも、正しかったのかもしれない。カドワースにとって肝要だったのは、文書の成立年代を確定することではなく、その信憑性の問題だった。彼は自らの意図を指して、エジプト人の真正の〈秘密神学〉にまで突き進む企てと説明している。そのために彼は、「シビュラの託宣や、その権威が近頃、学識豊かな文献学者たちによって否認された、ヘルメス・トリスメギストスの有名な文書に依拠するのではなく、また、キリスト教徒による捏造の疑いが持たれるかもしれないような異教の神々の神託に頼るのでもなく、まったく疑わしい点がなくて確かと見なしうる、異教古代のモニュメントを支えにする」。これらのモニュメントがギリシア語で書かれており、エジプト語で書かれていないことは、彼にとっては問題ではなかった。彼が想定したのは、ギリシア語ができて、翻訳をするときに、自分たちの「秘密神学」を表現するのに、ギリシア語のみならず、ギリシア哲学をも用いたエジプトの神官たちの存在だった。その際に彼はイアンブリコスを引き合いに出すことができた。イアンブリコスは、ヘルメス文書にプラトンとの類似点があることを説明するため、「それらの文書は、ギリシア哲学に通じていたエジプトの神官たちによって書かれた」と述べた[285]。こうしてヘルメス文書を復権させることで、カドワースはヘルメス主義の伝統を、何らかの自然神学を探求する目的のために救うことができた。これこそ、この伝統の歴史にとって大切なことなのである。これらのテクストが後の時代に成立したということを、カドワースは喜んでカゾボンに認める。しかし彼にとってそのことはただ、エジプトの秘密神学がどれほど長い間命脈を保ち続けていたかを示すにすぎないのであって、その神学がどのくらい後の時代に案出されたかを示すものではない。カドワースはまた、この神学がずっと鮮明に保たれて、なかんずく彼自身の内でも生き続けていたことを、みじんの疑いもなくわれわれに確信させる。

有名な哲学者ジョージ・バークリーは、カドワースの成果をパラフレーズして次のように書いている。「確かに、ヘルメス・トリスメギストスに帰せられた書物のどれ一つとして、彼によって書かれてはおらず、すでに認められているように、いくつかの明らかな捏造を含んでいる。けれども、それらの書物が古代エジプトの哲学の諸々の立場を、たとえ新しい衣装を纏っていたとしても、含んでいることも同様に認められている。イアンブリコスはこれを説明して、ヘルメスの名を冠した書物は、エジプト語からギリシア語に翻訳されたがゆえにしばしばギリシア哲学の様式で表現されているけれども、実際にヘルメスの考えを含んでいる、と述べている（…）プラトンとアリストテレスは、神のことを、抽象化されたもの、あるいは自然界とは区別されるものと考えた。しかしエジプト人は神と自然を一つのまとまりをなすものと、あるいは、あらゆるものをまとめて一つの宇宙と考えた。そうすることで彼らは、理解する精神を排除したのではなく、その精神を、あらゆるものを包み込む空間と（*as containing all things*）考えた。それゆえ彼らの考え方は、そのどこが間違っていたにせよ、何ら無神論を含意していたわけではなく、また無神論に通ずるものでもなかった[286]」。

全一者についてのグレコ・エジプトの哲学を、モーセがエジプトで教えを授かったときに修得することができたほど古い、何らかのエジプトの神学と同一視したとき、もしかしたらカドワースは行き過ぎたのかもしれない。しかし、この場合でさえも、カドワースに有利となる事柄をいくつか持ち出すことができる。むろん、カドワースの探し求めた資料は、一八二二年にヒエログリフが解読されて初めて、少しずつ利用できるようになった。彼が「疑わしい点がなくて確かなモニュメント」と考えたのは、われわれがすでに見知っているのと同じ、古典からの引用の万華鏡にほかならない――もっとも、テクストを歴史的に批評すると、いくつかを除外しなければならないが。われわれは今日ようやく、カドワースがむなしく探し求めたモニュメントを研究し、碑文を読むことができる。ヒエログリフのテクストは、これ以上望めなかったであろうほどよく、彼の直観の正しさを確証してくれる。このことは第7章で示すつもりだ。

第4章

真理と神秘——ウィリアム・ウォーバートン

ウィリアム・ウォーバートン（1698-1779）

第一節　ある理神論者の視点から——ジョン・トーランド

スペンサーの博士論文『ウリムとトンミムについて』〔*De Urim et Thummim*〕（一六七〇年）とほぼ同時期に、そしてその主著『儀式法について』（一六八五年）よりもずっと前に、サー・ジョン・マーシャムは、歴史と年代を再構築した仕事（『編年譜』一六七二年）を刊行した。マーシャムの本は、スペンサーの論証が年代について含意している事柄を裏付け、〈聖なる歴史〉〔*historia sacra*〕と〈世俗の歴史〉〔*historia profana*〕を区別する正統信仰の歴史像に異議を唱えた。スペンサーは律法を歴史化することで、聖書の真理を画定する伝統的な境界線と枠組を破壊し、聖書の前史と歴史的環境に対する新たな展望を開いた。文明だけではなく、宗教と祭祀も「モーセの時代よりもずっと前に」始まったことを、スペンサーは示した。マーシャムは同じ考えから新たな年代学を築き上げた。[287]

マーシャムとスペンサーが彼らの著作を刊行してから数年も経たないうちに、ジョン・トーランド[288]とマシュー・ティンダル[289]〔一六五七頃―一七三三、イギリスの代表的な理神論者〕は、この年代学上の革命から、神学上の結論を導き出した。この二人の著者は〔マーシャムやスペンサーとは〕別の分野で仕事をした。つまり彼らは、マーガレット・ジェイコブが的確にも「急進的啓蒙主義」と呼んだものに属していた。スペンサー、カドワース、ウォーバートンが、正統教義による諸々の区別を内側からずらそうとしたのに対して、トーランドとティンダルは外側から働きかけ、革命的でときとして攻撃的な仕方で「聖なる真理を転覆すること」を試みた。彼らは、彼ら以前のフランスやイギリスの理神論者たちの考えだけではなく、ヘルメス主義者やスピノザ主義者の考えにも依拠して、歴史の刻印を帯びて諸宗教にさまざまに現象している個々の形態を越え、それらの背後にある、すべての民族に共通する何らかの自然宗教の概念を探し求めた。彼らはスペンサーの著作こそ、エジプトがこの宗教の生まれ故郷だったことを歴史的に証明していると考えた。スペンサーはモーセの律法がエジプトに由来することを再構成したが、彼らはそのスペンサーの再構成をヘルメス主義の伝統と、そして、その伝統が再構成したエジプトの神学と結び付けた。すなわち、全である一者、そして一者である全、という教えである。マーシャムは、エジプトの宗教が太古のものであり、モーセに八世紀か九世紀ほど先行していたことを示した。古くて起源に近いものはすべて、新しく派生したものよりも、おのが真理をより強く主張できるという、決して疑われたことのない原則に基づき、エジプトは真理の居所と見なされねばならなかった。マーシャムが〈聖なる歴史〉と〈世俗の歴史〉の区別を撤廃したように、彼らも自然宗教と「実定」宗教、もしくは、自然と啓示の区別を撤廃した。(290) スペンサー自身の意図にまったく反して、正統教義の信奉者たちは彼の本を、ピエール・ベール〔一六四七―一七〇六、フランスの哲学者。『歴史批評辞典』(一六九七)〕、マシュー・ティンダル、ジョン・トーランドのような「理神論者」の立場に結び付けて読んだ。(291) そういうわけでスペンサーは、正しい信仰の擁護者たちから、これらの見解に道を拓いたばかりでなく、それを共にしたといって咎められた。スペンサーがエジプトフォビアで染め上げた偶像崇拝のヴィジョンは、スピノザ主義と理神論という新たな敵を前にして、すっかり色あせた。

理神論者の立場を実例に則して手短に説明しよう。そこで、チャーベリーのハーバート卿からボリングブルック卿〔ヘンリー・シンジョン、一六七八―一七五一、イギリスの政治家・哲学者〕にいたるまでの一五〇〇年間に刊行された、数え切れないほど多くの本や論文やパンフレットの中から、ジョン・トーランドの一冊の薄い本を取り上げることにする。その小著のタイトルは『ユダヤ教の起源』〔*Origines Judaicae*〕という。ほかでもないこのテクストに立ち入る唯一の理由は、それが、ストラボンによるエクソドスの記録に注釈を施したものであり、また、モーセの生涯と仕事をもっぱら、本書の第2章で扱った聖書外の伝承に依拠して描こうとした最初の試みをなしているからだ。(292) つまりトーランドの小著は、ストラボンとフロイトを媒介しており、直接に本書のテーマに属しているのだ。スペンサーが、聖書のテクストからなんとか意味を取り出すために、彼の持てる古典の教養をすべて傾注するのに対して、トーランドは、聖書に対抗させるべく、古典の著者たちを持ち出す。両者の立場はこれ以上考えられないほど根本的に異なる。トーランドはモーセ論争をはっきりと異端の方向に転じたが、ウォーバートンはむなしくもその向きを戻そうとした。

トーランドの敵の名は、もはや〈偶像崇拝〉〔*idololatria*〕ではなく、〈迷信〉〔*superstitio*〕だ。そしてこの概念は異教だけではなく、それに劣らず聖書の宗教をも指している。トーランドは「宗教」のことを「自然宗教」と、つまり、啓示に基づく「実定宗教」に対して、〈自然の認識と結び付いた信仰〉〔*RELIGIO, quae est juncta cum cognitione Naturae*〕と解する。これはモーセの区別を完全に、そして根底から取り払うことにつながる。トーランドとともにわれわれは「急進的啓蒙主義[293]」の領域に足を踏み入れる。この領域は、スペンサーやカドワース、そして後にウォーバートンが思索し、執筆した土地とは非常に異なっている。トーランドが描いたモーセの肖像は、十七世紀末と十八世紀に流布していた、あるスピノザ主義の宣言書に見られる肖像におおむね等しい。その宣言書のタイトルは『ブノワ・ド・スピノザ氏の精神——三人のペテン師についての論文[294]』〔*L'esprit de Monsieur Benoit de Spinosa: Traité des trois imposteurs*〕という。ラテン語で書かれた、それよりもいくらか古いパンフレット『三人のペテン師について[295]』〔*De tribus impostoribus*〕と混同してはならない。

しかしトーランドはモーセを、「三人のペテン師」に数え入れるのではなく、「六人の立法者」に数え入れる。彼がよき律法とその政治的役割を高く評価していることを考えると[296]、立法者の列に加えられることで、モーセも、世俗的ではあるが、より好ましい姿を帯びる。六人の立法者の伝統はディオドロスに由来する。その六人とはムネウェス、ミノス、リュクルゴス、ゾロアストレス、ザルモクシス、そしてモーセである。その誰もが、一つの特別な民に律法を授けたが、その律法をさらに権威づけるために、何らかの特別な神性をその立法の源泉として引き合いに出した。

ムネウェス	エジプト	ヘルメス
ミノス	クレタ	ユピテル
リュクルゴス	ラケダイモン	アポロン
ゾロアストレス	アリマスポイ	善霊《ボヌス・ゲニウス》（アフラ・マズダー）
ザルモクシス	ゲタイ	コムニス・ウェスタ
モーセ	ユダヤ	イアオと呼ばれる神《デウス・クウィ・イアオ・ディキトゥル》

つまりここでモーセは、自分の作成した法典の著者として何らかの神を「案出する」（*finxisse*）という、一般の原理に従った立法者として描かれている。しかし、法的権威の超人間的な源泉というこの法学的虚構こそが、『三人のペテン師についての論文』がモーセにその罪を着せているペテンなのである。[297]

このテーゼでトーランドは、枢機卿ピエール＝ダニエル・ユエに異議を唱えている。ユエは、モーセは最初の立法者であり、後のすべての立法の手本だったと主張し、ムネウェスを、オシリスとディオニュソスを経由して、モーセと同一視した――「なんとも薄弱で愚かしい論拠」。トーランドは、正統教義が聖書の典拠と古典の資料、もしくは信仰と理性を調和させようとすれば、どれほど回りくどい論証に助けを求める羽目になるか、敵方の失敗をあからさまに喜びながら示す。理性に耐えることのできない信仰を、彼は迷信と呼ぶ。ここでいかに年代学がものをいっているか、またしても明らかになる。年代学上の問題とは真理を決する問題なのだ。

トーランドの（小さな版面に大きな活字で印刷された）百頁の薄い本は、すでに述べたように、ユダヤ民族の起源に関するストラボンの記録に注釈を施したものである。彼は「五書の執筆者」よりも、ストラボン、ディオドロス、タキトゥスの方に信を置く。トーランドには、マーシャムやスペンサーのようにユダヤ人の歴史に取り組んだ人々が皆、なぜモーセ五書だけを信用して、ストラボンを黙って見過ごしたのか理解できない。

トーランドにとって――二二五年後にフロイトにとってそうであったように――モーセはエジプトの神官にして州侯だった。モーセを神官として描くことを、彼はストラボンから借用し、州侯は神官でもあったというディオドロスの正しい注釈を引き合いに出して、モーセを州侯とする。[298] それどころか聖書にも、モーセの政治的権力にまつわる思い出が残されている。なぜなら聖書は、モーセは「エジプト人のあらゆる知恵に熟達していた」のみならず、「語りと行ないにすぐれていた」〔使徒言行録七章二二節〕と述べているからである。トーランドによれば、これが指しているのは〈聖職〉〔*sacerdotium*〕と〈長官職〉〔*praefectura*〕の結び付き以外にありえず、魔法や奇跡のことをいっているのではない。[299] 彼が州侯であったのならば、その州は、イスラエル人が寄留していたゴシェン〔エジプト東北部の一地方。創世記、出エジプト記でイスラエル人の寄留地として登場〕だった可能性が非常に高い。[300]

ストラボンは、モーセがエジプトの宗教に「不満」だったと伝えている。どの州も独自の神性を信仰していた。なぜなら――ディオドロスによれば――「ある非常に賢明な支配者」が、王国内の和合を確固たるものにしようとして、エジプト人の間で謀反が起こるのを防ぐために「多元論的で多神論的な宗教」を導入したからだ。しかしモーセは理神論者にして聖像破壊者だった。この点でストラボンと聖書は一致している。モーセは聖書で、神は目に見えないということを断固として主張している。〈あなたたちはいかなる像も見なかった〉〔*nullam imaginem vidistis*〕（申命記四章一五節）。タキトゥスによれば、エジプト人は多くの動物や異形の像を崇めているが、それに対してユダヤ人は唯一の神だけを、観念的にのみ知っている。彼らは、神を人間の姿に似せて、はかない物質を用いて象る人々を、瀆神的と見なしている。かの至高にして永遠の存在は、彼らの許では、不変にして不滅だと考えられている。ストラボンの伝えるモーセは、神のことを、「機械的に配列され、意識と知性を持たずに作動する自然、もしくは世界の物質」と考えており、偶像崇拝の苛烈な敵だった。聖書でさえも、彼が魂の不滅についても、来世における報いと罰についても、一言も述べていないことを教えている。モーセが己の神に与えた名が意味しているのは、「必然的な存在」(*necessariam solummodo existentiam*) あるいは「おのずから存在しているもの」(*quod per se existit*) にほかならない。これは、ギリシア語の「存在」(*to on*) が、不朽の、永遠の、際限ない世界を意味しているのと同じである。モーセは無神論者ではなかった。そうではなく「汎神論者、あるいは新しい語法に合わせるならば、スピノザ主義者」だった。彼の神は、キケロのいう〈宇宙〉〔*mundus*〕と同じものだった。〈さらには、自然によって統べられているものすべての産出者、創造者、親、それゆえにまた、いわば教育者〉[301]〔*omnium autem rerum quae natura administrantur, seminator, & sator, & parens, ut ita dicam, atque Educator*〕。

「モーセ・ストラボニクス」が打ち立てた礼拝の型は、費用をかけなくても、法悦的な霊感がなくても、その他の「不条理な行為」がなくてもすんだ[302]。このことは、聖書の中に見られる、そしてこの点でユダヤ人がほかのすべての民族を凌駕していたように見える、無数の並外れて贅沢な犠牲や祭式に矛盾するように思われる。しかしながら、これはストラボンによれば、後の世の退廃現象なのである。モーセはきわめて純粋で簡素な祭祀を創設した。唯一の祭日はシャバト〔安息日〕であり、唯一の律法は十戒からなる自然法 (*Naturae lex*) であり、唯一の礼拝は、これらの掟を載せた二枚の銘板を崇めることだった。ほかの事柄——清浄な食餌と不浄な食餌の区別、割礼、犠牲など——はすべて後世の堕落の結果である。このとき、ユダヤ人は偶像崇拝に向かい、神は彼らの許に預言者エゼキエルを遣わした。彼は神の御名において次のように語った。「しかしわたしは彼らに悪しき像を与え、彼らがそれによって生きることのできない律法を授けよう[303]」。こうして信仰は迷信に変わった。トーランドは、自然宗教がこのように堕落した原因は、人々が夢や法悦的経験を過度に重視したことにあると考える。彼は、エレミヤ書二九章八節やヨエル書二章二八―二九節のような、夢に対する預言者たちの警告を、しかしとりわけキケロの『予言について』〔*De divinatione*〕を挙げている。キケロは、夢は決して神的な意味を持ちえない、神が人間と交流しようとするならば、神は眠っている者たちにではなく、目覚めている者たちに語りかけるだろう、というのである。

トーランドは彼の論文を、要点を次のようにまとめて締め括る。

一、ユダヤ人はエジプト人の後裔だった。
二、彼らを導き、律法を授けたモーセは、エジプトの神官にして州侯だった。
三、自然が彼の至高にして唯一の神性だった（換言するならば、彼は理神論者だった）。
四、彼はきらびやかな贅沢も、法悦体験も、儀式もない礼拝を創始した。
五、純粋性を保つための諸規則、割礼、その他の律法や儀式は、彼の時代が過ぎてから導入された。
六、モーセは、ミノス、リュクルゴス、ザルモクシスなど卓越した立法者の一人だった。これは、彼がある人格神を案出し、律法およびその権威の源泉としてその神を引き合いに出したことを意味している。しかし、キケロが『神々の本性について』の第一巻で示しているように、神々は一種の政治的虚構である。[304] モーセはその神に一つの名を与えたが、その名は、自然に対する彼の純粋に哲学的で物理学的な理解を、ほとんど覆い隠していない。つまりイェホヴァ、「必然的な存在」という名である。

第二節　神秘、あるいは異教徒の精神分裂――ウィリアム・ウォーバートン

スペンサーの六〇年後に、そしてトーランドの三〇年後に、グロスターの主教ウィリアム・ウォーバートン（一六九八―一七七九）は、モーセとその法典を歴史的に究明し、解釈するという同じ企てに取りかかった。彼は理神論者と自由思想家に対抗して執筆した。三巻に分けられた、九冊をくだらない本で、ウォーバートンはかなり風変わりな目標を追った。彼は、ヘブライの聖書には魂の不滅についても「来世における報いと罰」(*a future state of reward and punishment*) についても何の暗示も含まれていないという、スピノザと理神論者たちが持ち出したテーゼに、完全に同意した。[305] しかし彼は、理神論者たちがこの革命的な発見から導き出した結論を退けた。すなわち、これらの観念は神によって導入されたどの宗教にも不可欠であり、それゆえモーセの定めた諸制度は、ペテンとまではいかなくとも、人間の作ったものにほかならない、という帰結である。その反対にウォーバートンは、まさにこれらの観念が欠けていることこそ、モーセの立法が神に由来する紛れもない証拠と考えた。同一の論拠が正反対のテーゼを証明するために用いられるので、彼の論証はこんがらがって、回りくどいものになる。

まず彼は、いかなる異教徒の信仰社会も、二つの原理に基づいていることを示す。第一に、魂の不滅ならびに報いと罰を受ける来世、という想定である。第二に、秘密もしくは神秘である。いかなる異教もしくは自然宗教も、外と内、あるいは表層と深層、もしくは前景と背景という、二重形式で組織されている。そこから彼は論を進め、これらの原理はモーセの定めた制度に欠けているのみならず、意図的に、そして念入りに回避されていることを示す。モーセは、彼岸と秘密というこの二つの原理を必要としなかった唯一の立法者である。なぜなら彼は〈特別な神慮〉に頼ることができたからだ。モーセはこの世界で、とはつまり歴史の空間で、善に報い悪を罰するであろう

神を信頼した。彼は秘密を守ることを放棄して、すべての民に秘義を教え、それに通じた者たちからなる国民を創造した。

ウォーバートンの本は、スペンサーの本が六〇年前にそうだったように、誤読されることで実りをもたらすという運命を被った。スペンサーの本は、それが説いた敬虔なテーゼのためではなく、それが利用可能にした資料ゆえに重要と見なされた。モーセの律法の起源をエジプトに帰するという試みの中で、スペンサーはエジプトの宗教とその儀式のイメージを非常に詳細に描いた――そして強い影響力を持つようになったのだが、それは彼が、イスラエルを含めたあらゆるものの発端にエジプトを位置づけることで、正統教義の歴史像、そして〈聖なる歴史〉の諸々の構築物を転覆させたからだった。ウォーバートンは秘密と不滅を放棄した宗教が神に由来することを証明しようと試みた――そして、古代の諸宗教で秘密と守秘が果たしていた役割について、密儀礼拝の諸々の形式と内容について、さらにはヒエログリフの諸々の働きについて、豊富な資料を交えながら遠大な記述をして、世の注目を集めた。

ウォーバートンは、古典の著者や教父から関連する章句を引用してまとめただけではなく、それよりもはるかに多くのことをなした。これらの章句を解釈するにあたり、彼は正真正銘の形式批評を行ない、賛歌[306]、告白の式文[307]、イニシエーションの唱文を区別した。彼はそれらの断片を、何らかの礼拝式の枠内にいる話者たちの発言に帰し、その儀式の枠組とテーマの重点を再構成した[308]。ウォーバートンは、哲学者、悲劇詩人（とりわけエウリピデス）、歴史家など、ギリシア語やラテン語の著者たちの言葉に、密儀に関する用語がどれほど浸透していたかを示すことができた。彼はそれと同じ用語が、ヨセフス・フラウィウスの有名な一節（これについては後ほど立ち入って扱う）にあるのを見つけた。彼はその一節を、モーセの立法がエジプト人の小密儀と大密儀のイニシエーションをモデルにしていたことを証明するものとして、引き合いに出している。これらのヒントを追跡しながら、ウォーバートンは、スペンサーがエジプトの儀式の究明に没頭したのと同じように、異教の密儀礼拝を究明し再構成することに深くのめり込んでいった。その際に両者は、歴史研究に魅了されるあまり、自分たちの神学上の関心事を忘れた。あるいは、彼らの神学上の関心事は、彼らの時代にはまだ独自の権利を持つ一つの学問分野として確立されていなかったもの、つまり比較宗教史を営むための口実にすぎなかったというべきだろうか。いずれにせよ、彼らは読まれ、引用され、想起されたが、それは彼らの神学ゆえではなく、彼らのエジプト学ゆえだった。

スペンサー、そしてとりわけカドワースに引き続いて、ウォーバートンは、「二重の宗教」という有名な仮説を構築するための決定的な礎石を敷くことに寄与した。それは彼が、異教のいわゆる「公開の」儀式と「秘密の」儀式の間に、鋭い対照を浮かび上がらせたからだ。彼はアレクサンドレイアのクレメンスから「小密儀」と「大密儀」の区別を受け継いだ。小密儀とは基本的に、一種の象徴的な、もしくは当時の語法を借りるならば「ヒエログリフ的」なファサードと演出のことであり、それは象徴的な図像、感覚に強い印象を与える祭式、聖獣を用いて、民衆に訴えかけるためのものだった。しかしながら、この密儀の本当の意味は、彩り豊かな外面を突き抜けて「神秘的意味」を認識する能力があるとわかった者だけに、明かされた。その神秘的意味とは概して、魂の不滅ならびに来世についての教えだった。その来世では有徳の者たちを報いが、罪深き者たちを罰が待ち受けていた。大密儀は、これら選ばれた者たちの中でも、その精神と徳が真理に耐えうるだけの強さを備えており、それゆえに支配者になるべく定められているごく少数の者たちのためだけに、執り行なわれた。この真理はとりわけ否定的なものだった。つまりその真理は、多神教の幻想に満ちた形象世界を完全に取り払うことにあった。イニシエーションは本質的に幻想から覚めるプロセスである。小密儀と大密儀の間の敷居を越えるとき、イニシエーションに臨む者は、自分の以前の信仰を捨て、それが過《あやま》てる虚構であることを見抜き、「事物をあるがままに見る」よう求められる。[309] イニシエーションに臨む者は、その幻想を覚ますために、神々とは死すべき存在を神格化したものにほかならず、唯一の、目に見えず名前のない神、存在の究極的原因にして基礎、「おのずから生まれ、あらゆるものがその存在を負っている」神しかいないことを教えられる。この文章は、オルフェウス教のある〈聖なる言葉〉〔*Hieros Logos*〕から取ってきたものであり、これは多くの教父やそれ以前の著者たちに見つかる。ウォーバートンはこれを、アレクサンドレイアのクレメンスが『プロトレプティコス』で伝えているヴァージョンで引用している。[310] ウォーバートンはこのテクストを、エレウシスの密儀〔古代ギリシアの小都市エレウシスで興った地母神デメテルの信仰に基づく祭儀〕で導師が、イニシエーションに臨む者に語ったと解釈している。ここではギリシア語のテクストではなく、そのテクストをウォーバートンがどう読んだかに関心があるので、彼の翻訳で載せる。

〈わたしは密儀の参入者に秘密を告げよう。だが俗なる者には扉を閉ざしたままにしておこう。しかし汝ムサイオス、光り輝くセレネの子よ、わが歌に注意して耳を傾けるがよい。なぜなら、わたしは真理を包み隠すことなく伝えるからだ。それゆえ、汝の以前の偏見に、この崇高な真理を知ることで汝にもたらされるであろう幸福な生から汝を締め出すことを、許してはならない。この神託をよく見据え、純粋な精神と心の中に保ちなさい。正しき道を歩み続け、世界の唯一の支配者を観照しなさい。彼は一者にして、ただおのずからのみある。かの一者に万物はその存在を負っている。彼は万物を介して働きかける。彼はこれまで死すべき者の目に見られたことはないが、自らはすべての者を見る。[311]〉

このテクストに一編のモノグラフを捧げているリートヴェークの現代語訳では、この〈聖なる言葉〉の最初の部分は次のようになっている。

わたしは資格のある者たちに話そう。だが扉を一斉に閉ざすがよい、
汝ら部外者たちよ。しかし汝、光をもたらす月の女神の子、ムサイオスよ、
汝は聞くがよい、わたしは真理を告げ知らせるのだから。かつて胸の内で
良いと思われていたものが、愛すべき命を汝から奪うようなことがあってはならない。
かの神的な言葉を凝視せよ。心にある霊的な扁舟《へんしゅう》の舵を取りながら、
この言葉に汝を捧げよ。この道を外れることなく進むがよい。
かの世界の支配者、かの不滅の者だけを凝視せよ。
古き言葉が光り輝きながらこの者の存在を語る。
彼は一者であり、自分自身から生まれた。一者からあらゆるものは生じた。
人々の間を彼は行きめぐる。しかし、死すべき人間の誰一人として
彼を目にすることはない。しかし彼はあらゆる者を見ている。(312)

エレウシスの密儀は、ディオドロスやほかの人々によれば、エジプトに由来するので、(313) 十八世紀の人々は、このオルフェウス教の〈聖なる言葉〉も、何らかのエジプトの手本に遡るにちがいないと考えた。アレクサンドレイアのクレメンスによれば、この最後にして最高のイニシエーションの行き着くところで「すべての学びは終わる」。言説による伝授は、直接の、言葉なき観照に移行する。このテクストもウォーバートンの翻訳で読まなければならない。〈大密儀で伝えられる教えは宇宙にかかわる。ここですべての教授が終わる。事物はあるがままに見られる。そして自然、および自然の働きは眺められ、理解される〉。(314) イニシエーションの最終段階では、参入者は言葉なく、ヴェールに覆われていない自然に向き合う。

モーセがイスラエル人に明かした異教の奥義、とりわけエジプトのそれは、つまりこのようなものだったのだ。

ヨセフス［・フラウィウス］は［この点ではエウセビオス[315]やアレクサンドレイアのクレメンスよりも］もっとはっきり表現している。彼はアピオンに次のようにいっている。異教徒が彼らの密儀をまれに、限られたときだけ執り行ない、その機会に苦労してやっと手に入れるかの崇高な知識は、ユダヤ人には常習的に、いついかなるときでも伝えられる、と。そして、その崇高な知識はあの単一性の教え以外に何であったろうか、と。ヨセフスはいう。「この統治形態（*government*）よりも神聖な形態がほかにあるだろうか。あるいは、この宗教よりも神の本性に適っている宗教がほかにあるだろうか。公衆の教育に配慮する責任がある祭司たちの格別な精励のおかげで、その全員がきわめて正確に真の敬虔の基礎を教えられている民族が、ほかにどこにいるだろうか。それゆえ、この政体（*the body-politic*）はいわば、聖なる密儀を祝うために常に集まっている一つの大きな会衆のようだ。なぜというに、異教徒が二、三日の間だけ、つまり、彼らが密儀やイニシエーションと呼んでいるかの祭りの間だけ保持しているにすぎない事柄を、われわれは限りない恍惚に浸りながら、そして、どのような誤りも寄せ付けない豊かな知識を持って、不断に享受し、生涯絶えることなく熟視しているのだから。あなたが、われわれの聖なる儀式において命ぜられ、禁止される事柄の本質を尋ねるならば（と彼は続ける）、それらの事柄は容易に理解することができる。第一の掟は神性に関するものであり、それが教えているのは、神は万物を包み込み、あらゆる面で完全にして至福の存在だということ、神はおのずから存在し、万物の唯一の原因であり、万物の始まり、中間、終わりであるということ、等々である」。この学識豊かなユダヤ人の証言よりも明確なものはほかにない。彼は〈大密儀〉のことを〈参入者〉〔*teletes*〕や〈密儀〉〔*mysteria*〕という直接の用語で暗示しているばかりでなく、異教の密儀伝授者がその際に教えた事柄を指し示す、さまざまな表現を用いている（…）それゆえわたしの考えるに、大密儀におけるアポレタ［最も厳重に守らなければならない秘密］は、通俗の多神教の根源を明るみに出すこと、そして、単一性の教義を露にすることにあった、ということが明らかになる。[316]

ウォーバートンは、一人のユダヤ人がユダヤ教の律法に施したこの説明を、大密儀が教えたのはモーセがイスラエル人に教えたのと同じ神概念である、という自分のテーゼを支える証拠とする。ヨセフスによれば、モーセの立法は、ごくわずかな者だけに許された至高の神秘的知識を「民衆化」し、「恒常化」することを意味した。モーセはその知識を、何らかの組織立った教育制度によって一般の共有物に変え、文字に書き留めることで、暦に定められたまれな機会に挙行される祭式に関係なく、この知識に絶えず、そしていつでも近づきうるようにした。そうしてモーセは彼の民を、秘義を伝授された者たちからなる、一つの会衆に変えた。

ラインホルトが四五年後にこの論証から導き出した明白な結論を、どうしてウォーバートンは見逃がしえたのか、理解しがたい。その結論とは、密儀の神とモーセの神は同一であり、いわゆる啓示とは、選ばれたわずかな人々のためではなく民族全体のために催される大密儀に、人々を大群で参入させる野外劇にほかならない、というものである。両者がこのように同一視される危険にウォーバートンは気づかない。その代わりに彼は、密儀の神を哲学者たちの神、とりわけスピノザの〈神すなわち自然〉と区別することに大いに骨を折る。[317] 彼はこれらの「無神論的な観念」に、（密儀には付与した）太古にまで遡る根源的な知恵というイメージを、決して認めようとはしなかった。しかし、まさにこのように想像されたことこそ、彼の本のもたらした結果だった。読者は、エジプト人の原初の秘教的知恵はスピノザ主義の立場と一致しており、その知恵は〈神すなわち自然〉を崇めていた、そしてそのことを示したのがウォーバートンだと解した。このような受け止め方をした典型的な例が、P・A・ドリニー〔一六九七―一七七四、フランスの歴史家〕の『古代エジプト』である。[318] ドリニーはこの本で、古代エジプト人は文化的・精神的事業に多大の努力を投じた最初の人々だった、という考えを主張している。彼らが自然を秘教的に崇拝するにいたったのは、彼らの農業が、かくも並外れて収穫に恵まれていたからだ。一般民衆が自然を、多くの地方神に象って崇めていたのに対して、エリートは「一なる無限の存在、あらゆるものを創造し維持する者」を崇拝していた。[319] ドリニーは、無神論あるいは唯物論という非難に対してエジプト人をはっきりと擁護し、この脈絡でスピノザを引き合いに出す。〈何らかの神の幻像を造っていれば、もうそれだけで無神論者でないとすれば、全般的には自然を、それも具体的には彼らの七柱の不死の神々や、数多くの地上の神々や動物の神々の姿で崇拝していたエジプト人は、無神論者ではなかった。逆に彼らを、例えばスピノザのように、自然、あるいは、存在するものすべての中に及んでいる自然の働きだけを神々として認めるような人々と見なさなければならないとすれば、確かにエジプト人は概してそうであった〉。[320] 当時の理神論者とスピノザ主義者は、自分たちの神概念の生まれ故郷としてエジプトを見やり、自分たちの論拠をウォーバートンから引いてきた。

異教徒とキリスト教徒の区別は新たな戦線に移った。その戦線はいまや、無神論者と有神論者の間を走っていた。この場合、エジプト人はたいてい有神論者の側に、それゆえ真理の側に立っていた。理神論者やスピノザ主義者のように、無神論という非難に甘んずるつもりのなかった人々は、エジプトを引き合いに出した。しかしエジプトはいまや、ある別の区別を表す典型となった。つまり、多神教の民衆宗教と賢者たちの一神論の区別、あるいは、公開と秘密の区別である。国家宗教と密儀礼拝が完全な敵対関係にあるというこの考えは、とりわけ影響力を振るった。啓蒙主義の理念、そして特にスピノザ主義と理神論の考えが、秘教と秘匿という完全に対応する形で組織され、広められた時代にあっては、このことは不思議ではない。ウォーバートンは、密儀礼拝と公的宗教の関係を、完全な対立として構成した。一方は他方の否定を含意した。密儀教は対抗宗教だった。なぜなら密儀教は、その大いなる秘義が一般に知らされていたとしたら、公的宗教と、それを支えとしている国家を倒壊させたかもしれないからだ。多神教は、社会の政治秩序を維持するためには欠かせなかった。なぜなら多神教は、社会の内部構造（例えばエジプトの「三六」あるいは四二の州）を表現したからである。ウォーバートンにとって、ここで問題となっているのは「神官のペテン」ではなく、政治神学だった。(321) 公的な多神教は悪意ある欺瞞ではなく、避けることのできない不可欠の虚構だった。そのような虚構として、公的な多神教は、正当な制度だった。しかし、国家の舵を取る使命を帯びていた者たちは、完全な、ヴェールに覆われていない真理を知っていなければならなかった。彼らだけが大密儀に参入することを許された。被支配者たちにとっては、ヴェールに覆われた真理の方が消化しやすかった。これはペテンではなく、ただ単に政治的に必要不可欠のことだったのだ。

ウォーバートンの偉大な（再）発見とは、秘密が政治的な役割を担っているということだった。その役割を彼は、あるギリシア語のテクストを引き合いに出して、具体的に説明している。そのテクストとは有名なクリティアス断片だ。(322) ウォーバートンはエジプトをあらゆる異教のプロトタイプと考える。なぜならエジプト人は国家と密儀礼拝を創始した最初の民族だからだ。国家と宗教上の秘密は相互依存の関係にあるとされる。しかしながら秘密は、ウォーバートンの場合、非常に複雑な構造をしている。外と内の、あるいは民衆宗教と密儀教の区別は、小密儀と大密儀の区別となって、密儀教の内部で繰り返される。一方には民衆が、他方には密儀を伝授された者たちがいる。そして密儀を伝授された者たちのうち、さらに、使命を帯びて選び出された者たちがいる。民衆はただ宗教の彩り豊かな、多神教的外面だけを目にする。小密儀は、その宗教の道徳的意味を認識することにあり、大密儀は、真理の光の下に、その宗教を棄却することにある。

秘密の有する役割は政治的なものだ。秘密がなければ、文明化された社会と政治的秩序は存在しないだろう。民衆は――これはクリティアス断片でシシュフォスが披瀝している教えだが――律法を守り、国家を担うようにさせるには、神々を畏怖する状態に留めておかなければならない。しかし秘密には二つの顔があり、それは二つの役割を果たす。一つの役割は、好奇心と興味を呼び覚ますことにある。これは小密儀の役割だ。この密儀は、魂の不滅、および来世での報いと罰について教える。もう一つの役割は、それが明るみに出てしまえば国家を倒壊させることになるであろう真理を、ヴェールで覆うことにある。この危険な真理は、支配者となるべく選び出されたごくわずかの者にのみ伝えることが許され、次の二つの文に要約することができる。

一、多神教のパンテオンは幻想にすぎず、民衆と国家のためには不可欠だが、そのほかの点では虚構である。

二、唯一の、目に見えず、名前のない神、あらゆるものを生み出し、あらゆるものを包み、あらゆるものの中にある、存在それ自体しかない。

ウォーバートンはさらに宗教と哲学の発展における三つの段階を区別する。

一、自然の段階、つまりエジプトの宗教。この段階では秘教的な汎神論という形で一神教の基礎が敷かれる。

二、体系的段階、つまり唯物論者たちのギリシア哲学。彼らは、エジプトの基礎から結論を引き出し、首尾一貫した体系にまとめた。その際、彼らは自然の汎神論を、無神論、一元論、あるいは「スピノザ主義」に歪めた。

三、混淆主義《シンクレティズム》の段階、つまりヘルメス主義の謬説。この謬説はヘルメス文書をでっちあげ、ギリシアの結論をエジプトの前提に逆投影して、エジプトの起源の中にありもしない「スピノザ主義」を読み込んだ。

モーセと聖書の一神教は、人類のこの発展史にはまったく出てこない。なぜならウォーバートンは（少なくとも表向きは）――彼と同じ時代に、しかし彼とは無関係にジャンバッティスタ・ヴィーコがそうしたように――〈聖なる歴史〉と〈世俗の歴史〉の区別を堅持しているからだ。しかし実のところそれは、自分の本来の関心が向いている〈世俗の歴史〉に取り組むための方便にすぎなかった。それゆえ前述のシェーマは〈世俗の歴史〉にのみ当てはまるものであり、これは間違いなく歴史哲学の観点で非常に興味深い。もっとも、ウォーバートンの読者は、彼の込み入った区別のすべてに賛成したわけではない。そうではなく、彼らはイニシエーションとしての啓示という考えに飛びついたのだ。この考えは彼らの目には、まさにウォーバートンが強固にしようとした区別を、倒壊させたように映った。つまり〈聖なる歴史〉と〈世俗の歴史〉の区別、啓示と理性の区別、聖書と自然の区別である。かくしてウォーバートンは、彼が反駁しようとした理神論者、自由思想家、フリーメイソンの見解に、きわめて貴重な証明材料を提供した。諸々の異教は、根源的な知恵という核を中心に発展し、その核心を、ヒエログリフと祭式で織り成された複雑で謎に満ちた美学の中に保持したが、その核心は時が経つにつれて、これらの異教の公的な政治的・宗教的制度とますます鋭く対立するようになっていった。ウォーバートンのこの考えは、啓蒙主義の時代にはまったく格別の魅力を発した。当時、きわめて大胆な理念は、同じように、秘密結社の秘教的なサークルの内部でのみ流通することができたからだ[323]。

第三節　事物と記号——偶像崇拝と秘密のグラマトロジー

クリストフォロ・デ・ブオンデルモンティ〔一三八六—一四三〇頃、イタリアの修道士・地誌作者〕が、一四一九年にホラポロンの『ヒエログリュフィカ』の写本を発見したとき、この発見は言語学と記号論の革命をもたらすことになった。その長い歴史をごく手短に述べるならば、この革命は、(アライダ・アスマンが導入した用語を借りると)「間接的な意味作用」から「直接的な意味作用」への急転回として描くことができる[324]。「間接的な意味作用」というアリストテレスの記号論によれば、記号は慣習的なコードを用いて、意味されたものを指示する。このアリストテレスの記号論は中世に支配的だったが、いまや「直接的な意味作用」というプラトンの記号論に道を譲った。この記号論では、記号は自然な関与に基づいて、意味されたものを指示する。言葉が事物や観念を指し示すのは「自然による」(*physei*) のか、あるいは「慣習による」(*thesei*) のかという古くからの論争は、アリストテレスによって「慣習」の側に軍配が上げられていた。しかしこの論争は、事物や観念を「自然に指示している」と(誤)解された一つの書字体系に直面して、再び燃え上がった。プラトン派とアリストテレス派の間で交わされていた言語学的論争の焦点は、この発見によって、言語《シュプラーヘ》から文字《シュリフト》に移った。それゆえ、イグナス・J・ゲルブが書字《シュリフト》の歴史を表すために新たに生み出し[325]、ジャック・デリダが書字の哲学を表すために受け継いだ[326]「グラマトロジー」という概念の方が、ヒエログリフをめぐる、そして何らかの自然の文字があるのかという問いをめぐる論争を特徴づけるのに、「言語学[327]」という概念よりも適切であるように思われる。

この論争の途方もない重要性についてここで立ち入って述べる必要はない。ヒエログリフをめぐる、ルネサンスからロマン主義にいたるまでの言説については、しばしば論じられているからだ[328]。この言説の主要なテーマを——少なくとも簡単に振り返っておくために——挙げると、第一に、個別言語に特有の分節方法のみならず、そもそも言語の談話性と線状性を離れて意味をコード化するという考え、第二に、神の考えをじかに写し、意味されたものを必然的に、非恣意的に示す根源的な文字と根源的な言葉という考え[329]、そして第三に、わずかな者だけが耐えることができ、彼らにのみ伝授される知識に、その資格のない者たちが近づけないようにするための、秘密の文字という考えである。

モーセの区別をグラマトロジーの観点から見るならば、それは、自然と書物《シュリフト》の対立ということになる。啓示宗教あるいは「実定」宗教という考えは書物と結び付いていた。ルネサンスから十八世紀にいたるまで、啓蒙主義が夢見たのは、自然と書物を融和させること、あるいは、十八世紀のある本のタイトルが表現しているように、〈自然と書物の調和〉〔*naturae et scripturae concordia*〕だった。[330] 伝統的にこの目標は、神の書いた二冊の本、つまり自然という本と聖書《シュリフト》という本についての教説に表現されてきた。[331] いまやまったく別の解決が与えられた。すなわち「自然の文字《シュリフト》」があるという可能性、つまり、言語の音声ではなく、自然の事物や精神の諸観念を表す文字があるという可能性である。自然という本はヒエログリフで書かれている。それゆえヒエログリフには、世界の意味に理解しながら和するという、一種の神秘的解釈学の可能性が秘められている。その際、世界の意味に理解しながら和することは、世界の機能連関に実践的に、とはつまり魔術的、医術的、錬金術的に働きかけることにもつながりうる。[332]

ヒエログリフは、音声ではなく事物を指し示す自然の記号、あるいは「事物文字」(*real characters*、フランシス・ベーコン)と解された。[333] 神は世界を比喩や象徴として創造した。エジプト人は彼らの文字を用いて創造主を真似たにすぎない。彼らの書字体系は、神の創造物をじかに「読み」、名前に翻訳することのできたアダムの言語と同じように、根源的で自然なものと見なされた。[334]「直接性」がこの文脈では鍵となる概念だ。もう一度ラルフ・カドワースの定義を引用しよう。エジプトのヒエログリフは「音や語に対応しているのではなく、精神の対象や観念をじかに表している形象」だった。[335]

もっとも、ヒエログリフのこの側面について述べた鍵となる箇所は、ホラポロンではなく、プロティノス〔二〇五頃―二七〇、新プラトン主義哲学の創始者〕の『エンネアデス』〔*Enneades*〕第五論集第八論文五の一九、および第五論集第八論文六の一一にある。

エジプトの賢者たちは彼らの知恵を表示するのに、前提となる語句を順々に追ってゆき、発話された言葉の音声を模倣する表音文字を用いたのではなく、むしろ象形文字を使用した。彼らは自分たちの神殿に絵を刻み込んだが、その絵はいずれも、ある特定の事物を表す記号だった。そうすることで彼らは、あすこの高み〔神々のところ」では言説による把握がなされるのではないこと、むしろかの絵はあすこの高みでは知恵や知識であると同時にその前提であること、それは一遍に理解されるのであり、言説による思案ではないことを、目に見えるようにしたのである。

（…）一遍に把握されるこの知恵から、後になって、写しが別の事物の中に派生した。そしてそれがいまや展開し、その知識を自ら詳細に表示し、ある事物がなぜかくあるのか、その原因を究明するのだ。こうして生じた結果はかくも論理に逆らっているので、誰かがこの写しを見て次のようにいったとしてもやむを得ないだろう。つまり、この知恵自体は、その事物がなぜかくあるのか、その原因を自らの内に含んでいないのに、この知恵を基準として作られたものにいかにしてその原因を与えるのか、不思議であると。[336]

マルシリオ・フィチーノはこの箇所に次のような注釈を施している。

あなたがたは時間について多様で柔軟な言説的知識を持っている。例えばあなたがたは次のように述べる。時間は経過し、特定の周期の後で、終わりを再び始まりに結び付ける、と。（…）しかしエジプト人は、このような種類の言説をまとめて、自分の尻尾に噛みついている有翼の蛇という、たった一つの絵で表現する。[337]

サー・トマス・ブラウンは十七世紀前半に次のように書いた。「なぜなら、彼ら〔エジプト人〕は語のアルファベットではなく、事物のアルファベットを用いたので、その絵や図によって、彼らの秘められた内容を自然の文字と言語で表現することができたのだ」。つまり事物によって表現することができたのだ。語のアルファベットではなく事物のアルファベット、これはまさしく、「バビロンの言語の混乱を回避する最も効果的な方法」だった。[338]

エジプトのヒエログリフをこのように解釈したもので、最も練り上げられ、最も学識に溢れ、最も影響力を誇った記述が、一七四一年にウィリアム・ウォーバートンによって発表された。ウォーバートンの論証は、二つの異なる、しかし互いに関連する研究に基づいていた。一つは、すでにわれわれが扱った、古代の密儀礼拝の研究だった。もう一つは、総じて書字の起源に関する、そして殊にはエジプトのヒエログリフの起源に関する研究だった。[339]古代の著者たちも近代の著者たちも概して次のような想定を共有していた。つまり、エジプト人がヒエログリフを発明したのは、「彼らの宗教と神学の秘義を、世俗の大衆には秘めたまま表現する」というただ一つの目的のためだった、という想定である。[340]ヒエログリフは、概して、エジプトの密儀の付随現象と見なされた。それは真理を悪用、誤解、通俗化から守るために、そして政治制度を、その基礎を揺るがしかねない真理から守るために発明されたと考えられた。当時の一般的見解によれば、ヒエログリフはそれゆえ、民衆の信仰と秘教的な知恵を区別した例の「二重哲学」[341]と分かちがたく結び付いていた。ルネサンスの学者たちは、ヒエログリフは、コミュニケーションのメディアではなく、イニシエーションのメディア、すなわち、ある真理を伝承するためのメディアだと考えた。その真理は、このようにコード化し体系化することで、世代から世代へと伝えることができたばかりでなく、許されざる人々の間に広まるのを防ぐことができたのだ。マルシリオ・フィチーノからアタナシウス・キルヒャーにいたるまで、人々は、エジプトの知恵の創始者であるヘルメス・トリスメギストスを、ヒエログリフの創案者と見なした。ヘルメス・トリスメギストスは、その秘密の教えを伝えるための暗号書記法として、ヒエログリフを発明したというのである。ヒエログリフと「二重の宗教」をこう解釈するとき、その根拠として、とりわけディオドロスを引き合いに出すことができた。ディオドロスによる古代エジプト史の記述は、ヒエログリフが解読されるまで、総じて権威あるものと見なされてきた。[342]

立像の形姿と文字の形態をエジプト人はエチオピア人から借用した。つまりエジプト人は二種類の文字を持っているのである。一方は「民衆の文字」と呼ばれており、誰もが学ぶ。他方は「聖なる文字」と呼ばれる。エジプト人の間では、この文字を理解するのは神官だけであり、彼らはその文字を父祖から密儀で教わる。しかしエチオピア人の許では、誰もがこの文字を用いている。

ヒエログリフの暗号機能に関して鍵となるもう一つのテクストで、マルシリオ・フィチーノとピコ・デラ・ミランドラ以来、繰り返し引用されてきたのが、『イシスとオシリスについて』述べたプルタルコスの著書の第九章である。そこでプルタルコスは、エジプト人は彼らの哲学を神話の中に秘めたが、それらの神話は真理をただ「ぼんやりと反映」(*amydràs emphàseis*)し「それとなく覗かせる」(*diaphaseis*)ことで暗に示す、と説明している。

ウォーバートンはこの理論をまるごと否定しなかった。彼もヒエログリフに暗号機能があるという考えを捨てなかった。彼はこの一般的見解に対して二つの点で異議を唱えたにすぎない。第一に、エジプトの文字には秘密をコード化するという働きだけではなく、ほかにも果たさなければならない役割があった。そして第二に、この暗号機能は後の発展段階を示すものであり、文字が発明されたのはまったく別の諸目的のためだった。とりわけウォーバートンは次のことに注意を喚起する。つまり、エジプト人は数種類の文字を用いていたのであり、ヒエログリフはその一つにすぎない、ということである。

ウォーバートンの論拠は単純で理性的だ。彼はほかの諸々の書字体系の起源を研究して、原初の文字のうち、もっぱら秘密保持の目的のために発明されたものは、これまで一つもないことを発見した。暗号書記法は常に、既存の書字体系に基づいて後から発展したものだった。文字の本来の機能はコミュニケーションと記録に関係していたが、秘密保持には関係していなかった。ウォーバートンの説明は中国の文字と「メキシコの」（＝アステカの）文字に依拠しており、彼の情報は、当時利用することができた宣教師や旅行者の報告から引かれている。彼は、原初の文字はいずれも、絵と恣意的記号（*marks of arbitrary institution*）の組み合わせからなることを確かめる。絵あるいは形象は、言葉の代わりに事物を再現する。恣意的記号は〈心的観念〉〔*mental conceptions*〕、つまり抽象的な概念を指し示す。しかし両者は音を表すのではなく、「事物」を指示している。恣意的記号の例として彼が挙げているのは、ペルー人（インカ人）の結縄《けつじょう》である。ウォーバートンによれば、中国の文字も同様に数多くの恣意的記号を含んでいるが、それらの記号は、マルティーノ・マルティーニ〔一六一四―一六六一、イタリアのイエズス会宣教師〕の説に従うならば、結縄に由来するという[343]。ペルー人は記号の方を好んだが、絵も用いた。それに対してメキシコ人は形象の方を好んだが、恣意的記号も用いた。このように、元来の書字体系はいずれも、両方の記号タイプを含んでいたのであり、それらの書字体系は、伝承とコミュニケーションの目的のために発展したのである。

しかし、これらの「ヒエログリフによる絵画」や「恣意的な取り決めによる印」は、いまだ文字以前の段階にある。本当の文字は「省略」のプロセスの中で初めて、つまり、手持ちの記号に制限を設けて慣習の体系に変形する諸々の規則や枠組が導入される過程で誕生する。文字は、文字のない空間で発明されたのではなく、数千年の歴史を持つ表記体系や記号の伝統の中から発展してきた、というテーゼは、すでにそれだけで大いに熟考に値する。記号は昔からずっとあった。新しいのは、記号を文字に変える限定規則である。このプロセスも、秘密や秘密化とは何の関係もなく、単に必要性と経済性の掟に従っているのだ。

「省略」あるいは縮減の方法を定めることで手持ちの記号を制限する、そのような規則のうち三つを、ウォーバートンは確認している。彼はそれらの規則を、エジプトのヒエログリフについて述べたホラポロンの本から取り出した。

一、指示の直接的な方式。記号は、それが指示するものの全体あるいは重要な部分を模写する。ウォーバートンはこれらの記号を、アレクサンドレイアのクレメンスに倣って、「本義的」〔kyriologisch〕記号と呼んでいる。本義的記号はイコン的記号であり、すなわち、意味されている事柄それ自体である。

二、比喩的あるいは「転義的」〔tropisch〕方式。記号は、それが模写しているものとは別の何かを指示する。転義的方式のおかげで、有限数の記号を用いて無限の、あるいは少なくとも十分な数の指示対象を表すことが可能になる。これによって、原始的な象形文字は、本物の文字に変わる。

ここでウォーバートンはさらに二つの方法を区別している。

a、「最も重要な要素が全体を表す」。例えば、「一方が盾を持ち、他方が弓を握っている二つの手は、『戦闘』を意味する[344]」。

b、「ある事柄のために用いられる道具は、その事柄それ自体を表す」。例えば、「一つの目は『全知』を意味する[345]」。

三、「象徴的」あるいは「寓意的方式」。記号は、それが模写しているものを、謎かけの形式で示す。これは転義的方式の特殊な形である。この場合でも記号は、それが模写しているものとは別の何かを指示する。しかしこれは、慣れ親しんだお決まりの隠喩法に基づくのではなく、いわば戯れながら異化することでなされる。ウォーバートンによれば、ここで初めてヒエログリフの暗号機能が登場する。「象徴的アナロジー」の例としてウォーバートンはウロボロスを挙げる。つまり「自分の尻尾に噛みついている蛇は『宇宙』を意味している」。

ウォーバートンによれば、どの書字体系もこれを共通の出発点として始まり、それからさまざまな方向に発展する。その方向の違いを説明するのに彼はあるコンセプトを用いているが、後にそのコンセプトで有名になったのがヘルダーである。すなわち〈民族の精神〉〔*genius of the people*〕だ。[346]ウォーバートンは、エジプト人はことのほか「創意に富み」、「想像力豊か」だと言明している。だから彼らは、その本性ゆえに、「象徴的で類似的な記号」、〈アナロジー的印〉〔*analogic marks*〕に向かったのだ。必然的にエジプト人は象形的な記号を作り上げ、抽象的な〈取り決めによる印〉〔*marks by institution*〕をほとんど完全に捨てた。中国人の場合、事態は逆だった。彼らに顕著な創意の欠如と文化の停滞（ここまでずっとウォーバートンの言に拠っている）[347]にふさわしく、中国人は、具象的な象徴化に対する嗜好をほとんど持ち合わせず、抽象化に向かった。

エジプト人の比喩形象的な書字体系、つまり転義的で象徴的なヒエログリフは、最大限の知識を必要とする。この場合、書字はまさに記憶術の体系として機能する。ある絵を比喩的に用いるには、その絵で模写されている対象についての、きわめて多くの知識が欠かせない。ここで実質的に問題となっているのはもっぱら動物なので――ウォーバートンはまさに「動物書記法」〔Zoographie〕という言葉を用いている――これに必要とされる知識はほとんどが動物学に類する。動物の絵を文字として読もうとするのであれば、それらの動物の特性を知っていなければならない。これらの特性は主に道徳的な性質のものだ。これこそまさに、ホラポロンのいうヒエログリフの働き方なのである。[348]ウォーバートンは、ヒエログリフについてのホラポロンの解釈と古代の自然科学の間に、目をみはるような対応関係があることを鋭く見抜き、それらの関係を説明する。動物の絵は、美徳、悪徳、行動様式、特性に関する該博な範例を、アエリアヌス〔『動物の特性について』〕やプリニウス〔二三頃―七九、ローマの博物学者。『博物誌』〕や『フィシオログス』〔*Physiologus* ＝二―四世紀にギリシア語で書かれた自然教本。実在・架空の動物、植物、鉱物に関する寓意的伝承を収める〕に再見されるような動物学的知識に基づいて表している。それゆえこの文字の働きには、世界についての膨大な量の知識も含まれている。ホラポロンによれば、エジプト人は「息子」という概念を、一羽の鵞鳥の絵で書き表した。なぜならこの動物は、家族の絆に対する尋常ならざる感覚を備えているからである。彼らは「開ける」という概念を、一羽の兎の絵で書き表した。なぜなら兎は、眠っているときでさえ、目を開けたままでいるからだ。この世界知を所有していない者は、この文字を読むことができない。それゆえエジプトの文字は、ほかのすべての文字とは異なり、事物を表す文字のままに留まり、そういう文字として、宇宙論と生物学の知識の集成をなしていた。ほかの書字体系は、目に見える世界とのこの結び付きを失い、純粋に慣習的なコードへと発展した。

文字がなぜ発明され発展したのか、その諸原因についてのこの論究を経て、次の段階のための足場が整えられた。つまり、「いかにしてヒエログリフは知識を秘匿するために用いられるようになったのか」という問いである。またしてもウォーバートンはきわめて慧眼の説明を思いつく。エジプトの文字は、絵から字母に進むという一般的な発展原理に従わなかったがゆえに、複雑になり、多重的な書字法に発展していったのである。ウォーバートンは、三種類の文字を区別したポルフュリオスとアレクサンドレイアのクレメンスを出発点にする。そして、この両者のやや異なる言述を組み合わせて、一つの体系にまとめる。その体系は、三種類だけでなく四種類の異なる文字と、それらの機能を区別している。ポルフュリオスは、ピュタゴラスについて述べた本の中で、ピュタゴラスはエジプトに滞在したときにエジプトの三種類の文字の秘密を伝授された、と伝えている。その三種類の文字とは書簡文字、ヒエログリフ、象徴文字である。ヒエログリフは意味されているものを模写によって（*kata mimesin*）表し、象徴文字は何らかの寓意的な謎かけによって（*kata tinas ainigmous*）表す。クレメンスは、エジプトの書記見習いのカリキュラムについて、次のように説明している。書記見習いは最初に書簡文字を、それから「神官文字」を、そして最後にヒエログリフを学ぶ、と。ヒエログリフは意味されているものを象徴によって表し、その象徴には三つの種類があるという。まず単に模写する、もしくは「本義的」象徴、それから比喩的もしくは「転義的」象徴、そして最後に寓意的もしくは謎めいた象徴である。ウォーバートンはこれらの言述を補い、次に挙げる四重の書字体系にまとめる。

表1　ウォーバートンの説く古代エジプトの書字体系と機能

体系＼機能	公　開 (公用の文字)	秘　密 (聖職者の文字)
絵	ヒエログリフ	象徴文字
字母	書簡文字	神官文字

一、書簡文字。通信とコミュニケーションのために用いられる表音文字。
二、神官文字。記録と伝承のために用いられる非象形的な文字。
三、ヒエログリフ。コミュニケーションと伝承のために用いられる象形文字。
四、象徴文字＝ヒエログリフ。秘密を伝承するために用いられる暗号書記法。

ところで今日のエジプト学もこれに相応する四区分を前提にしている。しかもウォーバートンが再構成したものと、今日のエジプト学が再構成した末期エジプトの書字体系の間には、次のような対応関係がある。

書簡文字	デモティック
神官文字	ヒエラティック
ヒエログリフ	ヒエログリフ
象徴文字	暗号書記法

これについて今日の視点から手短に説明しよう。ヒエログリフは碑文用の文字であり、モニュメントにのみ使用され、この役割ゆえに、その元来の象形性を決して拭い去らずに最後まで保ち続けた。ヒエラティックは、パピルス等に書き記すのに適うようヒエログリフを崩した、筆記体文字である。デモティックは、さらにヒエラティックから生まれたもので、話し言葉を書き表している。それに対してヒエラティックは古典語で書かれたテクストに使われる。「デモティック」を表すエジプト語は *zh š'.t* すなわち「文書用文字」であり、ギリシア語の ***epistol(ograph)ikē***〔書簡用文字〕がその直訳である。三種類の文字はすべて――この

点でウォーバートンに賛意を表するしかないのだが——暗号書記法とも、ヘルメス主義の哲学とも、ほとんど関係がない。それらはまったく普通の書字体系であり、ただ各々の役割が非常に異なっており、また数千年にわたって発展してきた経緯があるので、互いに遠く隔たってしまったにすぎないのだ。そしてその結果、それらは三種類の異なる文字として、別個に習得されねばならなかったのである。それ以外に実際に第四の文字の伝統があった。しかもそれは、まさにポルフュリオスとアレクサンドレイアのクレメンスが記述しているように、ヒエログリフの特殊ケースとしての暗号書記法だったのだ。

ウォーバートンにとって、象形文字が表音文字よりも古く、絵から字母に発展していったということは、まったく疑いえなかった。これは今日のわれわれには自明のことだ。しかしウォーバートンにとってはそうではなかった。なぜなら彼はクレメンスの記録を、〔書記見習いの〕カリキュラムを説明したものではなく、歴史的発展を記述したものと解したからだ。最初に書簡文字を、次に神官文字を、そして最後にヒエログリフを習う例の生徒は、ウォーバートンにあっては、その歴史の中で最初に書簡文字を、次に神官文字を、そして最後にヒエログリフを発明した民族に変わる。それゆえウォーバートンは、このように誤って解したクレメンスを訂正して、逆さまにしなければならないと考えた。ウォーバートンの論法は発生論的・歴史的である。ところで、すでにヴィーコがこの三種類の文字（彼はウォーバートンのようにそれらの文字を補って四種類にはしていない）を、書字と文化の発展の諸段階として解釈している。さらにヴィーコはこの三種類の文字を、ヘロドトスやマネトーなど古代の著述家たちが伝えているようなエジプトの王名表にある三つの支配形態と、きわめて独創的な形で相関させている。それによれば、この地上を治めていたのは、最初は神々であり、次に英雄たちであり、最後が人間の王たちである。ヴィーコの場合、神々の時代に対応するのがヒエログリフだ。これは文字であると同時に言語であると解される——つまり〔恣意的ではなく〕動機づけられた、自然の経験から直接に獲得された、絵によるメディアであって、それらの絵は意味されたものを一義的に、そして直接に再現する。英雄の時代は神官文字に対応する。ヴィーコはこの文字を、自然な直感に基づくのではなく、恣意的で慣習的な取り決めに基づくエンブレムや象徴と解している。ここで彼の念頭にあるのは、何よりも中世貴族の紋章学の寓意的な象徴表現であり、それゆえ彼はこの文字を英雄の時代と結び付けるにいたったのだ。最後に、人間の時代に対応しているのが、書簡文字もしくは表音文字である。[349]

ウォーバートンがヴィーコを読んだということはまずないであろう。ヴィーコの著作は生前にはほとんど広まらず、ましてや認められることはなかった。[350] ウォーバートンはヴィーコとは明らかに無関係に、書字と文化の発展について、似たような見解を持つにいたった。すべての民族は絵から始めた。この点でヴィーコとウォーバートンの考えは一致している。散文と表音文字は後に発展した。ウォーバートンにとっては暗号書記法も後の発展である。彼の見解によれば、そのような目的のために発展したのは「象徴的な」文字であり、ヒエログリフのすべてではなかった。ウォーバートンにとって、ヒエログリフと象徴の違いは、彼が転義表現と呼んでいるものの用いられ方にある。つまり、象っているものを単に表す(「本義的記号」)のではなく、メタファー〔隠喩〕やメトニミー〔換喩〕の方法に基づくような記号が持つ、比喩形象的な働きのことである。

ヒエログリフも「本義的」記号と「転義的」記号の両方を用いている。しかしヒエログリフは転義的記号を、(象ることのできない事物を表すという)必要に迫られて用いているのであり、戯れるように、あるいは戦略的に謎かけをするために用いているのではない。それに対して象徴文字は、秘密を伝授された者だけが解読することのできる判じ絵を用いる。「象徴的な」文字の例としてウォーバートンが挙げている図像は、よりによって、ヒエログリ

表2　ヴィーコによる時代、書字体系、文芸ジャンルの対応関係

時　代	書字体系	ジャンル
神　々	ヒエログリフ（絵）	ポエジー
英　雄	神官文字（象徴）	叙事詩
人　間	書簡文字（字母）	散　文

フとしては一度も使用されたことがなく、エジプト人にはまったく未知のものだった。すなわち、エフェソスの〈多乳房のディアナ〉〔*Diana Multimammia*〕である。彼はこれを〈普遍的自然〉〔*Universal Nature*〕を意味する象徴文字と解している。これに関して興味深いのは、まさにこの図像が十八世紀に、サイスのヴェールに覆われた神像——つまりあらゆる秘密の中の最たる秘密——と、そしてイシスを表すエジプトのイコノグラフィーと同一視されたことだ(351)。さらにこの例からは、ウォーバートンがイコノグラフィーと書字を区別していないことがわかる。さまざまな要素を結び付けている象徴もある。そのような象徴の例として、ウォーバートンは、アレクサンドレイアのクレメンスから二つの例を引いてくる。すなわち、糞球を転がすスカラベを太陽の象徴として、一匹の蛇を伴った日輪を宇宙の象徴として。これらの観念を末期エジプトの暗号書記法の本物の例につき合わせてみると、教えられるところが多いかもしれない。例えば神名〈プタハ〉〔*Ptah* ＝古代エジプトの都メンフィスの主神。創造神であり技芸の神でもある〕を、大地にひざまずき、両腕で天を高く持ち上げている空気の神の像で書いたものがある。この図像は一つの光景を描いたものとして解釈することができる。そうするとこの図像は、天と大地の間にある大気圏を、あるいは、空気の神によって天が高く持ち上げられている様子を描いていることになる。ホラポロンだったらこの図像をおそらく、大地の上に天を広げる創造神プタハを描いたものとして説明しただろう。しかしまたこの図像は——これについてホラポロンはもはや何も知らなかったようであり、また、このことはシャンポリオンにいたるまでずっと忘れられていたのだが——そこに描かれている諸要素の音価を介しても機能する。なぜなら、天を表す語は〈プト〉〔*p.t*〕、大地を表す語は〈タ〉〔*t3*〕、空気の神は〈ヘフ〉〔*hh*〕といい、この三つの語の最初の音は ***p-t-h*** という音のつながりを、したがってプタハ神の名前を形成するからだ。つまり、エジプト人の象徴文字あるいは暗号書記法は、細かい点でいえば、人々が思い描いていたのとはやや違う働き方をした。しかし原則的にそれは、読まれることを意図してではなく、解読されることを意図して書かれた、謎かけの文字だった。およそ紀元前四世紀にいたるまで、この書記形式は、ヒエログリフのごくまれなヴァリアントだった。しかしプトレマイオス朝には、異邦人による支配という状況下で、自分たちの身分を差別化したいという神官たちの欲求に促されてのことであろう、この暗号書記法は碑文用のヒエログリフに吸収され、これを神官たちの一種の秘密文字に変えた。ポルフュリオスとクレメンスは、エジプトの書字の歴史の、この最後の段階を反映している。

エジプト学の立場から見るならば、エジプトの書字は神官たちによって「二重の宗教」のために発明されたという考えをウォーバートンが退けたとき、彼は完全に正しかった。この批判もすでにヴィーコが述べていた。彼の見解によれば、「これまでエジプトのヒエログリフについて信じられてきたような謬見、つまり、ヒエログリフは、何らかの深遠な秘密の知恵を伝える彼らの秘義を包み隠すために、哲学者たちによって発明されたとする例の誤った考えを脱し」なければならない。「なぜなら、ヒエログリフを介して話すということは、最初の諸民族すべてに共通する自然な欲求だったからである」[352]。しかしながら、この秘匿のグラマトロジーという考えは、それを書字の始まりではなく、書字の最も遅い段階に適用するならば、今日の観点からも確証される。まさにこれこそウォーバートンが提起したことなのだ。エジプト文化の末期に、そして異邦人による支配という状況下で、秘密に対する欲求が目に見えて増大した。ギリシア人がヒエログリフを暗号文と誤解したとき、その誤解は、エジプトの神官自身が自分たちの文字について抱いていた考え方を反映していたということは大いにありうる。少なくとも明らかなのは、ヒエログリフがこの時代、途方もなく複雑になっていたことだ。ヒエログリフの記号の総量は千パーセント（およそ七百からおよそ七千に）増え、一種の「比喩形象文字」[353]に変わった。その文字は、ホラポロンが描いている姿から、それほど隔たったものではなかった[354]。忘れてならないのは、ヒエログリフがもう久しく、「通常の」書字体系ではなくなっていたことだ。ヒエログリフが用いられるのは純粋にモニュメンタルで芸術的な目的に限られていた。デモティックとギリシア語を日常語および世俗の文字として使用することができた末期には、ヒエラティックとヒエログリフは、純粋に神事に関する文字になった。これらの文字が、教養あるエジプト人にさえ近づきがたいものになったことで、神官たちと世俗の者たちの間に、一種の文化的障壁が生まれた。この文化的障壁が、「二重の宗教」、秘密と伝授といったイメージを助長したのかもしれない。どのエリートもそうであるように、エジプトの神官たちも、異邦人による支配という状況下で、自分たちを差別化したいという欲求をますます強め、彼らの知識を謎に包んだ。[355] 民衆の宗教と「哲学者の宗教」の敵対関係なるものはエジプトには一度もなかった。しかし、何らかの相違が末期には、ギリシア人と接触する中で鮮明になり、その結果、このようなイメージが生まれたのかもしれない。

ウォーバートンに話を戻そう。象徴文字が後の発展段階のものであることを説明した後で、彼は、残りの文字の説明に向かう。最も興味深いのは、書簡文字についての彼の説だ。彼はこの文字をアルファベットだと考えている。このようにデモティック（そしておそらくはヒエラティックも）という筆記体がアルファベットだとされるのは、具象的な記号と抽象的な記号の区別、もしくは、直接的な意味作用と間接的な意味作用の区別が決定的な判断基準になっていると考えて初めて、理解できる。ウォーバートンはこの場合、「字母」のことを、何らかの「事物」を象ることなく指し示す、慣習的な記号と解している。そのかぎりでは彼はまったく正しい。象って指し示すということを、ヒエラティックもデモティックもやめてしまっているからだ。しかし、字母はそれだけではなく、音素を指示するということで定義される。このことにウォーバートンが気づかなかったとはちょっと考えられない。明らかに彼は「書簡」文字を音標文字の一種と見なしている。しかし彼の関心を引いているのは、その文字が、事物を象って指示すること、もしくは「直接的な意味作用[356]」を放棄しているということだけだ。エジプト人は表音文字を発明した、あるいは、「発見」したといった方がよい。なぜなら表音文字の基礎は、具象的記号と慣習的記号からなる彼らの複雑な書字体系の中に、すでに隠れた形で敷かれていたからである。

この発明は彼らの文化の長い歴史のどこか途上でなされた。ファラオのある書記がこの発見をしたが、それは初め、王の私的な通信のためにのみ用いられた。ウォーバートンはここで、プラトンの『パイドロス』の有名な一節を引き合いに出している。その一節では文字の発明について述べられている。[357] 文字の発明者テウトは、タモス王の許に参上して自分の発明を披露し、それを「記憶のための秘訣」と称える。[358] もっとも王は、テウトが発明したのはその反対に、忘却のための手段だということをわからせる。人々はいまや外的な目印を頼りにするようになって、もはや自分たちの記憶力を働かせる必要がなくなり、したがってそれをなおざりにするというのだ。ヒエログリフについても字母についてもプラトンは語っていない。この両者を区別する気は彼にはまったくなかった。プラトンは一概に文字について述べている。彼は文字全般に非文字としての記憶を対置する。プラトンの物語をウォーバートンは次のように読む。テウトが発明したのは、文字それ自体ではなく、表音文字である。王は表音文字の長所が、鈍重なヒエログリフに比べて、コミュニケーションをはるかに容易にすることにあると考える。短所は（プラトンの場合と同じく）記憶を破壊することにある。しかし記憶の破壊は、文字の発明によってではなく、形象が失われることでもたらされる。すでに述べたように、プラトンはヒエログリフとアルファベットを対決させているのではなく、文字と記憶を対決させている。プラトンの場合、王が危惧しているのは、文字そのものが記憶を破壊することだ。しかしながら、ウォーバートンが誤読してくれたおかげで、ヒエログリフに備わっている記憶術としての特性を知るための、非常に興味深い手がかりが見つかった。[359] ウォーバートンによれば、王が危惧しているのは、表音文字がヒエログリフの記憶術を無に帰せしめることだ。実質的にあらゆる事物が記号として用いられたので、この書字体系の行き着くところ、それは一種の〈世界絵図〉〔*orbis pictus*〕となり、これに必要とされる世界知の行き着く先は、一つの完全な宇宙論となった。パイドロス神話をウォーバートンが解釈したところによれば、アルファベットによって、人々の注意は、彼らがヒエログリフとその意味を必然的に結び付けていた事物から離れて、外的で恣意的な記号に向けられるようになるだろう。これによって、知識の進歩がはなはだ損なわれてしまうことになるだろう。[360]

ヘルメス主義者にして記憶術師のジョルダーノ・ブルーノは、同じ考えを、一五〇年前に述べている。

エジプト人のヒエログリフあるいは「聖なる文字」はこのような性質のものだった。彼らの許では、個々の指し示す印〔*designanda*〕の代わりに、特定の形象が、自然の事物から、あるいはほかの諸部分から取られて用いられた。そのような文字と言語が使われるようになったのは、エジプト人が、奇跡的な事柄を執り行なうために、それらを介して神々と語らおうと努めたからである。その後、テウトあるいは別の者によって字母が発明されたが、それは、われわれが今日なお別の意図で使用しているのと似たような性質のものだった。これによって、記憶、神的学問、そして魔術に甚大な損害がもたらされたのである。[361]

つまり、すでにジョルダーノ・ブルーノがプラトンの物語をこのように決定的に読み変え、テウトを文字それ自体の発明者ではなく、特にアルファベットの発明者にして、絵から字母へのこの移行は記憶の凋落に等しかった、という説明を加えていたのだ。象形文字は記憶を強化し、表音文字は記憶を破壊する。神々の言語というブルーノの考えは明らかにイアンブリコスに由来する。[362] エジプト人は、彼らの王たちの賢慮のおかげで、自分たちの「事物文字」を決して捨て去らず、新たに発明されたアルファベットを通信という特殊な目的に限定した。ウォーバートンにとって問題となっていたのは、神々との交わりではなく世界とのつながり、そして、一種の〈記憶術〉〔*ars memorativa*〕であるヒエログリフに書き込まれていた、百科全書的な世界知だった。ヒエログリフという事物文字を自由に操ることができる者は、同時に事物、すなわち世界をも読むことができたのだ。

　この点でウォーバートンのさらに上をゆくヒエログリフについての理論がほかにもいくつかあった。それらの理論は表徴説の伝統に位置づけて理解しなければならないだろう。とりわけパラケルスス〔一四九三―一五四一、スイス出身の医師・錬金術師〕に由来するこの説によれば、この世界のあらゆる事物は相互に何らかの意味を持っており、その意味は事物に一種の表徴として記入あるいは刻印されている。そして自然研究者はその意味を解読しなければならない。ウォーバートンの同時代人エマヌエル・スヴェーデンボリ〔一六八八―一七七二、スウェーデンの神秘思想家〕の場合、この表徴説はとりわけ練り上げられた形で出てくる。


　古代人は照応関係の知識、賢者の本質的な知識を所有していた。この知識はとりわけエジプトで育まれ、この知識から彼らのヒエログリフは生まれた。この知識を介して彼らはあらゆる種類の生き物、そして、あらゆる種類の草木、山、丘、川、泉、太陽、月、星辰の意味を知った。[363]

この知識（これでウォーバートンに話を戻そう）は、エジプト人が表音文字を発明したとき、危機に瀕した。彼の時代のグラマトロジーは、絵が事物を指し示すのに対して、字母は音を表すという点で、この両者は区別されると考えた。それゆえ、字母を発明した者がなした決定的な発見とは、記号と意味されるものとの間のインターフェイスとして、〔音声〕言語《シュプラーヘ》を介入させたことだった。これは、記号の総量を決定的に減らすことを可能にしたが、世界と文字《シュリフト》の絆をずたずたに切り裂いてしまった。

　ウォーバートンが再構成したエジプトの書字の歴史では、いよいよアルファベットの発明をもって、モーセが「エジプト人のあらゆる知恵を教わった」（使徒言行録七章二二節）時代に近づく。この頃にはすでに四種類の文字がすべて用いられていた。モーセの目的には書簡文字もしくは表音文字が最も適っていた。モーセは、第二の掟を守って字母からあらゆるイコンの痕跡を取り除くには、字母の形をほんの少し変えるだけでよかった。第二の掟は殊にヒエログリフに対して向けられている。なぜなら神は、ヒエログリフの使用が不可避的に偶像崇拝にいたらざるをえないことを認識したからだ。第二の掟のこの解釈は、ウォーバートンのところどころかなり冗長で回りくどい論証の、ハイライトの一つをなしている。[364]

第二の掟、すなわち偶像崇拝の禁止には、二つの異なった含意がある。[365] この掟はたいてい次のように理解される。つまり神は、目に見えずあらゆるところに存在しているがゆえに、描かれてはならないと。[366] しかしウォーバートンが正当にも指摘しているように、この掟はまた、何らかの形姿を写し取った像はことごとく造ることを禁止している。「あなたたちは自分のために〈いかなる〉形の神像も造ってはならない。いかなる彫像も、男や女のいかなる似姿も、地上に住むいかなる獣の似姿も、空を飛ぶ翼あるいかなる鳥の似姿も、地面を這ういかなる動物の似姿も、地下の水中に住むいかなる魚の似姿も造ってはならない」（申命記四章一六―一八節）。ウォーバートンの解釈は、偶像崇拝の禁止が有する、反エジプト的傾向を強調する。この禁令は、エジプト人の書字、思考、語りの根本原理を、正確に「規範転倒」したものである。つまり「創造された世界を、ヒエログリフで模写して、神のように崇めてはならない」。第二の掟はヒエログリフによる知識と記憶を拒絶する。なぜならその知識と記憶は、不法にも世界を魔術的に偶像化、もしくは「邪神化」することに通ずるからだ。

ウォーバートンは偶像崇拝がヒエログリフを用いた書字と思考の結果だと考える。偶像崇拝はエジプト特有の現象である。なぜならエジプトは、その書字体系の象形的性格を保ち続け、抽象化に向かう一般的傾向に抗った唯一の文化だからだ。その証拠に、偶像崇拝の最悪の形である動物崇拝は、エジプトにしか見られない。ウォーバートンは偶像崇拝の発達における諸々の段階を区別している。最初の段階では、動物の像は、守護神や神格化された王たちを表す記号にすぎなかった。「ヘロドトスは『エウテルペ』（＝『歴史』第二巻）でこの真理をほのめかしているようだ。彼はその中で、エジプト人は神々のために祭壇、像、神殿を建て、動物の像を石に刻んだ最初の人々だったと述べている」(367)。第二の段階になると、それらの像は、さまざま神性を表すただの記号として「読まれる」代わりに、それ自体が崇拝されるようになった。モーセの時代にこの段階に達した。そしてこの点に、第二の掟が、事物を崇めることそれ自体ではなく、像を造ることを禁じている理由がある。礼拝の対象は依然として像だった。同じ理由からエジプト人は、死んだと思われたモーセの代わりとして、黄金の子牛を造ったのだ。

後の時代になって、エジプト人は、動物それ自体を崇めることを思いついた。これが「偶像病」〔Idolitis〕の第三にして最終の段階である。神官たちはこの発展を歓迎して支持した。なぜならこの発展のおかげで、神々は、正体を暴かれることから、ますます守られるようになったからだ。神官たち、あるいは少なくとも彼らのうち、イニシエーションの進んだ段階に達していた者たちは、神々についての真理を知っていた。つまり、神々は神格化された王や立法者にすぎず、神々のこの起源を隠して秘密にしておかなければならないわけがごまんとあることを。これら神格化された死すべき者たちを動物の姿で描くことは、彼らの起源を異化して覆い隠すことに向かう最初の一歩だった。民衆が、描かれたものの代わりに、それらの描写の方を崇め始めたとき、異化はより効果的になり、秘密はより安全になった。しかし、絶対的な不可視性あるいは偽装は、民衆が動物それ自体を崇拝したときに達成された。動物は神々にとって完璧な隠れ蓑だった。

ウォーバートンによればこれが、ディオドロスやオウィディウスがテュフォン〔ギリシア神話でガイアとタルタロスの子。百の蛇頭を持つ巨大な怪物で、オリュンポスの神々を襲った〕について語っている物語の意味である(368)。テュフォンはここでは畏敬の念を知らない好奇心を擬人化したものと見なされる。それは何にでも鼻をつっこまずにはいられず、守るべき領域を認めない。まさに偽の神々にとって脅威となるようなタイプだ。その物語は、神々がテュフォンを恐れてエジプトに逃れ、その地で動物に姿を変えて身を隠す次第を語っている。ギリシアのテュフォンに対応するのがエジプトの神セトだ。セトが神々を脅かし、彼らの礼拝の秘密を冒瀆的にも暴こうとする次第が、実際にエジプトの文書に描かれている。[369] エジプト人は、神々の秘密は、それらがかつては死すべき人間だったというエウヘメリズム〔神話の神々は歴史上の人間が神格化されたものだとする解釈。前三〇〇年頃のギリシアの哲学者エウヘメロスに由来〕的な理解にあるとは考えなかったが、死すべき定めという観念に関連する何かにあると考えた。エジプト人にとって範型となる秘密はオシリスの亡骸である。その亡骸はあらゆる手段を講じてセトの攻撃から守られねばならない。オシリスの亡骸を発見し破壊するかもしれないというセトの役割は、末期になると一般化されて、すべての神々とそれらの礼拝の秘密に対する全般的な脅威を表すイメージになった。すでに言及したように、末期には、エジプトの礼拝で秘密があまねく隆盛をみた。これは異邦人による支配という状況下では至極もっともなことである。しかし、それはギリシア人が遭遇し、彼らが描写したエジプトだったということを考え合わせると、秘密がこのように強調され、無遠慮な好奇心に対してエジプト人が恐れを抱いているとギリシア人のテクストで見なされているのは、納得がゆく。

ウォーバートンは、ヒエログリフの書字体系から、エジプト文化の二つの特殊点を導き出す。一つは動物崇拝であり、もう一つは夢判断だ。古代（二世紀後半）の最も有名な夢判断の著者、ダルディスのアルテミドロスは、二種類の夢を区別した。「直観的な」(*theorematikos*) 夢と「寓意的な」夢だ。「直観的な」夢とは、単にそれらの夢が意味している事柄のイメージである。この点でそれらの夢は「本義的」ヒエログリフに対応している。それに対して「寓意的な」夢は解読される必要がある。エジプト人は夢判断をした最初の人々だった。なぜなら彼らは、彼らの転義的で象徴的な文字に馴染んでいたおかげで解読の方法を知っており、ほかの人々が苦労して「判読」しなければならないところで、それらの夢をただ単に「読む」ことができたからだ。しかしながら夢判断の術は、ヒエログリフが聖なるものにされ、「エジプト人の神学を暗に伝える手段に変えられた」〔*... and were made the cloudy vehicle of their theology*〕ときに初めて、発展することができた。[370] ただしこれは、すでにヨセフ以前の時代に起こっていたにちがいない。ウォーバートンの論証のスタイルを特徴づけているのは、彼が、夢判断とヒエログリフの関連についてのこの見事な洞察（これは、ヘルダーの友人Ｇ・Ｈ・ｖ・シューベルト〔一七八〇—一八六〇、ドイツの医師・自然哲学者。『夢の象徴学』（一八一四）〕を介して、フロイトの夢判断にとって非常に重要になる）[371] を、年代学的な論究の文脈で行なっていることだ。そのために彼は、アルテミドロスの夢判断の書と、末期ヘレニズムのヒエログリフ理論の間にある明らかな関係を見逃している。

年代学上の手がかりによって文字の暗号機能を歴史的に位置づけることができる。「密儀のグラマトロジー」——それによれば、文字は何らかの意味を伝達することよりも、それを覆い隠して記憶のために保管することに役立つ——は一つの〈始期〉〔*terminus a quo*〕を与えられる。象徴文字は、すでにヨセフの時代に、一種の聖なる暗号書記法として発展し始めていた。なぜなら夢判断が、暗号書記法および解読の下位分野として、すでに行なわれていたからだ。四百年後のモーセの時代には、ヒエログリフと象徴文字はすでに大々的に用いられ、「事物」があまねく偶像化されるまでになっていたが、その規模たるや、神がその第二の掟で、ヒエログリフの制作と使用をはっきりと禁止せねばならなかったほどだ。しかしエジプト人が動物崇拝の段階にまだ達していなかったことも明らかだ。イスラエル人は、エジプトの風習に後戻りしたとき、生きた雄牛を崇める代わりに、黄金の子牛を造ったのだから。

偶像崇拝と動物崇拝は、書字体系それ自体にその萌芽が埋め込まれていた、人間精神の錯誤以外の何ものでもない。それは人々の関心が文字を介してこの世界の事物に固着してしまったがゆえにもたらされた結果である。フリードリヒ・マックス・ミュラー〔一八二三—一九〇〇、ドイツ出身のイギリスのサンスクリット学者・比較宗教学者〕が神話を言語の病と考えたように[372]、ウォーバートンは偶像崇拝を文字の病と診断した。

このことは、ウォーバートン自身の文章では、まだそこまではっきりした言葉で表現されてはいないかもしれない。しかしながら、その小著『イェルサレム』でウォーバートンの書字理論に依拠しているモーゼス・メンデルスゾーンは、ウォーバートンの冗長な論述に含まれているこの要点を的確に突いている。それゆえ、ここで少し脱線してメンデルスゾーンを取り上げても、場違いではないかもしれない。メンデルスゾーンはグラマトロジーと神学をきわめて密接に関連づける。彼は次のように書いている。「文化のさまざまな時代に文字に起きた変化は、総じて人間の認識の諸革命に、そして殊には宗教的事柄に関する人々の見解や理解の種々の変更に、昔から非常に重大なかかわりを持ってきたように思われる[373]」。

メンデルスゾーンにとっても最初の文字は事物文字である。そして彼もその文字が、道徳的な意味づけをする、一種の動物書記法だったと考えている。「それゆえ、ライオンは勇敢さの記号、犬は忠実さの記号、孔雀は誇り高い美しさの記号になったのかもしれない[374]（…）」。メンデルスゾーンはさらに次のように書いている。「人々が事物それ自体、もしくはその絵や略図を概念の記号にするとき、道徳的な諸特性を表すのに、動物以上に好都合で意義深いものを見つけることはできない。どの動物も何らかの特徴的な性格を有しており、その動物を一目見ると、この側面からすぐにそれとわかるのである[375]」。「詩人も、道徳的な諸特性を隠喩や寓意を用いて語ろうとするときには、たいてい動物に助けを求める。ライオン、虎、鷲、雄牛、狐、犬、熊、虫、鳩、これらは皆、何かを物語っており、その意味は一目瞭然である[376]」。初めに絵による書字と思考がある。後になってから字母による書字と、論証による思考が続く[377]。この方法の危険は、記号と意味されるものとが取り違えられることにある。「かくも罪のないもの、ただの書体が、いかに人間の手中ですぐに堕落して偶像崇拝に移行しうるかを、われわれは見た。それゆえ当然のことながら、元来の偶像崇拝はすべて、人間に対する崇拝というよりも、動物に対する崇拝なのであろう[378]」。「もっとも、われわれは」とメンデルスゾーンは慧眼にも付け加えている。「ひょっとしたら実際には文字にすぎないものを邪神礼拝と呼ぶことのないように、何でもかんでも自分たちの慣れ親しんだ目で見ないよう用心しなければならない[379]」。

しかしメンデルスゾーンによれば、いかなる文字、ヒエログリフもアルファベットも、記憶術としては役に立たず、「宗教の独自の諸概念を人々の間で永続的な記号によって保持する」という目的には適わない。絵や象形文字が迷信と邪神礼拝に通ずるのに対して、「われわれのアルファベットによる書き物」は人間をあまりにも思弁的にする[380]。それゆえ神は、モーセを介して、儀式法を導入したのだ。儀式はいわば実践的なヒエログリフである。すでにフランシス・ベーコンが、ヒエログリフを身振りと相関させ、身振りを「つかの間のヒエログリフ」と呼んでいる。〈身振りについていえば、それはつかの間のヒエログリフのようなものであり、身振りの、ヒエログリフに対する関係は、それが留まることがないという点で、話された言葉の、書かれた言葉に対する関係と同じである[381]〉。儀式法に定められた身振りと行為の文字によって、神は、ある知識を成文化しようとした。「人々が日常することなすことに、宗教的および道徳的な事柄の認識が結び付いていたはずだ[382]」。そうだとすると、儀式は両方の堕罪から守ってくれる記憶術ということになる。つまり、偶像崇拝というヒエログリフによる堕罪と、「字母人間〔Buchstabenmenschen ＝文人〕」というアルファベットによる堕罪である。「われわれは字母人間だ。われわれの全存在は字母に依存している[383]」。「人間は人間に対してその価値をほとんど失ってしまった。賢者との交際は求められない。なぜなら、われわれはその知恵を書物の中に見つけるからだ[384]」。ヒエログリフはこのコミュニケーションの退廃から守ってくれる。ヒエログリフは言語と競合しないからだ。それは概念の像であり、語標ではない。ヒエログリフは語られる言葉を表さないので、それに取って代わることもできない[385]。

しかし神は儀式法の規定を、ヒエログリフではなく、字母で書いた。この点でメンデルスゾーンはウォーバートンと同じ考えである。ヒエログリフは人間を事物の世界に引き留めておく。ただアルファベットだけが、超自然的なものを書き記すことを可能にする（メンデルスゾーンは次のようにいえたかもしれない。神は自然という本をヒエログリフで書き、律法の本を字母で書いたと）。ウォーバートンとメンデルスゾーンは、今日では忘れられてしまったことを思い出させてくれる。つまり「アルファベット革命」は、ギリシア人の事件ではなく、セム人の事件だったのであり、アルファベットはヒエログリフに由来するということだ。ヒエログリフとアルファベットの関係は、神話と一神教の関係に等しい。

　メンデルスゾーンにとってもヒエログリフは記憶と大いにかかわりがある。メンデルスゾーンによれば、文字は認識を恒常化する。諸現象の連続した流れの中で、われわれに支えを与えてくれるのが概念である。われわれはそれらの概念を、言辞を介してほかの人々に伝えるが、自分自身のためには、文字によって留めておく。[386] 文字《シュリフト》と言語《シュプラーへ》は等しく根源的である。言語はコミュニケーションに役立ってくれる。それに対して文字は想起に役立ってくれる。メンデルスゾーンによれば、最初の文字は事物それ自体だった。[387] 次にそれらの事物の絵が続いた。そこからヒエログリフが発達した。ヒエログリフは記憶のメディアであり、言語はコミュニケーションのメディアである。もはや事物ではなく音を書き表すアルファベットが登場して初めて、文字もまたコミュニケーションの手段になった。それゆえ、ウォーバートンにとってそうであるように、メンデルスゾーンにとっても、象形文字は記憶のための文字であり、（「書簡文字」である）アルファベットは伝達のための文字である。もしかしたらこれは、ヴィーコ、ハーマン〔一七三〇―一七八八、ドイツの思想家。『文献学者の十字軍行』（一七六二）〕、そしてヘルダーの詩学理論に結び付けることができるかもしれない。彼らの理論によれば、ポエジーは記憶のための言語であり、それに対して散文は伝達のための言語である。この場合、ヒエログリフがアルファベットに先行しているのと同じように、発展史上、ポエジーは散文に先立ち、ポエジーは散文に先行している。想起は伝達に先立ち、象形文字は表音文字に先立ち、

表3　ヘルダーとメンデルスゾーンによるメディアと機能の区分

メディア＼機能	記憶	コミュニケーション
言語《シュプラーヘ》	ポエジー	散文
文字《シュリフト》	絵	字母

比喩は論証に先立つ——十七世紀と十八世紀のグラマトロジーをこの定式でまとめることができるかもしれない。

ウォーバートン、そしてモーセの区別のグラマトロジー的側面に関するこの章を、エジプト学の観点から注釈を加えて結びたい。ウォーバートンがエジプトのヒエログリフを解釈したとき、まだその根底にあった直接的な意味作用というルネサンス期のグラマトロジーは、文字と言語の関係という点では、一つの誤解に基づいていた。一八二二年以来、すなわち、シャンポリオンがヒエログリフ解読の体系を初めて公にして以来、われわれは、ヒエログリフが概念も音も表していることを知っている。それでもなお、直接的な意味作用というグラマトロジーは、現代のエジプト学がその説明から顕著に除外している、ヒエログリフのある側面を顧慮することができる。つまり、ヒエログリフのイコン性、あるいは、写実的な具象性である。なぜエジプトのヒエログリフはその象形的性格を保ち続けたのだろうか。ウォーバートンの答えはこうだ。ヒエログリフは事物を指し示しており、創造された世界を構成するあらゆる形象の、実質上完全な目録をなしていたからである。ヒエログリフの記号目録が一種の〈世界絵図〉をなしているというこの考えは、エジプトの語彙《オノマスティコン》リストがこの知識を提示している、その形に非常に近い。

プタハが創造し、トトが書き記したものすべて、
天とその星座、
大地とそれが内に含んでいるもの、

山々が吐き出すもの、
そしてナイルの氾濫が潤すもの、
太陽が照らすもの、
そして大地の表面で育つもの。[388]

エジプトの創造神プタハは、造形芸術、像造りのパトロンである。ところでヒエログリフはエジプト人の間では、筆記体とは異なり、文字の一ジャンルではなく芸術の一ジャンルと見なされた。[389] ヒエログリフについての自説を、数種類の文字があるという想定に依拠させたとき、ウォーバートンはまったく正しかった。しかしそれには二重の書字体系、すなわちヒエログリフとヒエラティックを区別するだけですっかり事足りる。ヒエログリフはモニュメント用の文字であり、厳密にイコン的である。ヒエラティックは筆記体であり、「事物」に対するイコン的関係を捨ててしまった。エジプト人にとってはヒエラティックだけが、書記が学んで実際に用いる通常の文字と見なされた。ヒエログリフは芸術に数え入れられ、芸術家と特定の職人たちによって習得された。トトは書字の神だったが、プタハはヒエログリフの神だった。プタハは書くことはしなかったが、万物の姿を考え出したことで、ヒエログリフを発明した。それゆえトトは、文字を発明する必要はなく、ただ発見するだけでよかった。文字は、プタハの創造した世界が文字のような構造を持っていたがゆえに、そこにすでにその萌芽が据えられていたのだ。それゆえ『アメンエムオペトのオノマスティコン』では、「あらゆる語」という概念が、「プタハが創造し、トトが書き記したものすべて」と表現されている。書字は、現実の構造の根底に、いわば「世界の読解可能性」の原理としてすでにあるものを、ただ再現するだけなのだ。[390]

事物を「創造する」プタハと、それらを「書き記す」トトの協働は、楽園での神とアダムの協働を想い起こさせる。神は生き物を創造し、「アダムのところに連れてきて、彼がそれらをどう呼ぶか見ておられた。彼がどう呼ぼうとも、それがその生き物の名になった」(創世記二章一九節)。命名というアダムの行為と、書き添えるというトトの行為はどちらも、事物と言葉を結び付けるという同じ働きをする。しかも、ここでは言葉による創造が問題となっているので、アダムとトトは、彼らが口に発する、もしくは書き記すものを、事物から「読み」取る。トトの文字《シュリフト》とアダムの言語《シュプラーヘ》はどちらも直接的な意味作用のメディアである。

エジプトの書字理論に潜在しているプラトン主義を、新プラトン主義者のイアンブリコスは非常にはっきりと表現して、次のように書いている。「エジプト人は宇宙の自然と神々の創造行為を模倣している。そのために彼らは象徴を用いて、神秘的な、目に見えない、秘密の概念を映し出す形象を生み出している。それは、自然が象徴的な仕方で、目に見えない理性を目に見える形で表現し、神々の創造行為が、イデアの真理を目に見える形象に書き記すのと、ちょうど同じやり方なのである」(391)。ヒエログリフは事物の世界を複製し、事物の世界はイデアを複製する。エジプト人にとって、これらのイデアはプタハの想念であり、その想念をトトは書き記した。

偶像崇拝という聖書の考えは、それゆえ、エジプトのヒエログリフについてのある考えと分かちがたく結び付いているようだ。その考えによれば、ヒエログリフは、創造された世界を複製して偶像化するのみならず、まさに創造主の活動それ自体を模倣する。エジプトの書記、芸術家、魔術師は、創造のプロセスを再現することで、彼らの守護神であるプタハとトトの仕事を継続した。エジプトの宇宙即神論のこの魔術的で神秘的な側面は、ヨーロッパの記憶の中に生き続けてきた、ヒエログリフについての漠とした理解と結び付いてきた。ヘルメス主義の伝統では、ヒエログリフは、宇宙のエネルギーを魔術で支配するという、カバラや錬金術の考えと関連づけられた。第二の掟はこの原理を規範転倒したものである。

自然宗教は、秘密保持を必要としなければ、文字も必要としなかった。文字が必要になったのは、国家と「政治社会」（その起源はエジプトにあると考えられた）の発展にともない、人々が自分たちの最初の王や立法者たちを神格化し始めてからだった。この段階になると宗教は、民衆の抱く、国家を担ってはいるが虚構の信仰と、神官たちの潜在的に破壊的な知識に分裂し始めた。このとき初めて、神官たちは、自分たちの危険な知恵を次世代に伝えることができるように、何らかのコードを案出しなければならなくなった。ヒエログリフは神官たちが、国家も真理も守るために、自分たちの伝統を包み隠したヴェールだった。

第5章

名なき者と全一者

カール・レオンハルト・ラインホルト（1757-1823）

出典：H. J. Schings, *Die Brüder des Marquis Posa. Schiller und der Geheimbund der Illuminaten*, Tübingen 1996, S.132（Wolfenbüttel, Herzog-August-Bibliothek: Porträtsammlung A 17447）

第一節　〈イェホヴァすなわちイシス〉――カール・レオンハルト・ラインホルト

哲学者カール・レオンハルト・ラインホルト（一七五七―一八二三）は、カント哲学の最初にして最も影響力のあった信奉者の一人と見なされている。[392] 彼は一七八七年からイェーナで、一七九四年から一八二三年までキールで教えた。しかしながら、ここでわれわれの関心を引くのは、彼の哲学的仕事とは間接的にしかかかわりのない本で、それはスペンサーやウォーバートンの著作と同じテーマを扱っている。つまり『ヘブライの密儀、あるいは最古の宗教的フリーメイソンリー』〔*Die Hebräischen Mysterien oder die älteste religiöse Freymaurerey*〕（ライプツィヒ、一七八七年）である。[393] ラインホルトはこの本をフリーメイソンとして執筆し、その中で自分の同朋に語りかけている。この書の与えた影響を正しく評価するためには、ラインホルトの経歴をざっと見ておかなければならない。彼は初めイエズス会士だったが（ドン・ピウス・ラインホルト神父）、それからフリーメイソンと光明会《イルミナーティ》〔一七七六年にバイエルン王国で法学者A・ヴァイスハウプトが創設した啓蒙主義的な秘密結社。一七八四年に活動禁止〕の会員に同時になった（兄弟デツィウス）。一七八三年にロッジ〈真の融和〉に加入し、三つの位階のすべてをたった五ヶ月で終了した。[394] ハイドンは後にこのロッジの一員となり、そしてモーツァルト（彼自身は姉妹ロッジ〈慈善〉のメンバーだった）もこのロッジをしばしば訪れた。[395] ロッジ・マスターは鉱山技師のイグナーツ・フォン・ボルンだった。彼は、ヨーゼフ時代〔啓蒙専制君主として知られる神聖ローマ皇帝ヨーゼフ二世（在位一七六五―一七九〇）の治世〕の啓蒙主義の指導的人物の一人で、[396] ラインホルトと同じく、光明会の会員でもあった。ボルンはエジプトの密儀についての長い論文の著者であり、[397] モーツァルト／シカネーダーの『魔笛』に登場するザラストロのモデルになった。[398] ラインホルトは、ウィーンでのイエズス会士ならびに光明会の会員としての地位が危ういものになっていたので（この二つの会は禁止されていた）、一七八三年十一月にライプツィヒに逃れ、そこで哲学の研究を続けた。一七八四年に彼は、ボルンとゾンネンフェルスから紹介状を授かり、ヴィーラント〔一七三三―一八一三、ドイツの小説家〕に接近した。ヴィーラントは、自らがフリーメイソンになったのは一八〇八年になってからだが、ウィーンのロッジ〈真の融和〉と密接に結び付いていた。それからまもなく、ラインホルトはヴィーラントの娘ゾフィーと結婚し、ヴィーラントの雑誌『ドイツ・メルクーア』〔*Der Teutsche Merkur*〕の編集協力者になった。この雑誌に彼は八回に分けて『カント哲学についての書簡』〔*Briefe über die Kantische Philosophie*〕を発表した。この書簡によって彼はたちまち有名になり、一七八七年にイェーナ大学に招聘された。

一七八五年にラインホルトは、自身も光明会の会員でフリーメイソンだった〔ヴァイマール公国〕教区総監督ヨハン・ゴットフリート・ヘルダーの立会いの下、プロテスタンティズムに改宗した。ヘブライの密儀についての論文を、彼は、ボルンとその『フリーメイソンのためのジャーナル』〔*Journal für Freymaurer*〕のために書いた。その論文は一七八六年に、この雑誌に二号に分けて掲載された。古代の密儀教を究明することは、この雑誌に寄せられた論文の非常に多くが試みたプロジェクトだった。ボルン自身がこの雑誌を、そして密儀を究明するというこの大きな計画を、エジプトの密儀についての論文で開始していた。ラインホルトはこのシリーズを『カベイロイの密儀』についての寄稿論文で継続した。この論文は〈神すなわち自然〉というスピノザ的な汎神論を説いている。[399] このシリーズにはヘブライの密儀についての両論文も入る。この二つは一七八六年度刊行巻の第一部と第三部に掲載された。しかし同年にウィーンのロッジ〈真の融和〉も閉鎖され、雑誌は読者の多くを失った。自分の文章が高い価値を有していると正当にも考えていたラインホルトは、[400] より広範な読者を得たいと望み、自分の論文を本として刊行することができるほかの場を探し、ライプツィヒの有名な出版社ゲッシェンを見つけた。

わたしにとってラインホルトの小著が興味深いのは主に次の事実による。つまり、この本はスペンサーとフロイトを結び付ける紐帯をなしているのだ。この本はスペンサーとウォーバートンの著作の綿密な読みに基づいており、この本はこの本で、シラーに読まれただけでなく、彼の有名なエッセイ『モーセの使命』で——剽窃されたとはいわないまでも——パラフレーズされた。そしてこのシラーのエッセイの方は（後ほど示さねばならないが）フロイトにとって重要だった。ラインホルトの本は、わたしにとっても、この研究の出発点だった。以前わたしは、「秘密」というテーマに関する比較的大きな研究計画との関連で、シラーの物語詩『サイスのヴェールに覆われた神像』〔*Das verschleierte Bild zu Sais*〕に取り組み、ある覚書を調べたことがあった。その覚書は、エジプト学者ゲオルク・シュタインドルフが『エジプト語』誌〔*Zeitschrift für Ägyptische Sprache*〕第六九巻に載せていたもので、その中で彼は、ラインホルトの著書がシラーの物語詩の典拠の一つである可能性を指摘している。[401] ラインホルトの本を長い間探し求めてようやく手に入れたとき、ラインホルトがシラーを介してフロイトとつながっていることがすぐにわかった。その一方で、ラインホルト自身は、自分の情報源として、ウォーバートンとスペンサーの名を挙げているのである。

ラインホルトは、スペンサーを引き合いに出して、モーセの律法がエジプトに起源するとしている。彼はしかし、この歴史上の依存関係を、「規範転倒」や偶像崇拝の治療といった、モーセの区別の敵対的な側面に何ら言及することなく構築している。彼の見るところ、モーセの立法とは、彼が「エジプトの密儀」と呼んでいるものを、忠実に翻訳して編纂し直すことだった。「密儀」というコンセプトは、ここで想定されている古典的な密儀教の形ではスペンサーの著作には出てこないが、このコンセプトのために、ラインホルトはウォーバートンを引き合いに出している。これは、スペンサーのエジプトフォビアからラインホルトのエジプトフィリアへの急転回を物語る、決定的な歩みである。密儀についてのウォーバートンの理解は、エジプトの宗教を新たなパースペクティヴで示したが、そのパースペクティヴは、エジプトの宗教を前景と背景に分けるものだった。偶像崇拝、魔術、動物崇拝、迷信といった悪名高い、恐怖症的な嫌悪感で彩られた例の現象が、スペンサーの両面価値的なエジプト像を支配していた。

しかしこれらの現象はいまや、単なる前景的あるいは表層的な現象に姿を変える。これらの宗教形態は何らかの公教的な政治神学に基づいていた。それは秘教的な自然神学もしくは宇宙神学とは異なるものであり、こちらの方は一神教的だった。ここまでラインホルトはウォーバートンの跡を離れずに追う。しかし次の一歩でラインホルトはウォーバートンを乗り越える。彼は、エジプト人の秘教的な一神論とモーセの啓示された一神教を、両者が抱く神概念の点で、同一のものと考えた。ラインホルトは、全一者というエジプトもしくはヘルメス主義の観念と、聖書の一神教の間に、いかなる区別も認めない。彼にしてみれば、モーセも全一者を信仰していたのであり、モーセはこの信仰を、最古のフリーメイソンリーと呼びうる新たな密儀教の形で包んだのである。

モーセの神学に関していえば、ラインホルトはトーランドの説に従っており、彼はストラボンによるエクソドスの記録に基づいて、モーセを〈この用語に先立つ〉〔*avant la lettre*〕スピノザ主義者にした。[402] しかしラインホルトは、ストラボンやトーランドとは異なり、この宗教を対抗宗教としてではなく、秘密宗教として再構成した。ストラボンの伝えるモーセに、「かの地の状況に対する不満から」エジプトに背を向けさせ、別の国で新たな宗教を創唱させるにいたった否定の要素を、ラインホルトはウォーバートンに倣って、秘密保持のモティーフで置き換える。しかしながら、ウォーバートンとラインホルトの秘匿という概念は、対抗宗教の敵対性あるいは神性破壊の衝撃を、別の形で保持している。両者とも秘密の教義のことを、一者の告知としてのみならず、多神教の否定としても解している。像は破壊されない。しかし、それらは虚構であることが暴露される。秘密を伝授されるということは、幻想から醒めて改宗するということだ。イニシエーションに臨む者が小密儀から大密儀への敷居をまたぐとき、彼がなさねばならないのは、神々に対する自分の以前の信仰を捨てることを誓い、その神々が誤った虚構の存在だということを認識し、そして「事物をあるがままに見る」ことだ。[403] 真と偽を分かつモーセの区別は、ここでは、エジプトの宗教それ自体に送り戻され、秘密を伝授された者が越えねばならない敷居と解釈される。これらすべてに関して、ラインホルトはウォーバートンを引き合いに出している。ウォーバートン自身はここまで踏み込まなかったかもしれない。しかし、この解釈のために決定的な材料を用意したのは彼である。

この論争に対してラインホルト自身がなした最も重要な貢献は、神聖四文字についての解釈だ。彼は、彼の本のこの箇所で、ヴォルテールの『エジプトの儀式』に依拠している。しかしヴォルテールが、エジプト人は至高の存在を、ユダヤ人が用いたのと似たような、それどころか同じ名称で「イ・ハ・ホ」あるいは「イアオ」と呼んでいた、というテーゼを主張しているのに対して、ラインホルトは音声形態ではなく、この神名の意味に基づいて、〔エジプト人の至高の存在とユダヤ人の至高の存在を〕同一視している。[404] 彼は、JHWHという名が *hayah*〔わたしは存在する〕に由来すると考えるヘブライ語の（通俗）語源説から出発して、この名を出エジプト記三章一四節に従ってまったく慣例どおりに「わたしは、わたしはある、という者である」と翻訳している。しかし彼はこの定式的表現を、サイスのヴェールに覆われた神像にある碑文と同じものと考える。この同一化が彼の論証のクライマックスをなしており、それを彼は、まさに一種の秘義伝授として演出している。その際、彼自身が密儀導師の役を演じる。

わが兄弟よ、われらのうちの誰か、古代の〈エジプトの碑文〉をいまや知らぬ者があろうか。サイスのピラミッドに刻まれた碑文〈われは今あるもの、かつてありしもの、そしてこれからあるであろうもののすべてである。わが纏うヴェールを、死すべき人間の誰一人として取り除いたことはない〉、そして、イシスの立像の台座に刻まれたかの碑文〈われは、今あるものである〉を。わが兄弟よ、われらのうちの誰か、これらの言葉の意味を、かつてエジプトで秘密を伝授された者が理解していたのと同じほど、よく理解していない者があろうか。これらの言葉によって、あの〈本質的存在〉、〈イェホヴァ〉の名の意味が、ほとんど字義どおりに表現されていることを知らぬ者があろうか。[405]

プルタルコスは、『イシスとオシリスについて』の論文の第九章で、サイスのヴェールに覆われた神像の碑文に言及している。彼は、エジプト人が、真理はただ謎かけや象徴に包み隠してのみ伝えうるという原則から出発したということを示そうとして、このテーゼを三つの例を挙げて説明している。最初の例は、自分たちの神学が謎に満ちた知恵を含んでいることをほのめかすために、スフィンクスを神殿の前に据えるという慣わしである。第二の例がサイスのヴェールに覆われた神像だ。第三の例は、彼らの至高神アメンの名であり、これは「隠されたもの」を意味する。プルタルコスは次のように書いている。「サイスにある女神アテナの座像（*tò hédos*）、これを彼らはイシスであるとも信じているのだが、その座像には次のような碑文が刻まれている。『われはかつてありしもの、今あるもの、そしてこれからあるであろうもののすべてである。そしてわが纏う外衣を（*tòn emòn péplon*）、死すべき人間の誰一人として、これまで取り除いたことはない[406]』」。プルタルコスはピラミッドがあるとも、第二の碑文があるとも、どこにも述べていない。ラインホルトあるいは彼の情報源であるヴォルテールが、どこからこの「われは、今あるものである」という短い方の碑文を取り出してきたのか、わたしにはわからない[407]。

プロクロスは同じ碑文を違うヴァージョンで引用している。彼はこの碑文を神殿の〈至聖所〉〔*adyton*〕にあるものとし、女神の外衣を〈ペプロス〉〔*péplos*〕ではなく〈キトン〉〔*chitón*〕と呼び、プルタルコスが「死すべき人間の誰一人として」と書いているところを「誰も」（この表現には神々も含まれる）で置き換え、一つの文を付け加えている。その文はこのモティーフをさらに別の方向に転じている。

わが胎の産んだ実りが太陽である[408]

この場合、「わが外衣の裾を翻した者は誰もいない」という確言は、この女神が太陽を男性の協力なしに産み出したという事実を指している。プロクロスが彼のヴァージョンをプルタルコスから借用したということはありえない。それゆえ、何らかの共通の、そして場合によってはエジプトの典拠があったにちがいない。〔プロクロスのヴァージョンに〕付け加えられている文は、サイスの神学にきわめて正確に一致する。なぜなら人々は、ネイトが両性神であり、太陽の母であると信じていたからだ。しかし、エジプトにかつてヴェールに覆われた彫像のようなものがあったというのは、まずありそうにない。なぜなら神々の像は、ただでさえ木製の櫃に隠されており、当直の神官だけが、日ごとの儀式の間、見ることを許されたからである。同じくありそうにないのは、死すべき人間の目に触れてはならない彫像という観念が、かつてエジプト人の礼拝の中に生じえたということだ。「神を見る」という儀式は日ごとに執り行なわれねばならなかった。しかし、その反対にきわめてありそうなのは、中庭に据えられて、参拝者が近づきえた何らかの彫像に、そのような意味に解することのできる碑文が刻まれていた、ということである。ギリシア語の定式をエジプト語に訳し戻すと、〔碑文の〕最後の部分は **nn kjj wp hrj* と読めたかもしれない。これは二つの異なる仕方で翻訳することができる。正しく訳せば「わたしのほかにいかなる者〔神〕もいない」となるだろう。これはアクエンアテンの賛歌群に二度出てくる一神教的標語である。そしてこの標語は、神が自らを世界神――「かつてありしもの、今あるもの、そしてこれからあるであろうもののすべて[409]」――として提示するという文脈中だと、とりわけぴったりだろう。「われは……である」という陳述も末期のイシス信仰に特徴的である。しかし、もはや古典語にそれほど通じていなかった翻訳者《ドラゴマン》であれば、*wp hr*（「のほかに」）という言葉を、その文字どおりの意味で「顔の覆いを取り除く」と解し、この文全体を「ほかの誰もわたしの顔の覆いを取り除かなかった」と読んだかもしれない。しかしおそらくは、神官たち自身が新プラトン主義者で、この読み方を秘められた意味として発見したのだろう[410]。

プルタルコスとプロクロスが再現しているサイスの碑文を、エジプトの本物のテクストと観念に結び付けるのは容易だ。はるかに困難に思われるのは、その碑文を、ヤハウェの名前と自己紹介「わたしは、わたしはある／あるであろう、という者である」（*'æhjæh 'ašer 'æhjæh*）と同一視することだ。「われは今あるもの〔…〕のすべてである」と「わたしは、わたしはある、という者である」の違いを、ラインホルトはそれについて一言も語ることなく無視しているが、この違いは、われわれには乗り越えがたいように思われる。前者の場合、神性は、一種の同一化の身振りで、可視の世界もしくは自然を示している。これは、われわれにはすでに馴染みある、自然の明証性の神学だ。後者の場合、神は自分自身のほかには何も指し示しておらず、いかなる自然の明証性からも、いかなる宇宙との同一化からも、その基盤を奪い去っている。エルンスト・カッシーラー――彼は残念ながらサイスの碑文を扱っておらず、この議論にほとんど触れていないのだが――の言葉を借りて、次のようにいうことができるかもしれない。神は一方の場合には自らを「存在《ザイン》」として現しており、他方の場合には「わたし《イッヒ》」として現していると。「わたしは、わたしはある、という者である」についてのカッシーラーの解釈は、ここでわたしが問題としている点をまさに突いている。それゆえ、いくらか長く引用して、彼の解釈を語ってもらおう。[411]

> 「わたしという陳述」の形式、つまり神が、「わたしは……である」という言葉を続けてその統一的本性のさまざまな側面を顕にすることで、自らを啓示するという形式は、エジプトとバビロニアに起源し、それからさらに進んで、宗教的表現の揺るぎない典型的な文体形式に発展した。[412] しかしこの形式が完成した姿でわれわれの前に初めて現れるのは、この形式がほかのすべての形式を排除するところにおいてである。つまり、神の唯一の「名前」として、わたしという名前が残されるところにおいてである（…）客観的存在から個人的存在へのこの変形をもって初めて、神的なるものは、「絶対的なるもの」の圏域へと真に高められた。それは、何らか

の事物あるいは事物名との類似によっては名づけることができないような領域である。言葉のあらゆる手段のうち、それを表すために残されているのは、ただ人称表現のみ、人称代名詞のみである。われは彼なり、われは最初にして最後の者なり。預言者たちの書にもこのように述べられている。[413]

カッシーラーも「変形」という語を用い、「われは、今あるものである」から「わたしは、わたしはある、という者である」への移行を、まさに進化として説明しているのは示唆に富む。実のところイシスの定式も「ほかのすべての形式を排除する」。これに続く箇所でカッシーラーは神のこれらのイメージを非常に簡明に要約しているが、「存在《ザイン》を経由する道とわたし《イッヒ》を経由する道」は、同じ道の二つの段階ではなく、二つの異なる道である。預言者の一神教は、宇宙即神論の成熟段階ではなく、それに対立し競合するものなのだ。

ラインホルトはサイスの定式を、ヘブライの神名を正確にパラフレーズしたものと考えている。[414] わたしの見るところ彼は、両方の文がある名前を啓示しているのではなく、その名前を知らせずに伏せている、あるいは名前がないことを啓示していると理解しているが、その点で正しい。神の本性はあまりにも包括的すぎるので、一つの名で表すことはできない。そして神の無名性というこの考えは、彼にいわせると、この二つの定式の共通の分母をなしている。かくしてラインホルトは決然と、ヤハウェではなくイシスの地盤に立つ。彼はヘブライの神名を、ヘルメス主義的・宇宙即神論的な神学（あるいは「客観的存在」）の観点から解釈し、例えばその逆に、イシスの定式を聖書の一神教（あるいは「個人的存在」）の観点から解釈しない。というのも彼は、次に引用する文章で、ヘルメス・トリスメギストスと、名のない神もしくは〈匿名の神〉〔*deus anonymus*〕というその観念を引き合いに出しているからだ。ラインホルトはヘルメス文書の一つ「アスクレピオス」の第二〇章を、ラクタンティウスによるパラフレーズで引用している。ラクタンティウスはヘルメス・トリスメギストスのことを、少なくともモーセと年齢が等しいエジプトの賢者で、神学および哲学の最高位の権威と見なしており、いたるところで引用している。ラクタンティウスの該当箇所は以下のとおりである。

彼［トリスメギストス］は何冊もの書物を――神的な事柄の知識に関する実に数多くの書物を――著した。彼はそれらの書物の中で、至高にして唯一の神の威厳を擁護しており、その神をわれわれが用いているのと同じ名で呼んでいる。つまり主なる父と。誰かが神の名を問いただすことのないように、彼は次のように述べている。神には名がない、なぜなら、いうなれば神はまさしく唯一者なのだから、何らかの名称によってことさらに呼ばれる必要はないのだ、と。以下が彼の言葉である。「神は一者である。しかし一者はいかなる名も必要としない。彼は名を持たずに存在している者である」（*ho de theos heis; ho de heis onomatos ou prodeitai; esti gar ho on anonymos*）。それゆえ神には名がない。なぜなら神は唯一者であり、ことさら名づける必要がないからである。多数のものがあるとき、個々のものを、各々に特有の印と名称を与えて示すには、何らかの区別がなされねばならないが、そういう場合は別である。しかし神に対しては、それは常に一者なのだから、神という呼称が正しいのだ。(415)

これが名なき神であり、この神はシラーとゲーテにとって非常に重要になる。この神については後ほどまた話題にする。

しかしヘブライの「名前」は、すでに古代には、ラインホルトが解釈したのとちょうど同じように理解されていた。古代の伝統は、ヘブライ語の定式「わたしは、わたしはある、という者である」を *Ego eimi ho on*、つまり「わたしは存在する者である」と訳した七十人訳聖書に依拠している。[416] ある『シビュラの託宣』では、聖書の神のこの自己紹介は、世界神の意味に解される。「わたしは存在する者である（*eimi d'égo-ge ho ōn*）、このことを汝の精神で知れ。わたしは天を衣として羽織り、大洋を纏った。大地はわが足の踏みしめる土台であり、空気はわが胴体を取り巻き、星々はわが周囲をめぐる」。[417] ヤハウェを「宇宙神」――〈神すなわち自然〉――と同一視することで、ラインホルトは古代の一つの伝統に倣っている。

ラインホルトは神聖四文字を解釈して、それを名なき神というヘルメス主義の観念と同一視したが、これに酷似した例が、あるテクストに見つかる。そのテクストは、スピノザの『エティカ』〔*Ethica*〕（一六七七年）が刊行される二百年以上前に、それどころか、マルシリオ・フィチーノによって『ヘルメス選集』のラテン語訳（一四七一年）がなされる数年前に書かれていた。そのテクストとは、ニコラウス・フォン・クザーヌス〔一四〇一―一四六四、ドイツの神学者〕の『学識ある無知について』である。[418] そこには次のようにある。

最も偉大なるものにふさわしい名前などそもそもありえないのは明らかである。なぜならそれは、いかなるものも対立することのない、ただただ最も偉大なるものだからだ。つまり、あらゆる名前は何らかの特殊性に基づいて事物に与えられるのだが、その特殊性は、事物を理性で把握して一方を他方から区別することで、認識されるのである。しかしながら、あらゆるものが一つである場合には、いかなる特別な名前もありえない。それゆえ、ヘルメス・トリスメギストスは、正当にも次のようにいっている。「神は事物の総体なので（*universitas rerum*）、神に固有の名前はない。なぜなら、もしそうでなかったとしたら、神はあらゆる名前で呼ばれなければならないか、あるいは、万物が彼の名前で呼ばれなければならないであろう。神はその単一性にあらゆる事物の総体を包み込んでいるのだ。神の本来の名前――それはわれわれには言い表しえないものとされ、テトラグラマトンすなわち四つの文字からなっており、そして、被造物に対する何らかの関係に応じてではなく、神自身の本質に応じて神のものであるがゆえに固有の名前である——に従うならば、神は『一者にして全』あるいはより適切には『一なる全』（*›unus et omnia‹ sive ›omnia uniter‹, quod melius est*）と解釈しなければならないだろう」。それゆえ、われわれは先述の箇所でも、最も偉大なる単一性を見出したのだ。それは「一なる全」と同じものである。もっとも、「一なる全」よりも「単一性」という名前の方が、はるかに適切で、的確であるように思われる。それゆえに預言者は、「その日には、主は一者となられ、その御名は一となる」〔ゼカリヤ書一四章九節〕と述べ、ほかの箇所では「聞け、イスラエルよ」（これは「神を理性によって看取する者」を意味する）、あなたの神は「一者である」〔申命記六章四節〕と述べている。[419]

このテクストではすでに、ヘブライの神聖四文字とヘルメス・トリスメギストスの名なき神、〈一者にして全〉〔*unus et omnia*〕、「全一者」もしくは〈一にして全〉〔*Hen kai pan*〕を同一視することが、簡潔に言い表されている。この簡潔さに比べると、ウォーバートンの冗長な論述は、ひどく水で薄められた観がある。そしてウォーバートンに依拠しているラインホルトも、この簡潔さを取り戻していない。

ヘルメス主義の〈一者にして全〉《ウーヌス・エト・オムニア》あるいは〈一にして全〉《ヘン・カイ・パン》を、ゼカリヤ書一四章九節および申命記六章四節にある〈一〉〔*æhad*〕と同じと考えるのは、ラインホルトが「わたしはある、という者」（*ašer 'æhjæh*）と「今あるもののすべて」（*to on*）を同一視したのと同じくらい大胆であり、唖然とさせる。この同一視は、〈一〉《エハド》を数の叙述——「主は唯一であり、その御名はただ一つである」——ではなく、名前と解している。つまり、神は「一」もしくは〈単一性〉〔*unitas*〕という名である、と。そういえばイシスも、イシドロスの賛歌では「一者」（ギリシア語に転写されたエジプト語では THIOUIS = *tȝw'.t*）と呼ばれている。ヘルメス・トリスメギストスは、「神は一者であり、それゆえに神はいかなる名も必要としない」と述べた。ゼカリヤは、神は一者であり、その御名は「一者」となる[420](*adonay aehad uschemo aehad*)、と述べた。この二つの箇所が並置されているということは、しかしまた、ウォーバートンがこのクザーヌスのテクストを知っていたかもしれないことを示唆している。彼は、名なき神という概念を扱っている箇所で、同様にゼカリヤ書一四章九節「その日には、主は一者となられ、その御名は一者となる」を引用している。この二つの章句――「アスクレピオス」第二〇章とゼカリヤ書一四章九節――を並べるのは天才的な思いつきだが、ウォーバートンがそのような着想を抱いたとはちょっと信じがたいし、また、実際のところ彼の衒学的な論証の脈絡では、クザーヌスとはまったく対照的に、そのような着想の入り込む余地などなかった。

「わたしはある、という者」と「今あるもののすべて」を、つまりヤハウェとイシスを同一視することで、ラインホルトはウォーバートンの論拠をひっくり返す。ウォーバートンは、一方ではモーセのイニシエーションを神の制定として、他方では異教の密儀礼拝を人間の制度として、両者を厳密に区別しようとした。それに対してラインホルトは、エジプトのイニシエーションもモーセのイニシエーションも人間の制度であり、どちらの側も絶対的な真理を完全に保持しているわけではないことを示す。もっとも彼は、神の真理もしくは「本質的存在」がイシスあるいはヤハウェの姿となり、両方の側で、イニシエーションと崇拝の向かうべき遠い目標として、視界に現れていることも示している。

ウォーバートンは密儀の神と哲学者たちの神を区別することに骨を折った。彼が示そうとしたのは、密儀は、とりわけその本来のエジプトの形式では、かの一者を有神論的、人格的、精神的な姿で崇めたのに対して、ギリシアの哲学者たちは、抽象化と体系化への衝動から、この一者という概念をひっくり返して、自然という唯物論的なコンセプトに変えた、ということだった。ラインホルトは、フリーメイソンおよび哲学者として、そのようなデリケートな区別を放棄することができた。〔ウォーバートンのような〕英国国教会の主教にとっては、それがどうであれともかくも啓蒙されたリベラルな教会の枠内に留まり、主教の座に居続けるためには、そのような区別をすることが必要だったのだろう。ラインホルトは、ウォーバートンを反駁する必要すらないと考え、その本を、自分の大胆なテーゼを確証してくれるものとして、まるごと利用した。彼は、ウォーバートンが導入した区別を暗黙のうちに棄却し、密儀の神、モーセの神、そして哲学者たちの神を同一視した。三つの核心的な文はすべて同一の神概念を指している。

一、ヘブライの神名
「わたしは、わたしはある、という者である」。
二、オルフェウス賛歌(エウセビオスとクレメンスによる)
「彼は唯一の者、ただおのずからのみあり、かの唯一者に万物はその存在を負っている」(421)。
三、サイスの「両方の」碑文
(a)「われは、今あるものである」と(b)「われは今あるもの、かつてありしもの、そしてこれからあるであろうもののすべてである。死すべき人間の誰一人として、わが纏うヴェールをめくったことはない」。

これら三つの典拠はすべて、ある神を指し示している。その神を際立たせているのは、何らかの名ではなく、名が取り去られていること、すなわち無名性だ。

ほかならぬルートヴィヒ・ヴァン・ベートーヴェンは、まさにこの三つの文、つまり二、三a、三bを書き写し、ガラス板の下に敷いて、自分の書き物机に置いた。彼はそこでこれらの文を、生涯の最後の数年間、常に眼前にしていた。その机上にこれらの文があることを、彼の伝記作者アントーン・シントラーが発見した。その説明によれば、これらの文は、おそらくベートーヴェンが当時ちょうど刊行されたばかりのシャンポリオン゠フィジャックの

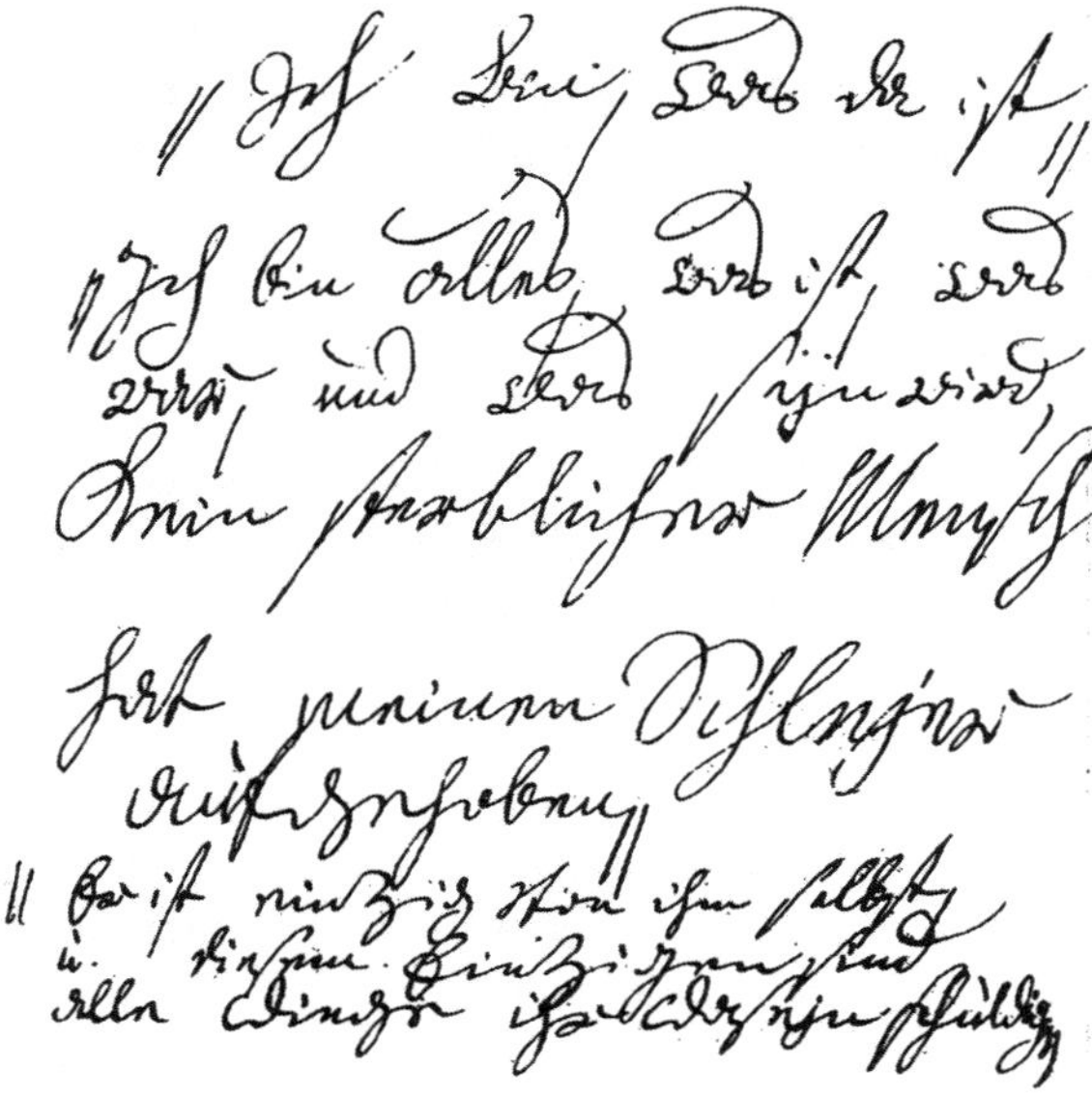

「われは、今あるものである」——ベートーヴェンの理神論的信条。ベートーヴェンはこれらの文を、古代エジプトの知恵と神学を表すものと解して、シラーの論文『モーセの使命』から書き写し、ガラスの下に敷いて、自分の仕事机に置いた。次の文献から複写：A. E. Schindler, *The Life of Beethoven*, übers. v. I. Moscheles, 1848, S.163.

エジプト学の本から書き写した、エジプトの知恵らしい[422]。

しかしこれは当たっていない。ベートーヴェンはこれらの文をラインホルトから、じかにではないにせよ、証明可能なように、シラーを経由して手に入れた。シラーのエッセイ『モーセの使命』をベートーヴェンは読んでいた[423]。このテクストは、すでに述べたように、ラインホルトの本を短く要約したものだ。この事例は、この思想が途方もなく広い範囲に働きを及ぼしていたことを証明してくれる。ラインホルトとシラーをもってモーセ論争はある次元に達したわけだが、その次元では、この論争は教養層の啓蒙主義の宗教になった。この教養層の啓蒙主義は、古代エジプトの知恵を表すものと一般に見なされた文章を、一種の自然神学の信条にまで高めた。エジプトは、その歴史が非常に古いがゆえに、この世界観が真実であることを証す最強の論拠と見なされた。聖書の啓示も結局は、ほかならぬ、古代エジプトの密儀の知恵を伝えるこれらの核心的文章に行き着く、ということを示すことができた者は、キリスト教徒、ユダヤ教徒、イスラム教徒、そして諸々の異教徒を隔てる柵を取り壊し、すべての人間を同胞にする一つの認識を明るみにもたらしたのだ。

ウォーバートン同様、ラインホルトにとっても、シナイ山の啓示は、数人の選ばれた者たちのためにではなく、民全体のために催される、エジプトのイニシエーションの野外上演にほかならない。しかしこの野外劇はいかにして可能だったのだろうか。クレメンスやほかの人々がはっきりと強調しているように、支配者となるべく定められた最も強靭で最も有能な密儀参入者しか、真理もしくは自然を直視することに耐えられないというのに。ウォーバートンがまったく気づいていなかったこの問題は、ラインホルトにとって、モーセの儀式法を独創的に解釈する出発点となる。その解釈は、応化の原理を取り上げ、まったく新しい意味を与えて活用する。真理は、それを悟性では理解することができない民に、開示されねばならなかった。モーセは、彼らの悟性に訴えることができなかったので、彼らの感覚に働きかけざるをえなかった。彼は、盲目的な信仰と服従を頼みとせねばならず、それゆえ、奇跡と身体的懲罰に助けを求めた。そして彼は、さすがに毎日奇跡を起こすことなどできなかったので、自分の新たな宗教を、民衆の限られた理解力に合わせて、魂の次元にではなく肉体の次元に翻訳しなければならなかった。この課題を果たすにあたり、彼は、自分がエジプトで身に着けた教養に助けを求めることができた。彼は、エジプトの宗教の「ヒエログリフ的」外面を翻訳して、儀式の諸規則に変えた。モーセが定めたイスラエル人とユダヤ人の儀式法はエジプト人の小密儀の等価物である。一方では盲目的信仰、他方では身体の（「肉の」）規律訓練あるいは〈ハラハー〉。この両者は、民に理性的な理解力が欠けているために必要不可欠な埋め合わせにほかならない。エジプト人やほかの異教徒の密儀教は、（盲目的な）信仰と、祭式での身体的規律訓練あるいは禁欲を必要としなかった。なぜなら、それらの密儀教は秘密に基づいており、真理を、理解し耐えることのできるわずかな者にのみ開示したからだ。それらの密儀教の目に見える象徴的な外面（「偶像崇拝」）は、感覚的な魅惑によって働きかけたのであり、規則や盲目的服従は必要なかった。

つまりモーセは、大密儀の秘密を公にしたことで、きわめて大きな代償を払わなければならなかった。大密儀で明かされたのは、既知の神々が存在していないということ、そして、ある未知の神、「本質的存在」が唯一あるということだった。エジプトの密儀では、イニシエーションに臨む者は段階的に幻想から覚めたのに対して、ヘブライ人の間では、神々は無理やり、神性破壊的に根絶され、偶像崇拝は情け容赦なく撲滅された。その際にモーセは、配下の宿営警察を使って、民の一部を残忍に処刑しなければならなかった。しかしそれでも、生き残った者たちを永続的に説得し、改宗させることはできなかった。彼は、盲目的な信仰を理性的な認識に移行させることができなかった。その代わりに彼は、自分の神についての観念を、民衆の理解力に適うよう、国民の守護神という型に縮め、認識を服従で置き換えることを余儀なくされた。真理は世俗の暴力によって貫徹されねばならず、宗教は一種の政治制度の形態を取らねばならなかった。エジプトの密儀礼拝は神政政治に改造されなければならなかった。

したがって、盲目的信仰は政治的に不可欠なので、必然的に、大密儀が民衆の間に導入されたとするならば、このことはなおさら、ヘブライ人の場合に当てはまるようだ。モーセの宗教の聖域は、同時に国家の内閣でもあった。政《まつりごと》はそこから祭司団の意向に従って執り行なわれねばならず、民の信仰は統治者たちの意向に従って統制されねばならなかった。宗教と政治はただ同じ秘密を共有していたのであり、したがって共通の鍵も持っていた。その鍵は国家の首長たちの手に握られており、彼らからその後継者に伝授されねばならなかった。(424)

ラインホルトは、儀式法と諸々の制度を分析する際に、その例をスペンサーから借りている。契約の箱とその飾り、つまりケルビムと神殿の帳である。彼の分析はスペンサーの解釈をぴったりとパラフレーズしたものだ。すでにスペンサーが示したように、これらの細部は皆、エジプトから借用された。アレクサンドレイアのクレメンスによれば、帳はエジプトの神殿の至聖所《アデュトン》に対応している。(425) もっともラインホルトは、神がへりくだって応化させたというスペンサーの考えを退ける。ラインホルトにいわせると、イェホヴァがその真理を、邪道に導かれた当時の風習や観念に適合させたのではなく、モーセがエジプトの密儀を、彼の政治目的に応化させたのだ。しかし真理は、ラインホルトの見るところ、両方の側にある。つまり、エジプト人は真理を所持し、それをわずかの選び抜かれた者たちに伝えた。モーセは真理を所持し、それを儀式や祭式で包み隠した。この世が始まって以来、真理とは賢者たちの保持する秘密であり、フリーメイソンはこの伝統を現在に引き継いでいる。真理を常に脅かす危険とは、独り歩きしてそれ自体が目的となる儀式や謎の織りなす唐草模様に覆われて見えなくなってしまい、その結果ついには、隠すべきものが何もないという事実を隠すことのほかに、秘密がもはやなくなるということだ。それゆえ、何が問題となっているかを忘れないために、起源に思いをめぐらさなければならない。

第二節　自然と崇高なるもの——フリードリヒ・シラー

ラインホルトがモーセ論争に対してなした最も重要な貢献は、わたしの見るところ、すでに述べたように、イェホヴァとイシス＝自然を同じものと考えたことにある。しかしこの自然とは、すべての人々の眼前にある可視の世界のことではなく、死すべき人間の誰一人としてその覆いを取り除くことのない、あるいは、ごくわずかの選び抜かれた者にしか見ることが許されない秘密のことである。この自然は、パウロがコリントの信徒への手紙二、五章七節で *pistis* つまり「信仰」に対置している「自然の〔目に見える〕明らかさ」とは関係なく、*epopteia* つまり「神秘的観入」にかかわりがある。「自然」とは、この論争の脈絡では、イニシエーションと神秘に関係する概念である。そして、このイニシエーションに関係する自然の概念について述べている基本テクストが、アレクサンドレイアのクレメンスにある。その箇所は、この論争の脈絡で非常に重要なので、ここで再び引用しよう。クレメンスは小密儀と大密儀を区別している。小密儀は何よりも、ありとあらゆる分野における一種の予備的教授である。「それに対して大密儀は全体（*ta sympanta*）にかかわる。その全体のうち、学ぶべきものは何も残されておらず、ただ直視される（*epopteuein*）のみであり、自然と行為（*pragmata*）は理性で認識される（*perinoein*）」。この箇所のウォーバートンによる翻訳は同時代人にとって権威があったが、その翻訳は、言葉のない神秘的直観という決定的な点を、もっと劇的に際立たせている。〈大密儀で与えられる教えは宇宙にかかわるものである。ここですべての教授が終わる。事物はあるがままに見られる。そして自然および自然の働きは眺められ、理解される[426]〉。

この箇所を、ウィーンの最も重要なロッジ〈真の融和〉（ラインホルトは一七八三年にこのメンバーだった）のロッジ・マスター、イグナーツ・フォン・ボルンがエジプトの密儀の最終目標を要約しているくだりと比較されたい。

自然を知ることがわれわれの応用の最終目的である。すべての被造物を産み、養い、維持するこの者を、われわれはイシスの像で崇める。彼女の全権能と力を知っている者だけが、罰せられることなくそのヴェールを取り除くことができる。[427]

イニシエーションの最終段階で、秘義を伝授された者は言葉なく、自然に対峙する。ここで「（言葉による）すべての教授が終わり」、認識するエポプテイア、最高の直観という直接性に移行する。しかしながらこの敷居は、クレメンスが別の箇所で明らかにしているように、支配者となるべく定められたごくわずかの者たち、「そして神官のうち、その教育、教養、生まれによって最も適格と見なされた者たち」しか乗り越えることができなかった。[428]

この「自然」は、すべての人の眼前に、目に見えるとおり明らかに広がっているものとは違う。それと同じように、聖書の神は、モーセが信仰した真の神とは違う。しかし彼は、その真の教えを、ヘブライ人にありのままに伝えることはできなかった。なぜならその教義は大密儀に由来するものであり、数十年に及ぶ修養ばかりでなく、最高の精神力と徳を前提としたからである。これは弱い精神の持ち主には縁のないことであり、また間違いなく、ヘブライ人のような民族の全体には期待すべくもないことだった。四百年にわたって抑圧され、強制労働に従事させられてきたことを考えるとそう想像せざるをえないのだが、彼らは教養に欠け、粗野で、頑なになっていたからだ。民族の「粗野」というモティーフが、ラインホルトとシラーの場合、大きな役割を演じている。それゆえにモーセは、理神論的な神の概念、密儀で伝授される、ほとんど人を寄せ付けない真理を、有神論的な、人格性を有する、国民の神にまで縮め、それを盲目的な信仰と服従の対象にしなければならなかった。そして彼が、その哲学的な神の概念から救い出すことができたのは、単一性という観念だけだった。彼は己の神を唯一の神と定め、したがって当然のことながら、彼の民を選ばれた民に任じた。

ラインホルトが説いたこれらの大胆なテーゼをもって、モーセ論争はついに、神学的言説の境界線の外に出た。そして、ドイツ啓蒙主義の最も聡明な頭脳の一人、詩人・劇作家・エッセイスト・歴史学教授のフリードリヒ・シラーが、この革命的なモーセ解釈のもたらすであろう途方もない帰結をすぐさま看取したのは不思議ではない(429)。しかし実のところ、匿名で刊行され、フリーメイソンのサークル内で回覧されることを意図して書かれたラインホルトの小著がシラーの手に渡ったのは、まったくの偶然だった。なぜシラーの手に渡ったかというと、彼は、イェーナ大学の同僚で、また、クリストフ・マルティーン・ヴィーラントの義理の息子でもあるランホルトと、交友関係にあったからだ。シラーはヴィーラントとその娘のゾフィーと以前からつながりがあった(430)。彼はこの二人にしばしば会い、手紙の中で彼らのことに触れている(431)。ラインホルトこそ、カントに取り組むようシラーをせき立てた人物だった。ヘブライの密儀についての本に想を得て、シラーは、物語詩『サイスのヴェールに覆われた神像』(一七九五年）とエッセイ『モーセの使命』（一七八九年に講義として読まれ、一七九〇年に刊行された）を書いた。[432] シラーにとって決定的な発見だったのは、哲学者たちの神――つまり理性と啓蒙主義の神――がエジプトの密儀の最も深奥で最も崇高な秘密と同一視されていることであり、またモーセが、エジプトでのイニシエーションの過程でこの崇高な神観念にまで突き進み、それから自分の民の許に戻り、この最も深遠な秘密を理解しやすい型に裁断して民に打ち明けた、あるいは開示したことが証明されていることだった。

　シラーのエッセイはラインホルトの本を要約しながらパラフレーズしたものである。彼は新しい論拠は何も持ち出しておらず、ラインホルトの論述で彼にとって格別に重要と思われた点を強調しているにすぎない。これには二つある。一つは、自然を密儀の崇高な神性とする考えだ。抽象的で、精神的で、名を持たず、目に見えず、ほとんど人間理性の及ばないところにあるもの――カントの言葉を借りるならば、これまでに表現された最も崇高な考えである。[433] これについてはまた後ほど取り上げる。もう一つは、「モーセの妥協」という考えだ。つまり、モーセはエジプトの密儀の崇高な神観念を、イスラエル人の民族生成《エスノジェネシス》の原動力、政治体制の基盤、および公式の信仰の対象にするために、変形して縮めなければならなかった、という考えである。応化という概念が、スペンサーからラインホルトにいたるまで経た変遷は、シラーによって完成される。シラーはこの概念に最も簡明的確な形を与えた。もともと応化という概念は、儀式法のつじつまが明らかに合っていない理由を説明するために用いられた。スペンサーはマイモニデスに倣って、儀式法はすべて、エジプトに寄留し、その地の儀式に慣れ、それらを必要としたイスラエルの民が置かれていた歴史的状況への歩み寄りだと説明した。ウォーバートンは、民が儀式を必要とした原因を、エジプトの民衆宗教に求めた。その民衆宗教はかの地では小密儀の外面あるいは表層をなしていた。儀式法もまた、可視性と感覚性を頼みとした民に神が許した、外面にすぎなかった。しかしシラーは、歴史の立役者の一人としての神のことは、もはや述べていない。彼はまた、儀式法にいろいろとつじつまの合わない点があるという問題に対して、特に関心を払っていない。彼の興味を引いているのは、モーセが理解して告げ知らせたような神には、つじつまの合わない点があることだ。シラーは、この神観念を歴史的な応化の産物として説明し、スペンサーが律法を歴史化したのと同じやり方で神を歴史化する。少なくとも神の単一性を救うことができるように、モーセは、至高の名なき存在を、国民神ヤハウェで置き換え、自然の神秘的直観を、奇跡を介して強制された盲目的信仰で置き換え、理性による認識を、暴力で強要された、同じく盲目的な服従で置き換えた。

シラーのエッセイは、イスラエルの諸部族がエジプトに寄留していたことに関する、歴史的な事実を再述することから始まる。彼はその際に、ラインホルトの見本に密接に依拠しているが、聖書の典拠よりも聖書外の典拠を重視している。ここで彼の注意を特に引いているのは、癩病がこれらのテクストでいかなる役割を演じているかということであり、彼はやや詳細に公衆衛生の問題を扱っている。シラーの見るところ、重い圧制の下に置かれ、生活物資が欠乏していたために、エジプトのヘブライ人の間では、癩病が著しく蔓延した。そしてシラーはこの点に、彼らがエジプトでさらに厳しく抑留隔離され、抑圧された理由があると考えた。このことはまた、聖書が癩病の早期発見と治療に払っている（例えばレビ記一三―一四章）、まったく尋常ならざる関心を説明してくれるだろう。またもや病のモティーフが前景に出てきた。もっとも今回は、まったく字義的で、自然主義的な形ではあるが。エジプトに寄留したイスラエル人が置かれていた歴史的状況を描いたとき、シラーは、マックス・ヴェーバー〔『古代ユダヤ教』一九二一年〕が行なった、インドのパーリア〔カースト外に置かれた不可触民〕との有名な比較を先取りしている。(434)

シラーのモーセも、ラインホルト、ウォーバートン、スペンサーのモーセと同様に、民族的にはヘブライ人であり、文化的には、エジプトの密儀の最高の段階に導き入れられたエジプト人だった。「二重宗教」の原理を、シラーは後の時代の退廃現象と考える。ウォーバートンとラインホルトは、秘密が政治的に不可避であることを強調した。

民衆を支配するためには、民衆を絶えず畏れさせておかねばならなかった。国家、密儀、公の多神教的礼拝のような制度は、魂の不滅や来世での報罰についての教説も合わせて、互いを前提としており、それゆえに同時的で、相互に関連した現象だった。シラーは事態を別様に考えた。彼にとって、神の単一性の認識と密儀の創設は、国家によってのみ可能になった、後の発展だった。最初に国家が成立した。そして古代エジプト人は、国家を建設した人類史上最初の民族だった。国家は分業を可能にし、一群の神官を養った。彼らの唯一の務めは〈神事への気配り〉だった。[435] この比類なく有利な状況下でのみ、神の単一性の理念は生まれることができた。「エジプトは歴史に知られている最初の洗練された国家であり、最古の密儀はもともとエジプトに由来するので、至高の存在の単一性についての最初の理念が人間の脳裏に初めて浮かんだのは、十中八九ここだったのだろう」。[436] しかしシラーによれば、このことを悟っていたのは、秘密を伝授されたわずかな人に留まった。すでに多神信仰があまりにも深く根を下ろしていたので、この古い迷信を廃してしまえば、国家の全体制が崩壊することになっただろう。「それゆえに人々は、この新しい危険な真理を少数の閉ざされた仲間だけの、つまりは、大勢の中から引き抜いて盟友として受け入れるのにふさわしい理解力を示した者たちだけの所有物にすることが、そして、不純な目から遠ざけようとしたこの真理それ自体を、人々が自らその資格を授けた者だけに取り除けるであろう神秘の衣で覆い隠すことが、より適切であると考えた」。つまりウォーバートンやラインホルトと同様、シラーも、公的な宗教と密儀が敵対関係にあることを強調している。しかしながら彼は多神教を、政治的権威と市民秩序を維持するのに不可欠の虚構としてではなく、自然な退廃過程の結果として説明している。だが、多神教がひとたび国家を担う宗教になってしまうと、新たな神の理念に照らして多神教を廃止することは、もはや国家の全体制を巻き添えにすることなしにはできなかった。そういうわけで密儀が創設され、ヒエログリフが「神秘の衣」として発明されることになったのだ。その衣で秘密は包み隠された。したがってシラーはこの点で、ウォーバートンが反駁した、ヒエログリフをヘルメス学の暗号書記法とするアタナシウス・キルヒャーの解釈に後戻りしている。ヒエログリフと、礼拝の祭式と規定からなる複雑な儀式は、密儀の外面を形成するために考え出された。その役目は、「感覚的な荘厳さ」を生み出して、イニシエーションに臨む者が「新たな真理を感受しやすくなる」ように、その心を「熱情的な興奮の状態」に置くことにあった。[437]

イニシエーションに臨む者に、長い準備教授を経た後、その頂点で初めて開示された真理は、自然（〈万物の唯一至高の原因〉）を認識することにあった。ラインホルトと同じくシラーも、「われはかつてありしもの、今あるもの、そしてこれからあるであろうもののすべてである」というサイスの定式は、何らかの名前を伏して、もしくは否定しており、ある名なき神を布告するものと解した。彼はまた、密儀の名なき神をモーセの神と同一視した点でも、ラインホルトに従っている。[438] モーセはイニシエーションのすべての段階を経た後で（シラーはこれを少なくとも二〇年はかかると見積もっている）、ついには、名なき神性である「自然」の、名状しがたき崇高さ〔Erhabenheit〕を直視するにいたる。

シラーがここで神の無名性との関連で導入している崇高なるものという概念は、当時の鍵概念の一つだ。密儀の神性と聖書のヤハウェを「崇高なるもの」という観点で見るという考えは、この論争に対するシラー独自の、そしてこれは認めなければならないが、天才的な寄与だ。彼は崇高なるものという概念に、イニシエーションにまつわる意味を付け加え、ヘルメス主義の神の無名性と、その聖書の対応物の無図像性に、考えうるかぎり最も簡明的確な共通の表現を与えた。

「世界の創造主について彼らが語るときの単純な偉大さほど崇高なものはほかにない。創造主を真に決定的な仕方で顕示するために、彼らはそれにいかなる名も与えなかった」。[439] これはシラーが、ヘルメス・トリスメギストスの教え（アスクレピオス、第二〇章）をパラフレーズしたものだ。崇高なるものとは、戦慄、驚愕、沈黙をもたらす経験と解された。論文『崇高について』〔*Vom Erhabenen*〕（一七九三年）で、シラーはサイスの碑文を再び取り上げている。この場合、シラーが崇高なるものの典型と考えているのは、何よりも、サイスの神性が包み隠されているということ、それが人目から遠ざけられて秘密に満ちているということだ。

〈包み隠された〉ものはすべて、〈秘密に満ちたもの〉はすべて、恐ろしいものに与り、それゆえ崇高さに適う。エジプトのサイスでイシス神殿に読むことができた碑文は、この類のものである。その碑文には次のように刻まれていた。「われは今あるもの、かつてありしもの、そしてこれからあるであろうもののすべてである。死すべき人間の誰一人としてわが纏うヴェールを取り除いたことはない[440]」。

崇高なるものとは、名状できないもの、表現不可能なもの、言葉や概念を超越したものである。カント──その『判断力批判』はシラーの論文と同じ年（一七九〇年）に刊行された──によれば、モーセの律法の中で第二の掟ほど崇高なものはほかにない。「あなたは自分のためにいかなる肖像も造ってはならない」という掟は、カントにとっては、イコンや象徴を用いた表現が絶対的に押し黙ることを意味する[441]。しかし、「ほど崇高なものはほかにない」という同じ文句が、『判断力批判』の有名な脚注の中で、シラーの例にも用いられている。

イシス（母なる自然[442]）の神殿に刻まれたかの碑文ほど崇高な文句は、もしかしたら、これまでにいわれたことがないかもしれない。あるいは、およそ何らかの考えが、これほどに崇高な表現を与えられたことはかつてなかったかもしれない。そこには次のように刻まれている。「われは今あるもの、かつてありしもの、そしてこれからあるであろうもののすべてである。わが纏うヴェールを、死すべき人間の誰一人として取り除いたこと

諸学は自然の足跡を測定する。ヨハン・アンドレーアス・フォン・ゼークナーの『博物学入門』（一七七〇年）に添えられたこの口絵に、カントは「サイスのヴェールに覆われた神像」が描かれていると誤って考えた。

はない」。ゼークナーはこの観念を用いて、その博物学の冒頭に、含蓄に富む扉絵を置いている。それは、彼がこの神殿に導き入れようとした弟子の心を、前もって聖なる戦慄で満たすためだった。そのような戦慄で弟子の心情を調えて、厳かな注意を払わせようというのだ。[443]

ラインホルトは、彼が賛嘆していたカントに、自分の本を送ったのだろう。[444] カントは、ゼークナーの扉絵を描写して「聖なる戦慄」や「厳かな注意」という表現を用いるとき、イニシエーションについて述べるシラーの言葉遣いをしている。カントの引き合いに出している絵がまったく別のモティーフを提示しているだけに、これはなおさら驚くべきことだ。ゼークナーの扉絵に見られるのは彫像ではなく、台座に据えられた壊れた花瓶であり、碑文は見えず、幾何学的な図形が刻まれているだけである。台座の前をイシスが歩き、三人の童子が付き従っている。彼らは幾何学の器具でイシスの足跡を測定している。彼女は外套を纏い、そ

学問は自然の足跡を研究する。
ミヒャエル・マイアー『逃れゆくアタランタ』所収の銅版画七一番（ド・ブリ作、オッペンハイム、一六一八年）。

の頭は部分的に覆われている。童子たちが体現しているのは自然科学だ。しかし、サイスのヴェールに覆われた神像は、明らかに、これを描いた芸術家が意図していたものではない[445]。この芸術家が意図していたのは、誰も自然のかんばせを見ることができない、という考えだ。ただ自然の足跡だけを研究することができる。事実、すでにフィロンが、出エジプト記三三章をそのように解釈していた。自然の足跡はオルフェウス教のある賛歌でも言及されている。その賛歌を当時の翻訳で引用しよう。

〈そなたの歩みの静かな軌跡が、輪を描きながら、そなたによって引かれる、衰えることのない力で[446]。〉
〔*Thy feet's still traces in a circling course, By thee are turn'd, with unremitting force.*〕

ミヒャエル・マイアーの『逃れゆくアタランタ』〔*Atalanta Fugiens*〕にある絵の一つは、同一のモティーフ

ポエジーの守護神《ゲーニウス》が自然の像からヴェールを取り除く。ベルテル・トルヴァルセンによる銅版画。ゲーテへの献画として、アレクサンダー・フォン・フンボルトの『植物地理学試論』（一八〇七年）に所収。

を描いている。自然はここでは若い女性として描かれている。彼女はヴェールに覆われていないが、身に着けているヴェールは頭の後ろで帆のように膨らみ、彼女の歩みの速さを暗示している。[447] 一人の哲学者が、遠くからランタンを持って彼女の後を追い、その足跡を研究している。[448]

しかしながら、ヴェールに覆われたイシス、そしてそのヴェールが取り除かれるというモティーフが、実際にしばしば博物学や錬金術の著作の口絵に出てくるというかぎりでは、カントは正しい。ピエール・アドーは、ヴェールに覆われたイシスの神像というモティーフ、そして、このモティーフと「自然の秘密」という観念の関係について、すばらしい研究をしている。[449] ずっと後の時代のものではあるが最も有名な例は、アレクサンダー・フォン・フンボルトの『植物地理学試論』〔*Ideen zu einer Geographie der Pflanzen*〕（一八〇七年）にある、ゲーテに捧げられた絵である。その絵には次のような説明文が付されている。「ポエジーの守護神《ゲーニウス》が自然の像からヴェールを取り除く」[450]。それ以前の例では、ヘラルト・ブラシウスの『動物解剖書』〔*Anatome Animalium*〕（一六八一年）[451] や、ヨハネス・クンケルの『珍奇なる技術の教本、第一部・第二部』〔*Der Curieusen Kunst- und*

Werckschul Erster und Anderer Theil』（一七〇五年）[452] の口絵がある。それらの絵には、ヴェールに覆われたイシスだけではなく、サイスの碑文のプロクロス・ヴァージョンにあったように、彼女の胎から産まれた太陽も見られる。

カントは『判断力批判』のある長い章を「崇高の分析論」に充てている。崇高なるものとは、ただただ圧倒的な

学問は自然からヴェールを取り除く。ヘラルト・ブラシウス『動物解剖書』（アムステルダム、一六八一年）の口絵。

錬金術は自然からヴェールを取り除く。ヨハネス・クンケル『珍奇なる技術の教本、第一部・第二部』（ニュルンベルク、一七〇五年）の口絵。

エジプトめかした庭園の眺め。『魔笛』のためにカール・モイレンが構想した舞台装置（一八一二年）。

ものであるが、人間の本性はそれでも、それに耐えることができる。「イニシエーション」という概念には言及していないけれども、カントは、イニシエーションに関連する用語法に非常に近づいている。最も強靭な心の持ち主だけが「自然」の前に歩み出ることができる。崇高なるものの経験についてカントが挙げている例は、山々や雷雨に限られるわけではない。崇高なるものの例として、彼は、エジプトのピラミッドやサン・ピエトロ大聖堂にも言及している。[453] 同じく彼は第二の掟を挙げている。「あなたは自分のためにいかなる像も造ってはならない。天にあるもの、地にあるもの、地の下にあるもののいかなる似姿も造ってはならない云々、という掟ほど崇高な箇所は、ユダヤ人の律法書には、もしかしたらないかもしれない。この掟だけでも、ユダヤ民族が道徳的に洗練された時代に自分たちの宗教に感じていた熱狂の由来を、あるいはまた、イスラム教が鼓吹する自負心の由来を説明することができる」。[454] 崇高なるものは人間の表現力、理解力、伝達力に屈しない。しかし、強靭な自己は崇高なるものに屈しない。神を何らかの像や似姿に縮めることなく、神について考えることは可能なのだ。

本書の文脈でカントの脚注が興味深いのは、それが崇高なるものの、イニシエーションにかかわる側面を強調しているからだ。この点で彼はシラーと一致している。[455] 崇高なるものが人間の内面に呼び起こす聖なる戦慄と驚愕は、人間の「心情」と精神に、真理を受け容れる用意をさせるのに必要である。その真理は、深く揺さぶられ「熱情的に心動かされている」状態にあるときにのみ把握できる。終局の秘密を露にするには崇高な舞台が必要とされる。崇高なるものを、知恵、神秘、イニシエーションといった概念とこのように結び付けることは、エジプトの密儀について書かれた文献に繰り返し見られる。例えばテーベの「ヘルメスの洞窟」を描写した次の文章のように。その洞窟内で、エジプトの密儀参入者たちは、知恵の柱に刻まれたヘルメス・トリスメギストスの教えを学んだそうだ。

その場所の異様な荘厳さは、そこに足を踏み入れた人の心を、聖なる驚愕で満たさずにはおかない。またその荘厳さは、神官が打ち明ける用意のある事柄はすべて、畏敬の念におののきながら受け容れることができる精神状態にその人を置くのに、まったく適している。(…)洞窟の最奥から、あるいはさらにその裏に走っている、いくつかの驚嘆すべき空洞の内奥のくぼみから、まるでどこか遠方から響いてくるかのように、ざわめきが聞こえてくる。そのざわめきは、巨大な力で岩塊に打ち寄せては砕ける、遠い波のどよめきのようだ。そのざわめきは耳を聾し、ぎょっとさせるほどのものなので、近づく人があっても、知識欲が十分にあるわずかの者だけが、果敢にも先へ進んで、かの神秘的な自然の戯れの中に歩み入るという。(…)照明具からなる柱で、わたしが今から語る、これら神さびた石碑の各々が囲まれている。それらの石碑には、ヒエログリフで、エジプトの知恵の根源的な秘密が刻まれている。(…)彼らの説くところによれば、これらの柱や聖なる書に、世界のあらゆる哲学と学識は由来する。[456]

これは秘密の知恵を保管して伝えるのに適したシナリオだ。当時のフリーメイソンの中でも裕福な人たちは、彼らの大庭園や遊園に、そのような環境を創り出そうとさえした。『魔笛』第二幕のフィナーレに出てくる火と水の試練の上演指示は、そのような洞窟を舞台に定めている。そこでは、水が耳を聾するほどの轟音を立てて流れ落ち、すべてを喰らい尽くす火炎が激しく燃え盛っている。この上演指示は、アベ・テラソン〔一六七〇―一七五〇、フランスの聖職者・作家〕の小説に描かれている、主人公セトスが冥界で受けるイニシエーションの試練の場景を手本にしているばかりでなく、ザルツブルク近郊アイゲンの大庭園にあるグロッタのような、フリーメイソンリーの庭園建築にも倣っている。その大庭園は、モーツァルトの友人でロッジの兄弟でもあった人物のものだった。[457] 当時の美学や、エジプトの芸術と建築の理解でかくも中心的な位置を占めている崇高なるものという考えは、密儀とイニシエーションについての当時の考えと、密接に関連させて見なければならない。

この脈絡で格別に重要なのが、スイス出身のイギリスの芸術家で、崇高をテーマにしたハインリヒ・フュースリ／ヘンリー・フューズリが、エラズマス・ダーウィン〔一七三一―一八〇二、イギリスの医師・詩人。チャールズ・ダーウィンの祖父〕の詩『自然の殿堂』（エディンバラ、一八〇三年）の冒頭に置いた、並外れた口絵である。その口絵は、エフェソスのアルテミスあるいは多乳房のディアナ《ディアナ・ムルティマミア》の姿をしたイシスの神像のヴェールが、密儀の女導師によって、顔を背けながら取り除かれる様子を描いている。その前景には、イニシエーションに臨む、跪いた女性の後ろ姿が見える。彼女は恍惚と驚愕の身振りでこの光景に反応している。この銅版画は、密儀に参入する者が自然そのものに対面させられる、イニシエーションの最高の段階の瞬間を捉えようとしている。ダーウィンの詩は、古代の密儀礼拝を秘教的で一神論的な自然崇拝として説明したウォーバートンの記述に、大幅に依拠している。[458]

「自然」と「崇高なるもの」を結び付けるのはエドマンド・バーク〔一七二九―一七九七、イギリスの政治家・思想家〕

崇高のインスタレーション。ウィーン近郊フェスラウにある、コーベンツル伯爵の庭園に設けられた、エジプト風の神像が据えられたグロッタ。出典 Géza Hajos, *Romantische Gärten der Aufklärung. Englische Landschaftskultur des 18. Jahrhunderts in und um Wien*, 1989.

「ここですべての教授が終わる。事物はあるがままに看取される。そして自然は直視され、理解される」——ウォーバートンとアレクサンドレイアのクレメンスが伝える大密儀のイニシエーションの最終段階（本書一六八頁を参照）。図版は、エラズマス・ダーウィン『自然の殿堂、あるいは社会の起源——詩』〔*The Temple of Nature, or The Origin of Society. A Poem*〕（一八〇九年）に付された、ハインリヒ・フュースリの扉絵。

時は自然からヴェールを取り除き、その真理を露にする。ペラール『自然とその法則について』（一七九三年）の口絵。これに関しては本書第5章注（458）を参照。

に由来する。彼は崇高についての画期的なエッセイを一七五九年〔初版は一七五七年〕に発表した。[459] 美は快と満足の感情を抱かせ、崇高は恐怖を吹き込む。「自然だけが恐怖を吹き込むことができる」（一三七頁）。恐怖を吹き込む崇高の経験の典型が、暗闇、空虚、孤独、沈黙である。つまり『魔笛』（一七九一年）や、アベ・ジャン・テラソンの『セトス』〔*Séthos*〕（一七三一年）やイグナーツ・フォン・ボルンのエジプト人の密儀に関する論文のようなほかの著作が、エジプトの秘密宗教と結び付けた経験である。バークはエジプトの神殿を、崇高を建築で実現したものと考えた。そしてこの解釈はすぐに常套句になった。[460]

シラーにとって、ヴェールに覆われたイシスが崇高であるのは、それが名を持たないからだ。イシスは言葉の彼方にあり、呼びかけても到達することはできない。いかなる名も及ばない。シラーとラインホルトが——二、三の名前だけを挙げるならば——ウォーバートンやニコラウス・クザーヌスに倣ってヘルメス・トリスメギストスに結び付けた、至高の存在の無名性というこの考えは、本書の第2章で扱った、あの古代末期のコスモポリタン的信仰に属する。十八世紀には、この根本的な宗教的確信は「宇宙即神論」と呼ばれ、啓蒙されたフリーメイソンリーのサークルで花開くことになる。スピノザ主義者、教育家、フリーメイソンのフランツ・ハインリヒ・ツィーゲンハーゲンは、神を直観することができるように生徒を自然の中で教育する学校を創り、その開校式のために、ある詩の作曲をモーツァルトに依頼した。その詩は、「諸民族の名」で褒め称えるという、例の古代のトポスを再び取り上げている。

汝ら、無辺際の宇宙の創造者を崇敬する者たちよ、
汝らがかの者をイェホヴァと呼ぼうとも、
主と呼ぼうとも――
フーと呼ぼうとも、
ブラフマと呼ぼうとも――
聞けよ聞け、万物の支配者の喇叭からいずる言葉を！
そのとこしえの響きは
大地から、月から、太陽から朗々と湧き起こる。(461)

これは、グレートヒェンの有名な質問に答えてファウストが称えている、例の名なき神のことである〔ゲーテ『ファウスト　第一部』一八〇八年、「マルテの庭」の場〕。

神の名を呼べる人がいるだろうか、
神を信じます、と
はばからず公言できる人がいるだろうか。

心に感ずるものを抱きながらも、
神を信じていない、なんて、迷うことなく
いえる人がいるだろうか。
すべてを包み込んでくれる者、
すべてを維持してくれる者、
それがどうして、君も、ぼくも、自分自身をも
包み込んで維持してくれない、なんてことがあろうか。
仰ぎ見れば、大空が丸天井のように広がっているじゃないか。
足もとには、大地がしっかりと横たわっているじゃないか。
そして親しみを込めたまなざしを投げかけながら、
永遠の星たちが昇ってくるじゃないか。
こうして君と見つめ合っていると、
すべてのものが、君の頭と心に
みなぎり迫ってきて、
君の周りを、見えないようで目に見える
永遠の秘密となってたゆたいはしないだろうか。
君の心をそれで、あらんかぎり満たしたまえ、
そして君がその感情に包まれて至福であれば、
そのときはそれを、君の好きなように、

幸福とも、真心とも、愛とも、神とも呼びたまえ。
ぼくにはそれを呼ぶべき名前が見つからない。
感情がすべてなんだよ。
名前は、天上の焔を霧のように包み隠す
うつろな響きか、はかない煙にすぎない。

自らの信仰を尋ねられて、ファウストは自分の周囲の世界、そして彼の内奥の自己、彼の感ずる心を指し示す。[462] この身振りは、イシスが、かつてありしもの、今あるもの、これからあるであろうもののすべてを指し示すときの身振りと同じだ。最も深い秘密は、最も明白で、最も公然の秘密である。「聖なる公然の秘密」、ゲーテはその秘密を別の詩でこう呼んでいる。

自然を観察するときには
常に個をも万象をも重んじなければならない。
いかなるものも内部になく、外部にない。
なぜなら内部にあるものは、外部にあるものだからだ。
それゆえ、怠ることなく把握せよ、
聖なる公然の秘密をこそ。[463]

ラインホルトとシラーにとって、至高の存在たる自然というこの崇高な観念こそ、モーセがエジプトで導き入れられた密儀の神性だった。しかしこれは彼が自分の民に啓示した神ではない。エジプトの密儀の修練所でモーセが学んだのは、真理を直視することだけではなかった。「この修練所で彼は、ヒエログリフ、神秘的イメージ、祭式についての知識の宝も集めた。続いて、彼の創意あふれる精神はその宝を利用した」[464]。この知識の助けを借りて、彼は自分の宗教を築き、真理を礼拝の制度と規則の盾で守って——あるいはスペンサーがすでに述べたように〈法の外皮の下に〉〔*sub cortice legis*〕——包み隠した。モーセは真理を明らかにはしなかった。彼はそれをただ、今日風の言い方をするならば「別の体系に変換し」、公然の、いかなる守秘義務にも服さない、しかしその代わりに理性にも近づくことのできない、儀式規定の集成に変形したのだ。

「神の応化」という考え、つまり、崇高な神の観念を民衆の理解力に合わせて縮め、国家建設の政治目的に利用したという考えは、シラーが大いに強調して最前景に置いた、ラインホルトの考えの一つだ。「どの神をモーセは彼らに告げ知らせるべきだろうか。そしてどうすれば彼らにその神を信じさせることができるだろうか。彼は民に、自らが密儀で知り、自身が信じている真の神、デミウルゴス、あるいはイアオを告げ知らせるべきか。わずかなエジプトの賢者だけが受け継ぎ、理解するにはすでに相当の悟りを前提とするような真理を、どうして、彼の国民のような無知の卑しい奴隷民が感受しうるなどと、ほんのかすかにでも期待できるというのか。（…）モーセは彼らに偽りの架空の神を告げ知らせるべきか。そのような神に彼の理性は抗い、密儀のおかげでそのような神が彼には忌まわしくなったというのに。そのような神を告げ知らせるには、彼の知性はあまりにも啓蒙されすぎており、彼の心は誠実で気高すぎた。己の善き企てを何らかの嘘に立脚させる気など彼には毛頭ない。（…）したがってその企ては欺瞞ではなく、真理に基づいていなければならない。この矛盾をどう調和させるか。真の神を彼はヘブライ人に告げ知らせることができない。なぜなら彼らにはその神を理解する能力がないからだ。しかしだからといって架空の神を告げ知らせる気などない。なぜなら彼はこのようないやらしい役割を蔑んでいるからだ。それゆえ、彼

郵便はがき

料金受取人払

牛込局承認

7198

差出有効期間
平成29年6月
21日まで

162-8790

東京都新宿区
早稲田鶴巻町五二三番地

株式会社 藤原書店 行

(受取人)

ご購入ありがとうございました。このカードは小社の今後の刊行計画および新刊等のご案内の資料といたします。ご記入のうえ、ご投函ください。

お名前	年齢
ご住所 〒 TEL　E-mail	
ご職業（または学校・学年、できるだけくわしくお書き下さい）	
所属グループ・団体名	連絡先
本書をお買い求めの書店 市区 郡町　書店	■新刊案内のご希望　□ある　□ない ■図書目録のご希望　□ある　□ない ■小社主催の催し物案内のご希望　□ある　□ない

書名

読者カード

●本書のご感想および今後の出版へのご意見・ご希望など、お書きください。
（小社PR誌『機』に「読者の声」として掲載させて戴く場合もございます。）

■本書をお求めの動機。広告・書評には新聞・雑誌名もお書き添えください。
□店頭でみて　□広告　□書評・紹介記事　□その他
□小社の案内で　（　）　（　）　（　）

■ご購読の新聞・雑誌名

■小社の出版案内を送って欲しい友人・知人のお名前・ご住所

お名前　ご住所 〒

□購入申込書（小社刊行物のご注文にご利用ください。その際書店名を必ずご記入ください。）

書名　冊	書名　冊
書名　冊	書名　冊

ご指定書店名　住所

都道府県　市区郡町

に唯一残されているのは、ヘブライ人に彼の真の神を、架空の形で告げ知らせることだ。(…) つまり、彼はその神に、ヘブライ人の理解力と彼らの現在の欲求が今まさに期待している特性を付与した。彼は自らの信ずるイアオを、彼がその神を告げ知らせようとする民族に順応させる。彼はその神を、彼がそれを告げ知らせるときの状況に適応させる。そうして彼のイェホヴァが誕生した。(…) 彼は密儀のデミウルゴスをヘブライ人の国民神に変えた。しかし彼はさらに一歩踏み込んだ。彼はその国民神を、すべての神々のうち最も強力な神にするだけでは満足せず、唯一の神とし、その神を取り巻くすべての神々を無に突き落とした。(…) そうして彼は、ヘブライ人に提示したその神の姿の中に、自らの真の神の二つの最も重要な特性を救った。すなわち単一性と全能である。そして彼はこの二つの特性を、このような人間的な包被で覆うことで、より効果的なものにした (…)」。

これがシラー版の〈神の応化〉〔*accommodatio dei*〕とモーセの区別である。真理すなわち「哲学的神」(七五三頁) には、ただ包み隠された形でのみ、近づくことができる。エジプト人はその真理を密儀に包み込んだ。モーセはその真理を、人格性を有する国民神という「人間的な包被」でくるみ、神性破壊の暴力によって押し広めた。この神性破壊は「もちろん新たな迷信にすぎず、それによって彼は古い迷信を倒した。(…) そして結局のところ、こうして迷妄を少し付け加えたがゆえに、彼の真理は成功を収めたのである。そして彼がその際に獲得したものはすべて、人々が彼の教えを誤解したおかげなのであり、彼はそのように誤解されることをあらかじめ見越していた。彼のへブライ人にとって、哲学的神なるものが何の役に立っただろうか。その反対に、彼はこの国民神によって、ヘブライ人の許で奇跡的な事柄を達成せねばならなかった」。哲学的神は、密儀によって保護され、神々と平和に共存していた。それらの神々が虚構であることを、哲学的神の信奉者たちは見抜いていたが、その万物を包括する本質のさまざまな変態として通用させていた。モーセの「国民神」はそれらの神々を失墜させざるをえなかった。シラーの場合、モーセの区別は一つの戦略に帰着する。「神を告げ知らせることはむしろ、自分の無敵の軍隊に入るように触れめぐらす、将軍の呼びかけに似ている」（七五三頁）。

モーセは「ペテン師[465]」ではなく、秘密の漏洩者だった。つまり、彼は「世界と後世のためを思って、密儀の秘密を漏らした。そして一つの国民全体を、それまではわずかな賢者の所有物でしかなかった真理に与らせた。もちろん彼はヘブライ人に、この新しい信仰と一緒に、それを理解する知性を授けることはできなかった。そしてこの点で、エジプトの密儀参入者たちは、ヘブライ人よりも大いに有利だった。密儀参入者はその真理を自らの理性によって認識した。ヘブライ人はせいぜいのところ、ただ盲目的にそれを信ずることしかできなかった」（七五七頁）。

モーセの区別について、このように破壊的な判定を下して、シラーのエッセイは終わる。彼の目にはモーセの区別の本質はどこにあると映ったのだろうか。真と偽の区別にではなく、理性と盲信の区別にである。

第三節　〈ヘン・カイ・パン〉――エジプトの宇宙即神論の回帰

一七八〇年八月十五日、ゴットホルト・エーフライム・レッシングは、ハルバーシュタット近郊にあるグライムの園亭の壁に、ギリシア文字で〈ヘン・カイ・パン〉〔*Hen kai pan*〕と書いた[466]。その五年後――一七八一年のレッシングの死後――フリードリヒ・ハインリヒ・ヤコービ〔一七四三―一八一九、ドイツの哲学者〕がこの標語の秘密を露にした。彼はレッシングと交わした会話の内容を『モーゼス・メンデルスゾーン氏宛の書簡に記したスピノザの学説について』〔*Über die Lehre des Spinoza in Briefen an den Herrn Moses Mendelssohn*〕（一七八五年）と題した小著で公にしたのだ[467]。この定式の秘められた意味は〈神すなわち自然《デウス・シウェ・ナトゥーラ》〉だった。つまりそれはスピノザへの信仰告白だったのだ。

ヤコービがレッシングを初めて訪ねたのは一七八〇年七月のことだった。二人はフリーメイソンだった[468]。ゲーテの、当時まだ刊行されていなかった詩『プロメトイス』〔*Prometheus*〕について談話していたとき、レッシングは次のように叫んだという。「神性についての正統信仰の諸概念はもうわたしには用のないものです。わたしはそれらの概念を享受することができません。〈ヘン・カイ・パン〉！　これ以外にわたしは知りません。この詩もまたそういう趣旨です。そして告白しなければなりませんが、この詩はとても気に入っています」。ヤコービ「するとあなたは、スピノザとでしたら、かなり意見が合うのでしょうね」。レッシング「自分自身を誰かにちなんで名づけろといわれたら、ほかに誰も知りません」[469]。レッシングがスピノザ主義者だという知らせは寝耳に水だった。レッシングの最も親しい友人たち、中でもモーゼス・メンデルスゾーンでさえ、それについて何も知らなかった。すでに十七世紀に、つまりモーセ論争がヨーロッパの啓蒙主義の中心テーマの一つになり始めた頃に、バルーフ・デ・スピノザという人物がその背後にいた。忘れてならないのは、スピノザが哲学者というだけでなく、ヘブライ学者でもあったということだ。彼は、歴史的・批判的な聖書読解の基礎を敷き、モーセが、伝統的に彼の著作とされてきた五書の著者ではありえないことを証明した[470]。スペンサーとカドワースは、スピノザの『エティカ』（一六七七年）と『神学・政治論』〔*Tractatus theologico-politicus*〕（一六七〇年）が刊行された直後に、彼らの本を書いた。カドワースを読むと、ただ一度しか言及されていないスピノザ[471]との対決がなされているのを、いたるところに感じる。レッシングの〈ヘン・カイ・パン〉をもって、スピノザ受容は新たな段階に入った。この言葉とヤコービの小著は、「近代の世界像の成立にとって最も重要な論争の一つを引き起こした。その論争は、ドイツ啓蒙主義の自信を著しく揺るがした」[472]。ラインホルトとシラーが、モーセとエジプトについての論文を、じかにこの論争の文脈で書いたのを、はっきり理解しておくことが大切である。それどころかラインホルトは活発にこの論争に加わった[473]。〈ヘン・カイ・パン〉、「一にして全」あるいは「全一」は、すぐに皆の標語になった。それはヘルダー、ハーマン、ヘルダーリン〔一七七〇―一八四三、ドイツの詩人。小説『ヒュペーリオン』（一七九七―一七九九）、悲劇断片『エムペドクレスの死』（一七九七―一八〇〇）など〕、ゲーテ、シェリング、そのほかの人々（その中には多くのフリーメイソンがいる）の著書に出てくくる。[474]

わたしの知りえたかぎりでは、この有名な汎神論論争について書いた数多くの著者のうち、レッシングがどこからその〈ヘン・カイ・パン〉という定式を引いてきたのか、その問題を調べた者はこれまでに誰もいない。スピノザを引き合いに出そうとしたのであれば、彼はどうして〈神すなわち自然〉といわなかったのだろうか。[475] あるいは、どうしてヤコービは、レッシングがこのギリシア語の定式を唱えるのを聞いたとき、すぐさまスピノザの名前を思いついたのだろうか。何らかの典拠を探すとするならば、われわれはカドワースに、それゆえヘルメス・トリスメギストスに、それゆえエジプトにたどり着く。『エムペドクレスとヘルダーリン』についての研究で、すでにウーヴォ・ヘルシャーが、ヘルダーリンの「一にして全」の最も納得のいく典拠として、ラルフ・カドワースを挙げている。カドワースの本『宇宙の真の知的体系』は十八世紀に何度も版を重ね、ヨハン・ローレンツ・フォン・モースハイムによるラテン語訳の改訂版が、一七三七年にゲッティンゲンで刊行された。[476] この本がレッシングの時代にもまだよく知られていたことに微塵の疑いもない。すでに述べたように、カドワースの本では、スピノザの名前はほとんど出てこない。しかし、スピノザとの対決がなされていることは感知できる。スピノザの神学は、その受容の歴史の中で、周知のように無神論と汎神論の間を揺れ動いた。そして、まさに同じ振幅をエジプトの秘密神学も経験したことを、カドワースは証明した。その際に彼は、エジプト人の宗教を唯物論的と考えたポルフュリオスと、エジプト人の宗教の神概念が精神的なものであると主張したイアンブリコスの論争で、イアンブリコスに軍配を上げた。カドワースが、ヘルメス・トリスメギストスとその全一性の教えを復権させたことは、十八世紀には、スピノザの復権としても読まれえた。そうなのだが——レッシングの名をヘルメス・トリスメギストスの名と結び付けるのはやはり奇妙に感じる。レッシングは〈ヘン・カイ・パン〉という表現を用いたとき、カドワースがその『知的体系』の中ではっきりと読み取っていたような、この定式の「トリスメギストス的」含意を自覚していたのだろうか。

すでに示したように、カドワースはこの定式のあらゆるヴァリアントを、『ヘルメス選集』やその他の資料から蒐集してきた。彼のテーゼは、オルフェウスやヘラクレイトスのようなギリシア人は、その定式をエジプト人の秘密神学から受け継いだ、というものだった。しかしながら、この定式はただの一度も *Hen kai pan*〔一にして全〕という正確な形で出てくることはなく、いつも、*Hen to pan*〔全なるものは一なり〕や *To hen kai to pan*〔一なるものにして全なるもの〕などのように、多かれ少なかれよく似た形で登場するにすぎない。この定式がきわめて重要な役割を演じているのが、エジプトで書かれたギリシア語のテクストである。とりわけ『ヘルメス選集』、『ギリシア語魔術パピルス』[477]にある呪文や祈禱や賛歌や祓い清めの式文、そして錬金術の伝統だ。[478]プロティノス——新プラトン主義の最も重きをなす代表者で、その学説はほかの誰の学説よりも、全一性の概念を中心にめぐっている——は十中八九エジプト人で、アシュート（リュコポリス）の生まれだった。[479]〈ヘン・カイ・パン〉という全一性の教義をエジプトの秘密神学の——そして同時に、あらゆる宗教の根底に等しく横たわっている自然神学の——核心として記述したカドワースに、十八世紀の人々が従ったことを、多くの事柄が証言している。

カドワースは、この教義こそ、モーセがエジプトで受けた教育の最も重要な要素だったと確信していた。もっとも、カドワースはエジプトの知恵の伝達をテーマにしたが、彼が問うたのは、ヘブライ人への伝達ではなく、ギリシア人への伝達だった。この伝達の過程では、モーセが聖書の伝承にとって果たしたのとちょうど同じ仲介者としての役割を、オルフェウス（そして彼の後にはピュタゴラスとプラトン）が果たした。オルフェウスはエジプトの大密儀を伝授されたと一般に信じられていた。[480]エジプトはそれゆえ二重の仕方で西洋と結び付いていた。つまり、モーセを介してイェルサレムと、そして、オルフェウスを介してアテナイと。モーセ・コネクションは西洋の宗教と神学を形づくり、オルフェウス・コネクションは西洋の哲学を形づくった。[481]オルフェウスは〈ヘン・カイ・パン〉の理念をギリシアにもたらし、この地でその理念はピュタゴラス、ヘラクレイトス、パルメニデス、プラトン、ストア派などの学説を決定づけた。〈ヘン・カイ・パン〉——一は全であり、全は一であるという確信——は、エジプトに起源して現代にまで受け継がれた、一つの大いなる伝統の核心と見なされた。しかしまた、その伝統の没落を歎く声もあった。トマス・テイラーは、彼が翻訳したオルフェウス賛歌（一七八七年）の序言で、次のように書いている。

かくして知恵、すなわち、万物の原因と原理の究明を目的とするあらゆる真の哲学の対象は、まずエジプト人の許で最高度に完成されて花開き、後にギリシアで栄えた。ローマ人は高尚な文学を涵養した。そして、際限なく増大し、無秩序に蓄積されてきた実験的研究は、現代の哲学の営為である。このことから正当にも、真の哲学の時代は過ぎ去ってしまったと結論できる。(482)

知恵の歴史を凋落の歴史と捉える、このような悲観的な見方は、ヘルメス主義に近しい人々の多くに共有された。というのもこの説は、知恵と真の認識の充溢が最初にあり、それ以降のものはすべて、多かれ少なかれ忠実な伝達と伝承の過程であった、という見解に基づいていたからだ。同じような考えは、とりわけ、光明会の創設者アーダム・ヴァイスハウプトや、この結社に属していたイグナーツ・フォン・ボルンに見られる。知恵の凋落は、唯物論と無神論にいたる道、あるいはまた、狂信と迷信にいたる道として歎かれた。そしてそこからの逃げ道はただ一つしかなかった。つまり起源を、エジプトを想い起こすことである。

ヤコービはこの傾向を無神論として弾劾した。なぜならこの傾向は、世界とは無関係に、そして世界の外にあるような神の存在を否定するからである。彼は「宇宙即神論」〔Kosmotheismus〕という表現についても検討しているが、最終的にはこの概念を退ける。なぜならこの表現は、彼が真と見なすものと偽と見なすものとの間の必要不可欠の区別を、消し去っているように思われたからだ。「宇宙即神論」という表現は、ラモワニョン・ド・マルゼルブ〔一七二一―一七九四、フランスの政治家〕が、コスモスあるいは〈世界〉〔*mundus*〕を至高の存在として尊ぶ、古代の、とりわけストア派の崇拝に関連して生み出した。マルゼルブは、彼が校訂した大プリニウスの『博物誌』〔*Naturalis historia*〕（一七八二年）で、この信仰の特徴をとりわけよく表している文――〈世界とこの広がり――その丸屋根でこの世界を覆っている天空を呼ぶのに、人々がほかにどんな名称を選んだとしても――は一つの神である、と信ずるのが正しい〉〔*mundum, et hoc quodcumque nomine alio coelum appellare libuit, cujus circumflexu teguntur cuncta, numen esse credi par est*〕――に注釈を施して、次のように提案している。プリニウスのことを「無神論者ではなく宇宙即神論者と、すなわち、宇宙は神であると信じている者と呼ぶ」という提案である。[483] マルゼルブは、エジプトの宗教、ヘルメス主義、新プラトン主義、ストア主義、そしてスピノザ主義、さらには中間項として働いたかもしれない、カバラや錬金術のような中世の諸伝統を結び合わせる共通項を表すのに、これ以上適切な術語を見つけることはできなかっただろう。[484]

宇宙即神論の思想を〈ヘン・カイ・パン〉という定式で表現することは、その思想の起源をエジプトに帰することを意味した。スピノザはこの定式を用いていない。この定式がエジプトに起源することをはっきりと示したのはカドワースだった。バークリーはそれどころか、この思想を、オシリス（*to Hen*）とイシス（*to Pan*）と翻訳している。[485] ギリシア語の定式にある *kai*〔にして〕という語は、スピノザの *sive*〔すなわち〕と同じ意味を持っていた。この語が最終的にいわんとしているのは、付け足しではなく、同一視である。古代に群を抜いて頻繁に用いられたのは *Hen to pan*、「全なるものは一〈である〉」、つまり世界は〈神である〉というヴァージョンだ。「宇宙即神論」が意味しているのはこれにほかならない。カドワースは、エジプトが宇宙即神論の故郷であり、「かの地からそれはオルフェウスによってギリシアにもたらされた」ことを示した。[486]

宇宙即神論的な立場から〈ヘン・カイ・パン〉あるいは全一者を崇めることは、古代末期の宇宙即神論が、十八世紀の八〇年代のドイツ初期ロマン主義において回帰したことを意味する。この初期ロマン主義は、宇宙の生命の、一切を包括し一切を維持する単一性と神々しさを前にしては、あらゆる名前は「うつろな響きか、はかない煙にすぎない」(ゲーテ)という確信、もしくは「感情」を共有していた。これはラインホルトやシラー――そしてヘルメス・トリスメギストス――が説いた名なき神と同じ神概念である。この神性はいかなる名も必要としない。というのも、それは一にして全であり、どのような名で呼んでも、一切を包括するその単一性を制限してしまうことになるだろうから。ドイツ初期ロマン主義の宇宙即神論は、古代末期のそれと同様に、名前を無視あるいは相対化することができた。なぜならこの宇宙即神論は、自らの信仰の対象、すなわち、神のごとき生気に充ちたコスモスに確信を抱いていたからだ。

これでわれわれはエジプトに戻ってきた。スピノザ主義、汎神論、そしてこの時代のほかのすべての夢や悪夢は、宇宙即神論の故郷として、エジプトを指し示していた。〈ヘン・カイ・パン〉とは一つの新たな宇宙即神論の信条である。この宇宙即神論は、モーセの区別からの出口、そして理性と啓示の、迷妄と真理の、原罪と救済の、不信仰と信仰の対決からの出口として現れ、観照、明証、無垢の新たな空間に入る道を指し示した。ドイツ初期ロマン主義の宇宙即神論は、排除されていた「異教」の回帰、神のごとき生気に充ちた宇宙に対する崇拝が回帰したものだった。ある意味でこの宇宙即神論はエジプトへの帰還でもある。この名なき宇宙的な神性に、当時の書物や銅版画で名前や姿が与えられたとき、それは決まってあるエジプトの名前だった。イシスである。[487]〈神すなわち自然すなわちイシス〉〔*Deus sive natura sive Isis*〕。エジプトはこうして初期ロマン派のスピノザ主義の宗教的風土の中に回帰した。エジプトは、このユートピアを歴史的に体現したもの、[488]何らかの〈古代宗教〉〔*religio prisca*〕あるいは〈自然宗教〉〔*religio naturalis*〕の故郷――〈すべての礼拝の起源〉〔*l'origine de tous les cultes*〕――として想像された。[489]この頃、エジプトフィリアはエジプトマニアに高まった。ナポレオン・ボナパルトがちょうど同じ頃に、学者、技師、芸術家の一団を引き連れてエジプト遠征に出発したのは、確かに偶然ではない。彼らは、エジプトのイシスからヴェールを取り除き、エジプト人の知恵が生み出したあらゆる文化的な表現形式を測定し、記録するという任務を帯びた。この遠征の成果によって、ヒエログリフ解読の、そして、大学の一分野としてのエジプト学創設の基礎が敷かれた。しかし、ほかならぬこの学問分野が、エジプトの脱魔術化、そして、この学問分野がそこから生まれ来たった夢の破壊に、ほかの何よりも貢献したというのは、例の歴史の皮肉の一つだ。

全一性の教義、〈ヘン・カイ・パン〉がエジプトに起源することを見失ってしまった学問分野は、エジプト学だけではなかった。マーティン・バナールやモーリス・オランデールがかくも説得力をもって記述している、盛期ロマン主義における古代研究の「アーリア的転回」とともに、〈ヘン・カイ・パン〉のエジプト的・ヘルメス的背景も忘れ去られた。ヘーゲル、シェリング、ショーペンハウアー、コールリッジ、あるいは十九世紀にこの定式を引用した者は誰であれ、その際に考えたのは「エレア派」、パルメニデスの存在論であり、エジプト人ではなかった。[490]

第6章

ジークムント・フロイト——抑圧されたものの回帰

第一節　引用の万華鏡とフロイトのテクストの成立

古典から引かれてきた同じ文章のコレクションを、スペンサー、カドワース、トーランド、ウォーバートン、ラインホルトの著作のように相異なる本の中に見つけるのは、唖然とするし、また面白くもある。彼らは自分たちの論証をまったく同じ証拠に基づかせている。ただしスペンサーがこの引用の束を最初に集めたわけではない。彼は、サミュエル・ボシャール、ジョン・セルデン、フーゴー・グロティウス、アタナシウス・キルヒャー、ピエール＝ダニエル・ユエ、ヘラルト・フォシウスなど、すでに同じ典拠に基づいて仕事をしていた学者たちの名を挙げている。古典、教父文献、ラビ文献の引用からなるこのコレクションは、いわば万華鏡に似ている。どの新しい著者も、変化した時代状況や新たな問題と論争を背景にして、自らの特殊な目的設定に従って、自分なりの仕方でその万華鏡を回したので、幾千もの引用箇所がつなぎ合わされて、その都度、新たな論証の秩序を形成した。この種の間テクスト性は、文化の想起の営みの一つの形式として解釈することができる。この想起の営みは、ある特定の知識の集積を、二千年あるいはそれ以上にわたって鮮明に保ち、近づきうるものにしてきた。モーセとエジプトについての論争に参加した者たちの誰一人として、例えばポーコック〔一七〇四―一七六五、イギリスの聖職者。『東方と他のいくつかの国々の記述』（一七四三―一七四五）〕のような旅行家や、モンフォーコン〔一六五五―一七四一、フランスのベネディクト会士・古典学者。『古代図譜』（一七一九―一七二四）〕のような「古物研究家」が語ることのできた事柄を、あまり意に介さなかった。[491] 遠大で飽くことのない知識欲を持っていたアタナシウス・キルヒャーは唯一の例外である。ヒエログリフと密儀礼拝に関する、ウォーバートンの詳細で批判的な研究ですら、ほとんどイラストなしで済ませている。彼が付しているわずかばかりの図解は、エジプトの本物の碑文の忠実な再現として彼の時代にすでに存在していたものに、遠く及ばない。スペンサー、ウォーバートン、ラインホルトは、いわば想起のパラダイムの内部で仕事をしたのであり、観察のパラダイムの内部でそうしたのではなかった。この想起のパラダイムは、しかしながら、エジプト学が興隆するとともに終焉を迎えた。そしてこの綿密に集められたエジプトについての知識の集成は、オリジナルの資料が語り始めるやいなや、ほとんど完全に忘れ去られた。歴史が記憶と代わった。ここで途切れた想起の連鎖とは、過去を現在に、そして——集団であれ個人であれ——想起する主体の自己像に結び付ける絆であり、また過去を、それが現在によって利用されるかぎりでのみ解明する絆である。

ジークムント・フロイトが二十世紀の三〇年代に同じテーマに取り組んだとき、彼はもはや、この想起のパラダイムの枠内では仕事をしなかった。[492] 彼は、スペンサーやウォーバートン、ラインホルトやシラー、ましてやヘロドトスやストラボン、アレクサンドレイアのクレメンスやエウセビオス、マイモニデスやイブン・エズラを引用していない。彼はモーセをエジプト人として描いているギリシア語やラテン語の文献を知っていた。[493] しかし彼はそれらの文献には言及していない。彼が引用しているのは、アーサー・ウェイゴールや、とりわけジェイムズ・ヘンリー・ブレステッドのようなエジプト学者、[494] エードゥアルト・マイヤーのような歴史家、エルンスト・ゼリン[495]やエリーアス・アウアーバッハのような旧約聖書学者だ。フロイトは歴史学と精神分析のパラダイムで仕事をした。それというのも、これまで一度も想起されることなく、その代わりに抑圧されていた真実、彼のみが明るみに出すことのできる真実を露にするためだった。それは、これまで意識的に想起され、伝承されてきたものすべてに対立する衝撃的な真実だった。

この根本的な伝統の断絶を考慮すると、フロイトのモーセを、モーセ＝エジプト論争についてのこの研究に含めるのが正しいのか、疑問に思われるかもしれない。フロイトはこの言説に属しているのだろうか。彼はこの企図を共有しているのだろうか。彼は同じ万華鏡を用いて、それをただ彼なりの仕方で回しているだけなのだろうか。それとも彼の本『モーセという男』は、十九世紀と二十世紀に批判的な歴史主義の精神の下でモーセとエクソドスについて書かれたほかのすべての本と同じく、この伝統とは関係がないのだろうか。それらの本は、新しい大量の考古資料を取り込んだことだけでなく、この論争、その万華鏡のごとき伝統、そしてその諸々の問いを完全に忘れたことでも特徴づけられる。

この問いに答えるのは簡単ではない。確かにフロイトと十八世紀との隔たりは途方もなく大きい。彼は、古典的な著者たちからの引用の代わりに、考古学やテクスト批評による諸発見を土台にして仕事をした。しかしそれのみならず、彼は、精神分析というまったく新しいパラダイムの軌道上で考えた。古いパラダイムは、厳格な伝播主義の枠内で、諸々の文化の類似点や平行関係を探した。すべてが一つの共通の起源から生まれ、そこから世界中に広まったということは間違いなかった。この場合の問題は伝播の方向を発見することにあった。エジプトが起源だったのか。あるいはイスラエルか。それともインドか。歴史主義は世界史についての多元発生的な見方を開いた。そして精神分析が開拓したモデルは、人類学的な普遍性に基づいていた。民族精神分析がこの点で必要なコースの修正をいくつか行なう前は、衝突に満ちた父子の関係は、個別文化に左右されない普遍的なものと見なされた。その関係は、個人の次元ではエディプス・コンプレックスという形を取って現れ、集合的な次元では宗教という形を取って現れる。フロイトは宗教のことを集合的な強迫神経症と考えた[496]。

二つのモデルの違いはこれ以上ないほど大きいかもしれない。しかしフロイトの本を、スペンサー、ウォーバートン、ラインホルト、シラーを読んで受けた印象の下に再読したとき、非連続の感じよりも、連続しているという感じの方がはるかに強かった。それどころか、彼の本に収められた最初の二編の「エッセイ」では、連続しているという心証は、まさに圧倒的だった。フロイトは、自らが伝播主義者に変わっているだけでなく、エジプトの一神教とモーセの一神教を賛嘆する言葉さえも記している。そのような言葉を彼がしたためているのには驚かされる。

フロイトがこの二つの部分——彼がもともと公表するつもりだった唯一の部分——で、意識的および／あるいは無意識的に、十八世紀のモーセ＝エジプト論争を継続しているのは、明らかであるように思われる。そしてこの論争は、書き進めていくうちに、彼をますます強く魅了していったにちがいない。彼が魅了された理由は容易に説明できる。後ほどこれについて少し立ち入って述べるつもりだ。この二つの章はあの古い万華鏡を取り上げて新たに回転させている。伝統あるいは記憶に歴史が取って代わる。しかし諸々の問い、秘められた願望は、今なお同じである。

フロイトは、ロンドンに逃れてから、その研究の第三の部分の公表を許した。彼はこの第三の部分で、初めの二つの部分で詳述した「諸事実」を、自らの精神分析的な宗教理論のために利用している。これはもちろん、新たな問いを立てて新たな答えを構想している、一つの新しいパラダイムだ。しかしわたしの考えでは、この部分も、モーセ論争を印づけ、それをかくあらしめている人類学的、歴史学的、神学的な中心問題のいくつかを、さらに引き継いでいる。フロイトのモーセについての本は、例えばマルティーン・ブーバーよりも、シラーの方により密接に結び付いているように思われる。そのうえ彼の本はスペンサーに、間接的にではあるにせよ、二重の仕方で結び付いていた。つまりシラーとW・ロバートソン・スミスを介してである。シラーはフロイトが愛読した著者の一人だった。ユダヤ人である彼が、モーセについてのシラーの論文を見逃したということはありえない。[497] そしてシラーのエッセイは、間接的に、スペンサーの『儀式法について』に基づいていた。なぜならこの本は、シラーが手本にしたラインホルトの『ヘブライの密儀』の、最も重要な典拠だったからだ。[498] W・ロバートソン・スミスは宗教史の分野におけるフロイトの最も重要な拠り所だった。スミスは、スペンサーを近代の宗教学、とりわけ儀式の歴史研究の創始者の一人と考えていた。[499]

本書では取り上げない『ミケランジェロのモーセ像』についての論文を別にすれば、フロイトは『モーセという男と一神信仰の宗教』を書くために、四回ほど助走を試みている。フロイトの最初の試みは、彼はそれを終えることも刊行することもなかったのだが、一九三四年にまで遡る。それはある「歴史小説」の断片のことだ。フロイトはその執筆を、その頃刊行されたトーマス・マンのヨセフ四部作の最初の二巻を読んだ印象下に始めた。[500]二回目と三回目の助走は、彼が自分自身の編集する雑誌『イマーゴ』〔*Imago*〕で発表した二つの論文である。四回目の試みが『モーセという男と一神信仰の宗教』で、これは一九三九年に刊行され、その前に発表された先述の二つの論文で始まる。[501]この成立史はすでにそれ自体が驚くべきものだ。高齢に達し、重い癌を患っていたフロイトは、これが自分の最後の本になるであろうことを、重々自覚していた。自分の理論と方法の総まとめをする代わりに、彼はあえて、聖書の歴史のいまだ解決のついていない領域に乗り出し、きわめて大胆で主観的な本を書いた。

フロイトの本が依然として読者に及ぼしている魅惑の理由の一つは、その本自体が深く魅了されて、換言するならば、まさに取り憑かれたように書かれたという見紛いようのない事情にある。[502]フロイトはこのテーマと格闘する中で、さまざまに試み、着手し、中断し、再開した。これは彼の真剣な疑念やためらいを反映しているだけではない。彼はその疑念やためらいを、自らのプロジェクトを追求し、自分の発見を公にするために、何度も克服しなければならなかった。しかしそればかりでなく、このテーマが彼に及ぼした抗いがたい魅力をも反映している。彼はそれどころか、ユダヤ人に危害が及ぶかもしれないので、迫害の時代には草稿の公刊を控えるようにという、友人や専門家たちの切なる忠告さえも無視した。[503]彼はなぜためらい、また、どうして魅了されたのか、その理由のいくらかは、彼がエジプト人モーセについての論争に参加し、この論争の秘められた課題《アジェンダ》に積極的にかかわっていたことに直接関係しているように思われる。

もう一度要約するならば、モーセとエジプトについての論争の課題《アジェンダ》とは、自然、理性、寛容の旗印の下に、モーセの区別を撤廃することだった。イスラエルとエジプトという敵対的な布置は、エクソドスの物語の形で、この区別を象徴していた。それゆえ、スペンサーからシラーにいたるまで、モーセの姿が漸進的にエジプト化されていったとき、それが目指していたのは、根底にある諸々の区別を消して、エジプトを迷妄の側から真理の側に連れてくることだった。エジプトに対抗してある一神教が啓示されたという説に代わったのが、何らかのエジプトの一神教が（多かれ少なかれ変造され歪められて）継承されたというテーゼだった。フロイトがこの論争に加わったのは、この論争の関心事を共有していたからというだけではなく、[504] このテーゼが正しいことを示す最後の決定的な証拠を手にしていると確信していたからだ。というのも彼は、マネトーからシラーにいたるまで、ほかの誰にも近づきえなかった、考古学と文献学の最新の発見を利用したからだ。

　フロイトはほかの誰もが知らなかったことを知っていた。つまり、唯一の神しか認めずほかの神性を破壊する対抗宗教が、エジプトに実際にあったということ、しかもそれが、年代の定まらないモーセを難なく位置づけることのできる時代だったということである。フロイトは、かくも多くの空想豊かな再構成を生む原因になっていた空白を埋めることができた。そして彼は、文化的記憶から排除された異端の王が横たわっていたクリュプタを露にすることができた。確かにフロイトがアクエンアテンを発見したわけではない。これは十九世紀のエジプト学者たちの功績だ。しかし彼は、この人物があの論争の脈絡で有している決定的な重要性に気づき、この論争を自分の本で取り上げた。その一方で、エジプト学者たちはこの論争について何も知らなかった。アマルナ革命の瓦解後に語り伝えられた最初期の発端から近代にいたるまでのこの言説の歴史を、想起と忘却の歴史として再構成することができるとすれば、フロイトこそ、排除された発見品や証拠品を提出し、失われた思い出を回復し、エジプトのイメージを最終的に完成させて正しい状態に戻した人物だ。彼の本をもってモーセ＝エジプト論争は終点に到着したように思われる。アクエンアテンとその宗教革命が発見されたことは、それ自体、一つのセンセーションだ。しかし、モーセ論争の軌道で思考し、エジプトに起源を探し求めた一人の「啓蒙主義者」の目に、その発見はどれほど重要なものに映っただろう。アクエンアテンは、フロイトにとって、この謎の最終的な解決と思われたにちがいない。『モーセという男と一神信仰の宗教』を、フロイトの作品という観点ではなく、モーセ＝エジプト論争の観点で見るならば、この本は書かれざるをえなかったことがわかる。アクエンアテンの再発見は、「エジプト人モーセ」の事例を再び取り上げることを、有無をいわせず要求したのだ。

フロイトのモーセは奇妙にも想起の形象と歴史の形象の間を揺れ動いている。このことはフロイトが執筆の際に直面した困難の多くを説明してくれる。彼は「歴史小説」から始めて、歴史の立証という、まさに犯罪学的な形式に行き着いた。[505] 歴史の形象としては、フロイトのモーセには、手痛いことに、実在していた証拠がない。聖書の証言は、歴史学の法廷では持ちこたえることができないような想起の発言として度外視される。その代わりにフロイトは歴史的な痕跡や手がかりを探し求め、そして、それらが乏しいことに絶望する。彼は、その上に「青銅の像」を据えなければならない「粘土の台座」という言い方をしている。「粘土の台座」とは歴史の形象のことを指しており、「青銅の像」とは想起の形象のことを指している。[506] 一つの想起の形象として、フロイトのモーセは、現在に結び付いている。想起の形象というものは、想起する人にとって決定的な、定義づけるような重要性を持っている。歴史の形象というものはせいぜいのところ興味を引くにすぎない。フロイトは歴史的・批判的な姿勢を取っているが、それにもかかわらず一貫して「ユダヤ人」という表現を用いており、歴史的には正しい呼称であるかもしれないのに「イスラエル人」や「ヘブライ人」という表現は用いていない。フロイトは、マイモニデスやスペンサーと同じく、モーセを、今日にいたるまで存続しているような「果てしない」ユダヤ民族の創造者にして、時間を超越した象徴と見なしている。この意識的なアナクロニズムが紛れもなく示しているのは、フロイトの場合にわれわれが歩んでいるのは、歴史の土地ではなく、むしろ想起の土地であるということだ。それゆえにフロイトの本は記憶史的研究の領域に含めるべきなのだ。

フロイトはもともと彼の本を『モーセと一神教』〔*Moses und der Monotheismus*〕と名づけるつもりだった。このタイトルは後に英訳版に用いられた（*Moses and Monotheism*）。しかし、それからタイトルを『モーセという男と一神信仰の宗教』〔*Der Mann Moses und die monotheistische Religion*〕に変更した。「モーセという男」という言い回しは何を意味しているのだろうか。これが聖書の引用かもしれないという指摘はどの文献にも見られない。「モーセという男」という言い回しは出エジプト記一一章三節を訳したものだ。これはモーセ五書の中で、モーセについてかくも距離を置いて述べている、唯一の箇所だ。このことは、〔出エジプト記をこの箇所まで読み進んできた〕読者がとっくにモーセという人物と馴染みになっているだけに、なおさら奇妙だ[507]。この文は異物のような印象を与える。しかしそれだけではない。これはヘブライの聖書全体の中で、「モーセという男」がエジプト人の間で占めていた重要な地位について述べている、唯一の箇所なのだ。「さらにモーセという男はエジプトの国で、はなはだ大いなる人物と見られていた」（*gam ha-'iš Mošeh gadol mᵉ'od bᵉ-'æræṣ miṣrayim*）。エジプト人の間でモーセが占めていた地位について述べているもう一つの文は、ヘブライの聖書ではなく新約聖書にあり——「そして、モーセはエジプト人のあらゆる知恵を教えられ、語りと行ないにすぐれていた」（使徒言行録七章二二節）——フィロンの伝えるモーセ像と一致している。フロイトはタイトルの選択について説明していない。また出エジプト記一一章三節も引用していない。それでも「モーセという男」という表現は、エジプトのモーセを、そして、そのモーセがヘブライの聖書に残した唯一の痕跡を、はっきりとほのめかしているように思われる。

ヨセフ・ハイーム・イェルシャルミは、タイトルがこのように変更されたのは、ユダヤ教を強調するためだったと解釈している。「この変更は象徴的である。一方でこのタイトルは、この本がユダヤ教に関するものであるとは明確には告げていない。しかし他方で、『一神信仰の宗教』という特殊な表現で強調されているのは、実際には、誤解の余地なくユダヤ教のことである」[508]。わたしはむしろその反対だと考えている。*ha-ïš Mošeh* の翻訳である「モーセという男」の方が特殊な要素であり、「一神信仰の宗教」は一般的な表現だ。フロイトにとって一神教の問題をユダヤ教に限定することが本当に重要でありえたとは思わない。だがもっと重要なのは、一神教もしくは「一神信仰の宗教」がモーセ論争の中心的な問題をなしていたという事実である。そして、キリスト教は普通、ユダヤ教徒（およびイスラム教徒）からは一神信仰の宗教とは認められない（そしてまた、フロイトの正当な見解によれば、「純粋な一神教の少なからぬ特徴を放棄した」[509]）という事実があるにもかかわらず、キリスト教自身は自らのことを一神教的と見なしており、己のこの一神教的性格について、なかんずくモーセ論争の枠内でも反省している。フロイトはモーセ論争を取り上げることでこのテーマを引き継ぎ、さらに先へ進めている[510]。モーセ＝エジプト論争の要点は、この論争がユダヤ教のものでもキリスト教のものでもなく、この区別を越えたところにある一つの場所を目指していることにある。この観点からすると、フロイトの寄与もまた、確かに例外ではない。

第二節　エジプト人モーセと一神教の起源

フロイトはその最初の論文『モーセ、一人のエジプト人』〔*Moses, ein Ägypter*〕を、「モーセ」〔Mose〕という名前をめぐる議論で始める。この名前は、彼以前に多くの人々が気づいていたように、確かにエジプト語であり、「子供」を意味する。これは、トゥトモーセ〔Thut-mose〕、アハモーセ〔Ah-mose〕、ラモーセ〔Ra-mose〕、プタハモーセ〔Ptah-mose〕、アメンモーセ〔Amun-mose〕などのように、神名をいただいた名前の短縮形である[511]。フロイトは、この名前の語源がエジプト語にあることを明らかにした人々のうち、どうしてこれまでに誰もモーセがエジプト人だったという可能性を検討しなかったのか、と当然ながら問う。彼は、モーセがエジプト人だったという仮説を、新たな論拠によって立証しようと試みる。

オットー・ランクが示したように、モーセの幼少時代の物語は、「英雄の誕生」の原型的なパターンに従っている。ある高貴な生まれの、それどころか王の血筋を引く子供が捨てられ——よくあるのは、箱に入れられて川に流される——ある身分の低い家族に発見されて拾われる（聖書の文化的コンテクストで最も自然に思いつく例が、アッカドのサルゴン王の幼少時代の物語だ）。しかしモーセの場合には「物語の転倒」が起こる。この場合、モーセが生まれた家族は身分が低く、子供を発見して育てる家族は王族である。通常のパターンの背後にある動機は、明らかに、英雄を称揚することだ。しかし転倒したパターンの動機は何だったのだろうか。フロイトの説明によれば、この物語は一人の英雄を称揚するためにあるのではなく、一人のエジプト人を「ユダヤ人にする」ためにある。

フロイトの明敏な見方は、聖書にあるエクソドスの記録と、わたしがその歴史的土台と見なしたい事柄との関係に、ぴったりと合う。カナンのセム人がエジプトに長期にわたって滞在していたことをはっきりと示す歴史的形跡がヒクソスだ。彼らは王になってエジプトに君臨し、テーベの第一七王朝と第一八王朝の支配者たちによって駆逐された。これらの出来事は、同じように物語が転倒されてゆく過程で、奴隷たちの物語に変わった。彼らは神の導きで奴隷の身分から救い出され、神の民に選ばれたのだ。

しかしながらフロイトは、その魅惑的で、見事に執筆された論文を、奇妙にも諦めの調子で閉じる。「モーセがどの時代に生きていたのか、そしてエジプトから脱出したのがいつの時代のことだったのかを示す客観的な証拠（…）はなかった。それゆえ、モーセはエジプト人だったという洞察から導き出されるさらなる結論を伝えることは、控えておいた方がよい」。

数か月後、フロイトはこの決心を変える。彼の探し求めた「客観的な証拠」が出てきたのだろうか。そうではない。しかし、ある思い出が戻ってきたのだ。これはきわめて奇妙なことだ。エジプト人モーセが「アクエンアテン」およびその一神信仰の宗教と何かしら関係しているかもしれないということが、今初めて彼には明らかになったようだ。かりにフロイトが、その歴史研究を終えた今になって初めてアクエンアテンに逢着したとすれば、この説明はつくだろう。しかしフロイトはアクエンアテンのことを、少なくとも一九一二年以来知っていた。当時フロイトは、このテーマを扱うようカール・アーブラハム〔一八七七―一九二五、ドイツの精神分析医〕に提案し、アーブラハムが書いたアクエンアテンについての重要な論文を、自分の雑誌『イマーゴ』の第一巻に載せた[513]。その論文でアーブラハムはアクエンアテンの肖像を描いているが、その肖像は、この支配者についてのフロイト自身のイメージを先取りしている。しかしフロイトの本のどこにもアーブラハムの先行研究への言及は見られない[514]。フロイトは彼の「歴史小説」を連続小説として演出し、それを最も手に汗握る箇所で中断して、次号で継続した、ということは考えられるだろうか。フロイトは、モーセがエジプト人だったとしたら、アテン神の崇拝者だったにちがいないという当然の結論を下すことを、わざと次の論文に先送りしたのだろうか。わたしはそうとは思わない。アクエンアテンの思い出、そして、このエジプト人が新たな一神教の信者だったという発見は、『イマーゴ』第二三巻（一九三七年度）の第一号と第二号の間で、あたかも啓示のように彼の頭に浮かんだにちがいない。

それでもフロイトは、このテーマを一旦放棄した箇所で再び取り上げながら、次のように警告している。「しかしこれとても問題の全体ではなく、また問題全体の中の最も重要な部分というわけでもない[515]」。彼は、モーセはエジプト人だったという自分のテーゼに対する最大の障壁と考えたモーセの区別、あるいは「イスラエル対エジプト」というテーマの変奏で始めて、エジプト人の宗教と聖書の宗教の敵対関係を想い起こさせる。それどころか彼はさらに踏み込んで、規範転倒のことを念頭に置いて、次のように推測している。「一方の宗教は、他方の宗教でおびただしくはびこっているものを、断罪する[516]」。この二つの宗教の敵対関係を彼は次の五点にまとめる。

一、魔術の拒否
二、像の拒否
三、来世および魂の不滅の「断念」
四、神々が多数あることを否定、そして、唯一の神しかいないという主張
五、礼拝の純粋性に対して、道徳上の純粋性を強調

フロイトはここから次のように結論する。「(エジプト人モーセが)ユダヤ人に授けた新しい宗教は、彼自身の、すなわちエジプトの宗教だったという仮定は、この二つの宗教が異なっていること、それどころか、対立していることを見ると、破綻してしまった」。フロイトの先行者たちがこの問題をどのように解決したかを想い起こそう。モーセがイスラエル人に、エジプト人の公的な宗教、あるいは一般大衆向けの多神教を授けたと主張した者は誰もいなかった。この宗教とモーセの教義が敵対関係にあることは常にはっきりと認識されていた。しかし、モーセが(民族的あるいは文化的な意味で)エジプト人だったこと、そして、彼がイスラエル人にエジプトの知恵を教えたことを重大な支障と考えた者は、これまで一人もいない。この敵対関係についての伝統的な説明は、公式の宗教と秘密の宗教を区別することに基づいていた。すでにエジプトの「秘密神学」は、聖書の一神教がエジプトの偶像崇拝と相容れないのと同じく、公的な多神教と相容れなかった。そしてモーセはただ、密儀がヒエログリフのヴェールの下に隠していたものを、翻訳して「漏洩」したにすぎない。この区別は、一種の知識社会学的な区分に基づいている。真理はいつも、わずかな人々にしか理解されない。人々の間で知識が不平等に配分されることは、当然、何らかの階層構造を生じさせる。フロイトは、この知識の社会的トポロジーを、心的トポロジーで置き換える。これから見るように、彼は「神秘」を「潜伏」で置き換える。ただし、フロイトがこの一歩を踏み出すのは「問題全体の中の最も重要な部分」においてであり、彼はその部分の発表を、エジプト人モーセについての二番目の論文を書い

たときには、依然として差し控えるつもりだった。この論文で彼は、エジプト学がとっくの昔にきっぱりと背を向けていた「エジプトの密儀」という伝統的な構築物を、アクエンアテンとその革命的な一神教の存在を証明する歴史的形跡で置き換える。

同じ時期にまったく同じ対象を扱ったトーマス・マンがそうしたように、フロイトは、アクエンアテンの革命的な理念が、ヘリオポリスとその古い太陽崇拝に由来すると考えた。実際にアマルナには、最も聖なる崇拝の対象である「ベンベン石」〔古代エジプトの創世神話で天地創造の地である「原初の丘」を象徴する四角錐の石〕や、ヘリオポリスの聖獣であるムネヴィス〔太陽神の化身として崇められた聖なる雄牛〕のように、ヘリオポリスから借用してきたことがはっきりわかるものがある。ヘリオポリスは、アクエンアテンが迫害する代わりに多くの形式を引き継いだ、唯一の伝統的な神殿だった。アピオンにとってモーセはヘリオポリス出身の神官であり、イェルサレムにヘリオポリス風の太陽崇拝を導入した人物だったことも想い起こされる。フロイトとマンの記述は、J・H・ブレステッドの感銘深く、大いに影響力のあった本『エジプト史』〔*History of Egypt*〕（一九〇六年）[517]、『宗教と思想の発達』〔*The Development of Religion and Thought*〕（一九一二年）、そして『良心の誕生』〔*The Dawn of Conscience*〕（一九三四年）に依拠している。ブレステッドは、発見されたばかりのアクエンアテンとその宗教が、聖書の一神教の発展史にとって途方もなく重要であることを認識した、最初の人間の一人だった。彼が一八九四年にベルリン大学に提出した、ラテン語で書かれた博士論文は、アマルナ賛歌群とその宗教的内実の価値を初めて認めたものだ[518]。ブレステッドによれば、ヘリオポリスで一つの普遍的な神の概念が生まれたが、それは、第一八王朝の政治上の帝国主義に、宗教の領域で対応するものだった。第一八王朝のファラオたちは、エジプト世界の政治的な境界線だけではなく、精神的な境界線をも越えた。彼らは、彼らには世界帝国のように見えた、一つの多民族的な王国を支配していた。その間に彼らの胸中では、エジプトの王権を体現し、また、玉座にあるその時々のファラオの父でもあるという王国の神についての伝統的な理解は、すべての民族を生み出して維持する、一つの普遍的な神性の概念にまで拡大した。エジプトの軍勢が世界を征服する一方で、ヘリオポリスの神官たちはそこから神学上の帰結を導き出した。ブレステッドは書いている。「一つの普遍的な神という考えがエジプトで、まさにファラオがその時代の全世界から貢ぎ物を受け取っていた時期に誕生したのは、偶然ではありえない[519]」。ブレステッドが一神教と普遍主義と帝国主義を相関させていることは、カイサレイアのエウセビオスの政治神学を想い起こさせる。エウセビオスはコンスタンティヌス大帝に、天上の君主国と地上の君主国、ローマ帝国とキリスト教の一神教の間に対応関係があることを、はっきりと示した[520]。ブレステッドによれば、アクエンアテンは、一つの普遍的な神（ここに難なく例の大密儀の神を再認することできる）というヘリオポリスのコンセプトを受け継ぎ、一地方の礼拝を、ほかのすべての礼拝を犠牲にして、一つの普遍的な宗教に変え、その宗教に不寛容な一神教の性格を与えた。この思考像もわれわれには馴染み深い。ラインホルトとシラーはこの思考像をモーセについての彼らのイメージに適用していた。それによれば、モーセはある密儀礼拝の神のイメージを一つの普遍的な信仰の対象に変えた。ヘリオポリスの神官たちは太陽神を至高の創造神として崇拝した。それに対してアクエンアテンは太陽神を唯一の神に変えた。「汝、唯一の神よ、汝のほかにいかなる神もいない[521]」。フロイトにとってこれらのことから導き出しうる結論は一つしかなかった。「もしもモーセがエジプト人だったとすれば、そして、もしも彼がユダヤ人に彼自身の宗教を伝えたのだとすれば、それはアクエンアテンの宗教、つまり〈アテン〉信仰だった[522]」。

幸いにもフロイトには、「〔モーセの宗教はアテン信仰だったという〕われわれのテーゼを証明するための近道」を断念するだけの慎重さがあった。その近道は、〈アテン〉〔Aton〕と〈アドナイ〉〔Adonai〕という神名が、見かけは同じ響きを持っていることに基づいている[523]。彼はこの近道を行く代わりに、両方の一神教を比較するという「長い道のり」を進み、アクエンアテンの革命的な宗教が、聖書の反エジプト主義のあらゆる要請を満たすということを、強い説得力をもって示している。

一、アテン信仰は厳格な一神教であり、伝統的な多神教に対して、微塵も譲歩せず不寛容に振る舞う。

二、アテン信仰は魔術的な儀式や祭式を排除する。

三、アテン信仰は（ある程度）無図像的である。

四、アテン信仰は倫理的要請を強調する。

五、アテン信仰は彼岸および人間の不死性についてのいかなる観念も拒否する。

最後の項目でのみ、フロイトが描いたアマルナ宗教のイメージは、エジプトの密儀教についての伝統的なイメージと異なっている。[524] これはまた、スピノザ主義と理神論にとって非常に重要だった項目である。モーセの宗教のように、魂の不滅や来世といった観念を知らない宗教が、真理に基づいていることなどありえない。このテーゼをウォーバートンは次の論拠で反駁しようとした。つまり、聖書の宗教をほかのすべての宗教と分かつまさにこの点こそ、聖書の宗教が神に由来することを証明している、という論拠である。モーセは彼岸を持ち出して脅すことなどしなくてもよかった。なぜなら彼の神はすでに此岸において、つまり歴史の中で、報い罰したからだ。いまやフロイトは、よりによってエジプトが、つまり、彼岸と死者の裁きを著しく信仰する文化が、この点でもモーセの教義に対応していることを示しうると考えた。なぜなら、すでにアクエンアテンが、エジプトの死者信仰と縁を切っていたからだ。

フロイトの再構成では、儀式法の全集成が、「割礼の印」というただ一つの規定に還元される。このただ一つの律法を、彼は自らの論証を支える要石とし、モーセが「ユダヤ人」にエジプトの宗教をもたらしたことを裏付ける決定的な証拠にする。まず目につくのは、フロイトが割礼を「印」と呼んでいることだ。これはパウロの文句（*to semeion tes peritomes*）であり、その文句は創世記一七章一一節を引き合いに出している。創世記のその箇所では、割礼が〔神と〕アブラハムの「契約の印」（*'ot ha-b^{e}rît*）として導入される。スペンサーは一つの長い章を「割礼の印」（*signum circumcisionis*）に割き、その解釈のためにアウグスティヌスの記号論の全装置を投入した。スペンサーはまた、割礼の由来と広まりを明らかにするために、古代の文献資料をまとめて一大コレクションを築いた。それらの古典籍は等しく、割礼が初めはエジプト人とエチオピア人の間で登場し、そこから近東のほかの諸地域に広まり、黒海沿岸のコルキスにまで達したと伝えている。[525] 聖書はしかし、割礼をアブラハムの契約の印としている。スペンサーは、この慣習を誰が誰から借りてきたのかという問いは未決のままにしている。これだけでも当時としてはかなり大胆なことだった。もちろんフロイトは、もはや正統信仰の教説を顧慮する必要はなかった。彼は次のように結論した。ユダヤ人にこのしきたりをもたらしたのはモーセである、なぜなら、モーセは割礼を優越性、純潔性、差異化の印と考えたからだ。割礼を受け容れた民族は、「割礼によって高められ、高貴な存在になったように感じ、ほかの者たちを軽蔑して見下す。この者たちは彼らには不純に思われる」とフロイトはいう。[526] エジプト人のこの差異化を、モーセは、自らが率いるユダヤ人に施さずにはいられなかった。「いかなることがあろうとも、ユダヤ人は、エジプト人に劣れるものであってはならなかった」[527]。これは、モーセがエジプトの儀式を取り入れたことを支持する論拠であり、このような論拠は、すでにスペンサー以来、われわれには馴染みである。このしきたりの由来をアブラハムに帰すことで、それがエジプトから借用されたということは、モーセがエジプト人であることを示すほかのすべての痕跡と同じく、後から目に見えなくされた。

フロイトは、アテン信仰が頓挫したがゆえに、エジプト人モーセは自分の国を去り、新たな宗教と法体制を土台にして新しい民族を創造するためにユダヤ人を選び出した、と考えた。十八世紀初頭にトーランドが考えたのと同じように、フロイトのモーセも、玉座の近くにいた高貴な人物で、もしかしたら、ユダヤ人が寄留していたゴシェン地方の州侯だったのかもしれない。モーセは、アテン信仰の断固たる信奉者であり、あまりにも誇り高かったので、その宗教が頓挫した後に正統信仰に戻ることはできなかった。「モーセは、その精力的な本性にふさわしく、新たな王国を創建し、新たな民族を見出し、エジプトによって拒絶された宗教をその民族に与えて崇拝させようと計画した」。彼はユダヤ人を見出した。脱出は難なく行なわれた。なぜならエジプトは、アクエンアテンの死後、無政府状態に陥っていたからだ。モーセはユダヤ人の諸部族を率いてエジプトを脱出し、彼らにその一神教の信仰を教え（この信仰はモーセの場合、もしかしたら、アクエンアテンの場合よりもさらに急進的な形態を帯びていたのかもしれない）、そして彼らにいくつかの律法を授けた。聖書にはさらに、モーセが異民族の出身であることを示す一つの痕跡がある。その箇所では、彼の「舌が重い」こと、それゆえ、彼が兄のアロンに依存していることが述べられている〔出エジプト記四章一〇―一六節〕。エジプト人のモーセはヘブライ語を話さず、通訳を介して意思を疎通せねばならなかった。奇妙なことに、フロイトはこの箇所で筆を置く。「ともあれ、われわれの研究はさしあたり終わりに達したように思われる。モーセはエジプト人だったというわれわれの仮定からは、それが証明されたとしてもそうでないとしても、今のところ、これ以上のことを導き出すことはできない」。フロイトにとって、自分の再構成した事柄が、彼が「敬虔な文学」と見なしている聖書の記述に矛盾しているのは、大した悩みの種ではない。彼を不安にするのは、「今日の客観的な歴史研究の成果」に対して彼が陥っている矛盾である。彼はこれに続く箇所で、その歴史研究の最も重きをなす代表者であるエードゥアルト・マイヤーに、そしてそのモーセ像に取り組んでいる。

第三節　モーセの二重化とユダヤの伝承の複線性

マイヤーのモーセはミディアン人で、ヤハウェ、すなわち「夜中に徘徊して日の光を恐れる、不気味な、血に飢えたデーモン」の信奉者だった。マイヤーによれば、エクソドスの物語との結び付きは副次的である。これから明らかになるように、フロイトにとって、自分のテーゼを確証してくれるのに、これ以上都合のいいことは望むべくもなかった。それでも彼はまたもや筆を置く。これらの矛盾に直面して、「モーセはエジプト人だったという想定から紡ぎ出そうとした糸が、またしても断ち切れてしまったのを認めざるをえない。今回は、断ち切れた糸を再び結び合わせる希望はないように思われる」[532]。しかしこれに続く節ではこの断ち切れた糸を再び拾い上げている。「予期しなかったことだが、ここでもまた一つの出口が見つかる」。彼のエジプト人モーセと、マイヤーのミディアン人モーセは、なんと別人なのだ。第一のモーセは、彼の民によって打ち殺されてしまった。なぜならその民は、彼の一神教が掲げる厳しい要求に耐えることができなかったからだ。幾世代か後の時代に生きていた第二のモーセが、伝承の記憶の中にその場所を占めることになった。モーセの殺害という考えは、旧約聖書学者エルンスト・ゼリンの鋭敏な説に依拠している。彼は、第二イザヤにある、苦難に耐える神の僕（*'ebed Jahweh*）についての諸伝承を、メシアを予示するものとしてだけでなく、モーセ殺害の変形された思い出としても解釈した。この殺害テーゼが、フロイトの宗教理論との関連で有している重要性については、次節で立ち入って扱うつもりだ。ここではこのモティーフの別の側面に照明を当てたい。その側面はモーセ論争における一つの伝統的なモティーフに関連している。応化あるいは妥協というモティーフだ。

　モーセ＝エジプト論争でフロイトに先立って発言した人々は、どうして神あるいはモーセがその民に、真理を純粋な形ではなく「応化させた」形で啓示したのか、説明しようとした。マイモニデスはこれを、当時の状況下ではその民に必要だった、神の「狡知」あるいは「戦略」と呼んだ。マイモニデスに倣ってスペンサーは、律法に特異な点があるのは、神が親切にもへりくだり、自らの真理を人間の知性の限界（*propter duritiem cordis*〔心の頑なさゆえに〕）に、そして「時代精神」（*genius seculi*）に適応させたためと説明した。ラインホルトとシラーはこの政策を、神にではなく、モーセに帰した。モーセは、イニシエーションに臨んだ者たちの秘密結社ではなく、一つの民族を創建しなければならなかった。いまや問題となっていたのは、もはや神による律法の応化ではなく、モーセによる神の応化、「モーセの妥協」だった。すでにウォーバートンが、真理は国家を支えるものではなく、それゆえ、異教徒たちの許では密儀に守られて保護されねばならなかったことを明らかにしていた。[533] これらがモーセ＝エジプト論争の問題設定だった。これらの問題設定は、どのような形でフロイトのテクストに現れているのだろうか。

フロイトのエジプト人モーセを以下ではM_1と呼ぼう。このM_1はいかなる妥協もしくは応化もしなかった。それゆえに「荒々しいセム人は運命を自らの手中に収め、この専制的支配者を片づけた」。[534]「荒々しいセム人」というフロイトの表現にはまだ、モーセがその宗教と律法を教えねばならなかった民族が「粗野」だったとする伝統的な描写の響きが残っている。この論争の伝統では、真理と歴史の対立は、応化の概念によって解消されていた。フロイトの再構成では、この対立は、暴力的な対決と殺害にいたった。そのときエジプト人モーセの側には、いかなる「狡知」、いかなる戦略も妥協の用意もなく、残忍な暴力と虐政に支えられた容赦ない命令があるだけだった。そのために彼は、フロイトによれば、自らの命を失うはめになった。フロイトの再構成では、戦略と妥協は事後になってから、つまり、エジプト人モーセが非業の死を遂げてからやって来る。フロイトは律法の「不完全な点」を、彼が導入したいくつかの区別を用いて説明する。フロイトは、人間の次元ではエジプト人モーセ（M_1）とミディアン人モーセ（M_2）を区別し、神の次元ではアテンすなわちM_1とアクエンアテンの神（A）と、ヤハウェすなわちM_2の信仰するミディアンの火山のデーモン（J）を区別する。こうして彼は、以前は真にして完全な宗教のものとされていた諸特徴をM_1とAに割り振り、聖書の神とその律法のあらゆる不完全な点はM_2とJに、もしくは、エジプトを亡命した者たちからなるM_1の陣営と、M_2の信奉者たちとの間で探られた諸々の妥協に、割り振ることができた。

M_1とM_2を分かつフロイトの鋭敏な区別は、律法の諸々の「不完全な点」を顧慮しているばかりでなく、一神教に内在する敵対的な力のなにがしかも捉えている。これはモーセ論争の中心的な問題だった。この論争の枠内で論じた人々のうち、あの冒瀆的なパンフレット『三人のペテン師について』〔*De tribus impostoribus*〕のように、「ペテン」という言葉を用いた人はこれまで誰もいなかった。けれども、一神信仰の対抗宗教が帯びている無理無体な性格を和らげるべきものとして、戦略、妥協、応化について語った人はいた。応化というモティーフを省くことで、フロイトは、一神教に胚胎する、有無をいわさぬ律法と得体の知れない命令が課してくる無理な要求という側面、そして、妥協なき対決と決断という側面を強調した。忘れてならないのは、フロイトは彼の本を迫害の時代に、つまり、暴力に満ちた対決と血塗られた憎悪の時代に書いたということである。彼の目的の一つは、この憎悪の源がどこに発しているのか、その手がかりを探すことだった。一神教と暴力の関係についての分析は、間違いなく、宗教理論がフロイトのモーセ本に負っている、最も重要な寄与の一つだ。

フロイトによれば、この根源的な二元性は、ユダヤ人の歴史の流れの中で構造的に再生産されてきた。それは「宗教改革が、かつてローマ領だったゲルマニアと、独立のままに留まっていたゲルマニアとの境界線を、千年以上もの時を隔てて再び出現させた」のと同様である。「歴史はそのような反復を好むものである」[535]。ユダヤの二元性は、ヤハウエとエロヒーム〔古代セム語の神名エルの複数形で、旧約中の神の呼称の一つ。ヤハウェ崇拝以前の神信仰の名残を示す〕という二つの神名、イスラエル〔前十世紀末、イスラエル統一王国が南北に分裂して誕生。北王国とも。前七二一年にアッシリアに滅ぼされ、住民は各地に強制移住させられた〕とユダ〔南王国。前五八六年に新バビロニアに滅ぼされ、多くの住民が捕囚となる〕という二つの王国、そして預言者の宗教と祭司の宗教の間の衝突に現れた。フロイトは、応化という伝統的な概念を歴史上の諸々の衝突と妥協に置き換えることで、「ユダヤ人の」歴史（ここでずっと意味されているのは、無論、イスラエルの流謫以前の歴史のことだ）の歩みを、ある抑圧された伝承がゆっくりと再浮上し、ついには支配的になる過程として再構成することができた。最後にはAが、すなわち「唯一の、全世界を包括する神性、全能であるばかりでなく万物を愛しむ神性、一切の祭式と魔術を嫌い、人々に真理と正義に生きることを至高の目標として定めた神性の理念」が勝利する。[536]

至高の存在というこの崇高な理念とともに、われわれは、啓蒙主義の神の許に戻ってきた。それは、ストラボンがモーセに帰した「万物を包括する」神、カドワースとシラーの、理神論者の、自由思想家の、フリーメイソンの神だ。この神の福音がモーセ＝エジプト論争のサブテクストをなしている。見たところ円環が閉じたようだ。フロイトはその「エジプト発掘」[537]から、ストラボンとシラーが描いていたような神を連れて帰ってきた。フロイトが描いたアクエンアテンの神の性格を形づくっているのは、スピノザ主義、理神論、汎神論、宇宙即神論によって育まれ、モーセ＝エジプト論争のさまざまなヴァージョンと態度表明の根底にあった神の理念だ。フロイトのアテンが、ウォーバートン、ラインホルト、シラーの神から受け継いだそれらの伝統的な特徴に含まれるものとして、以下の事柄が挙げられるだろう。

神々を拒絶し、一者の存在を強調すること
精神性を強調すること
崇拝のために図像を用いないこと[538]
魔術と祭式を拒絶すること
倫理を強調すること
彼岸および魂の不滅を拒絶すること
「民衆宗教」と鋭く対立していること。[539]

これらの特徴はすべて、モーセ＝エジプト論争では中心的な役割を果たしているが、〔神の〕唯一性という点を除けば）アマルナ・テクストではささいな役割を演じているにすぎないか、もしくは何の役割も演じていない。特に注目に値すると思われるのは、フロイトが、十八世紀の人々が考えたのとまったく同じように、迫害を受けた伝統的な宗教について、何度も「民衆宗教」という言い方をしていることだ。ただしフロイトはこの言い回しを、すでにブレステッドのさまざまな刊行物の中に見つけていた[540]。

しかしながら、フロイトのアテンの問題点は、彼がこの神を信じていなかったことにある。この点で彼は先行者たちと異なり、彼自身もこの違いを強調している。「われわれ精神の貧しき者には、至高の存在が実在していることを確信しているかの探求者たちが、どれほど羨ましく思われることだろう[541]」。フロイトのアテンは、宗教上あるいは哲学上の真理ではなく、考古学上の発見だった。もしフロイトが、カドワースやトーランドやラインホルトやシラーと同じように、この「唯一の、万物を包括する」神性もしくは自然を信じていたとしたら、彼の本は恐らくこの箇所で、つまり二番目のエッセイ「もしもモーセがエジプト人だったとすれば……」で終わっただろう。彼は自分が発見した事柄で満足しただろう。すなわち、

モーセがエジプト人だったこと、

彼がユダヤ人にあるエジプトの宗教をもたらしたこと、

その宗教は革命的な一神信仰の対抗宗教、すなわちアクエンアテンのアテン教だったこと、

彼がいかなる「応化」も「妥協」もせず、アテン教の精神的厳しさをさらに凌駕したこと、

彼がこの仮借ない姿勢ゆえに打ち殺されたこと、

ある別の指導者が彼に代わったこと。それは資質も宗教も異なる一人の男、ヤハウェという名の火山のデーモンを崇拝する男だったこと、

それに引き続きエジプトからの亡命者たちとなされた諸々の妥協が、ユダヤ民族の歴史と聖書のテクストに見ら

れる多くの緊張、矛盾、衝突について、一つの説明を与えてくれること、モーセという人物の二重性が、ユダヤ民族の伝統を特徴づけている、排他性と普遍性の二元性を理解する鍵を与えてくれること、

あらゆる抑圧と妥協にもかかわらず、最後には、エジプトの神の理念が勝利を収めたこと。

モーセとエジプトをめぐるかつての論争であれば、この段階で q.e.d.〔= quod erat demonstrandum、証明すべきことを証明せり〕と記したことだろう。なぜならこの論争では、（密儀に体現されていると考えられた）エジプトの神の理念は、絶対的な真理とされたからだ。これらのテーマはすべてこの論争の課題《アジェンダ》に属しており、フロイトはこの段階までは、それらのテーマを引き継いで、かくも上首尾に、あっといわせるような仕方で、しかも楽しませながら先へと進め、十八世紀の人々には夢に描くことしかできなかった成果をもたらした。

フロイトはしかし、もはやこの神を絶対的な真理として信じてはいない。彼にとってこの神は、エジプトの第一八王朝の帝国主義と普遍主義に結び付いていた、一つの歴史的な理念である。彼は依然として自らの成果に満足できず、それゆえまったく新たな章を開始した。その章は、見たところ、ついにモーセ＝エジプト論争の枠外に歩み出たようだ。

第四節　反復と抑圧——父殺しと宗教の起源

フロイトがモーセはエジプト人だったという「事実」に固執した理由は、モーセ＝エジプト論争の古くからの企図にきわめて密接にかかわっていると思われる。エジプト人モーセは一神教の起源を説明してくれた。この点でフ

ロイトがこの論争を継続していることがわかった。「一つの民族の創建者としてのモーセ」と、そのエジプト的背景を史学的に構築することは、「預言者としてのモーセ」と、真理と迷妄を区別することで世界を新たに整序するという神から授かった任務を、神学的に脱構築することを意味した。この脱構築こそこの論争の目指すところだった。しかしこれに対して、フロイトがモーセは殺害されたという「事実」に固執したことは、しかもE・ゼリンが自説をとっくに放棄していたのにそれでもなお固執したことは、この論争の枠内では説明がつかない。(542) この説に関してては、わたしの見るところ、すでにイェルシャルミが必要なことはすべて述べている。問うべきは、モーセが実際に殺されたのかどうかではない。そうではなく、もしもかりにモーセが殺されたのだとしたら、荒野をさすらった世代が犯した罪や反抗についてかくも詳細に、飽くことなく述べているような記録の中で、そのような犯行がはたして隠蔽されただろうかということだ。この記録が、その物語の意味の図式にこれほどぴったり合うような出来事を、隠蔽するだろうか。同じことが、イスラエルの犯した不服従と反逆の罪はどんなものでも容赦なく記録してきた聖書の全伝承にいえる。(543) モーセの殺害のような犯行を隠蔽するという考えは、聖書の記録の文言だけではなく、その精神にも反する。なぜこの考えがフロイトにとってかくも重要だったのだろうか。

〈殺害されたモーセ〉は、宗教の起源と本質に関するフロイトの理論と分かつことができない。この理論は、例えば『トーテムとタブー』〔*Totem und Tabu*〕や『モーセという男』で説明されており、あまりにもよく知られているので、ここで詳細に再述する必要はない。この理論のおおよその基本的特徴だけを述べよう。原初の群れでは、父親が際限ない専制的な権力を振るって、息子たちに君臨していた。父親は、群れの雌たちをめぐり、息子たちが競争相手となって自分の前に立ちはだかろうものなら、死もしくは去勢をもって脅した。しかし最後には、父親は力が衰えると、息子たちに殺される。(544) この元型的な出来事は、フロイトの場合、奇妙なことに一回性と反復の間を揺れ動いている。「われわれは唯一の偉大な神が今日存在しているとは思わない。しかし、太古には一人の比類ない人物がいたと思っている。この人物は当時、途方もない存在と思われたにちがいなく、そして神性にまで高められて人々の思い出の中に回帰してきたのだ」とフロイトは書いている。[545]「一人の比類ない人物」とはどういう意味だろうか。フロイトによれば、原父の殺害は、数千年にわたって、いつも繰り返されてきた。ただこの反復の力によってのみ、この殺害行為は人間の魂に消すことのできない痕跡を残し、その「太古の遺産」を形成することができた。[546]この痕跡の秘められた深部では、「人間は、自分たちがかつて一人の原父を持ち、その原父を打ち殺したことを、常に知っていた」。[547]太古の経験を、人類普遍の永続的な所有物に変える決定的な機制が、反復と抑圧だった。反復によって、その経験は人間の魂に何らかの（生物学的に）遺伝しうる形で書き込まれた。抑圧によって、この書込みもしくは「太古の遺産」は「クリュプタ化」[548]された。つまり、意識的な反省と検討の及ばないものになった。近づきがたいものであるがゆえに、この遺産は、強迫的になったのだ。

ここでフロイトが書いている類の歴史は、心理史だ。神格化された父親は、想起の形象であって、歴史の形象ではない。この父親が「神性にまで高められて人々の思い出の中に回帰してきた」のはただ、彼が打ち殺されてしまったという事情によっている。[549]彼が受けることになった崇拝には、その犯行の思い出を埋没させる、もしくは「クリュプタ化する」という働きもあった。フロイトによれば、これが文化を創建する行為なのだ。原初の群れの中の血なまぐさい対抗関係は終わりを迎えた。[550]殺害行為はいまや罪として受け止められた。なぜならこの罪は、文化を打ち立てる行為となったあの根源的な罪のことを、思い出させたからだ。原父殺害の思い出は抑圧され、変形されて強い罪悪感になった。その罪悪感は、生まれつつあった諸宗教に、タブー、制約、禁欲、自己懲罰、残酷な犠牲などありとあらゆる種類の予防措置と不安を刻み込んだ。

フロイトによれば、同じ事象が別の次元で、モーセと一神教によって繰り返された。モーセの一神教は、すでにそれ自体が、一つの反復だった。モーセの教え、つまりアクエンアテンの革命的な一神教というエジプトの理念は、原宗教の原始的な一神教を蘇らせた。「モーセがその民族に唯一の神という理念をもたらしたとき、この理念は決して新しいものではなかった。この理念は、人類の記憶からとっくの昔に消え去っていた人間家族の太古の時代に起こった、ある出来事の復活を意味していたのだ」。[551] モーセの一神教は父の回帰だった。[552] モーセの殺害はさらに強力な反復であり、この反復はもっと深く埋もれていた、あるいはクリュプタ化されていた思い出を蘇らせた。「犯行の意識的な否認も無意識的な否認も、その犯行あるいは罪過が心に現存していることを消すことはできず、罪過と不安の無意識的な蓄えをかえって強めざるをえなかった。フロイトは事実、この消化されざる良心の呵責にとらわれているがゆえに、犯行人やその跡継ぎたちは、自分たちや太古の父祖たちの犯した罪を、神そしてモーセの宗教にいっそう深く身を捧げることで贖うようになった、と主張している」。[553]

モーセ（M_1）の殺害とその妥協を許さない一神信仰の宗教は、こちらも抑圧されたことで、ユダヤ人の集合的記憶の中に一つの「クリュプタ」を形成した。もしもこれが自然死だったら、かくも強大な影響力を集団の心理に及ぼすことはできなかっただろう。その経験は、持続的なものになるためには、トラウマ的でなければならなかった。フロイトの言葉を借りるならば、「それは抑圧されるという運命に服して初めて、無意識の中に留まるという状態を耐え抜いて初めて、回帰したときにはかくも強大な影響力を発揮して、群衆を呪縛することができるのである」。[554] モーセの殺害は、原父の殺害の反復だった。殺され、それに引き続いてこの凶行が抑圧されて初めて、モーセは、彼がそうであるところのもの、すなわち「青銅の立像」、「ユダヤ民族の創造者」、永続する、消すことのできない想起の形象になることができた。これがフロイトの論証の逆説的な核心である。

この立論は、フロイトの抑圧の理論に照らして初めて理解することができる。フロイトによれば、忘却と抑圧の違いは次の点にある。つまり、忘却とは一種のやっかい払いであり、抑圧とは保存して強化する一つの形式だということだ。抑圧された思い出は、ただ保存されているだけではなく、人格を支配する危険な力を獲得することがよくある。意識的な思い出は修正し、検討することができるのに対して、抑圧された思い出は内部あるいは「下」から作用を及ぼし、意識を呪縛する。

『モーセという男』で、フロイトはこの理論を、個人心理学の次元から、群集心理学の次元に移している。意識的な思い出と抑圧された思い出の違いは、集合的次元では、伝統と想起の違いとして現れる。「伝統は、それが伝達だけに基づいていたとしたら、宗教的現象が有している強迫的性格を産み出すことはできないだろう。そのような伝統は、外部からもたらされるほかのどの知らせもそうであるように、傾聴され、判定され、場合によっては拒絶されるだろうが、論理的思考の強制から解放されるという特権を手に入れることは決してないだろう[555]」。そしてこの後にわたしが先ほど引用した文が続く。この文は重要なので、もう一度この文脈で繰り返したい。「それは抑圧されるという運命に服して初めて、無意識の中に留まるという状態を耐え抜いて初めて、回帰したときにはかくも強大な影響力を発揮して、群衆を呪縛することができるのである。このことは、宗教的伝統を目の当たりにして、われわれが驚きの念をもって、しかも今まで理解できないままに見てきたとおりである[556]」。まさにこの道を通って、エジプト人モーセ（M_1）は、その神（A）とともに「人々の思い出の中に回帰した」。そして――抑圧されてから戻ってきた想起の形象として――「ユダヤ民族の創造者」になったのだ。ユダヤ人は、モーセという男を片づけたが、最終的には彼の一神信仰の宗教に帰依した。「温順なエジプト人は、運命がファラオという聖化された人物を片づけるまで待った[557]」が、最終的にはその一神教を片づけた。歴史の形象として、アクエンアテンは完全に忘れられたので、彼は決して「人々の思い出の中に回帰」することはなかった――モーセという仮面を被らずには。

フロイトは宗教が群衆に対して及ぼす強迫的な暴力をこのように説明している。この強迫の最も強力な要素が罪だ。罪という概念は、宗教上の敵対関係の意味論にフロイトがもたらした、最も興味深い寄与かもしれない。

父親に対する関係の本質は両価感情である。かつて息子たちを駆り立て、敬嘆と畏怖の的だった父親を殺害させたかの敵愾心も、時代が経過するうちにどうしても動き出しそうになる、ということがやはり起きた。モーセ教の枠内では、殺人的な父親憎悪が直接に発現するための余地はなかった。ただ、この父親憎悪に対する強力な反応だけが表に現れることができた。つまり、この敵愾心ゆえの罪意識、神に逆らって罪を犯したのに罪を犯すことをやめない、という良心のやましさである。(558)

フロイトの理論――ひょっとしたらそれは時代遅れで問題を孕んでいると思われるかもしれない――の疑いようのない功績は、罪と記憶と抑圧が宗教史で果たしている役割をはっきりと示し、あらゆる単線的な、進化と伝統に基づいた再構築が持ちこたえられないことを明らかにしたことだ。

第五節　歴史的意味《センスス・ヒストリクス》――フロイト版エウヘメリズム

この節の冒頭にシラーの詩『ギリシアの神々』〔*Die Götter Griechenlands*〕から引いた二つの詩行を掲げたい。これらの詩行は、フロイトが『モーセという男と一神信仰の宗教』を書いたときに、彼の心をも動かしたのかもしれない。(559)

神々が今よりも人間らしかったとき、
人間たちは今よりも神々しかった。

これらの詩行は、無味乾燥で過度に合理主義的な「エウヘメリズム」という考え方の下に埋もれている、死すべき神々という理念に、その輝きのいくらかを返してやる助けになるかもしれない。

スペンサーは、エジプトの密儀とヘブライの儀式法が、三つの方法のうちのどれか一つを用いて説明することができる、ということを前提にした。つまり、エジプトの密儀とヘブライの儀式法は、何らかの道徳的意味（例えば道徳法）か、何らかの神秘的意味（神学的あるいは形而上的な真理の暗示）か、何らかの歴史的意味を有していると考えた。ある祭式の歴史的意味は、過去の重要な支配者や出来事の思い出としても解すことができたし、例えば「規範転倒」の場合のように、歴史的状況に関連しているものとしても解すことができた。イグナーツ・フォン・ボルンは、フリーメイソンリーを背景に持つ論文『エジプト人の密儀』でこの考えを取り上げ、エジプトの密儀のうち残されているのはその歴史的意味だけである、と歎いた。[560] この諦念には、ボルンがもしかしたらいおうとしたことよりも多くの事柄が隠されているように思われる。モーセとエジプトについての論争を概して特徴づけているのは、それが歴史化する傾向を強く有していることだ。[561] この傾向はきわめて顕著な連続をなしており、この連続性ゆえに、フロイトの精神分析的・心理史的な宗教理論さえも、いまだモーセ論争に結び付いている。ここでわたしの念頭にあるのは、「史学的転回」と名づけうるかもしれないものであり、また、フロイトが〈実体的〉真実から〈歴史的〉真実への移行と呼んだものだ。[562]

フロイトの史学的転回は、紀元前四世紀から三世紀のギリシアの哲学者エウヘメロスの名前と通例は結び付けられる考え方を想い起こさせる。しかしこの形の「エウヘメリズム」は、エウヘメロスが実践したような神話解釈の特殊な方法よりも、はるかに全般的である。[563] 神々は死すべき人々——王、文化をもたらした者、立法者、救済者——だったのであり、彼らは、彼らに恩を感じている後世の人々によって、その並外れた事績ゆえに神格化されたという考えは、ジョン・スペンサーからフリードリヒ・シラーにいたるまで、モーセ論争の軌道上で思考し執筆したすべての著者が共有した想定だった。これは古代の啓蒙主義と近代の啓蒙主義に共通する想定である。モーセ論争は、(異教徒の)神々を歴史化するという方法を啓示にまで拡張して、啓示を、エジプトの儀式(スペンサー)や神観念(カドワース)の転用、それどころかエジプトの密儀の漏洩(シラー)に変えた。啓示はいまや、真理をエジプトからイスラエルに移譲したものと解された。しかし最後の一歩を思い切って踏み出し、真理そのものを歴史化したのは、フロイトが最初だった。彼は「唯一の偉大な神」を、あの太古の「比類ない人物」に還元した。「この人物は当時、途方もない存在と思われたにちがいなく、そして神性にまで高められて人々の思い出の中に回帰してきたのだ」。

宗教の創唱者にして民族の創建者としての「偉大なる男」[564]というコンセプトも、この論争にとってもフロイトのモーセ像にとっても、等しく中心的である。それゆえにフロイトはモーセの人身にこだわり、彼を「モーセという男」と呼んでいる。さまざまなモーセ伝承には何らかの真実の核心があるはずであり、これと同じか似たような名前の人物が生きていたにちがいなく、その人物が一つの伝説的な伝承の出発点になったと考えても、それを否定する者はほとんどいないだろう。しかしフロイトが主張しているのは、単にモーセが歴史上実在していたということではなく、それよりもはるかに多くのことだ。聖書のテクストがエジプトからの解放を頑として「あなたをエジプトの国から連れ出した」ヤハウェに帰しているのに対して、フロイトはモーセを、エジプトからの解放者のみならず、さらには「ユダヤ民族の創造者」とも見なしている。フロイトは、モーセがエジプトの生まれであること、そして彼がユダヤ人によって殺害されたことを断固として主張しているが、それと同じ揺るぎない態度でこの点にも固執している。フロイトにとってこれは等しく根本的に重要な「事実」なのだ。

フロイトの意図を理解するには、このテーゼが大胆であり、歴史的に考えてありそうにないということを、はっきりわかっていなければならない。一人の男が一民族全体の創造者になるということがあるだろうか。通常であれば、「一民族の創造」すなわちエスノジェネシスは、〈長期持続〉〔*longue durée*〕の典型的なプロセスと見なされるだろうし、「反復による書き込み」というフロイトの概念が、もしかしたらこのプロセスに適用されるかもしれない。このように見るならば、ユダヤ民族の創造はむしろ、繰り返し襲ってきた破局的な出来事の連鎖の中で生じたのだ。つまり、ソロモン神殿の破壊、バビロン捕囚、マカバイ戦争、第二神殿の破壊、そしてディアスポラのような出来事であり、これらの出来事はイスラエルを、メアリー・ダグラスの術語を用いるならば、[565]「個人主義的文化」からまずは「階層的文化」に、そして最後には「孤立文化」に変えた。聖書のテクストの最終的編纂、モーセの人物像の文学的造形、そしてユダヤ人の民族生成《エスノジェネシス》を特徴づけたのは、まさに、一つの典型的な孤立文化の歴史的経験、社会構造、意味論である。これが一民族の創造――フロイトがこれで意味しているのは何よりも、一つのメンタリティの創造のことだ――が起こるときの形である。歴史の擬人化というフロイトのラディカルな方法は、何世紀にもわたって続いた一つの事象を、「偉大なる男」という形象に圧縮する。

モーセをユダヤ民族の創造者とするフロイトの構築は、あらゆる歴史の蓋然性に逆らう。いかなる民族もかつて「創造」されたことはない。幾人かの「偉大な男たち」が、ほかの人々よりも、現実の社会的構築〔社会構成主義の基本文献のタイトル。バーガー／ルックマン『現実の社会的構成』山口節郎訳、新曜社、二〇〇三年（原書一九六六年）〕により多く関与していた、ということはあるかもしれない。しかし、その人がこの構築に関与したおかげで一つの民族全体が創造されるにいたった、というような人物はいたはずがない。どうしてフロイトは、かくも極端な仮定に助けを求めねばならなかったのだろうか。フロイトはこの問題点を自覚しており、一つの興味深い解決を提案している。彼がユダヤ民族の創造を帰したのは、生きている、もしくは「歴史上の」モーセだけではなく、生きているモーセと死んでいるモーセ、歴史上存在し、抑圧され、そして思い出の中に回帰するモーセをすべて合わせたものだった。抑圧されたものの回帰は、フロイトにとっても、〈長期持続〉のプロセスだった。民族の創造を為し遂げたのはこのプロセスだった。同じことが原父についてもいえる。抑圧されたものの回帰と宗教の発展は「(…)確かに、自然発生的にではなく、人類の文化史を満たしている生活条件のあらゆる変化の影響下に、ゆっくりと起こる」[566]。しかしこれはすべて歴史の土地で起こる。フロイトの理論は、エウヘメリズムの（必ずしも説得力あるものではないにしても）首尾一貫した新しいヴァージョンだ。モーセを偉大化することは、神を歴史化することの論理的な帰結である。モーセは、フロイトが神の座に置いた原父の地位を、引き受けなければならなかった。これが宗教伝承の〈歴史的意味〉〔*sensus historicus*〕である。それゆえにモーセは、原初の群れの父が「当時」そう思われたのと同じように、「途方もない存在」と思われなければならなかった。

このようにモーセを一民族の創造者として構築することこそ、フロイトのテクストとモーセ＝エジプト論争を結び付ける、最も強い紐帯をなしている。ユダヤ教の伝統は、モーセがエクソドスの際に果たした役割を、むしろ軽く扱っている。ペサハのハガダーでは、家庭の典礼という形で、エジプトからの脱出が年ごとに再演出されるが、その中でモーセは言及すらされない。モーセをユダヤ民族の創造者にすることは、特にユダヤ教の企図するところではない。これはむしろ、モーセ論争の基本想定の一つであり、古代の典拠も含めて、この論争に参加したすべての人々に共有されている。「預言者モーセ」ではなく、「民族の創建者にして立法者のモーセ」が、この論争のテーマの焦点をなしている。預言者としてのモーセには、彼が何らかのエジプト的背景を持っていたとしても、それはまったく重要ではないだろう。むしろ彼は、神の忠実な伝声管になるためには、自分がエジプトの教師たちの許で学んだことをすべて忘れなければならないだろう。エジプトでの教育を必要とするのは、立法者にして政治的な創建者としてのモーセである。

フロイトは、一種の心的トポロジーのモデルを用いて、それを個人の次元から集合的な次元に移すことで、少なくともエウヘメリズムの顕著な平板さを避けることができる。神は実体的な真実から歴史的な真実に還元される。

しかし、ここでフロイトの視野にあるのは別種の歴史である。心理史の次元では、神は近づきがたく制御することのできない仕方で（それが抑圧されて生まれたクリュプタから）威力を振るい続けている。宗教はその強迫的な力を「内」や「下」から、人間の魂とその「太古の遺産」の計り知れない深部から及ぼす。

モーセ＝エジプト論争のさまざまな段階とヴァージョンを振り返ると、驚くべきことに気がつく。この万華鏡を回してモーセのテーマを新たに変奏した人々は皆、自分が書こうとしたテクストとは異なるテクストを書いた。彼らは皆、エジプトの宇宙即神論、そしてその近代的な具現であるスピノザ主義、理神論、汎神論、万有内在神論について書いた。そして彼らは皆、この「自然神学」の信奉者にして告知者として読まれ、受容された。スペンサー、カドワース、ウォーバートン、ヤコービのように、明らかにその反対のことを企てた人々でさえもそうだった。まるで、誰かほかの人が彼らの筆を運び、彼らが自分たちのテクストを紙に記している間に、自らのサブテクストを書いたかのようだ。これはフロイトにさえも当てはまる。彼のテクストはきわめて多声的な印象を与える。あたかもエジプト人モーセの物語が独自の生を送り、神学、フリーメイソンリー、哲学、歴史学、文学、精神分析のメディアと概念フレームを通過することで、さまざまなヴァージョンに具現するかのような印象を受ける。この論争は、あらかじめ定まっている、それ独自の力学と意味論を有しているように思われる。この論争は一つの夢を具現している。それは聖書の一神教が、自分自身の除外された反対物について夢見ているものだ。この夢の中では、モーセの区別に基づく対抗宗教による諸々の除外が、無効にされる。この観点からすると、フロイトのモーセの本も、その第三部はこの夢に含まれている。なぜなら彼は、モーセの一神教という（対抗）宗教を、何らかの罪悪感コンプレックスに基づく、一種の強迫神経症と診断しているからだ。彼は、宗教ノイローゼの根底にある罪悪感コンプレックスを分析するという形で、その治療法を提案する。この治療法が、モーセの区別を融和し、止揚するための方途を探る試みでないとしたら、何だというのだろうか。

宗教を論ずるにあたり、フロイトは病の言葉を取り上げている。しかしながら彼は、その病の言葉を医学博士として、隠喩的な意味ではなく、文字どおりの意味で用いている最初の人物だ。彼は、宗教をエジプトから持ち込まれて広まった一種の疫病とするドルバック〔一七二三―一七八九、フランスの百科全書派の哲学者〕やハイネの考えを、精神病理学の術語に翻訳する。宗教上の敵対関係の病理学に彼のなした寄与が「強迫」の概念である。宗教が群衆に及ぼす強迫は、深く根を下ろしたある種の心的力学としてのみ説明することができる。この心的力学は、強迫神経症になぞらえることができるのみならず、まさに強迫神経症と同じものなのだ。

強迫神経症としての宗教――何と奇妙な考えだろう。フロイトは、自分が「狂信」や「熱狂」に対する啓蒙主義の戦いを続行していることを、自覚していたのだろうか。彼は、自分がかなりの程度モーセ＝エジプト論争の宿望から動機を得ていたことを、はっきり認識していたのだろうか。すなわち寛容と理性、「人類の教育」（オリゲネス／レッシング）、あるいは彼自身がそう呼んでいるように、「精神性における進歩」という宿望から。[567]

フロイトが病理学の概念で把握したものを、ラインホルトとシラーは政治の概念で表現した。つまりモーセの一神教に内在している強制という要素である。彼らは、奇跡を介して強制された盲目的信仰、そして、暴力によって強制された盲目的服従について述べた。モーセは、その民族が「粗野」で「心が頑なになっていた」ために（*propter duritiem cordis*）、それらの手段に訴えざるをえなかった。フロイトの一神教の概念は強制〔Zwang＝強迫〕の要素をさらに著しく先鋭化させた。彼がモーセ論争に対してなした最も重要な寄与は、罪というテーマが宗教において――われわれはいまやより正確に表現することができるが、対抗宗教において――演じている中心的な役割を発見したこと、とりわけ、そのテーマがトラウマおよび想起との関係で演じている役割を発見したことだ。罪というコンセプトは、宗教の〈歴史的意味〉を越え出て、その〈道徳的意味〉〔*sensus moralis*〕を取り戻す。「倫理は罪意識と結び付いて、つまり、『神に逆らって罪を犯したのに罪を犯すことをやめない、という良心のやましさ』と結び付いて誕生した、とフロイトは考えた。神への常軌を逸した、むき出しの献身は、(それが原父であれモーセであれ)父親を殺したがゆえの、そして父殺しという行為において頂点に達した彼らの抑えられない敵愾心ゆえの、無意識の途方もない罪意識の根源を覆い隠した。かくして残忍な暴力行為は、精神性および知性の進歩の源泉としてのみならず、正義と美徳のうちに生きるための道徳規則の源泉としても役立ちうる」[568]。しかしその逆も同じく真である。一神信仰の宗教における精神と知性の進歩は、反動形成として常に敵愾心と残忍な暴力行為を、原初の殺害行為を反復しながら、引き起こしうる。

フロイトは反ユダヤ主義の根源を明らかにしようとした。注目すべきことに、彼は、なぜ異教徒、キリスト教徒、あるいはドイツ人はユダヤ人を憎むのか、とは問わず、「なぜユダヤ人は、彼らがそうであるところのものになったのか、そしてなぜユダヤ人は、このような消すことのできない憎悪をわが身に招いたのか」と問うた。フロイトはこの「消すことのできない憎悪」が一神教に、そして一神教に結び付いた優越感に由来すると考えた。「自分が畏怖されている父親の公然のお気に入りである場合、兄弟が自分に嫉妬していることを不思議がる必要はないのであり、そして、このような嫉妬がどのような事態に行き着くかを見事に示しているのが、ヨセフとその兄弟にまつわるユダヤの伝説である」[569]。ユダヤ人に対する、すなわち一神教徒に対する憎悪は、モーセの区別によって除外された者たちの復讐だ。さらにフロイトはこの脈絡できわめて炯眼にも、例の癩者たちの神話に言及し、この神話を投影として解釈している。「連中〔ユダヤ人〕は、まるでわれわれが癩者であるかのように、われわれから離れている」[570]。ユダヤ人ではなく、一神教が、この消すことのできない憎悪を自らに招いているのだ。フロイトはモーセをエジプト人とすることで、この他者を除外する区別、不寛容と否定の源泉を、その区別を際立たせる外的な印、選びの印、すなわち割礼もろともユダヤ教から取り出して、それが出来したエジプトに戻すことができた。

アクエンアテンの革命はフロイトにとって、啓蒙主義における一つの画期、精神性における一つの進歩だった。想像されたエジプトの密儀が、十八世紀のフロイトの先行者たちにとってそうだったように。しかし、密儀の賢者たちとは反対に、この啓蒙は、暴力と不寛容の形をとってなされた。フロイトはアクエンアテンを啓蒙者として提示しているが、同時に、民衆に自らの普遍主義的な一神教を暴力と迫害によって無理やり押しつける、不寛容な独裁者としても提示している。フロイトは、聖書の一神教が振るう対抗宗教の暴力のすべてを、アテン教とその布告者たち、すなわちアクエンアテンとエジプト人モーセに凝集している。まったく正当にもフロイトは、われわれがここで、つまりエジプトで直面しているのは、人類史上初の一神信仰の対抗宗教だという事実を強調している。ここで初めて、除外された者たちの憎悪を自らに招くことになった区別がなされた。それ以来この憎悪は世界にあり、ただその起源に立ち戻ることによってのみ克服することができるのだ。

第7章

モーセの区別の象徴と変容

第一節　聖書のイメージの金地

モーセとエジプトをめぐる論争は十七世紀末に始まり、最初から、そしてそのすべての段階と立場において、完全に啓蒙主義のプロジェクトに含められるべきものだった。この論争は、リベラルで、歴史や文献学や哲学に関心のあったプロテスタンティズムの諸々のサークル内で始まった。そのようなプロテスタンティズムに属していたのがスペンサー、マーシャム、カドワースであり、また、教会の高位の役職に就いていたとはいえ、スティリングフリート〔一六三五―一六九九、イギリスの聖職者〕、バークリー、ウォーバートンのような主教たちだった。ここで問題となっているのはプロテスタンティズム特有の啓蒙主義の形であり、それはキリスト教信仰の土地を去ることなく、あたうかぎり広く、哲学的合理主義の新たな理念に対して門戸を開いた。理神論、自由思想、フリーメイソンリーといったより急進的な立場との境界線は、初めは流動的であり、最後には完全に消えた。ラインホルトは、同時にイエズス会士ならびにフリーメイソンとして出発し、それからプロテスタンティズムに改宗した。その際に彼を支えたのがヘルダーだった。ヘルダーは、自らもフリーメイソンにして光明会《イルミナーティ》の会員だったのみならず、プロテスタントの神学者であり、教区監督という聖職に就いていた。ヘルダーの本『神』〔*Gott*〕は、スピノザへの信仰告白であり、ヤコービが書いたスピノザについての小著に対する応答だった。ヤコービ自身は敬虔主義者〔十七世紀末から十八世紀にかけて広まったドイツの宗教運動。プロテスタント教会の形骸化に対して、信仰の内面性と実践を重視〕で、フリーメイソンでもあり、スピノザ通（意に反したスピノザ主義者とまではいわないが）だった。

この論争の担い手たちは境界を行き来する人々だった。彼らはモーセの区別の土地で思考し、その区別が帯びている他を除外する鋭さを和らげようと、あるいは克服しようと試み、根源にある何らかの単一性を探し求め、モーセを越えてエジプトに戻った。エジプトに対する彼らの関心はイスラエルの側から規定されていた。つまり、エジプトとイスラエルを結び合わせて根本的な想起の形象に変え、一神教が体現する真理の他なるものを、除外されて取り残されたものの典型をエジプトに象徴させる、あの布置によって規定されていた。除外され抑圧されたものを取り戻す試みとして、彼らが営んだエジプト学の形式は、ジークムント・フロイトのいう意味で、文化の想起の作業だった。このことが彼らを、エジプトについて書いたほかの著者たち、とりわけヘルメス主義者、薔薇十字団員、錬金術師、あるいはまた、古物愛好家、蒐集家、旅行家たちから区別する。これらの人々は、モーセについての、そして一神教の歴史的位置についての問いを、まずもって導きの糸にしたわけではなかった。また、エジプトで聖書のサブテクストを解読しようとしたわけでもなかった。モーセとエジプトをめぐる論争は、イスラエルとエジプトという布置の枠内を、さらにはその布置を基礎づけている神話、すなわちエクソドス物語の枠内を動いている。この物語は西洋の歴史において、われわれの世紀にいたるまで、解釈に誘う無尽蔵の力を持った想起の形象であり続けた。このことは次の単純な事実からもわかる。それは、二十世紀の指導的な精神に数え入れられる二人の人物、ジークムント・フロイトとトーマス・マンが、この布置を再構築し、それが人類の歴史にとって有している意義を分析することに、きわめて集中的な努力を注いでいることだ。

聖書のエジプト像が何を意味し、モーセ論争の関心がどこにあったのか、顧みるとはっきり特定することができる。聖書のエジプト像が象徴しているのは「偶像崇拝」という概念、それも、現世の偶像化あるいは宇宙即神論という意味でのそれだ。イスラエルはエジプトから脱出することで「現世」から、つまり、外面的な幸福、世俗的な成功、市井の安寧、物質的な富、政治的な権力を志向する文化から抜け出る。エジプトの偶像崇拝の本質は、根本においては、図像を崇めることにあるのではなく、あまりにも徹底してこの世界に根を下ろすことにある。それは幸福に、そして、現世の充足を具現している自然の明らかな光景にすでに神的なものを認め、それゆえ、世界の外部にある不可視の神の現実性に対しては盲目である。図像を崇めることは、単に、この世界と絡まり合いそこから脱することのできない文化に生きる人々の眩惑を表しているにすぎない。それゆえ、エジプトからのエクソドスと、乳と蜜のしたたる土地を占有することの間には、荒野をさまよった四〇年の歳月が横たわっているのだ。エジプトと対照させたときにイスラエルが意味しているのは、カナンではなくシナイだ。そして逆に、エジプトの神話上の役割を歴史的現実において演じているのがカナンだ。「イスラエル」という概念の意味は荒野で完成する。荒野はエジプトの反世界であり、それゆえ、エジプトが表すものすべてに自らの他なるものを、純然たる「罪」を見るような対抗宗教を創唱するのにふさわしい枠組をなしている。エジプトからの脱出とは、神の近くにいるためにこの世界に根を下ろすことを放棄する、そのような宗教を打ち立てる行為だ。そのような宗教にとって、俗世に後戻りすることは、神に対して否を突きつけることであり、したがって、この世界が患っている罪を意味する。しかしまた、そのような宗教にとっては、信仰の領域に入ることは、この世界に対して否を突きつけることであり、この世界はそれに対して憎悪と迫害をもって応える。フロイトの分析が初めて、これらの情動が及ぼす底知れぬ影響を余すところなく明るみにもたらしたが、これらの情動も、一神教の創始神話であるエクソドス物語を特色づけている。

それゆえこの想起の形象では、エジプトは、単にイスラエルを取り巻く歴史的環境の一部をなしているのではなく、一神教を基礎づける意味論の中に書き込まれているのだ。これは第一の掟では明確に、そして第二の掟では暗に表されている。それゆえ、エクソドス神話でエジプトが演じている役割は、一神教の自己定義にとって根本的な意義を有しているという点で、ペリシテ人、アマレク人、モアブ人、ヒッタイト人、カイン人、カナン人、アッシリア人、バビロニア人や、エジプトそれ自体も含めた鉄器時代のそのほかの諸勢力が聖書の史書や預言書の中で演じている歴史的役割とは、はっきり区別しなければならない。エクソドス物語におけるエジプトの役割は、歴史的なものではなく、神話的なものだ。つまりその役割は、この物語を語る者たちの自己像の一部をなしており、その自己像を規定しているのである。エジプトは、選ばれた民の生まれ来たった母胎だ。しかしそのへその緒は、モーセの区別によって、これをかぎりに切断されてしまった。

　この人類史の歩みを無しにすることが、エジプト人モーセをめぐる論争の秘められた課題《アジェンダ》をなしている。マイモニデスは、この歩みを宗教史的に明らかにしようと努めた最初の人だったかもしれないが、まだ完全にモーセの区別を土台にしており、例の「サービア教」を、聖書の一神教の正反対の像として再構築した。モーセ論争の歴史における彼の画期的な功績は、モーセの区別によって分割された空間を、イスラム教がそうしたように単なる「無知」および前宗教的な空虚としてではなく、独自の性格と優れた文化的形式を有する〈別の宗教〉として再構築したことにある。彼は揺るぎないモーセの区別という確固たる土台に立って、そこから、この区別によって除外された「異教」に関心を向けた。彼はその異教を、かつて世界を支配した宗教と解し、その宗教の担い手がサービア人であることを発見したと考えた。彼には、その異教は律法を理解するための鍵であり、それゆえ、異教の儀式を研究することは聖書釈義の義務であると思われた。その意味ではマイモニデスを比較宗教史の父と見なすことができる。それから五百年経ってもなお、スペンサーは自分のキリスト教徒の読者に、同じような見方を納得させるのに大いに苦労した。マイモニデスは〈サービア教〉が強大で普遍的な宗教であると考えた。その宗教は、モーセの区別が分割した空間を、偶像崇拝的で魔術的な儀式で満たした。律法は、サービアの儀式に反サービアの儀式を正確に重ね書きすることで、偶像崇拝を根絶するのに役立った。そしてサービア人が消滅して、彼らの儀式が完全に忘れ去られた後でもなお、同じ目的に役立ち続けている。というのも偶像崇拝は、それを哲学的に解釈するならば、神を世俗化すること、あるいは、この世界を神として祭ることであり、時代を超越して現存する危険な誘惑なのだから。要するにマイモニデスにとって、その宗教史的研究と再構築は、モーセの区別が正しいことを証明してくれたのだ。

スペンサーはこの糸口を『儀式法について』の初めの二巻ですっかり引き継いでいるが、第三巻ではそれに〈転用〉というコンセプトを対置している。これによってモーセの区別は、その除外の徹底性についていえば、決定的な点で相対化された。モーセの区別という壁に穿たれたこの突破口が、エジプト人モーセをめぐる論争の、そもそもの出発点をなしている。この論争は、西洋の宗教史と精神史における、一つのパラダイム転換に匹敵する。疑いなく自由思想家や異端者ではなかったスペンサー自身は、何らかの精神革命を引き起こすことなど、思いもしなかったにちがいない。事実また彼のエジプト像は深刻な両面感情によって特徴づけられている。エジプトは彼にとって──マイモニデスのサービア人と同様に──偶像崇拝の権化であり続けている。そして、彼が偶像崇拝のテーマを扱うときに見せる深い、それどころかまさに恐怖症的な嫌悪感は、彼が偶像崇拝を歴史的現象というだけではなく、最悪の罪と考えていることを示している。その罪は、恐怖と嫌悪感をあらゆる手だてを尽くして表明して初めて、学問的探求のテーマにすることができるのだ。しかし、フロイトにまで及ぶその本の受容史は、スペンサーを、革命家にして一つの新たなパラダイムの創始者に変えた。そのパラダイムはエジプトに、ある普遍的な真理の起源を求めた。つまり、理性に適った神の認識に基づく自然宗教であり、それをモーセはただ受け継ぎ、新たな政治目標に合わせて改造したのだ。

このパラダイム転換は一つの比喩を用いて説明することができるかもしれない。対抗宗教は一葉のパリンプセストになぞらえることができる。パリンプセストは、すでに文字の記されたパピルスや羊皮紙を再利用したものだ。古いテクストは消去され、新たなテクストが、きれいにされた表面に書かれる。筆記面の浄化が入念になされればなされるほど、古いテクストの目に見える名残はそれだけ少なくなる。しかし、先行する書き込みの何かしらの痕跡は、決して完全には除去することができない。それらの痕跡は、よくても汚れとして、いやいやながらも目に留まる。この新たなパラダイムはいまや、すべての注意をまさにこれらの痕跡に向けて、古いテクストを解読しようと試みる。注視の方向がこのように変わったことは、すでにマイモニデスの場合にいえる。しかし十七世紀には、人々は古いテクストにもはや拒絶され除外されたものの痕跡を見るのではなく、その反対に、それを一種の金地と考えるようになり、その金地を復元することに努めた。エジプトを一神教のメッセージの背景をなす金地として復元することに役立ったのが、先ほど万華鏡になぞらえた、あの古典や教父文献からの引用のコレクションである。新たに回転させるたびに、無数の細片が秩序をなして新たなエジプト像を結び、その像がますます輝きを増してゆく。この金地の復元は、最後にはモーセの区別を取り払うにいたった。

もちろん、すべての比喩がそうであるように、この比喩もぎくしゃくしている。聖書のテクストをパリンプセストになぞらえ、そのテクストが、異教として除外された多神教のテクストの上に書かれているというとき、次のことをはっきりさせねばならない。つまり、聖書はこのサブテクストを消去したわけではなく、むしろ、自らの体現する真理の反対像としてありありと保持したということだ。しかし、エジプトをこのように変形して、イスラエルの反対像として転用することは、それを消去することに等しい。聖書の描くエジプト像は、それを判読不可能にする一つの形式であり、そのようなものとして、パピルスを再利用してパリンプセストの下処理をすることになぞらえられる。

隠さずにいうと、本書もまた、この論争を記憶史の再構築のテーマにしているだけではなく、これに参加している。この論争は、数多くの——神学、歴史学、哲学、精神分析の——メディアや言説を通過してきたが、ここでようやく、エジプト学というメディアを通り抜ける。さらにこの論争は、記憶史という反省のメディアの中にあることで、自らの歴史をこれまで以上にはっきりと自覚するようになったといってよいかもしれない。エジプト学者もこの金地の復元に努めている。モーセの区別が投げかける、他を除外し異化する照明を受けて古代エジプトが姿を現すとき、その歪曲された姿を正しい状態に戻すことが、彼にとっても問題なのだ。エジプト学者がこの論争に寄与できるとすれば、それは、モーセの区別の歴史をたどってそのエジプトの起源にまで遡る——これはすでにフロイトが行なっている——のみならず、この起源をオリジナルの資料に基づいて究明することができるかもしれないからだ。

それゆえ、モーセの区別によって分割された一神教という空間が、エジプトから今日のわれわれにいたるまで通過してきた、この歴史の個々の段階をこれから約言するにあたり、ここまで本書の本来のテーマをなし、したがって再び詳細を披瀝する必要のない後の諸段階よりも、この歴史がそこから発したエジプトの起源に、はるかに多くのスペースを割くつもりだ。

第二節　エジプト——可視の神と隠れた神

アクエンアテンの区別——光の真理と神話の嘘

資料で遡ることができるかぎり、アクエンアテンが人類の歴史において、真理の旗印の下に一つの宗教を創唱し、それに先行するものすべてを虚偽として退けた最初の人物だったことは疑いえない。同じく、この真理はある唯一の神だけを崇拝することにあったのも疑いようがない。この神は、ただ単にほかの神々の上位に据えられたのではなく、ほかの神々に取って代わった。アクエンアテンの一神教革命は、その神性破壊の徹底さという点では、聖書の一神教の初期の諸形態をはるかに上回っており、決して凌駕されることはなかった。アクエンアテンの宗教には、いかなる天の軍勢も、天使やデーモンも、その他の中間的存在もいない。神と世界を仲介するあらゆる力は、王の姿に集束し、独占されている。ヘレニズム時代のモーセ文献が、モーセは神々を崇拝することを禁じたと主張するとき、この禁令は疑いなくアクエンアテンに当てはまる。

アクエンアテンによる神性破壊は、そもそも「神々」という語をタブーとするまでにいたった。神々は「邪神」であると明白に宣言されるのではなく、無視されるのだ。それゆえ文書には神性破壊の衝撃は表されていない。というのも、「神々は存在しない」という一文を書くだけでも、神々に言及する必要があっただろう。アクエンアテンの神性破壊はむしろ、実際的な措置という形で現れた。これらの措置についてはすでに述べた。神殿は封鎖され、礼拝、とりわけ祭りは廃止され、像は破壊され、碑文中の名前は抹消された。しかしながら実際的措置は、真と偽の区別を永続的に設けておくには十分ではない。この区別は言語の空間でなされる。それゆえ文字《シュリフト》というメディアで固定されねばならない。対抗宗教という類型と、カノン〔神聖不可侵で唯一絶対とされる規範的テクスト群。例えばユダヤ・キリスト・イスラム教の聖典〕形成という現象の間には、ある必然的な結び付きがあるように思われる。すべての対抗宗教は、カノンとされるテクストの広大な集成に基づいている。対抗宗教は「テクストに基づく結束性」〔カノンの構築・解釈・伝承の制度や実践を通じて、テクストの次元で確立された、一つの共通の意味の地平。この地平が、ある集団を基礎づける価値の持続性を、時空を超えて可能にする〕の空間で生まれる。[571] 文化的記憶のこの特別な形は、一つのテクスト・カノンの、見事に構造化された建築物に支えられている。この建築物は、解釈のための精巧な技術や制度を用いて住まわれ、さらに発展させられる。対抗宗教は文字の記憶の中に存在しており、対抗宗教はこの記憶を構築し、育んでいかなければならない。[572] それゆえモーセの区別には常に、〈自然〉〔*natura*〕と〈書物〉〔*scriptura*〕の区別、自然という本と聖書《シュリフト》という本、自然宗教と「実定」宗教の区別も含まれている。文字の他なるものは口承ではなく自然だ。そしてそれは、この研究が進む中で明らかになったように、自然の事物の、そして、図像を用いたそれらの表象の圏域のことをいう。

アマルナ宗教には、文字の空間で自らを対抗宗教として表現し、定義するための時間がなかった。われわれが頼らざるをえない一握りのテクストは、新たな真理を告げ知らせることを使命としているが、虚偽として除外された伝統的宗教をはっきりと引き合いに出しているものは一つもない。それらのテクストは、旧いものを暗黙のうちに新しいもので置き換えることで、その旧いものを退けている。これが拒絶という神性破壊の行為だということは、語られていない事柄を同時に聞き取る術を心得ている者にしかわからない。

新しい神への賛歌群は、太陽の運行についての従来の観念を、根本的に新しいイメージで置き換えている。伝統的な宗教はこのプロセスを、豊かな神話的イメージの織りなす世界の中で展開した。そこでは事実上すべての神々が、世界の絶えざる更新というドラマで協働していた。それに対して今では、唯一の神が遠く天の高みにあって、神々のいない大地に対峙し、まったく独りで、日ごとの再生という奇跡を遂行している。神話のイコノグラフィーは、神々の行為、政治秩序、人間の運命を、きわめて密接に相関させた。その際、これら三つの次元は互いに照らし合い、互いをモデルとした。新たな世界像は、世界に人間の姿を投影すること、そして人間の諸々の秩序に宇宙を投影することを、神話的イメージもろとも排除する。この新たな世界像は厳格に太陽に擬されており、また人間中心的である。

神話的なイメージの世界が聖像破壊のごとく拒絶されたとき、特にその標的となったのが、宇宙的な敵対者と死者の国だ。伝統的な太陽の歌は、宇宙的敵対者に日ごとに打ち勝つことを歌った。それらの歌は、太陽の運行に、支配と正義と秩序の貫徹という政治的な意味を付与した。そしてそれらの歌は、太陽の夜の進行を、一種の〈黄泉への下降〉〔*descensus ad inferos*〕として描いた。その下降は死者たちに光をもたらし、太陽の運行に、死を超克する一種の救済行為の意味を与えた。この救済行為に死後の生への期待は基づいていた。これについて、アクエンアテンの賛歌群ではもはや何も語られない。太陽の運行は、感覚に働きかけるもの、というほかに何の意味も持っていない。光と熱によって世界に生命を与え、時間によって発展させるという意味である。つまり、賛歌群はアテン神を、光の源泉としてばかりでなく、その運動から生じる時間の源泉としても称えているのだ。賛歌群が告げ知らせる新たな真理の要諦とは、アテンは光と時間によってまさに一切を創造するのであり、創造されたものは皆、被造物としてアテンに依存しているがゆえに、この神を頼みにしている、ということだ。この考え方は、太陽の運行についてのみならず、宇宙開闢についての従来のイメージ世界を塗り替えた。エジプトの伝統的な神学の中心的テーマである天地創造は、アマルナ賛歌群では、何の役割も演じていない。最初の発生という始まりの時はなく、あるのはただ、光と時間を恵む太陽の、永遠の現在だけである。[573]

アマルナ賛歌群の神学の特徴は、いわば、目に見える現実を神格化することにある。地下と天上の彼岸の「ここにあらざる」は、神話的時間の「今にあらざる」と同じく、拒絶される。「ここにあらざる」と「今にあらざる」という二つの次元によって、神話の想像力は、目に見えるものの空間を補完し、その空間を意味で満たす。それがアマルナ・テクストでは徹底的に排除される。神話的想像力に代わるのが現実の一つの解釈である。その解釈は、太陽が働きかける経験可能な仕方である光と時間に、厳格に準拠する。そして、まさに一切の起源をこの二つの原理に帰すことを試み、このモデルで割り切れないものはすべて無視（そしてそうすることで虚偽として拒絶）しようとする。

聖像破壊的に宗教からイメージを取り除くことは、しかしまた、より狭義のイメージにも該当する。アマルナ宗教にはもはや礼拝の対象となる図像はない。[574] 太陽それ自体が礼拝像であり、それは光という形で神殿内にある。それゆえ神殿は無蓋でなければならない。神殿は一本の道、〈隠された道〉〔*via conclusa*〕からなっている。王はその道を歩き、塔門と細長い中庭を通り抜けて、本祭壇に向かってゆく。この新しい宗教の神名は、「アテン」ではなく、「生けるアテン」だ。「アテン」という語は「円盤」を意味し、この語が表しているのは天体としての太陽であって、神としての太陽ではない。月の「円盤」という言い方もある。「生ける」という付加語は、日輪が生命あるものとして思い描かれていることを意味している。「生命ある日輪」を模写することはできない。生きているという概念と無図像主義の現象は、イスラエルでも表裏一体の関係にある。生ける神は死せる物質で表象されるのを許さない。「生ける太陽」と比べると、伝統的な宗教の聖像や礼拝物は、死んだ、あるいはより適切に表現するならば、「生命のない」物質に見える。「彼らは止めた」と、残念ながら損傷の激しいあるテクストに読むことができる。「宝石でできていようとも金でできていようとも、次から次に[575]（…）」。それに対して、「自分自身を［生み］」、その「起源を誰も知らない」生ける太陽は、いかなる像によっても再現することができない。伝統的な神々は高価な材料で作られていた。そして彫刻家たちは、それらの神々をどのように提示しなければならないかを知っていた。アクエンアテンの神は自分自身を生み出した者であり、それゆえ、人間のイコノグラフィーでは捉えることができない。

自分自身を築き上げるかの一者、
彫刻家たちはその姿を知らない。[576]

生命という観念はこの場合、イスラエルでもそうであるように、仲介する象徴を使用することを拒むらしい。そのような象徴は死せる物質と宣告される。

図像は、神性を表象し、宿らせ、仲介する役目とは何のかかわりもない場合にしか、容認されない。それゆえ、生けるアテンを描いたものはあるにはあるのだが、平板な図しかなく、しかも、たいていは王の行動が主題となっている場面との関連でしか描かれていない。ちょうど王の祭りや行幸が儀式演出の空間を満たしているように、王の行動が図像空間を満たししている。

王はこの神の唯一の代理人である。彼だけが仲介領域を体現している。彼の姿においてのみ、神は人間にとって、神として近づきうる。普段、人々は神を光と時間においてのみ、つまりは宇宙的エネルギーとしてのみ経験する。

フロイトは確かに、アクエンアテンの革命をある比較的長期にわたる発展の頂点と解釈したとき、正鵠を得ていた。また、この発展が新王国の新たな政治的状況、つまり「エジプトが世界帝国へと興隆」し、それに伴いその政治的・精神的境界線が拡張したことに関連していると考えた点でも、彼の正しいことが認められるだろう。この発展は「多神教の危機」をもたらしたが、この危機はアクエンアテンの時代よりも前に始まっており、彼の革命が頓挫しても決して過ぎ去りはしなかった。伝統的な死者信仰を廃止することが新しい宗教では重要な役割を演じていると考えた点でも、フロイトの正しさを認めなければならない。しかし、このことがいえるのはオシリス神、そしてこの神に結び付いた彼岸の観念、つまり人間が死者の裁きの場で弁明を行なってから入っていくような彼岸の観念だけであり、死後の生という観念には当てはまらない。新しい宗教では、人々は「バー」となって、地上の楽園と見なされたアマルナで生き続ける。最後に、魔術と手の込んだ礼拝の儀式を退けることをアマルナ宗教の核心に数え入れたとき、フロイトは確かに正しかった。魔術は、伝統的な神々がいなければ実践することはできない。同様に、複雑な神殿の儀式は、神々の像がなければ執り行なうことはできない。アクエンアテンがそれに代えた祭儀は簡素にして直接的である。彼自身がその神の唯一の大祭司であり、残りの神官団はこの務めを補佐する。神殿は無蓋の中庭であり、神は光それ自体に現臨している。

この宗教の合理主義的な性格は見紛いようがない。アクエンアテンは、モーセ、イエス、ムハンマドのような宗教創唱者の列に連なるばかりでなく、同様に、タレス、アナクシマンドロス、プトレマイオス、ニュートン、アインシュタインのような、世界を物理学的に説明した人々の列にも連なるということを、わたしは幾度も強調してきた。光と時間を、一切を説明する二つの太陽エネルギーとする彼の説は、宗教的な啓示というよりも、はるかに物理学的な発見である。たとえ彼がその説を宗教的啓示として制度化したとしても。いずれにせよ次のことは確かだ。

すなわち、アマルナ・テクストは目に見える自然の明らかさに基づいている、ということである。新たな神の理念を厳格に太陽に擬することからして啓示という概念を排除する。なぜならこの新たな神は語らないからだ。この神の言葉は何一つとして、現存する当時の碑文には記されていない。これは、王の行為に無数の祝福の願いと幸運の約束で応じる、エジプトの伝統的な神々とは著しく異なる。

同じ理由で、この新たな神にはいかなる倫理的次元も欠けている。この神は正義の神ではない。これも太陽神の伝統的なイメージとは明らかに異なっている。この場合も、関連する慣用語法がアマルナ・テクストにないのが著しく目につく。太陽は正しい者たちの頭上にも、正しくない者たちの頭上にも輝く。これがアマルナ宗教についてフロイトが誤解していた最も重大な点だった。しかし彼の証人であるブレステッドにも、この点は明らかではなかった。太陽はすべての者に輝く。そしてすべての者は太陽に依存している。テクストは動物と人間の区別すらしていない。「ものみながあなたに目を注いで待ち望むと／あなたはときに応じて食べ物をくださいます。／／すべて命あるものに向かって御手を開き／望みを満足させてくださいます」〔新共同訳聖書〕。詩編第一四五編から引用したこれらの節（一五―一六節）は、今日なお多くのキリスト教徒の家庭で食卓の祈りとして唱えられているが、これはアマルナの太陽普遍主義の遠いこだまである。これらの節は、ほとんど一字一句違わず、詩編第一〇四編（二七―二八節）にもある。この第一〇四編の二〇節から三〇節は、アマルナの『大賛歌』に、後の時代のどのエジプトのテクストよりも近い。あまりにも近いので、対応する箇所はエジプトのテクストを翻訳したものだと考えている人々もいるほどだ（その中にはわたし自身も含まれる）。この対応関係は彼の論証をかくも決定的に支えてくれたであろうに、どうしてフロイトがこれを見逃しえたのか、わたしには謎だ。例えば夜を、アマルナ・テクストと同じように描写しているエジプトのテクストは一つもない。通常であれば、太陽の運行のこの段階に対しては、〈黄泉への下降〉というすでに言及した神話的イコンが用いられる。アマルナでこれに代わるのが、神の光が不在の間ほしいままに振る舞う猛獣たちの、夜の生活の描写である。

汝、西の地平に沈みゆけば、
地は暗黒に包まれ
死せるがごとき。
眠れる人はその室《むろ》にいて頭《こうべ》を覆い、
何人も他人を見ることなし。
枕にせし持物を取り去りても知らざらん。
獅子はみな巣穴より出でて
蛇はみなその牙もて悪事をなす。
暗黒は墓のごとし、
地は沈黙し、
その創造主は地平に憩う。

エジプトの伝統では、夜をこのように神の不在として解釈するのは、きわめて異質である。この描写に最も近いテクストが詩編第一〇四編の二〇節から二三節だ。そこには次のようにある。

あなたが闇を置かれると夜になり
森の獣は皆、忍び出てくる。

若獅子は餌食を求めてほえ
神に食べ物を求める。
太陽が輝き昇ると彼らは帰って行き
それぞれのねぐらにうずくまる。
人は仕事に出かけ、
夕べになるまで働く。〔新共同訳聖書〕

アマルナ賛歌でも、夜の描写に続くのが人間の目覚めであり、彼らは仕事に向かう。

人々は目を覚まし両の足で立つ、
汝、彼らの身を起こせり。
彼らは身を洗い、衣服を纏い、
両の腕《かいな》を動かして汝の出現を褒め称える。
国中が仕事に取りかかる。

そして詩編の先ほどの箇所に続く次の感嘆の叫び

主よ、御業はいかにおびただしいことか。
あなたはすべてを知恵によって成し遂げられた。〔新共同訳聖書〕

これもアマルナ賛歌に正確な対応箇所がある。

汝の業はいかにおびただしいことか、
目に触れぬ隠されたところにありながら

そして

汝の企てのいかに思慮深いことか、おお、時の支配者よ。

フロイトだったら、詩編第一〇四編の二〇節から三〇節の下敷きになっているのは、モーセがアマルナからイスラエルに携えていったアクエンアテンの『大賛歌』だということを看取できただろう。この部分のどの節も、アクエンアテンの賛歌に、多かれ少なかれ密接に対応している。確かに、今日の旧約聖書学者の多くは、これがエジプト語からの翻訳だという考えを否定している。[577] しかし彼らは他方で、アマルナ賛歌にこれほど近い関係にある伝統的なエジプト語のテクストは一つもないことをわかっていない。この所見は、わたしの考えるところ、ただ一つの結論しか容認しない。すなわち、エジプトで、伝統的な世界像にあまりにも大きく矛盾していたがゆえに伝承の中に入ることのできなかったモティーフは、どのような道をたどってであれ、聖書に安住の地を見つけて、今日にいたるまで鮮明に保たれてきたのだ。これらのモティーフを聖書の中に持ち込むのに、一人のエジプト人もカナンに移住する必要はない。ましてやユダヤ民族の創造者になる必要はない。カナンはアマルナ時代にはエジプトの管理下にあった。それゆえ、公式の教義はすべての駐屯地や、同盟を結んでいた諸侯の宮廷で知られることになったのだろう。このように美しい歌だったら、その土地の詩に取り込まれ、そこから最終的に、数世紀を経て、聖書に入っていったとしても何の不思議があろうか。

しかし、アマルナ賛歌群が描いているような神と世界の関係は、万物を愛し、万物を維持する創造者としての太陽のあり方をいま一歩越えている。テクストはこの関係を表すのに、「生成する」を意味し、名詞としては「変身」を意味する語を用いている。目に見える世界の総体は、神の変身あるいは実現と呼ばれる。

汝、一者にして、幾百万もの相に姿を変える。
町、村、畑、
道、川。

神と世界の関係はそれゆえ、神々の世界と人間の世界が互いをモデルとするような伝統的な形式ではなく、また、創造者と被造物を厳格に分かつような聖書の形式でもない。そうではなく、はるかに解きがたい相互浸透であり、ほとんど汎神論的な響きがする。この「幾百万」と「単一性」の対置には、例の全一性のモティーフ、「全である一者」のモティーフもすでに兆しているようだ。

太陽とその被造物のきわめて緊密な絆は、目によって生み出される。それゆえこれらの被造物は、テクストではたいてい「すべての目」や「すべての面貌」ともいう。この神学によれば光は目を創造する。「汝の光は、汝の創りたまいしものすべてのために、目を創造する」とある。[578] ゲーテは、多くの賛歌に手近に見られるこのモティーフを、その色彩論でこれ以上ありえないほど的確に再現している。そこで彼は次のように書いている。

目が存在するのは光のおかげである。未決定の動物的な補助器官から、光は自らと同じようなものになるべき一つの器官を生じさせる。こうして目は光によって光のために形成されるのだが、それは、内なる光が外なる光に向かって現れ出るようにするためである。[579]

この文脈でゲーテはエジプト人プロティノス（「もし目が太陽のようでなかったら……」）[580]を引用し、ある古代の、ひょっとしたら最終的には古代エジプトにまで遡るかもしれない伝統を自ら指し示している。しかし、ここでも重要な限定を加える必要がある。見るという行為において神と人間は結び付くが、この見るという行為は、認識することとは何の関係もない。これは、アレクサンドレイアのクレメンスが述べている「エポプテイア」ではない。この「エポプテイア」は *perinoein* すなわち「完全な、理解する認識」と結び付いている。テクストが明らかにしているのはむしろ、目を有しているものはすべて太陽を見るけれども、ただ王だけが太陽の中に神を認識する、ということだ。

汝、わが心のうちにあり、
ほかの誰も汝を知らざる。

伝統的な宗教では、神を見ることは世俗の人間には許されていない。これは司式する神官の特権であるばかりでなく、その義務でもあった。神官は朝、神像の収められた聖櫃を開け、「神を見ること」を礼拝の儀式として遂行する。この儀式上の拝覧と、すべての被造物が等しく太陽を眺めることとは、何の関係もない。それに対してエジプトでは、すでにアクエンアテンの時代以前に、人間は神を「心の中に据える」ことができるという考えが発達した。この考えはますます重要性を増してゆき、広範な思潮の性格を帯びるようになった。この思潮はエジプト学では「個人的敬虔」と呼ばれている。[581] このモデルをアクエンアテンは自らの神認識に利用し、そうして同時に、他のすべての者には閉ざす。したがって、ここで問題となっているのは一種の規範転倒である。以前は、神を見るのは神官だけに許されるが、神を心の中に据えるのは皆の自由である、ということで通っていたとすれば、アクエンアテンは次のようにいう。すべての者は太陽を見ながら生きているが、ただ自分だけが神を心の中に抱いている。王の理解する心だけが、光と時間という太陽から発する力に、ある神性の働きを認識することができる、と。

時間については『大賛歌』でまさに次のようにいわれている。「汝は生涯なり、人は汝の中で／汝によりて生くる」[582]。神は昇り、沈むことで時間を生み出す。この運動は、いわば生命を与え、奪うことと解釈される。被造物は、昼間は生き、夜間は「死ぬ」つまり眠る。この考えも詩編第一〇四編に受け継がれている。そこには次のようにある。

あなたが御顔を隠されれば彼らは恐れ
あなたの[583]息吹を取り上げられれば彼らは息絶え
元の塵に返る。
あなたは御自分の息を送って彼らを創造し
地の面を新たにされる。[584]〔新共同訳聖書、訳文を一部変更〕

エジプト語のテクストには次のようにある。

汝の創りたまいしように、世界は汝の合図により生ずる。
汝が昇れば、彼らは生き、
汝が沈めば、彼らは死ぬ。
汝は生涯そのものなり、人は汝によりて生くる。

太陽が昇ったり沈んだりすることで産出する時間は、光の場合と同じく、神と被造物の間に解きがたい絆を生み出す。しかしこの絆は「絶対的な依存」の絆であり、意識的な帰依と敬虔な崇拝に基づくものではない。

以上の概略からアマルナ宗教の根本的な新しさがはっきりしたかもしれない。少なくとも「アクエンアテンの区別」を再構成することができるほどには。ここで初めて峻烈に企てられた、そして、新たな真理の御旗の下に数千年の歴史を有する一つの宗教をまるごと排除する真と偽の区別は、目に見える現実の真理と、神話的なイメージと物語の織りなす虚偽とを分かつ。神性破壊と聖像破壊の衝撃は、ここではとりわけ、合理主義的かつ物理主義的な脱神話化の性格を帯びる。この一神教は反多神教的であるばかりでない。それは何よりも合理主義的である。この一神教はひとつの啓蒙行為、マックス・ヴェーバーのいう意味で「世界を脱魔術化する」行為なのだ[585]。アクエンアテンによる真と偽の区別は、伝統的な世界像が神話のイメージの中に設けていたすべての区別を撤廃する。つまり、可視のものと不可視のものの区別、ことここにあらずの区別、今と今にあらずの区別、しかし何よりも、神々の力と神々に対抗する力の区別、人間世界では正義と不正として現れる、創造のエネルギーと混沌のエネルギーの区別である。これらの区別が撤廃されることで、宇宙は脱対極化され、人間世界は脱政治化される。

アクエンアテンが創立した宗教と、伝統的なエジプトの宗教の間の敵対関係は、十八世紀の人々がエジプト人の「密儀」と民衆宗教の対立について思い描いたイメージに、だいたい対応している。密儀の「秘密神学」について、そのイニシエーションの決定的な要素と考えられたのは、多神教の虚構を神性破壊的に打ち砕くこと、神話的あるいは「ヒエログリフ的」な形象世界を、政治的・詩的神学による単なる演出として暴くことだった。それらの演出は、自然神学の開示を前にして、瓦解し無に帰するのだ。この神性破壊の衝撃はしかし（そう人々は想像したのだが）、至高のイニシエーションの最後の段階でのみ解き放たれた。そのほかの場合には、この衝撃は、秘密のあらゆるヴェールで覆われていた。すでに見たように、アマルナ宗教は伝統的な多神教を、これに相当するような神性破壊の衝撃力をもって拒絶した。もっともそれは、イニシエーションという形ではなく、文化の転覆という形でなされた。

隠れた神の秘密――アクエンアテンの区別に対する反動

アクエンアテンの区別に対するエジプトの反動は、奇妙なことに、モーセの区別に対する古代と西洋の反動とまったく同じような方向を取った。エジプトの反動はある神概念に行き着いたが、その神概念は、無名性と秘匿性を特色としている。古代末期のエジプト像と――そのエジプト像に基づいた――エジプトの密儀についての近代の想像を特徴づけているのは、万物を包括する単一性と秘密との結び付きだが、この特徴的な結び付きが、ここで初めて現れる。ヘルメス主義の伝統の、少なくとも一つの根がここにあるとわたしは考えている。万物を包括する単一性と秘密という二つのカテゴリーは、神的なるものの多数性も秘匿性も否定して可視性を奉ずる排他的な一神教に対する明らかな反動である。アマルナ時代の後のエジプトであれば、この反動は容易に説明できる。秘密を強調することは、この場合、アクエンアテンが告げ知らせたような可視性の神格化にはっきりと対立している。しかしここでいう秘密とは、古代の人々や、とりわけ十八世紀の人々が思い描いたのとはまったく別種の秘密である。つまり問題となっているのは、何らかの秘教的な知識を秘密にしておくことではなく、自分自身を世界に対して秘密にした、ある隠れた神という理念である。しかし、秘密を強調することよりももっと決定的なのは、この明確に汎神論的な特徴の方かもしれない。この特徴が、モーセもしくはアクエンアテンの区別に対するこの最初の反動を、後世の諸々の反動に結び付けている。

わたしのテーゼとは、ヘルメス文書の全一性の教義、例の〈ヘン・カイ・パン〉が、アクエンアテンの区別に対する一つの応答と解することのできる、ラメセス朝の神学にまで遡る、というものだ。こう主張することで、わたしは実のところ、ラルフ・カドワースのテーゼを再び取り上げているにすぎない。彼は、『ヘルメス選集』には紀元後三世紀にまで及ぶある古いエジプトの教義が含まれている、という想定を出発点にしたのだから。わたしがカドワースと見解を異にするのは、ただ次の点においてである。つまりわたしは、その教義は根源的なものではなく、（その本質的な特徴は）紀元前十三世紀の産物であり、また、その教義は一者についての秘密の教えではなく、一者の秘密についての教えだったと考えている。

〈ヘン・カイ・パン〉は神と世界の関係について述べたものだ。それは結局のところ、スピノザが〈神すなわち自然〉といったのと同じ意味で両者を同一視することに等しい。神と世界の関係についての言明はエジプトの賛歌では頻繁に見られる。ここでは「一者」としての神について述べている言明に集中して、それらの言明がこの神と世界の間に打ち立てている関係を分析することにしよう。紀元後十七世紀には二つのパラダイムが対峙し、それぞれの枠内でこの関係が考察された。一方のパラダイムは、この関係を創造と起源の観点で解釈するものであり、これはユダヤ教とキリスト教の正統信仰に受け容れられた。しかしながら、この関係を顕現、変形、あるいは流出といった概念で考える他方のパラダイムは、異端的であるとして拒絶され、汎神論や唯物論や無神論のような概念で烙印を押された。この二元性は、わたしの考えでは、すでに紀元前十三世紀と十二世紀のエジプトの賛歌群に見られる。この研究を進めるうちに初めてわかったのは、ラメセス朝の賛歌群の特色を説明するためにわたしが自分で造ったと思い込んでいたいくつかの概念が、すでに十七世紀と十八世紀に用いられていたことだ。例えば「宇宙即神論」〔Kosmotheismus〕や「神が世界に成ること」〔Weltwerdung Gottes〕のような概念だ[586]。しかしエジプトでは、この二元性は、敵対的あるいは論争的なものではなかった。なぜならいかなる正統信仰もなかったからだ。創造と顕現の二つのパラダイムはむしろ、対決や衝突の兆候を何ら見せることなく、相互に浸透していた。両方のパラダイムは一者の秘匿性を中心にめぐっている。次の賛歌は、短い抜粋だけを載せるが、一者の秘匿性を起源と創造のパラダイムで歌っている。

原初に生成を始めた一者、
アメン、最初に誕生し、その起源のわからない者、
いかなる神にも先んじる者、
かの者がどのように見えるかをいえる神は、そのときいなかった、
（…）
自らの卵を形づくりし者、
生まれの秘められた力、自らの美を創造せし者、
最も神々しい神、おのずから生まれし者、
自ら存在することを始めた後で、どの神もそこから生まれた者[587]（…）

「その誕生が秘められており」[588]、「その起源の場所が知られていない」[589]神、その誕生を目撃した者がなく、（そしてこの点が決定的なのだが）己の本性の秘密を、自分の後に、そして自分の中から生まれた者すべてに対して隠している――「自分自身を形づくり、神々や人間に対してその姿を隠していた」[590]――神という理念は、ラメセス朝の神学の中心テーマの一つになった。テーベのアメン神の神学、すなわち、アクエンアテンのあらんかぎりの憎しみが向けられていたアマルナ宗教の対蹠者の神学は、顕現のパラダイムを発展させてそれを優先させ、根源神の秘匿性と唯一性という理念を、このパラダイムに添って部分的に変えた。先在と実在の時間的な関係は、存在論的な関係に変形された。[591]顕現のパラダイムでは、一者が隠れているところは、存在論的な意味での彼岸であって、時間的な意味での彼岸ではない。これについてもあるアメン賛歌の一部を引用したい。

一なる者はアメンなり、かの者は彼ら［神々］には身を隠している、
神々には身を隠しているかの者は、その本性を誰も知らない。
かの者は天よりも遠く、
冥界よりも深い。
いかなる神もかの者の真の姿を知らず、
その像が巻物に繰り広げられることはない。
かの者はあまりにも神秘に満ちているがゆえに顕にすることができず、
あまりにも偉大すぎるがゆえに究明することができず、
あまりにも強大であるがゆえに知ることができない。
いかなる神もかの者をその名で呼ぶことはできない。

かの者はバーのごとし、おのが秘密のようにその名を隠しているかの者は。[592]

「一なる者アメン」は天と冥界、つまり世界の最も神聖にして最も秘められた領域を越え出る。アメンについてはいかなる言明も不可能である。書物は彼を示さない。いかなる教説も彼を明らかにすることはできない。彼の名は言い表しえない。最後の詩行は二つの中心的なモティーフを結び合わせ、それらが内的に緊密な関係にあることを示している。つまり「バーのごとき者」と「その名を隠している者」である。「バー」とは「魂」を表すエジプト語で、顕現のパラダイムの中心概念だ。目に見えない魂が、魂を吹き込まれた身体となって顕現するように、「バーのごとき」神は、魂を吹き込まれた世界において顕現する。神は「バー」と呼ばれる。なぜなら神には名前がないからだ。アメンとは、顕現して可視的圏域にある神を指す、仮の名にすぎない。隠れた者が意味されている場合には、賛歌群はそれを「バー」あるいは「秘められたバー」と呼んでいる。

顕現のパラダイムでは、世界に対する一者の関係は脱時間化される。神は、世界として顕現していながら、それでも神のままである。一者は、全世界に先立つ根源神として現れ、その単一性が宇宙開闢の行為の中で多数性に解消していくのではない。そうではなく、一者は多者の中にあり続けている。「バー」と呼ばれ、神々の姿を纏って顕現する、隠れた力として。ラメセス三世のある賛歌は次のように始まる。

われ、かの者の偉大さを称えん、神々の支配者、
秘められたいくつもの顔を持ち、権勢大いなるバー、
おのが名を秘め、おのが像を隠す者、
原初よりその姿の知られていない者(…)[593]

この賛歌はこれに続く詩行で、かの隠れた者は光、空気、水のような生命を恵むエレメントの形で世界に顕現する、という広く流布していた考えを展開している。このテクストはアメンを「宇宙的な神」として称える。その神の身体がこの世界であり、魂が肉体に生気を吹き込むように、その神は光、空気、水となってこの世界に生命を与える。

顕現のパラダイムとラメセス朝のバー神学は、アメンの十のバーについての教えで、その頂点に達する。(594) 十のバーとは、世界に生気を吹き込み、それを維持する仲介的な諸力の束である。五つのバーは、神がそれらによって世界に生命をみなぎらせる、宇宙のエレメントあるいはエネルギーを表している。つまり時間（太陽と月）、空気、水、火だ。その次の五つのバーは、生物の五つのクラスを表している。すなわち人間、四足動物、鳥類、水生動物、地中の生き物だ。この場合、地中の生き物には死者も含まれる。つまり、この概念はここでは、秘められた単一性を表すためではなく、反対に、細分化された神の内在を表すために用いられている。末期の魔術文書ではアメンの七つのバーが出てくる。それらは一つにまとめられて、七つの異なった動物の頭を持ち、小人神ベスのサテュロスのような仮面をつけた、怪物じみた存在になっている。その存在については次のようにいわれる。

神々にその名を隠している者、
身の丈が幾百万エレの巨人、
天をその頭に支えている強き者（…）、
その鼻から息が流れ出て、あらゆる鼻に生命を吹き込む者、
太陽として昇り、大地を照らす者、

その体の穴からナイルが流れ出で、どの口にも食餌を与える者[595]（…）

この形象は魔術の石柱や護符に描かれ、末期には非常に広まった。[596]この形象は「ベス・パンテオス」と呼ばれる。すべての神々が、この異様な顔をしたベス神で一つにまとめられている。ベスはここでは、名がなく、像がなく、描写することができない全神の仮面の役を務めている。このイメージは隠れた神を描いているのではなく、その神がこの世界の中に顕現したさまざまな姿をモンタージュした仮面を表している。われわれにとってこの伝承が興味深いのは何よりも、この伝承が、ラメセス朝（前十三―十二世紀）の神学と、ヘルメス文書が成立したグレコ・エジプト時代末期とを結ぶ一本の紐帯をなしているからだ。魔術はこの場合、連続した伝承を支える媒体として役立った。この高度に神学的な神のコンセプトがそのために用いられた魔術の目的は、この神それ自体と同じように、あらゆるものに及び、あらゆるものを包括している。人々はこの神に、何であれおよそ考えられるかぎり、あらゆる危険に対する守護を期待した。「汎神《パンテオス》」を崇拝するというこの「汎神論」の形式は、魔術ではきわめて効果の上がったアイデアだった。これと同一の世界神にギリシア語で呼びかけている数多くのテクストがあるが、それらにここでさらに立ち入る必要はない。その代わりに、全一者というヘルメス主義の理念の、エジプトの原形とわたしが考えている定式を、いくつか取り上げたい。

十八世紀の人々がエジプトのイニシエーションの真骨頂と見なし、ベートーヴェンが書き写した信条の文句にあった、オルフェウス賛歌のあの詩行を想い起こそう。

Heis est' autogenes henos ekgonos panta tetyktai

「彼はただおのずからのみあり、この唯一者にすべての事物はその存在を負っている」、あるいはより逐語的に訳すと、「かの者は一者なり、自分自身から生成せり。一者から万物は生まれた」[597]。「一」と「全」を対置する類の定式は非常に広まっていた。ヘルメス主義の〈ヘン・カイ・パン〉に直接先行する定式の一つとわたしが考えているものは、神のことを、「幾百万に変わる一者」として称えている。この定式は、一方では、創造のパラダイムの脈絡で登場する。その場合この定式は、「原初の、あらゆる世界に先立つ一者、自分自身を幾百万もの相を見せる多種多様な世界へと展開させた者」を意味する。他方では、この定式は顕現のパラダイムで登場し、その場合には、世界の内で「幾百万」として顕現する隠れた一者を意味する[598]。「幾百万」という表現は、わたしの考えでは、ギリシア語の ***pan*** やラテン語の ***omnia*** に相当する。この場合でも、意味は「すべての神々」と「万物」あるいは宇宙の意味での「万象」との間で揺れている。エジプト語では、「幾百万」という概念に結び付いているのが、数学的な意味でも空間的な意味でも、無限という観念だ。それゆえある賛歌は次のようにいっている。

汝に栄光あれ、汝、幾百万に変わる一者よ、
長さも幅も果てしない者よ[599]。

ほかのテクストでは「幾百万」は、神の身体[600]、神の四肢[601]、神の変身[602]、それどころか神の名として説明される。「幾百万の幾百万がかの者の名である」[603]——この文は、神は「幾百万の幾百万」という名である、という意味にも取れるし、神は限りなく多くの名を持っている、という意味にも取れる。これはちょうど、ゼカリヤ書一四章九節にある文句「その日には、主は一者となられ、その御名は一となる」が、主はただ一つの名を持っている、という意味にも取れるし、主は「一」——*æhad*——という名になるだろう、という意味にも取れるのと同じである。ヘルメス・

トリスメギストスの次の文も想い起こさねばならない。すなわち、神はあらゆる名を有していなければならない、さもなくば、一切は神の名で呼ばれなければならない、という文だ。ある非常に流布していたテクストは、神のことを、神々と人間たち（つまり幾百万の存在）の「バー」として称えている。[604]

存在するものすべてを創造した唯一の者、
神々と人間たちのやんごとなきバー。[605]

これも隠れた一者を、現象世界の限りない充溢と、顕現の関係で結ぶ定式である。したがって神の単一性は、創造のパラダイムで、世界外のものとしてのみ考えられているのではない。このパラダイムでは、神の単一性は、先在《プレエクシステンツ》あるいは後在《ポストエクシステンツ》の状態を印している——世界とはいわば、単一性と単一性の挾間にある、幾百万の存在の領域なのだ。そうではなく、神の単一性は、顕現のパラダイムで、世界内のものとしても考えられている。このパラダイムでは、神の単一性という場合、一者とは、現象世界の多数性に顕現している、隠れた者を意味している。

すべてを包括する神性という考えはイシスに転用される。カドワースにとってかくも重要だった例のカプア出土の碑文は、イシスのことを〈全である一者〉〔*una quae es omnia*〕と呼んでいる。[606] ナルムティス〔エジプト・ファイユーム地方の遺跡メディネト・マアディのギリシア語名〕のイシドロスのある賛歌は、イシスを〈一なる者、汝はすべての神々なり〉〔*moune su ei hapasai*〕と称えている。[607] イシスは〈無数の名を持つ〉〔*myrionyma*〕。これが意味しているのは、あらゆる神名は結局のところイシスを指しており、ほかのすべての神々は、イシスのすべてを包括する本性の諸々の相にすぎない、ということだ。この考えは『ヘルメス選集』にも出てくる。つまり、すべての名は一者を表している、という考えだ。[608]ジョルダーノ・ブルーノはあるカバラの伝承を引き合いに出している。それによれば、言い表すことのできない一つの名が、第一の原理としてある。「そこから第二の原理として四つの名が出来しました。それらの名はその後一二の名に変わり、そこから縦に向かって七二の名となり、そして斜めと縦に向かって一四四の名となりました。そして、さらに四と一二が乗ぜられて、種の数と同じほど無限に多くの名に展開していきました。同様に人々は（彼らの言葉に適うように）各々の名に応じて、神、天使、理性、各々の種を統べる威力を名づけるのです。このことから、あらゆる神性は唯一の源泉に溯ることがわかります。それはちょうど、すべての光が、おのずから輝く最初の源泉に溯るのと同じです。そして像は、鏡に映し出されると個々の基体の数と同じくらい数が多く、さまざまですが、それらの根源である唯一の形相とイデアの原理に帰することができるのです[609]」。この文章は、顕現のパラダイムで考えたエジプトの神官が聞いたとしたら、納得のいくものだったろう。

この神学をエジプトの文書でたどってアマルナ後の時代にまで遡ることができるのであれば、自然に思いつくのは、この神学を、アクエンアテンの革命、そして、その革命によって設けられた区別との精神的対決の証として理解することだ。したがって、すでに紀元前十四世紀と十三世紀には、この真と偽の区別が初めて現れたのと時を同じくしてレールが敷かれていたのであり、この区別が省察され、解釈され、脱構築されるときに、近代に入ってもなおその枠組をなした形式が発見されていたのだ。一方の側には、啓示に基づく絶対的な規範性を御旗に掲げた除外があり、他方の側には、秘密と秘匿性を旗印とする全面的な包摂がある。アクエンアテンとモーセは、単一性と多数性の問題をゴルディオスの結び目のように粉砕することで、秘密を破壊した。ラメセス朝の神学者たちは、この挑戦に直面して顕現のパラダイムを発展させたが、それは単一性と多数性を仲介するという秘密を、省察のより高次の段階で回復するためだった。これによって彼らはヘルメス思想の基礎を敷いた。この思想はそのとき以来、モーセの区別に対抗する立場を形成することになる。

ここまでエジプト学の領域に長く足を延ばしたので、以下の数節では、モーセの区別との対決のさらなる段階をかいつまんで述べよう。

第三節　モーセと偶像崇拝の発明

アクエンアテンの一神教とモーセの一神教はかけ離れている。両者に共通しているのは、どちらも真と偽の区別を導入し、虚偽を容赦なく除外と迫害の対象にしたことだ。さらに両者に共通しているのは、真理が唯一の神を承認することにあるということだ。もっとも、モーセの神は光や時間とは何の関係もない。ここで問題となっているのは物理学ではない。モーセの神はまた、人々が生命、光、時をありがたく思いながら自分たちの仕事に励むだけでは満足しない。モーセの神は「心を尽くし、魂を尽くし、力を尽くして」〔申命記六章五節、新共同訳聖書〕愛されることを求める。神の律法の言葉を、彼らは心に刻み、それについて常に語り、熟考せねばならない。モーセの神は新たな社会秩序を打ち立て、己が定めた律法に従って生きる民族を選び出す。フロイトのようにモーセを歴史の形象と考えるならば、聖書の一神教をアクエンアテンの一神教から分かつすべての事柄は、後の時代の〔異質な要素との〕重なり合いや妥協の産物とすることができる。われわれにとってモーセは想起の形象である。この形象はある意味論を体現している。そしてその意味論はアマルナ宗教とは両立しえない。アマルナ宗教は宇宙即神論の枠内に留まっている。それに対して聖書の一神教は宇宙即神論を忌み嫌い、これを除外された虚偽、それどころか、最悪の過ちと宣する。

聖書の歴史と神学のより広い文脈でまさにモーセの名前と結び付いている一神教の運動は、自らを一種の反エジプト革命と解している。アマルナ宗教とは明らかに異なり、この一神教運動は、除外された他者を構築することで、それが発動する意味の決定的な活力を得ている。そしてこの活力は、今日にいたるまで、動機を与え方向を示す力をまったく失っていない。(610) モーセの一神教は紛う方なき対抗宗教だ。それは自らを定義するのに自らの反対像を必要とする。この理由で、聖書は一つのエジプト像を自分自身の反対像として保持してきた。この対立を表す中心的な概念は邪神礼拝もしくは偶像崇拝という。この概念は、語彙項目の次元で定義されるというよりも、テクストの次元で展開される。それも一つのモデルとなる説話、あるいは「原風景」という形で展開される。偶像崇拝の原風景が黄金の子牛の物語だ。この物語は、それなりの仕方でこの術語を定義しており、そうすることで、「偶像崇拝とは何か」という問いに答えている。そのようなモデルを提示する説話の一つとして、この物語は、癩者についてのエジプトの物語とちょうど対をなしている。この二つの物語は、モデル説話というメディアを使って、相互嫌悪の関係を明示している。図像主義者あるいは「邪神礼拝者」は、無図像主義者あるいは「聖像破壊者」を嫌悪し、その逆もそうである。

黄金の子牛はエジプトの像である。すなわち聖牛アピスの像だ。これは、この物語を最初に作って編纂した人々にはわからず、後世のユダヤ教徒とキリスト教徒の注釈者たちによって初めて、この物語に読み込まれたのかもしれない。しかしながら、このことは記憶史の問題設定からすると重要ではない。また、最初の著者たちはおそらく、一つの「原風景」を、すなわち、無条件に中心的で決定的な重要性を持つ物語を形づくることも意図していなかったのだろう。受容、編纂、正典化《カノン》の長い歴史を経るうちに初めて、一つの物語が、かくも中心的な地位を獲得する。黄金の子牛の物語は、和解によって克服される、罪と怒りの極致をドラマ化している。これは生きるか死ぬかの問題である――そしてこの物語は地下の目に見えないところで、エジプトの偶像崇拝の権化である聖牛アピスとつながっている。

偶像崇拝はしかし、終局的には宇宙即神論を意味している。世界外の神を――タキトゥスのいうように――〈精神でのみ〉〔*mente sola*〕認識しようとする者は、この世界に存在するすべてのものを視界から除去しなければならない。モーセとエジプトについての論争を特徴づけているのは、この論争がまさにこの区別を消し去って、モーセをも宇宙即神論者にしようとしていることだ。そうなると、モーセの神はもはやエジプトからの解放者ではなく、天と地の創造者、存在するものすべての唯一の根源にして維持者ということになる。イェホシュア・アミルが説得力をもって示したように、この境界線の消去はすでにヘレニズム時代に始まっており、ユダヤ教とキリスト教の護教家たちの願望に適っていた。彼らは、モーセの教義が、モーセから一切を受け継いだとされる後の時代の最大の哲学者たちの教説と寸分違わないことを、何がなんでも証明しようとした。[611] エクソドスの神は、しかしながら、アリストテレスのいう「不動の動者」とは何の関係もない。この神は一種の政治指導者であり、どちらかといえば、律法を公布して忠誠を求めるオリエントの法王に等しい。この神は、不動の動者でないのと同様に、火山のデーモンではない。この神の「怒り」と「嫉妬」は政治的な情動であり、そういうものとして、この神がイスラエルに寄せている愛情の不可欠の側面をなしている。[612] 十八世紀には、これらの情動はモーセの人物像に帰せられ、その一方で、神は完全に精神化して一つの哲学的理念になり、ヘルメス主義の宇宙即神論が説く全一者と、聖書の一神教が説く唯一者の違いはすべて消えた。トーランドは、モーセをあからさまにスピノザ主義者と呼んだ最初の人だった。しかしその際に、彼はきっぱりと聖書の証言を退け、自らの描いたモーセ像をまるごとストラボンの記録から獲得していた。ラインホルトとシラーは、聖書を手放すことなく、同じ結論に達した。

第四節　秘密——啓示されたものと秘匿されたもの

秘密がどの宗教にとっても中心的な要素であることに疑いはなかろう。まったく秘密なしですませている宗教など一つもないにちがいない。そして、宗教史を過去に遡れば遡るほど、秘密はますます大きな役割を帯びてくる。それゆえ、モーセとエジプトについての論争が秘密を非常に強調しているのは、一見したところ何ら特別なことではない。比較宗教学は、モーセの区別によって除外された「異教の」諸宗教を研究するものとして、十七世紀に発展した。聖書をよりよく理解することができる、という明言された意図をもって（またもしかしたらそれを口実にもして）、人々は聖書が拒絶しているものの研究に専念した。すでにマイモニデスが自らのサービア研究をそのように根拠づけていた。この研究の枠内では、密儀という概念が中心的な地位を獲得し、偶像崇拝の対立概念にまで発展する。この点に、モーセ論争で用いられる秘密の特殊な概念と、宗教上の秘密という一般的な概念との根本的な違いがある。

秘密の一般的な概念は、一般的な知識と特殊な知識を区別する。一般的な知識は誰にでも近づくことができ、それどころか、ある程度までは必須でさえある。一般的な知識の価値は、決して、特殊な知識によって奪われることはない。特殊な知識は一般的な知識を土台にして、それを数歩ばかり越えてさらなる領域に入っているが、その領域は難解すぎ、またひょっとしたら危険すぎるので（例えば魔術の知識）、誰にでも近づけるわけではない。真理を探求し理解するという能力に関しては、人々の持って生まれた才能や受けた教育の程度は非常にさまざまなので、真理をめぐる知識もまた、どの社会でも非常に不均等に配分されている。タミーノにぴったりの真理があれば、パパゲーノにぴったりの真理もあるのだ。一方の人には固い食事が与えられ、他方の人には乳が与えられる（コリントの信徒への手紙一、三章二節)。ほとんどすべての古典文献は、神官たちが秘密で包んだエジプト人の有名な知恵とはこの種のものだった、という見解に立っている。それは、民衆には理解できないが、民衆宗教に対立していたわけではない、そういう知恵だった。

プルタルコスやディオドロス、フィロンやオリゲネスやアレクサンドレイアのクレメンス、そしてポルフュリオスやイアンブリコスに見られるような、エジプトの秘密宗教についての古代の学説は、次の原理を出発点としている。つまり、真理はそれ自体、秘密を意味しており、この世界ではヴェールに包まれたまま、比喩的形象や神話や寓意や謎を介してのみ把握しうるという原理だ。新プラトン主義、ヘルメス主義、グノーシス主義で広まっていたこの見解が最も美しく表現されているのが、「フィリッポスによる福音書」である。これはエジプト出自の、コプト語で記されたグノーシス主義のテクストだ。

> 真理は裸でこの世界に来たのではなく、
> 象徴や写像に包まれて到来した。
> 世界は真理を別の方法では授からないだろう[613]。

宗教が力を注ぎ、それを用いて自らを包み込む図像や謎めいた儀式は、したがって、外に対して秘密を守ることに役立っているのではなく、真理の現象形態の一つである内なる秘密に役立っているのだ。サイスの神像の碑文にある言葉「われはかつてありしもの、今あるもの、そしてこれからあるであろうもののすべてである」が、名を拒否しているものとしても、しかしまた、無名の神性の示現としても解釈できるように、これに続く言葉――「わが纏うヴェールを、死すべき人間の誰一人として取り除いたことはない」――にあるヴェールは、神性を秘匿することも、神性が現れ出ることも意味している。ゲーテは、真理を包み隠すことでもあり真理の顕現でもあるという、秘密のこの二面性を、きわめて簡明的確に表現している。

真なるものは神のごとし。それは直接には現れない。われわれはそれをその諸々の現れから推定しなければならない。(614)

まったく種類を異にするのが、ウォーバートン、そして彼に続いてラインホルトとシラーが、総じて異教の宗教全般を、殊にはエジプトの宗教を説明するために構築した、秘密の概念である。この概念は秘密と公開の差異を、モーセの区別と同じように、真理と虚偽の対立として定義した。秘密と公開は、相互に否定し排除し合う二種類の知識、思考方法、ものの見方である。秘密は衝突を防ぎ、宗教と対抗宗教が互いを容認しながら並存することを可能にする。密儀礼拝とは、その神性破壊の爆破力が、厳重な秘密保持の安全地帯によって封じられた、対抗宗教である。二つに裂かれた宗教というこの分裂症的なモデルは、宗教史における最も奇妙でエキセントリックなコンセプトの一つだ。このモデルが受け容れられたのは、結局のところ、それが秘密結社のはやった時代だったからだ。それらの秘密結社は、それらの歴史的コンテクストをなしていた公式の宗教や社会に対して、自らも同じような対立関係にあると考えた。(615)それどころか、それらの秘密結社は体制転覆を図っているという噂までされたが、ラインホルトが属しており、フランス革命と密接に関係していると考えられた光明会は特にそうだった。(616)密儀は虚偽を黙認する。なぜなら、虚偽は国家を支えるものであり、虚構の神々に対する怖れがなければ市民の社会秩序は不可能だからだ。国家は密儀を黙認する。なぜなら密儀は、魂が不滅であるという教え、そして、現世の行ないが来世で報われたり罰せられたりするという教えを告げ知らせてくれるからだ。それらの教えは真でもあり国家を支えるものでもある。

このモデルを支持するいかなる歴史的根拠も古代エジプトにはないし、おしなべて、古代世界にもない。しかしながら、神々は不可欠の虚構であり、それらがなければ何人も律法を守らないだろうという見解は古代のものである。この脈絡でいつも挙げられるのが、クリティアス断片、ならびに、ルクレティウス、リウィウス、キケロからの引用だ。

クリティアスは人類史を三つの段階に分けて再構築している。

一、自然のままの野蛮な原始状態。この時代、人間は律法を持たずに生きていた。そのために悪は罰せられず、善は報われないままだった。それは混沌とした無秩序と血なまぐさい抗争の支配する状態だった。

二、律法の導入によって、野蛮はある程度まで抑えることができた。それにもかかわらず、暴力と犯罪が密かに横行し続けていた。なぜなら律法の手は十分には及ばず、見つからない犯罪は贖われぬままだったからだ。

三、神は何でも知っており、あらゆる行ないは来世で報われ罰せられるという考えが宗教とともに発明されることで、ようやく密かな犯罪に終止符が打たれ、律法に権威が付与された。この権威のおかげで、人々が市民として平和に共同生活を送ることが可能になった。もっとも、宗教がこの恵み豊かな効果を発揮するためには、その宗教が機能本意のものであり、虚構だということは、できるだけ隠されていなければならなかった。かくして秘密が生まれるにいたった。(617)

この古代の啓蒙主義の伝統に、ウォーバートンは、異教についての自らの理論を立脚させた。異教徒であるということが意味しているのは、真理を所有することが拒まれているということではなく、真理を密封しなければならないという強制である。異教は、分裂した宗教という形でのみ存在することができる。すなわち、真と偽を分かつモーセの区別が引いた境界線によって裂かれた状態である。異教の場合、真理と虚偽は、密儀と民衆宗教に割り振られる。異教についてのこの理論は、俗なる歴史についてのヴィーコの理論に、宗教史の領域で相当する。周知のようにヴィーコが問うたのは、どうして諸民族は、啓示されたモーセの律法を指針とすることなく、市民的秩序の枠内で発展し、自らを維持することができたのか、ということだった。ウォーバートンがまさにそうしたように、ヴィーコも聖なる歴史と俗なる歴史の区別をはっきりと設け、ウォーバートンとまったく同じように、彼も異教徒に関心を向けた。俗なる歴史についてのヴィーコの理論は、〈循環〉〔*corsi e ricorsi*〕のコンセプト、自然法を土台にして展開する諸民族の周期的な生成と消滅というコンセプトに基づいている。異教についてのウォーバートンの理論は、敵対的な秘密というコンセプトに基づいている。異教徒の国家は、その律法に権威を付与するために、神々を捏造しなければならない。そして、この虚構の内実を知っている者たちは秘密教団を形成し、この真理を選び抜かれた者たちに伝承しなければならない。

秘密を伝授された者たちは、しかし、民衆宗教の多数の神々が虚構であるという内情にのみ通じていたのではない。彼らはまた、虚構の神々の世界の彼方には、ある神的なものが存在していること、しかしそれは、言語による媒介と図像による再現のあらゆる可能性を凌駕しており、ただ神秘的観入（エポプテイア）の中で、精神によってしか把握すること（*perinoein*）ができないため、神官たちの礼拝の勤めによっても、詩人たちの詩的作品によっても、到達し、捉えることができないことを知っていた。この神的なものとは、世界を内から生み出し、動かし、生気を与える自然だった。この神性は国家を支える宗教とは結び合わせることができなかった。それゆえ、人間により近く、人格性をもっと備えた神々が必要とされた。この脈絡で重要になるのが、神学の三つの形態（*theologia tripertita*）についてのストア派の理論だ。つまり〈自然神学〉〔*theologia physike* もしくは *naturalis*〕、〈国家神学〉〔*theologia politike* もしくは *civilis*〕、そして〈神話神学〉〔*theologia mythike* もしくは *fabularis*〕である。[618]〈自然神学〉は哲学者たちの神学であり、これは秩序を必要とする国家にも、意味を必要とする人間にも手に負えない代物だ。それゆえほかの二つの神学が存在する。これらは不可欠の虚構という意味での「秘密」に基づいている。〈国家神学〉は、秩序を可能にし共同体を確立する、神々および神々の礼拝の形式に配慮する。そして〈神話神学〉は、人々の生活を意味づける物語の構築物を発展させる。真理の希薄な空気はごくわずかの者にしか呼吸できない。

神話神学と政治神学が紡ぐ虚構の神々は、結局のところ、文明に対する偉大な功績ゆえに神格化された死すべき人間であるか（この理論は特にエウヘメロスの名前に結び付いているが、はるかに広く流布していた）、さもなければ、神話的な人格性を有していると詩人たちが吹聴した自然の諸力、太陽や月、シリウスや木星のような星辰、風、河川、山々などである。しかしながら哲学者にとっては、多神教の神々の世界が綾なす政治的・詩的ヴェールの背後には「神」があった。これは宇宙と同一視することができるか、さもなければ、創造者として宇宙とは区別することができるが、いずれにしても宇宙ときわめて密接に結び付けることができた。それゆえ、ウァッロはこの神学を〈宇宙神学〉〔*kosmike*〕あるいは〈自然神学〉〔*naturalis*〕と名づけ、これに相当する宗教は十八世紀にはきわめて的確に「宇宙即神論」と呼ばれた。

秘密ならびに分裂した宗教についてのこの理論は、ウォーバートンを繙くと、異教の基本モデルとしてきわめて詳細に叙述されているが、祭司たちの欺瞞という理論とは厳密に区別されねばならない。十七世紀と十八世紀に非常に広まっていたこの理論は、とりわけベルナール・フォントネル[619]〔一六五七—一七五七、フランスの文人・啓蒙主義の先駆者〕の名前、および、〈聖職者の裏切り〉〔*trahison de clercs*〕というその概念と結び付いている。フォントネルの『神託の歴史』〔*Histoire des Oracles*〕（一六八六年）は、従来異教の神託や奇跡の張本とされてきた悪魔やデーモンを狡猾な聖職者で置き換え、奇跡を、陰でなされたあまりにも人間的な策動として説明した。異教は聖職者たちによる一種の演出として説明された。その演出が追っていた唯一の目的は、彼らの地位と収入を守ることだった。彼らの秘密とは、守るべき秘密がまったくないという事実を秘密にしておくことにあった。これはもしかしたら、エジプトの多神教を誹謗中傷した、最も粗野なものかもしれない。そして、エジプトの宗教についてのこんなばかげた説が、ヨーロッパの啓蒙主義の最も明晰な頭脳の持ち主たちの間で、どうしてかくも長い間持ちこたえることができたのか、いまだに謎だ。ラインホルトとシラーでさえもこの理論を引っぱり出している。もっとも、後の退廃現象を説明するものとして、この理論を用いているにすぎないのだが。密儀の精神が忘れ去られたとき、とラインホルトは書いている、「密儀導師に残されていた唯一の手段は、人々が自分たちの許で探し求めている秘密などないということ自体を、秘密にすることだった。鍵のかかった箱は、以前であれば、隠された、秘密を伝授されていない人々の目には見えない真理を象徴していたのかもしれない。しかしいまやそれは、実際に密儀導師たちの欺瞞を隠していたのだ」[620]。ラインホルトとシラーにとって、モーセは、エジプト人から彼らの秘密を奪い去ったとき、そこに一つの空隙を残したように思われた。その空隙はいまや、それ自体が秘密になり、空の容器という形で象徴化された。「これについには、トロイア人、フェニキア人、エトルリア人、ギリシア人、ローマ人の秘密の祭儀で導入されていたすべての櫃、箱、小箱、かごが含まれるようになった」[621]。異教に対するこの攻撃的な見方は、しかしはっきりと、後の退廃段階とされる。その全盛期に異教が密儀の保護の下に隠していたのは、空虚ではなく、唯一の神という真理だった。

密儀によって保護することでのみ、真理を伝承することができたという、異教の分裂した性質についての同じような理論が、すでにヨセフス・フラウィウスの『アピオンへの反論』(II、一六八)に見られる。彼はその箇所で異教の哲学について次のように書いている。「これらの説がすぐれたものであり、神の本性とその偉大さに適っていることは、ヘラス人の中でも最も賢い者たちがきっぱりと証している。ピュタゴラス、アナクサゴラス、プラトン、そして後のストア派の哲学者たちはほとんど皆、神の本性について、かの者［モーセ］と同じように考えたようだ。しかしこれらの人々は、わずかの人に向かって哲学を説くだけで、自らの教えの真理を、謬見にとらわれた大衆にあえて広めようとはしなかった。それに対して、われわれの立法者は行為と言葉を一致させ、そうして、自分の同時代人を説得することのみならず、後に続くすべての世代に永久に、神への信仰を揺るぎなく植え付けることにも成功した」。モーセは、秘密のない国家を樹立することを敢行した、唯一の人だった。敬虔なウォーバートンは、この勇敢さの理由は、モーセが神の「並外れた摂理」をあてにすることができ、それゆえ国家を支える虚構など必要としなかったという事実にあると考えた。

ラインホルトとシラーはさらに歩を進め、秘密の概念を、妥協の概念で補った。彼らの見解によれば、モーセは自分の民に真の神を告げ知らせることを「敢行」しなかったし、また、「並外れた摂理」をあてにもしなかった。むしろ彼は一つの妥協をして、少なくとも神の単一性という理念だけは救い、そうしてこの理念を、人格を備えた国民神のイメージで、つまりは政治神学の形で実現した。モーセの妥協というこの着想は、マイモニデスが神の「狡知」あるいは「戦略」と呼んだような考えを、人間の歴史の次元で引き継いでいる。スペンサーは「応化」とも「尊敬すべき仕方で欺く方法」ともいっている。神の妥協は、自らの律法を、歴史的状況を顧慮しながら公布し、自らの掟の大部分を、異教徒たちが実践し、己の民が慣れていたような儀式の形に包む込むという知恵にあった。モーセの妥協は、民に「彼の真の神を作り詰めいた形で告げ知らせること」（シラー）にある。(622)

第五節　潜伏、あるいは——忘却されたものと想起されたもの

フロイトは妥協をユダヤ人の歴史の中に移し、それを、殺害されたモーセの信奉者たちとミディアン人の後継者の陣営との、つまり、普遍的なアテンと国民的なヤハウェとの、幾世紀にもわたる交渉の過程と解した。フロイトによれば、この過程はイスラエルの緊張と分裂に満ちた歴史にも、成立しつつあった正典《カノン》のテクストの歴史にも影

響を残した。しかし、十八世紀の人々の考えでは異教を民衆宗教と秘密宗教に分割していた裂け目を、フロイトは、集合的な心的生活のトポロジーの中に移した。

聖書とヘレニズム時代のエクソドス物語で始まりフロイトで終わる、モーセとエジプトについての論争では、その長い歴史の中で、モーセの区別が外側から内側に向かってずれていったことが確認できる。当初この区別は、二つの民族、イスラエルとエジプト（またはイスラエルと「サービア人」）を分かつ。真理と虚偽の境界線は、ここでは宗教的な意味ばかりでなく、民族生成の政治的な意味も有している。神秘と分裂した宗教というモデルは、この区別を、同一の文化もしくは宗教の領域内に移動させる。最後にフロイトの潜伏のモデルが、この区別を心の内部に移す。異教についての彼の理論、つまりトーテミズムや多神教についての理論は、成功した抑圧という原理に基づいている。これらの宗教は和解の状態で存続してきた。これらの宗教は、殺害された原初の群れの父を神へと高め、トーテム動物を共同で食べることで、この神との和解を、そして仲間同士の和解を祝った。原父の殺害はフロイト版の宗教真理であり、ここではその構造的な側面にのみ着目しよう。哲学者たちの神の真理が密儀で守られていたように、この真理は、人間の心の抑圧された「太古の遺産」の中に、しっかりと、何の衝突も起こさずに保存されている。衝突は抑圧されたものが回帰することで生じる。その回帰は断続的に、繰り返し起こる。唯一の父なる神についてのアクエンアテンとモーセの教えは、多神教の下に埋もれていた、原父の支配の思い出を呼び覚ました。モーセの殺害は原父の殺害を繰り返したものであり、それゆえトラウマ的な経験となった。この出来事の伝承の方も、ついには「抑圧されるという運命、無意識の中に留まるという状態」を経験し、それから「回帰したときにはかくも強力な影響を発揮して、群衆を呪縛」した。

白状しなければならないが、わたしには、原初の群れについてのフロイトの説も、彼のいう「太古の遺産」も信じることができない。それでも、文化的潜伏という彼の理論は重要な認識だと考えている。フロイトは、文化の次元でも想起、忘却、抑圧の現象があることに、後々まで注意を喚起した。それらの現象を説明するのに、伝統や受容といった従来の概念では不十分なのだ。

「文化的忘却」とはどういうことだろうか。無文字社会では、忘却は「構造的な健忘症」という形で働く。[623]文化的記憶は口承の中で絶え間なく作り変えられる。移ろいゆく現在に対して何らかの重要な関係をもはや持たない過去の要素は、除外され、長期的に忘れられる。無文字社会には、使われていない知識を蓄積するために用立てられるメディアなどない。同様に無文字社会は、記憶を意識的に変形し、破壊する技術も知らない。これらのことはすべて、文化的記憶の文字化をもって初めて始まる。忘却の最も簡単で最も広まった技術は、碑文、図像、建築物など文化の客体物に外化された記憶を、破壊することだ。アマルナ宗教はこの運命を被った。しかし、どういう意味だったら、この場合にも忘却という語だけではなくトラウマと抑圧という語を用いてよいのか、ヘレニズム時代のエジプトに流布していた「癩者」の伝説を調べて明らかになったと思う。アマルナのエピソードは、たかだか八〇年も経たないうちに、完全に忘れられた。しかしその経験は、身の毛のよだつような宗教上の冒瀆行為にまつわる諸伝説を生み出すに足るほど、トラウマ的だった。それらの伝説は、公式の文化的記憶の中に場所を定めることができないために、いわば流動的になり、以前と以後の時代の、ありとあらゆる思い出や経験を吸収して膨らんだ。この伝承は、怖ろしい犯罪行為と受け止められた対抗宗教のトラウマ的経験がなかったとしたら、これほど生産的ではなかったにちがいない。このトラウマ的経験は、これらの伝説では想起されるよりもむしろ覆い隠され、それゆえ、潜伏と呼ぶことができるような状態に陥ったのだ。

忘却のもう一つ別の技術が規範転倒である。この場合、拒絶されたものは抑圧されることも黙殺されることもない。その反対に入念に記憶に留められる。しかしそれは、それ自体のためにではなく、記憶する人々の自己像の反対像として保たれるのだ。われわれは規範転倒のモティーフに聖書外のテクストで遭遇した。それらのテクストは、エジプト人モーセを引き合いに出して、彼の立法を、エジプトの慣習を転倒したものとして弾劾している。しかしわれわれは次に、同じ原理が肯定的な意味で用いられ、方法論として十全に発揮されているのを、マイモニデスとスペンサーに見出した。規範転倒は他者のイメージを鮮明に保つ。なぜなら他者のイメージは、自己をそれと対照的に区別して定義するために用いられるからだ。自分が誰なのかわかるのは、自分が誰と一線を画しており、自分が何を後に残してきたかを知っているときだけだ。しかし、この想起の形式はむしろ、忘却の記憶術である。この形式は、他文化の像の上に、自文化の反対像を重ねる。そうしてこの形式は、真正の思い出と伝承のあらゆる残滓を破壊し、それらを偶像崇拝、異教、多神教といった攻撃的な構築物で置き換える。

西洋の一神教の伝統においてこの忘却の戦略は非常に効果的だったので、われわれは今なお、多神教を真に理解するには遠く及ばないところにいる。抑圧されたものは、多神教の姿ではなく、古代末期の宇宙即神論の姿で戻ってきた。しかしながら、第2章で述べた解釈が当たっているとすれば、古代末期の宇宙即神論は、種々の多神教的宗教の最終的な成熟段階にほかならず、それらの多神教はその中に解消されたのである。錬金術、カバラ、ヘルメス主義、新プラトン主義、スピノザ主義、理神論、汎神論のような、精神的エリートを呪縛した諸々の宇宙即神論的運動の威力と影響力は、抑圧されたものの回帰というフロイトの説に少なくとも類似したところがある。これが全体の枠組であり、この枠組の中でエジプトも「回帰する」。しかしながら、抑圧された宇宙即神論の権化にして起源としてエジプトがこうして回帰する過程で、モーセ論争は、特別の役割を演じている。この論争のテーマはエジプトそれ自体ではなく、エジプトとイスラエルという布置《コンステラツィオーン》であり、この布置は、モーセの区別の、歴史的な姿を纏った想起の形象である。この特殊な問題設定に照らして見ると、次第にくっきりと、きめ細かく、鮮明に姿を現してくるエジプト像は、まったく両面価値的なままだ。このことは、フロイトとトーマス・マンにいたるまでいえる。エジプトに失われた楽園を見たヘルメス主義のパースペクティヴは、人類の教育と精神性の進歩に釘付けになった、一種の進化論的パースペクティヴに縛られてきた。この論争ではモーセの区別を撤廃することが昔も今も問題になっているとすれば、そのとき犠牲にされるのは真理ではなく、他を除外する独占的な真理の定義である。エジプトとイスラエルというこの布置の枠内で、注意の焦点をエジプトに移すということは、モーセの区別、エジプトからの脱出、そして宇宙即神論の拒絶に伴っていた犠牲を、はっきり意識するということだ。

自然に思いつくのは、フロイトの潜伏という概念を、エジプトに対するヨーロッパの関係に適用して、例えば、西洋の一神教はエジプトの宇宙即神論を自らの内にずっと潜在的に含んでおり、ルネサンスと啓蒙主義の時代に、抑圧されたものが回帰した、ということだ。しかしながら、わたしにはこれを──もしかしたら解明的で正鵠を得ているかもしれない──メタファー以上のものと考えることはできない。フロイトが説いた想起の心的トポロジーを、想起の文化理論にとって実りあるものにするためには、社会的・文化的トポロジーに翻訳しなければならないだろう。「抑圧されたものの回帰」は、伝承の諸々の経路、繰り返される読みと読み直しの歴史が解明されないかぎりは、メタファーに留まる。宇宙即神論を退けること、それどころか偶像崇拝として悪魔の烙印を押すことは決して完全に成功したわけではなく、宇宙即神論的なオルタナティヴは地下で脈々と保たれてきたということを、たくさんの証拠が示している。フィチーノによる『ヘルメス選集』の翻訳は、一つの精神的・宗教的革命を引き起こした。しかし、ヘルメス主義の思想とモティーフ、そして相当量のテクストが中世を通じて伝承され、ヘルメス主義のルネサンスのための土台を用意した。ヒエログリフに関するホラポロンの二巻の書物やフィチーノが翻訳した『ヘルメス選集』のような真の発見、考古学の発掘品、旅行記が、諸々の連続した伝承のつながりと一緒に作用して、「抑圧されたものの回帰」として描くことができるような、一つのパラダイム転換をもたらした。わたしが本書で企てたモーセ論争の記憶史的分析は、文化におけるそのような想起の系譜の一つを、いくつかの際立った段階を手がかりに再構築する試みである。アクエンアテン、マネトー、タキトゥス、マイモニデス、スペンサー、シラー、そしてフロイト。この歴史では、アクエンアテンが考古学によって再発見されたことが、疑いなく最も華々しい事件だ。アクエンアテンに関しては実際に、抑圧、潜伏、回帰という言葉を用いることができる。そして彼が、ほかでもないジークムント・フロイトの一冊の本の中で、自らがその根源的な衝撃を与えた論争の枠内で回帰してくるのは、どの点から見ても象徴的だ。文化的記憶は、伝承の力強い流れにも弱い流れにも事欠かないし、断絶、「クリュプタ」、転位、拒絶、発見、復権、再結合にも富んでいる。西洋の一神教の除外された反対像であるエジプトがねばり強く回帰してくることは、疑いなく、この現象の最も重要な例証の一つである。

フロイトの本を再読したとき、フロイトが宗教史を再構築するにあたり「罪」というテーマに与えた中心的な意義が、改めてわかった。父の宗教、アクエンアテンの一神教で回帰し、ユダヤ教とキリスト教の一神教で完全に——とはすなわち、フロイトにいわせれば強迫的、神経症的に——展開することになる父の宗教は、罪の意識と救済への憧れを刻印されている。つまり、「神に逆らって罪を犯したのに罪を犯すことをやめない、という良心のやましさ」を刻印されている。フロイトのいう「太古の遺産」とは、原罪の教えの一つのヴァリアントだ。ここでフロイトは、もしかしたら、モーセの区別の決定的な点に、あるいはいずれにせよ、エジプトとイスラエルの非常に特徴的な違いに触れているのかもしれない。アクエンアテンの宗教にとって罪の意味論ほど縁遠いものは考えられないからだ。このことは、アマルナ宗教にのみ当てはまるのではなく、エジプトの宗教すべてについていえる。罪と救済はエジプト的なテーマではない。エジプトの宗教は良心のやましさに基づいているのではない。まったく反対に、神、そして世界と融和しているという意識に基づいている。これはキリスト教の意識には異質であり、ときには、まさにけしからぬことでさえある。一人の人間がその生涯を経るうちに身に纏う罪は、死者の裁きの場で再び取り除かれ、そうしてその人は純潔の状態で彼岸に渡ることができる。エジプト人は少なくともこのように、図像や文書で、死者の裁きを眼前に思い描いた。この道徳上の楽観主義、「神がとっくに自分の業を受け容れてくださっている」のを意識しながら「喜んで自分のパンを食べる」――聖書のエジプトに由来する節の一つ[624]――という楽観主義は、おそらく宇宙即神論を印づけるものであり、それとは逆に罪に苦しむことが聖書の一神教を特徴づけているのと同じである。エジプトの側から眺めるならば、モーセの区別とともに罪がこの世界に到来したように見える。もしかしたらここに、モーセの区別を疑問に付す、最も重要な動機があるのかもしれない。本研究はこの罪の性質を明らかにしようと試みた。この罪の名はエジプト、偶像崇拝、宇宙即神論という。神をエジプトに発見する者は、この区別を止揚する。

原注

第1章

（1）George Spencer Brown, *Laws of Form*, New York 1972, 3.

（2）Peter Artzi, » The Birth of the Middle East «, *Proceedings of the 5th World Congress of Jewish Studies*, Jerusalem 1969, 120-124.

（3）Moshe Barasch, *Icon. Studes in the History of an Idea*, New York 1992, 13-22; Moshe Halbertal und Avishai Margalit, *Idolatry*, Cambridge, Mass., 1993を参照。

（4）アルノルト・ツヴァイク宛、一九三〇年九月三十日付の書簡。S. Freud – A. Zweig, *Briefwechsel*, Frankfurt 1968, 102f. を参照。これについてはBori（注（5））, 240を参照。

（5）Pier Cesare Bori, *L'Estasi del profeta ed altri saggi tra Ebraismo e Cristianismo*, Bologna 1989, 237-258を参照。この重要な本を教えてくれたマウロ・ペッシェに感謝する。

（6）Ilse Gubrich-Simitis, *Freuds Moses-Studie als Tagtraum: ein bibliographischer Essay*（*Die Sigmund-Freud-Vorlesungen*, Bd. 3）, Weinheim 1991.

（7）旧約聖書学の反応については特に、P. C. Bori, *L'Estasi del profeta* および» Moses, the Great Stranger «, in: ders., *From Hermeneutics to Ethical Consensus Among Cultures*, Atlanta 1994, 155-164を参照。エジプト学については、Abraham Rosenvasser, *Egipto e Israel y el monoteismo Hebreo. A proposito del libro Moisés y la religión monoteista de Sigmund Freud*, Buenos Aires 1982を参照。

（8）Arthur D. Nock, *Conversion. The Old and the New in Religion from Alexander the Great to Augustine of Hippo*, 1933, Oxford 1963.

（9）改宗の物語における「健忘の禁止」については、Thomas Luckmann, » Kanon und Konversion «, in: A. und J. Assmann（Hrsg.）, *Kanon und Zensur*, München 1987, 38-46を参照。

（10）歴史学の諸目的のための受容理論をうまく要約したものとして、Martyn P. Thompson, » Reception Theory and the Interpretation of Historical Meaning «, *History and Theory* 32（1993）, 248-272を参照。

（11）例えば、Dan L. Schacter, J. T. Coyle, G. D. Fischbach, M. M. Mesulam and L. E. Sullivan（Hrsg.）, *Memory Distortion*, Cambridge, Mass., 1995、ならびに、*The New York Review of Books* 1994, Hefte 19 und 20, 1995, Heft 2（文献目録付き）でフレデリック・クルーズがほかの人々と交わした、記憶と変形された思い出についての論争を参照。このドイツ語版は» Die Rede des Verdrängten «, in: *Die Gegenwart* 26 (Juli-Sept. 1995), 34-42。

（12）この意味で、わたしのエッセイがはるか後塵を拝しているのが、次の包括的なスタンダードワークである。Henning Graf Reventlow, *Bibelautorität und Geist der Moderne. Die Bedeutung des Bibelverständnisses für die geistesgeschichtliche und politische Entwicklung in England von der Reformation bis zur Aufklärung*, Göttingen 1980. わたしは本書で地図を描いているのでなく、ある特定の線をたどっている。

（13）Jacob Taubes, *Die politische Theologie des Paulus*, München 1993

を参照。

(14) 対抗想起は、過去もしくは現在の、別様の構築に立ちはだかる。対抗想起は、現在に矛盾しその正当性を疑問に付すような過日のイメージを、今日にありありと保とうと努める。この概念をこの意味で打ち出したが次の論文である。Aleida Assmann, » The Sun at Midnight: The Concept of Counter-Memory and Its Changes «, in: Leona Toker (Hrsg.), *Commitment in Reflection. Essays in Literature and Moral Philosophy*, New York/London 1994, 223-243.

(15) Amos Funkenstein, *Perceptions of Jewish History*, Berkeley 1993, 32-49; David Biale, *Gershom Scholem: Kabbala and Counterhistory*, Cambridge, Mass., 1979.

(16) モーセの歴史的背景をめぐる現代の議論の中で、わたしが最も興味深いと思ったのは以下の文献である。Ernst Axel Knauf, *Midian. Untersuchungen zur Geschichte Palästinas und Nordarabiens am Ende des 2. Jt. v. Chr.*, Wiesbaden 1988, 97-149およびDonald B. Redford, *Egypt, Canaan, and Israel in Ancient Times*, Princeton 1992, 408-422. もっとも、両者による再構成は、きわめて異なる結果に行き着いた。クナウフはモーセを、バイまたの名をラモーセ＝カイエムネチェルという人物と同一視している。この人物はシリア人で、第一九王朝の終わり頃（前一二二〇年頃）に王国全体の財務長官という高位にあり、それどころかその後の数年間は玉座にいた。しかし彼は激しい抵抗と内乱に遭い、その結果、彼自身とその支持者たちは追放されることになった。それに対してレッドフォードは、エクソドス伝承をヒクソス時代の思い出に由来するものとし、モーセを純粋に伝説上の人物と考えている。歴史上のモーセの問題については、次のすばらしい概説も参照。Rudolf Smend, » Moses als geschichtliche Gestalt «, in: *Historische Zeitschrift* 260 (1995), 1-19. この文献を教えてくれたエルケ・ブルーメンタールに感謝する。

(17) Martin Bernal, *Black Athena: The Afroasiatic Roots of Classical Civilization*, Bd. 1: *The Fabrication of Ancient Greece, 1785-1985*; Bd. 2: *The Archaeological and Documentary Evidence*, New Brunswick, 1987-1991.

(18) これについてはわたしの書評 » Sentimental Journey zu den Wurzeln Europas. Zu Martin Bernals *Black Athena* «, in: *Merkur* 522 (1992), 921-931を参照。わたしは、歴史学と考古学ではいかなる「証拠」も存在しない、といいたいのではない。ただ、次のことを明確にしておきたいのだ。つまり、自己像をいわば回顧的に形づくったものである想起の形象には独自の真実があり、それらの形象を研究するには独自の方法論が必要になる、ということだ。それが記憶史である。考古学上の確証は、そのような想起の形象が正しいということも、誤っているということも証明できない。そのような形象の真実はどこか別のところにある。しかしその一方で、この二つの方法論を区別してさえいれば、そのような想起の形象を考古資料と突き合わせることは、非常に面白いかもしれない。

(19) François Hartog, *Mémoire d'Ulysse. Récits sur la frontière en Grèce ancienne*, Paris: Gallimard 1996, 49-86. さらにほかの文献が挙げられている。

(20) François Hartog, *Mémoire d'Ulysse*, 73-75を参照。

(21) Jacques-Bénigne Bossuet, *Discours sur l'histoire universelle à Monseigneur le Dauphin: pour expliquer la suite de la religion et les changements des empires. Premiere partie: depuis le commencement du monde jusqu'à l'empire de Charlemagne*, 1681; Paris 1744.

(22) *Athenian Letters or, the Epistolary Correspondence of an Agent of the King of Persia, residing at Athens during the Peloponnesian war.*

Containing the History of the Times, in Dispatches to the Ministers of State at the Persian Court. Besides Letters on various subjects between Him and His Friends, 4 Bde., London 1741-43. これを教えてくれたカルロ・ギンズブルクに感謝する。

（23） Ignaz von Born, » Über die Mysterien der Aegyptier «, *Journal für Freymaurer*, 1 (1784), 17-132.

（24） 神話は歴史の反対物ではない。ミシェル・ド・セルトーが述べているように、むしろ「歴史は疑いなくわれわれの神話である。歴史は、思考可能なものと起源とを、ある社会が自らを理解する様式に従って、結び合わせるのだ」。Michel de Certeau, *Das Schreiben der Geschichte*, übers. v. S. Schomburg-Scherff（仏語版一九七五年）, Frankfurt/New York 1991, 34を参照〔ミシェル・ド・セルトー『歴史のエクリチュール』佐藤和生訳、法政大学出版局、一九九六年、二九頁を参照〕。マサダを神話原動力の手段として利用することについては次を参照。Yal Zerubavel, *Recovered Roots: Collective Memory and the Making of Israeli National Tradition*, Chicago, London 1995.

（25） Maurice Halbwachs, *La Topographie legendaire des évangiles en Terre Sainte*, 1941, 2. Aufl. Paris 1971; *Les Cadres sociaux de la mémoire*, Paris 1925; *La Mémoire collective*, Paris 1950を参照。アルヴァックスについては、Gérard Namer, *Mémoire et société*, Paris 1987を参照。

（26） Michael S. Roth, » We Are What We Remember（and Forget）«, in: *Tikkun* 9.6 (1994), 41-42, 91.

（27） Oliver Sacks, *The Man Who Mistook His Wife For a Hat and Other Clinical Tales*, New York 1985, 110. 引用は、A. Funkenstein, *Perceptions*, 33より。Dan McAdams, *The Stories We Live By: Personal Myths and the Making of the Self*, New York 1993も参照。「わたしたちが糧としている物語」の多くは、個人の記憶にではなく、集合的あるいは文化的記憶に属している。トーマス・マンはこの事実を、彼のさまざまな小説（例えば『ヨセフとその兄弟』や『ファウスト博士』）や論文（特に「フロイトと未来」一九三六年）で、格別に印象深く描き出している。これについてはわたしの論文 » Zitathaftes Leben. Thomas Mann und die Phänomenologie der kulturellen Erinnerung «, *Thomas Mann Jahrbuch* 6, hrsg. von E. Heftrich und H. Wysling, 1993（1994）, 133-158を参照。エリック・バーンの「スクリプト」というコンセプトもこの関連で挙げるべきだ。Eric Berne, *Beyond Games and Scripts*, New York 1976を参照。また、Donald P. Spence, *Narrative Truth and Historical Truth. Meaning and Interpretation in Psychoanalysis*, New York/London: Norton 1982も参照。

（28）〈神話原動力〉〔*mythomoteur*〕という概念を最初に打ち出したのは次の論文、Ramon d'Abadal i de Vinyals, » A propos du Legs Visigothique en Espagne «, *Settimane di Studio del Centro Italiano di Studi sull' Alt. Medioevo* 2（1958）, 541-85 である。J. Armstrong, *Nations before Nationalism*, Chapel Hill 1983 および Anthony D. Smith, *The Ethnic Origins of Nations*, Oxford 1986が、この概念をさらに発展させている。わたしの論文 » Frühe Formen politischer Mythomotorik. Fundierende, kontrapräsentische und revolutionäre Mythen «, in: Dietrich Harth und Jan Assmann（Hrsg.）, *Revolution und Mythos*, Frankfurt 1992, 39-61も参照。

（29） フーコーの言説コンセプトの、クリストファー・ティリーによる際立って明晰な要約を参照。Christopher Tilley（Hrsg.）, *Reading Material Culture*, Oxford 1990, 290-304に所収。

（30） Siegfried Morenz, *Die Zauberflöte. Eine Studie zum Lebenszusammenhang Ägypten-Antike-Abendland*, Köln/Münster

1952.

(31) Frances A. Yates, *Giordano Bruno and the Hermetic Tradition*, Chicago/London 1964; Erik Iversen, *The Myth of Egypt and its Hieroglyphs in European Tradition*, 1961, 2. Aufl. Princeton 1993; Liselotte Dieckmann, *Hieroglyphics. The History of a Literary Symbol*, St. Louis 1970. ホラポロンの『ヒエログリュフィカ』二巻の手写本は、イタリア人旅行家クリストフォロ・デ・ブオンデルモンティによって、一四一九年にアンドロス島で発見され、一五〇五年にラテン語訳が刊行された。『ヘルメス選集』は、コジモ・デ・メディチの代理人が一四六〇年にイタリアに持ち帰り、一四六三年にマルシリオ・フィチーノがラテン語に訳した。フィチーノは、このプロジェクトにかまけて、プラトンの翻訳を後回しにせねばならなかった。

(32) Yates, *Giordano Bruno* を参照。

(33) Ingrid Merkel und Allen G. Debus (Hrsg.), *Hermeticism and the Renaissance. Intellectual History and the Occult in Early Modern Europe*, Washington 1988; A. Faivre (Hrsg.), *Présence d'Hermès Trismégiste* (*Cahiers de l'Hermétisme*), Paris 1988を参照。

(34) エーリク・イヴェルセンの見事な概説のほかに、以下の古典的研究も参照。Karl Giehlow, *Die Hieroglyphenkunde des Humanismus in der Allegorie der Renaissance, besonders der Ehrenpforte Kaisers Maximilian I.* (*Jahrbuch der kunsthistorischen Sammlungen* XXXII [1915], Heft 1); Ludwig Volkmann, *Bilderschriften der Renaissance. Hieroglyphik und Emblematik in ihren Beziehungen und Fortwirkungen*, Leipzig 1923; Arthur Henkel und Albrecht Schöne, *Emblemata. Handbuch zur Sinnbildkunst des 16. und 17. Jahrhunderts*, Stuttgart 1967.

(35) Paolo Rossi, *I segni di tempo. Storia della terra e storia delle nazioni di Hooke a Vico*, Mailand 1975, übers. Lydia G. Cochrane: *The Great Abyss of Time. The History of the Earth and the History of Nations from Hooke to Vico*, Chicago 1985. A. Grafton, » Tradition and Technique in Historical Chronology «, in: M. H. Crawfood und C. R. Ligota (Hrsg.), *Ancient History and the Antiquarian. Essays in Memory of Arnaldo Momigliano*, London 1995, 15-31; ders., » Fragmenta historicorum Graecorum: fragments of some lost enterprises «, in: G. W. Most (Hrsg.), *Collecting Fragments – Fragmente sammeln*, Göttingen 1997, 124-143、また特に、ders., *Joseph Scaliger. A Study in the History of Classical Scholarship* II: *Historical Chronology*, Oxford 1993を参照。

(36) James Stevens Curl, *The Egyptian Revival. An introductory study of a recurring theme in the history of taste*, London 1982; Dirk Syndram, *Ägypten-Faszinationen. Untersuchungen zum Ägyptenbild im europäischen Klassizismus bis 1800*, Frankfurt 1990.

(37) Isaac Casaubon, *De rebus sacris et ecclesiasticis exercitationes XVI. Ad Cardinalis Baronii Prolegomena in Annales*, London 1614, 70ff. 次を参照。F. Yates, *Giordano Bruno*, 398-403; A. Grafton, » Protestant versus Prophet: Isaac Casaubon on Hermes Trismegistos «, in: *Journal of the Warburg and Courtauld Inst.* 46 (1983), 78-93. これは *Defenders of the Text. The Traditions of Scholarship in an Age of Science, 1450-1800*, Princeton 1991, 145-161に再録されている。

(38) この伝統についてはとりわけ、Margaret C. Jacob, *The Radical Enlightenment. Pantheists, Freemasons and Republicans*, London 1981を参照。

(39) 古代エジプトの宗教をこのように、「自然」を一神論的に崇拝するものと解釈する初期の例を、ヘンリー・レノルズ〔Henry Reynolds〕の『ミソミスティーズ』〔*Mythomystes*〕(一六三二年)

が与えてくれる。〈いにしえの賢いエジプトの神官たちは、自然(それはそもそも全世界の神性だった)の秘義を究明し始めた〉。そして彼らは、自分たちの知識を秘匿すると同時に伝承するために、〈事物の特定の印や文字〉つまりヒエログリフを考え出した。モーセは、彼の真の知恵を寓意的な言葉で包み隠す術を、エジプトの教師たちから教わった(Dieckmann, *Hieroglyphics*, 96f. から引用)。

(40) この名前を最初に挙げなければならない。なぜなら、彼の浩瀚な、そして今日ではいくつかの点で行き過ぎのように思われる主著(Joachim Spiegel, *Das Werden der Altaegyptischen Hochkultur*, Heidelberg 1953)は、戦後ドイツのエジプト学に新たな方向を示し、より精神的なエジプト像の探求に向かわしめたという点で、最も先まで進んだからである。

(41) Eberhard Otto, *Ägypten. Der Weg des Pharaonenreichs*, Stuttgart 1954.

(42) Hellmut Brunner, *Altägyptische Erziehung*, Wiesbaden 1956.

(43) Siegfried Morenz, *Ägyptische Religion*, Stuttgart 1960. *Gott und Mensch im alten Ägypten*, Leipzig 1965; *Die Begegnung Europas mit Ägypten*, Berlin 1968; Zürich 1969.

(44) Walther Wolf, *Kulturgeschichte des alten Ägypten*, Stuttgart 1962.

第2章

(45) アマルナ宗教の発見史については、Erik Hornung, » The Rediscovery of Akhenaten and His Place in Religion «, in: *Journal of the American Research Center in Egypt* XXIX (1992), 43-49、および、ders., *Echnaton, Die Religion des Lichtes*, Zürich 1995, 9-27を参照。

(46) Arthur E. P. Weigall, *The Life and Times of Akhnaton, Pharaoh of Egypt*, Edinburgh/London 1910. 大賛歌と詩編第一〇四編の関係については一五五―一五七頁を参照。アテンとアドナイについては一三六―一三八頁を参照。これらの名前はもちろん互いに何の関係もない。しかしジークムント・フロイトはウェイゴールの論拠に強い印象を受けていた。

(47) Philippe Aziz, *Moise et Akhenaton, Les énigmes de l'univers*, Paris 1980; Ahmed Osman, *Moses Pharaoh of Egypt. The Mystery of Akhenaten Resolved*, London 1990.

(48) Aleida Assmann, » Stabilisatoren der Erinnerung «, in: dies., *Erinnerungsräume. Formen und Wandlungen des kulturellen Gedächtnisses*, München 1998〔1999〕.

(49) わたしの論文» Das ägyptische Prozessionsfest «, in: Jan Assmann und Theo Sundermeier (Hrsg.), *Das Fest und das Heilige. Religiöse Kontrapunkte zur Alltagswelt* (*Studien zum Verstehen fremder Religionen* 1), Gütersloh 1991, 105-122を参照。

(50) わたしの論文» Ocular Desire in a Time of Darkness. Urban Festivals and Divine Visibility in Ancient Egypt «, in: A. Agus und J. Assmann (Hrsg.), *Torat ha-Adam* (*Jahrbuch für Religiöse Anthropologie/Yearbook of Religious Anthropology* 1), Berlin 1994, 13-29を参照。

(51) J. Assmann, *Ägyptische Hymnen und Gebete*, Zürich 1975, Nr. 147, Verse 26-30.

(52) 構造的に異質と感じられた最初の宗教は、おそらく、ペルシアの宗教だったろう。というのもアケメネス朝の王たちはゾロアストレスの教えを信奉していたからだ。とすると、後にカンビュセスの人物像に結び付いた、神殿の破壊と聖牛アピスの殺害についての伝説は、ひょっとしたらまったくの捏造というわけではないのかもしれない。

(53) W. Helck, *Urkunden des ägyptischen Altertums Abt. IV: Urkunden*

des Neuen Reichs, Heft 22, Berlin 1958, 2025ff.

(54) これについては Hans Goedicke, » The ›Canaanite Illness‹ «, in: *Studien zur Altägyptischen Kultur* 11 (1984), 91-105; ders., » The End of the Hyksos in Egypt «, in: Leonard H. Lesko (Hrsg.), *Egyptological Studies in Honor of Richard A. Parker*, Hannover/London 1986, 37-47を参照(トーマス・シュナイダーによる指摘)。

(55) Papyrus Sallier I, 1.2-3, ed. Gardiner, *Late Egyptian Stories*, 85; H. Goedicke, *The Quarrel of Apophis and Seqenenre*, San Antonio 1986, 10f.

(56) Eduard Meyer, *Aegyptische Chronologie* (*Abhandlungen der Preussischen Akademie der Wissenschaften*), Leipzig 1904, 92-95.

(57) Rolf Krauss, *Das Ende der Amarna-Zeit*, Hildesheim 1978; Donald B. Redford, » The Hyksos Invasion in History and Tradition «, *Orientalia* 39 (1970), 1-51, *Pharaonic King Lists, Annals and Day-Books. A Contribution to the Study of the Egyptian Sense of History*, Mississauga 1986, 293. それどころかレッドフォードはもっと踏み込んで、この物語の特定の細部を、アクエンアテンの治世にあった具体的な出来事に結び付けている。例えば、採石場での強制労働というモティーフを、アメノフィス三世および四世の治下で進められた過剰な建設活動に、あるいは荒野の強制収容所を中エジプトへの遷都に、癩者の支配した一三年間を、アクエンアテンがテル・エル・アマルナで過ごしたであろう一三年間に、アマルナ時代の末期に発生し、二〇年にわたって近東のさまざまな国で猛威を振るった疫病を、この伝説のさまざまなヴァージョンで言及されている伝染病に結び付けている。さらには一連の出来事が起こったのはアメノフィス三世の治世であったとしている。レッドフォードが達した結論はわたしの結論と同じであり、わたしもその結論を必然的と考えている。つまり〈この物語がはっきりと示しているのは、アマルナの瓦解は、そのすべての登場人物や出来事もろとも、エジプトの集合的記憶から失われてしまったのではなく、何らかの形で生き残ってきたということである〉(*King-Lists*, 294)。

(58) *Monotheismus und Kosmotheismus.*

(59) Raymond Weill, *La Fin du Moyen Empire Egyptien. Etude sur les monuments et l'histoire de la période comprise entre la xiie et la xviiie dynastie*, Paris 1918, 95-145を参照。

(60) これに関しては次を参照。Pier Cesare Bori, » Immagini e stereotipi del popolo ebraico nel mondo antico: asino d'oro, vitello d'oro «, in: *L'Estasi del profeta*, 131-150 (豊富な文献目録が付いている。英語版は P. C. Bori, *The Golden Calf and the Origins of the anti-Jewish Controversy*, Atlanta 1990, 101-113に所収。この重要な本を教えてくれたマウロ・ペッシェに感謝する)。この伝統が及ぼした攻撃的な影響については特に Peter Schäfer, *Judaeophobia. The Attitude Towards the Jews in the Ancient World*, Cambridge, Mass., 1997を参照。

(61) わたしは次の版を使用している。W. G. Waddell, Hrsg. u. Übs., *Manetho*, Loeb Classical Library, Cambridge, Mass., 1940.

(62) この二つの抜粋を新たに翻訳し解釈しているのが次の文献である。Peter Schäfer, » Die Manetho-Fragmente bei Josephus und die Anfänge des antiken ›Antisemitismus‹ «, in: G. W. Most (Hrsg.), *Collecting Fragments – Fragmente sammeln*, Göttingen 1997, 186-206. シェーファーが試みているのは、ヨセフスがそのテクストの中で、マネトー的要素と「偽マネトー的」要素を区別するために度を超して厳密に引いた線を破壊することだ。この区別を導いているのは、「反ユダヤ主義的」モティーフを洗い落としたマネトーのテクストを作成しようとする意図である。Schäfer,

Judaeophobia, 17-21も参照。

（63）〔マネトーからの抜粋には〕「トゥモシス」〔Thumosis〕王〔とある〕。メンデスのプトレマイオスは、モーセに率いられたユダヤ人がエジプトから脱出（*poreia*）したときのファラオとして、「アモシス」〔Amosis〕の名を挙げている。これが指しているのは、第一八王朝の初代の王にしてヒクソスからの解放者であるイアフメス〔Ahmose〕以外にありえない（Tatianus, *Oratio ad Graecos*, xxxviii = Menachem Stern, *Greek and Latin Authors on Jews and Judaism*, 3 Bde., Jerusalem, 1974-1984, Bd. I, Nr. 157a/b, S. 380f.）。アピオンも、エクソドスをイアフメスの治世に位置づけるにあたり、プトレマイオスを引き合いに出している。

（64）Stern, I, Nr. 21, S. 78-86; E. Meyer, *Geschichte des Altertums*, Nachdr. Darmstadt 1953, Bd. II.1, 420-6; D. B. Redford, *King-Lists*, 282f.; D. Mendels, » The Polemical Character of Manetho's Aegyptiaca «, in: H. Verdin, G. Schepens, E. de Keyser（Hrsg.）, *Purposes of History*（*Studia Hellenistica* 30）, 1990, 91-110（Th・シュナイダーによる指摘）.

（65）アメノフィス三世の治世に実在していたことが歴史的に証明されているこの人物は、マネトーでは「パアピス」という付帯名の背後に隠れているにちがいない。これに関しては D. Wildung, *Imhotep und Amenhotep*, München 1977, 274-275, §178を参照。著者が指摘しているように、エジプトの文学では、やがて訪れる災厄を予言することは、格別の知恵の持ち主であることを示す典型的な証と見なされていた。

（66）これに関しては *Ägypten. Eine Sinngeschichte*, 422-424を参照。文字で書き留められているということを、予言の伝承が確かであることの証とするモティーフも、典型的である。

（67）同書424f.

（68）J. Krall, *Studien* II, 87f. 以来、この名は「オシリス＝セパ」〔Osiris-Sepa〕と説明されてきた。カイレモンは、ペテセフ〔Peteseph〕という名の形を用いているが、これは *P3dj-Sp3* としてのみ説明できる。トーマス・マンは周知のとおり、この名を「オシリス・ヨセフ」つまり「冥界のヨセフ」とする、魅力的な解釈を提供してくれた。すでにヨセフスが最初の要素を「オシリス」と解釈している。Josephus, C. A. §250（*apò tou en Helioupólei theou Osireos*〔ヘリオポリスの神オシリスにちなんで〕）. 次を参照。Krauss, *Amarna-Zeit*, 213, Anm. 1.

（69）Mary Douglas, *In the Wilderness. The Doctrine of Defilement in the Book of Numbers*（*Journal for the Study of the Old Testament Supplement Series* 158）, Sheffield 1993.

（70）A. Funkenstein, *Perceptions of Jewish History*, Berkeley 1993.

（71）もしかしたらマネトーは、この物語の自分のヴァージョンを、彼の知っていたヘカタイオスのヴァージョンと一致させるために、自らこの注釈を付け加えたのかもしれない。そうだとしても、オサルシフとモーセを同一視することがこの物語に後から付け加えられたことに変わりはない。モーセに対するマネトーの言及をこう評価することについては、広く意見の一致がある。例えば John G. Gager, *Moses in Greco-Roman Paganism*, Nashville/New York 1972, 117を参照。Schäfer, *Manetho-Fragmente*, 200f. は、オサルシフが、このように後からモーセとはっきり同一視されていることにまったく関係なく、すでにその立法の性格ゆえに、モーセのような形象として描かれていることを指摘している。

（72）Raymond Weill, *La fin*, 22-68, 76-83, 111-45, 605-23を参照。

（73）アブデラのヘカタイオス『エジプト誌』〔*Aigyptiaka*〕。抜粋は Diodor, *Bibl. Hist.* XL, 3 = *Diodorus of Sicily*, hrsg. und übs. v. F. R. Walton, Loeb Classical Library, Cambridge, Mass., 1967, 281に所

収。以下を参照。M. Stern, *Greek and Latin Authors*, 20-44; Redford, *King-Lists*, 281f. また、François Hartog, *La Mémoire d'Ulysse*, 72-75; Schäfer, *Judaeophobia*, 15-17も参照。

(74) M・バナールは、ギリシア文化がエジプトに由来するという自説の根拠のほとんどを、ディオドロスのこれらの箇所に求めている(1. 28. 1 - 29. 5; 1. 55. 5および1. 94. 1ff. を参照)。しかし彼には、この伝承が伝説的な性格のものだということがよくわかっていないようだ。

(75) タキトゥスも、ユダヤの神概念の特徴を同じように、一神教的で無図像的としている。本書第2章注(85)を参照。

(76) 例えばリュシマコス『エジプト誌』〔*Aegyptiaca*〕。抜粋は、Josephus, *Contra Apionem* I, 304-311 = Stern, *Greek and Latin Authors*, Nr. 158, Bd. I, 383-6、および、タキトゥスにある。

(77) 例えばマネトーとカイレモン。ボッコリスは第二四王朝のファラオで、エチオピアのシャバカ王によって処刑されたという。ボッコリスはどうやら、アッシリアによる征服とエチオピア時代以前の、最後の正統な王と見なされたらしい。それに対して、アメノフィスの名は、アクエンアテンによる宗教革命以前の最後の王、アメノフィス三世を指している。したがって、この二人の王は、エジプト史上の重大な危機と結び付けられていたようだ。さらに彼らに共通しているのは、「メシア信仰的」な神託と関係していることだ。アメノフィス三世は、「陶工の神託」として知られるギリシア語のテクストに登場する。このテクストは、エジプトが〈帯を締めた者たち〉〔*zonophoroi*〕(マケドニア人をほのめかしている)によって支配される、長い不幸の時代の到来を予言している。その時代の後、太陽神が遣わしてイシス神が玉座に就かせる、一人の王が現れる。これについては László Kákosy, *Acta Orientalia* 19 (1966), 345; Ludwig Koenen, *Zeitschrift für Papyruskunde und Epigraphik* 2 (1968), 178ff.; John W. B. Barns, *Orientalia* 46 (1977), 31ff.; Redford, *King-Lists*, 284-6を参照。ボッコリスは、「子羊の神託」として知られる、デモティックで書かれたテクストに登場する。このテクストは、苦難の時代が九〇〇年続いた後でエジプトが解放され、持ち去られた神々の像が戻ってくることを予言している(Kákosy, *Acta Orientalia* 19, 344f.; Redford, *King-Lists*, 286を参照。文献目録付き)。この二つの神託は、異邦人支配の時代に発生した、そして、癩者伝説とエジプトの諸々のエクソドス物語の背景をなしているのと同じ、土着主義の文脈に入れるのがよさそうだ。

(78) John G. Gager, *The Origins of Anti-Semitism*, New York/Oxford 1983; Jerry L. Daniel, » Anti-Semitism in the Hellenistic Period «, in: *Journal of Biblical Literature* 98 (1979), 45-65; Arieh Kasher, *The Jews in Hellenistic and Roman Egypt: the struggle for equal rights*, Tübingen 1985; Peter Schäfer, *Judaeophobia*.

(79) Josephus, *Contra Apionem* II, 148にあるアポロニオス・モロン、および、Diodorus, *Bibl. Hist.* xxxiv-xxxv を参照。ここでディオドロスはモーセについて、モーセはユダヤ人にその「厭人的で無法な慣習」(*ta misanthropa kai paranoma ethe*)を与えた、と述べている。Stern, *Greek and Latin Authors* I, 182.

(80) カイレモン『エジプト誌』〔*Aegyptiaca Historia*〕。Josephus, *Contra Apionem* I, 288-292 = Stern, *Greek and Latin Authors*, Nr. 178, Bd. I, 419-21に所収。Schäfer, *Judaeophobia*, 30f.; Redford, *King-Lists*, 287f. カイレモンについては次を参照。P. W. van der Horst, *Chaeremon. Egyptian Priest and Philosopher*, Leiden 1984, bes. 8f. und 49f.

(81) 引用は Gager, *Moses*, 49より。

(82) Arthur J. Droge, *Homer or Moses? Early Christian Interpretations*

of the History of Culture, Tübingen 1989, 25-35を参照。

(83) P. M. Fraser, *Ptolemaic Alexandria*, 3 Bde., Oxford 1972, Bd. 1, 704-6を参照。

(84) Stern, Nr. 281, II, 17-63; Schäfer, *Judaeophobia*, 31-33; A. M. A. Hospers-Jansen, *Tacitus over de Joden*, Groningen 1949; D. B. Redford, *King-Lists*, 289; H. Heinen, » Ägyptische Grundlagen des antiken Antijudaismus. Zum Judenexkurs des Tacitus, Historien V 2-13 «, in: *Trierer Theologische Zeitschrift* 101, Heft 2 (April-Juni 1992), 124-149 (E・ヴィンターによる指摘).

(85) *Historiae*, V, §5.4 = Stern, *Greek and Latin Authors* II, 19 und 26.

(86) *De Iside et Osiride*, cap. 31.9, 363 C-D = *Plutarch's Moralia* V, hrsg. und übs. v. Frank Cole Babbitt. Loeb Classical Library, Cambridge, Mass., 1962, 76f.; John G. Griffiths, *Plutarch De Iside et Osiride*, 1970, 418f.

(87) Gager, *Moses*, 30f. を参照。

(88) Stern, *Greek and Latin Authors* I, 97f. を参照。ろば崇拝という非難については以下を参照。B. H. Stricker, *Asenarii* I, *Oudheidkundige Mededelingen uit het Rijksmuseum van Oudheden te Leiden* 46 (1965), 52-75; *Asenarii* II, ebd., 48 (1967), 23-43; *Asenarii* III, ebd., 52 (1971), 22-53; *Asenarii* IV, ebd., 56 (1975), 65-74; Elias Bickerman, » Ritualmord und Eselskult «, in: *Studies in Jewish and Christian History*, Leiden 1980, 842-857; P. C. Bori, *The Golden Calf*, 102-113; Schäfer, *Judaeophobia*, 56f.

(89) Stern, a.a.O., Nr. 164. イリウムのポレモンは、ポロネウスの子アピスの治世にエジプトの軍勢の一部が追放されてシリア・パレスチナ地方に住みついた、と述べている (Stern, Nr. 29, I, 103; Redford, *King-Lists*, 283f.)。

(90) John Toland, *Origines Judaicae*, London 1709, 118f. 以下を参照。Paolo Rossi, *The Dark Abyss of Time*, 128. William Warburton, *The Divine Legation of Moses Demonstrated on the Principles of a Religious Deist, from the Omission of the Doctrine of a Future State of Reward and Punishment in the Jewish Dispensation*, 1738-1741; 2. Aufl. London 1778, 117. 本書一五七―一六三頁を参照。

(91) ストラボンはここで、ほかの人々も唱えている、ある神学の系譜上で論じている。その神学によれば、神性にとっての真の伽藍は宇宙である。これは図像崇拝に対する反論だが、聖書の図像禁止の意味するところをまったく素通りしている。聖書で問題となっているのは一者に対する忠誠だ。図像は「ほかの神々」と同義である。ここでは、包括的で非感覚的な存在(宇宙を隅々まで統べるロゴスは、感覚ではなく理性によってのみ把握できる)を、具象的な礼拝物にまで縮減することが不適切だと説かれている。これに関しては Amir (本書第7章注 (61)), 7も参照。ストラボンはここでポセイドニオスに依拠しており、このテクストの内実はそれゆえ紀元前二世紀の中庸にまで遡ると考えられている。

(92) Strabo, *Geographica* XVI, 2.35; M. Stern, *Greek and Latin Authors*, 261-351, bes. 294f.

(93) Gregor Ahn, » ›Monotheismus‹ – ›Polytheismus‹. Grenzen und Möglichkeiten einer Klassifikation von Gottesvorstellungen «, in: *Mesopotamica – Ugaritica – Biblica. Festschrift für Kurt Bergerhof*, hrsg. v. M. Dietrich und O. Loretz, Kevelaer-Neukirchen: Neukirchner Verlag 1993, 1-24, bes. 5-12を参照。

(94) Nicolas Abraham und Maria Torok, *L'Écorce et le noyau*, Paris 1978.「クリュプタ」という概念で著者たちは、世代を超えて伝えられる、抑圧された思い出のことを指している。これと区別されているのが「抑圧」という概念であり、これは個人の心的生活に関連している。両著者のドイツ語で読める本に *Kryptonymie*.

Das Vokabular des Wolfmanns, Berlin 1979がある。

(95) Aleida Assmann, »Stabilisatoren der Erinnerung«を参照。J・F・リオタールに言及している。

(96) Donald B. Redford, *Egypt, Canaan, and Israel in Ancient Times*, Princeton 1992, 419.

(97) Emma Brunner-Traut, *Altägyptische Tiergeschichte und Fabel, Gestalt und Strahlkraft*, Darmstadt 1984.

(98) Mary Douglas, *In the Wilderness*, 148.

(99) 図像と神の現前に関する古代の諸々の伝承についてはMoshe Barasch, *Icon. Studies in the History of an Idea*, New York 1992, 23-48を参照。

(100) Pap. CPJ 520. 引用はDavid Frankfurter, *Elijah in Upper Egypt. The Apocalypse of Elijah and Early Christianity*, Minneapolis 1993, 189-191より。

(101) Heinz Heinen, »Ägyptische Grundlagen des antiken Antijudaismus«, in: *Trierer Theologische Zeitschrift* 101 (1992), 124-149, 128-132を参照。

(102) John Gager, *Origins of Anti-Semitism*' ならびにここでは特に、Peter Schäfer, *Judaeophobia* を参照。

(103) Carlo Ginzburg, *Hexensabbat. Entzifferung einer nächtlichen Geschichte*, übers. von Martina Kempter, Frankfurt 1993, Kapitel 1: »Leprakranke, Juden, Muslime«, 47-75.

(104) もしかしたらマネトーの記録は、ヨセフス・フラウィウスの著作に見られる形で中世には知られており、こうして癩者とユダヤ人を結び付ける連想が息を吹き返したことに与っていたのかもしれない。ギンズブルクはこれに関して次の文献を挙げている。Hans Schreckenberg, *Die Flavius-Josephus-Tradition in Antike und Mittelalter*, Leiden 1972 (Ginzburg, S. 325, Anm. 20). しかしながら、中世ではヨセフスの引用は、もっぱら『ユダヤ戦記』〔*Bellum Judaicum*〕と『ユダヤ古代誌』〔*Antiquitates Judaicae*〕からなされており、ユダヤ人と癩者に関する古代の伝説を報告している『アピオンへの反論』は一度も引用されない。しかしこの物語は、例えばタキトゥスやオロシウスなど、中世に読まれたほかの古代の文書にも出てくる。

(105) Ginzburg, *Hexensabbat*, 76-102.

(106) Benno Landsberger, R. Hallock, Thorkild Jacobsen und Adam Falkenstein, *Materialien zum Sumerischen Lexikon* (*MSL*) *IV: Introduction. Part I: Emesal Vocabulary*, Rom 1956, 4-10.

(107) Robert L. Litke, *A Reconstruction of the Assyro-Babylonian God Lists An: Anum, Anu ša Ameli*, Diss. U Yale, 1958. この文献と、関連する多くの事柄を教えてくれたカールハインツ・デラーに感謝する。

(108) British Museum, tablet K 2100 = British Museum. Dept. of Egyptian and Assyrian Antiquities. *Cuneiform Texts from Babylonian tablets, &c., in the British Museum*, Bd. XXV, London 1909, 18.

(109) J. Gw. Griffiths, *Apuleius of Madauros: The Isis-Book* (*Metamorphoses, Book XI*), EPRO 39, Leiden 1975, 70f., 114ff.; R. Merkelbach, *Isis-Regina, Zeus-Sarapis*, Stuttgart 1995, 266-303.

(110) Asclepius c. 20. これに関しては本書二二五―二二八頁を参照。ところでこのテクストの著者は、伝統的に『黄金のろば』を書いたのと」同じアプレイウスと（誤って）されてきた。

(111) アプレイウスが、エジプト人だけでなくエチオピア人も真の伝統を保持しているといっているわけは、イシスの中心的な聖地であるフィラエ島が、エジプトとヌビア（「エチオピア」）の境にあるからだ。

(112) *Ägypten. Eine Sinngeschichte*, München 1996, S. 466f.

(113)〈ヒュプシストス〉についてはMartin Nilsson, *Harvard Theological Review* 56 (1963), 101-20を参照。ユダヤ人の神の名で、〈ヘブライ語のエル・エリヨン〔El Elyon＝至高の存在〕の訳語である〈ヒュプシストス〉については以下を参照。Elias Bickerman, *The Jews in the Greek Age*, Cambridge, Mass., 1988, 263f.; Martin Hengel, *Judentum und Hellenismus*, 3. Aufl. Tübingen 1988, 545f.; Carsten Colpe, » Hypsistos «, in: *Der Kleine Pauly*, Bd. 2, München 1979, 1292f.

(114) Erik Peterson, *Heîs Theós. Epigraphische, formgeschichtliche und religionsgeschichtliche Untersuchungen, Forschungen zur Literatur des Alten und Neuen Testaments*, NF. 24, Göttingen 1926; Otto Weinreich, *Neue Urkunden zur Sarapis-Religion*, Tübingen 1928.

(115) Ps. Just. Cohort. ad Graecos 15 = Orph. fr. 239. Macrobius, *Saturnalia* I, 18.17には最初の詩行が引用されている。

(116) M. Nilsson, *Grundriß der griechischen Religionsgeschichte*, München 1974, II, 573f.

(117) Macrobius, *Sat.* I, 18.20. 以下を参照。Peterson, 243f.; Hengel, loc. cit. 476f. さらに次の碑文〈一なるゼウス・セラピス・イアオ〉〔*Heîs Zeùs Sérapis Iaó*〕(CIL II Suppl. 5665 = F. Dunand, » Les syncrétismes dans la religion de l'Egypte grécoromaine «, in: F. Dunand, P. Levêque [Hrsg.], *Les Syncrétismes dans les religions de l'antiquité*, EPRO 46, Leiden 1975, 170) も参照。

(118) E. Peterson, *Monotheismus als politisches Problem*, Leipzig 1935; ders., *Theologische Traktate*, München 1951, 45-147; Alfred Schindler (Hrsg.), *Monotheismus als politisches Problem. Erik Peterson und die Kritik der politischen Theologie* (*Studien zur evangelischen Ethik* 14), Gütersloh 1978. また、宗教融合の政治的次元については、Arnaldo Momigliano, » The Disadvantages of Monotheism for a Universal State «, in: *On Pagans, Jews, and Christians*, Middletown, Conn., 1987, 142-158、および、F. Dunand, » Les syncrétismes «, 152-185, 173ff. も参照。古代末期についてはGarth Fowden, *Empire to Commonwealth. Consequences of Monotheism in Late Antiquity*, Princeton 1993を参照。

(119) Reinhold Merkelbach und Maria Totti, *Abrasax. Ausgewählte Papyri religiösen und magischen Inhalts*. Bd. 1: *Gebete* (*Abhandlungen der rheinisch-westfälischen Akademie der Wissenschaften, Sonderreihe Papyrologica Coloniensia* Bd. XVII.1), 166f. を参照。さらなる類例はE. Peterson, *Heîs Theós*, 254を参照。

(120) *Papyri Graecae Magicae* ed. Preisendanz II, 109, 119.

(121) Hippolytos, *Refutatio omnium haeresium* V, 9, 7-11. 引用はW. Foerster, *Die Gnosis*, Bd. 1: *Zeugnisse der Kirchenväter*, Zürich: Artemis 1969, 358f. より。

(122) Epigramm XLVIII Ausonius ed. H. G. E. White, 2 Bände, Cambridge, Mass., 1985, 2, 186f.

(123)「わが地所にある、あらゆる神の属性を備えたリベル・パテルの大理石像に捧ぐ、異国風の混合詩」。

(124) ホワイトによれば、これが指しているのはテーバイ人、つまり、この都市の神話上の創健者オギュゲス王の息子たちである。

(125) アウソニウスの地所。

(126) U. Hölscher, *Empedokles und Hölderlin*, Frankfurt 1965, 48.

(127) E. Norden, *Agnostos Theos*, 61.

(128) Augustin, *De consensu evangelist*, 1.22.30 und 23.31, *Patrologia Latina* 34, 1005f. = Varro, fr. I, 58b. 次を参照。Hengel, *Judentum und Hellenismus*, 472.

(129)『アネボーへの手紙』。次に引用されている。Jamblich, *De Mysteriis Aegyptiorum* VII 5, hrsg. und übers. von Ed. Des Places, 2.

Aufl. Paris 1989, 193.

(130) Origenes, *Contra Celsum*, I 24, V 41 (45). Hengel, loc. cit., 476を参照。

(131) Plutarch, *De Iside et Osiride*, chap. 67, pp. 377ff.

(132) 翻訳は J. Gw. Griffiths, *Plutarch De Iside et Osiride*, University of Wales Press 1970, 223f. に依った。

第3章

(133) もう一つの痕跡を出エジプト記一一章三節に見つけることができる。「さらにモーセという男はエジプトの国で、はなはだ大いなる人物と見られていた」。これは文脈を奇妙にも外れた節だ。なぜならこの節は、〔この箇所まで読み進んできた〕読者がすでにモーセにすっかり馴染んでいるのに、彼について、「モーセという男」と、かくも距離を置いて述べているからだ。フロイトがほかでもない、文脈中で奇異の印象を与えるこの言い方を、モーセに関する自著のタイトルに取り入れたことも注目に値する。Knauf, *Midian*, 129 も参照。

(134) 「ヘブライ学者」という呼称でわたしが考えているのは、ヘブライ語ができて旧約聖書を原語で読んだだけでなく、入手できたかぎりのラビとカバラの伝承をも研究した、十六世紀と十七世紀のかの学者たちのことだ。ヘブライ学の文献についてわたしはごく限られた知識しか持ち合わせていないが、スペンサーや彼が引き合いに出しているほかのヘブライ学者から推測するに、彼らはユダヤ教関連の文献を、今日の旧約聖書学に見られる通常の水準に比して、はるかによく熟知していた。特に十七世紀のキリスト教徒ヘブライ学者に関しては、Frank E. Manuel, *The Broken Staff. Judaism through Christian Eyes*, Cambridge, Mass., 1992、および、Aaron L. Katchen, *Christian Hebraists and Dutch Rabbis. Seventeenth Century Apologetics and the Study of Maimonides ›Mishneh Torah‹*, Cambridge, Mass., 1984を参照。

(135) ケンブリッジ、一六八五年刊。この著作はしばしば版を重ねた。例えばデン・ハーグ、一六八六年、ライプツィヒ、一七〇五年、ケンブリッジ、一七二七年、そしてテュービンゲン、一七三二年。わたしは一六八六年の版から引用している。この著作を入手し、フィルムに収め、再び拡大するのを助けてくれたフローリアーン・エーベリングに感謝する。

(136) Philo Judaeus, *Vita Mosis* I, v, §23.

(137) Thomas von Aquin, *De legibus* = Summa Theologica I-II, 99.4; *Die Deutsche Thomas-Ausgabe*, hrsg. Philosophisch-Theologische Hochschule Walberberg bei Köln, Bd. 13 = O. H. Pesch (Hrsg.), *Das Gesetz*, Heidelberg/Graz 1977, 181f. A. Schenker OP, » Die Rolle der Religion bei Maimonides und Thomas von Aquin «, in: *Ordo Sapientiae et Amoris* (Fs. J.-P. Torrell OP), Fribourg 1993, 169-193. 律法の三分割については、Daniel Krochmalnik, » Das Zeremoniell als Zeichensprache. Moses Mendelssohns Apologie des Judentums im Rahmen der aufklärerischen Semiotik «, in: Josef Simon und Werner Stegmaier (Hrsg.), *Fremde Vernunft. Zeichen und Interpretation* IV, Frankfurt 1998、および、M.-D. Chenu, » La théologie de la loi ancienne selon S. Thomas «, RT 69, 1961, 485-497; A. Funkenstein, *Theology and the Scientific Imagination from the Middle Ages to the Seventeenth Century*, Princeton 1986, 240f. ならびに A. Schenker, a.a.O., 172f. を参照。マイモニデスでは、スコラ学の三分割に対応しているのが、〈ミツヴォット〉(=*moralia*)、〈フッキム〉(説明のつかない儀式法= *caeremonialia*)、〈ミシュパティム〉(= *iudicialia*) の区別だ。Schenker, a.a.O. および Krochmalnik, a.a.O. を参照。

(138) セルデンによる〈自然法〉〔*ius naturale*〕（ノアの時代の律法）と〈ヘブライ人の戒律〉〔*disciplina Hebraeorum*〕の区別も参照。John Selden, *De Iure Naturali et Gentium iuxta Disciplinam Hebraeorum libri septem*, London 1640; Friedrich Niewöhner, *Veritas sive Varietas. Lessings Toleranzparabel und das Buch von den drei Betrügern*, Heidelberg 1988, 333-336.「諸民族の自然法」の発見がヴィーコの「新しい学」〔Scienza nuova〕の対象である。ヴィーコは、フーゴー・グロティウス、ジョン・セルデン、ザームエル・プーフェンドルフを、自然法の指導的理論家として挙げている。Leon Pompa (Hrsg. und Übs.), *Vico. Selected Writings*, Cambridge 1982, 81-89を参照。

(139) 例えばサミュエル・ボシャール（一五九九—一六六七）、ピエール＝ダニエル・ユエ（一六三〇—一七二一）、エドワード・スティリングフリート（一六三五—一六九九）、セオフィル・ゲイル（一六二八—一六七八）など、スペンサーに直接先行する、あるいは彼と同時代のさまざまな人々が、〈原初の神学〉〔*prisca theologia*〕というルネサンスのコンセプトよりも聖書の知恵の方が先であることを確証する仕事に携わった。この〈原初の神学〉というコンセプトは、ヘルメス・トリスメギストスやゾロアスターのような人物に始祖としての地位を与えた。上述の人々が翻訳、借用、継承などの表現を用いるとき、必然的に聖書が与える側で、異教が受け取る側である。さらに彼らにとって、継承と派生は、退化、歪曲、堕落と同義である。

(140) それから百年を経てもなお、ヨハン・ゲオルク・ハーマンは「密儀導師の手紙」〔Hierophantische Briefe〕の中で、律法をエジプト起源とする「スペンサーの仮説」と戦い、律法をキリストに関連づけて解釈する「象徴説」を信奉することを公言している。J. G. Hamann, *Hauptschriften erklärt*, hrsg. v. Fritz Blanke und Karlfried Gründer, Bd. 5, *Mysterienschriften*, S.40を参照。ハーマンはこれらの手紙で、とりわけヨハン・アウグスト・シュタルクに対して論陣を張っている。この人物はフリーメイソンにして「秘密カトリック教徒」で、一七七四年以降、ケーニヒスベルクの神学教授だった。彼は博士論文『キリスト教における異教の影響について』〔*De tralatitiis ex gentilismo in religionem Christianam*〕で、宗教史に関するスペンサーのテーゼと方法を、新約聖書とキリスト教に応用していた。この「神学・歴史・好古趣味のごたまぜ」（同書一九頁）をハーマンが激しく拒絶していることからも、スペンサーの試みの及ぼした神学上の影響がどれほどのものだったかわかる。

(141) 以下では次の翻訳に依拠している。Shlomo Pines, übers., Moses Maimonides, *The Guide of the Perplexed* (*Dalâlat al-ha'irîn*), Chicago 1963. ドイツ語訳は *Moses ben Maimon, Führer der Unschlüssigen*, Übs. und Kommentar von A. Weiss, mit einer Einführung von J. Maier, Leipzig 1924, repr. Hamburg 1972を参照。マイモニデスは（ヘブライ文字を用いて）アラビア語で書いた。イブン・ティボンによるヘブライ語訳は一二〇四年に完了した。ラテン語による最も古い部分訳は一二二四年になされた。十七世紀のマイモニデス受容もしくはマイモニデス・ルネサンスにとって決定的だったのが、ヨハン・ブクストルフ〔Johann Buxtorf〕による翻訳だ。Rabbi Moses Maimonides, *Doctor Perplexorum*, Basel 1629. スコラ学におけるマイモニデス受容については Schenker, » Rolle der Religion «, bes. 179f. を参照。スペンサーはマイモニデスをヘブライ語で引用し、たまにアラビア語の原文を引いている。

(142) Richard H. Popkin, » Newton and Maimonides «, in: James E. Force und ders., *The Third Force in Seventeenth-Century Thought*, Leiden 1992, 189-202; Scott Mandelbrote, » Isaac Newton and

Thomas Burnet: Biblical Criticism and the Crisis of Late Seventeenth Century England «, in: R. H. Popkin und J. E. Force (Hrsg.), *The Books of Nature and Scripture*, Dordrecht 1994, 149-178.

(143)「神の狡知（もしくは「実践理性」）と知恵」（*talattuf allalah wahikmatuhu*、ヘブライ語 *'ormat ha-eloha we-hochmato*）というマイモニデスの表現（*Moreh Nebukhim* III, 32）と、「理性の狡知」というヘーゲルの概念（G. W. F. Hegel, *Philosophie der Geschichte*, Stuttgart: Reclam 1961, 78ff.）をこのように結び付けているのが、Amos Funkenstein, *Perceptions of Jewish History*, Berkeley 1993, 141-144である。イブン・ティボンは*'orma*「狡知」ならびに*tahbulah*「術策、戦略」という語を用いて、アラビア語の*talattuf*を訳している。この語は、本来はむしろ「好意、洗練」を意味している。Schenker, » Rolle der Religion «, 175, Anm. 28も参照。

神あるいは理性の狡知という観念が、マイモニデスからヘーゲルにいたるまで歩んだ道筋を、フンケンシュタインは彼の本*Theology and the Scientific Imagination from the Middle Ages to the Seventeenth Century*, Princeton 1986, 222-271でたどっている。彼のそれ以前の著作、*Heilsplan und natürliche Entwicklung. Gegenwartsbestimmung im Geschichtsdenken des Mittelalters*, München 1965と» Gesetz und Geschichte. Zur historisierenden Hermeneutik bei Moses Maimonides und Thomas von Aquin «, in: *Viator* 1, 1970, 147-178も参照。特にStephen D. Benin, » The ›Cunning of God‹ and Divine Accommodation «, in: *Journal of the History of Ideas* 45, 1984, 179-192を参照。ベニンは一八三頁でヨハネス・クリュソストモスも挙げている。クリュソストモスによれば、神は〈入念に案出した戦略を通じて〉ユダヤ人に偶像崇拝をやめさせた。ベニンは特に、ほかにユダヤ人の犠牲の慣わしを神の譲歩とする問題に関して、も教父文献をたくさん引用している。ヘーゲルの「理性の狡知」で頂点に達する、応化概念の諸々の世俗化ヴァージョンの問題については、ベニンはヴィーコの〈神慮〉〔*providentia*〕の概念を挙げている。Benin, 190f., mit Anm. 68.

スペンサーは、神は「立派に欺く方法と曲がりくねった手段」（*methodis honeste fallacibus et sinuosis gradibus*）を用いたと述べている。*De Legibus*, Bd. 3, 28.

(144) ここでは次の文献に依拠している。Daniel Krochmalnik, » Der Sinn der Opfer. Nach dem ›Führer der Verirrten‹ III, 32 «, in: *Der Landesverband der Israelit. Kultusgemeinden in Bayern*, 11. Jg. Nr. 73, 21-24.

(145) Pines, *Guide*, Introduction, cxxiii.

(146)『コーラン』〔「フリューゲル版」〕二章五九節〔「エジプト版」では二章六二節〕。五章七三節〔同五章六九節〕ならびに二二章一七節〔同二二章一七節〕を参照。

(147) エドワード・スティリングフリートは一六六二年に、サービア教徒を「東方のカルデア人」と同一視した。彼がこれで考えていたのはゾロアスター教徒のことだった。「このザービイ人に関して、マイモニデスがわれわれに語っているところでは、彼らの儀式を理解すれば、現在われわれには不明の聖書のさまざまな章句の意味が、大いに明らかになるだろう。しかし目下のところ彼らについては、スカリゲルが述べている以上の事柄はほとんど知られていないらしい。つまり彼らが東方のカルデア人だったということである」。スティリングフリートによれば、ゾロアスターはサービア教徒の開祖にして「ペルシアの宗教の創始者、あるいはより適切には、ペルシア人の間でそれを振興した者」だった。彼は「ザービイズム」と「ペルシアの宗教」は、「偶像崇拝の中心的な点、つまり太陽を崇拝するという点で一致している」と考えた。Edward Stillingfleet, *Origines sacrae, or a rational account of the grounds of Christian faith, as to the truth and divine authority of the scriptures, and the matters therein contained*, London 1662, 3. Aufl. London 1666; I-II, Oxford 1797, I, 49-51. セオフィル・ゲイルは、〈ザービイ人の儀式はカルデア人およびペルシア人の儀式と同じものであり、彼らは皆、太陽や火などを崇拝する点で一致している〉と考えた。Theophile Gale, *The Court of the Gentiles*, 2 Bde., Oxford 1669-71, II, 73を参照。ゲイルによれば、アブラハムは原初の知恵をカルデア人に伝えたが、彼らの手中でその知恵はすぐに、〈審判のための占星術、あるいは予言というあの黒い術（神を離れているがゆえに正当にもそう呼ばれている）〉に堕した。後にこの黒い術からザービイズムが生まれた。この伝統の最後の発展段階がゾロアスター教だった。というのも、〈一般にペルシアの哲学および礼拝の創始者といわれるゾロアスターは、実際にはその促進者にほかならなかった。なぜなら、ペルシア人の儀式の主要部分、および、彼らのマギが教わった知恵は、ザービイ人あるいはカルデアの哲学者たちから伝えられたからだ〉。サービア教徒あるいはザービイ人については Th. Gale, *Philosophia Generalis in duas partes determinata*, London 1676, 139f. も参照。トマス・ハイドは順序をひっくり返して、ザービイズムをゾロアスター教の退化形態と見なした。Thomas Hyde, *Historia religionis veterum Persarum, eorumque Magorum*, 1700, 2. Aufl. Oxford 1760, 122-138. トマス・スタンリーはその記念碑的著作の最後の巻で「カルデア人の哲学の歴史」を扱っている。これは一〇六二頁から一〇六七頁にかけて「シバ人」〔Sabeans〕を論じている。Thomas Stanley, *History of Philosophy*, 3 Bde., London 1665-72; London 1687 = New York/London 1978. これに関しては Michael Stausberg, *Faszination Zarathustra. Zoroaster und die europäische Religionsgeschichte. Renaissance bis Aufklärung* (Diss. Bonn 1995)を参照。印刷中の論文の原稿を一部譲ってくれた著者にとても感謝している。

（148）D. Chwolsohn, *Die Ssabier und der Ssabismus*, 2 Bde., St. Petersburg 1856を参照。

（149）Funkenstein, *Perceptions*, 144.

（150）Walter Scott（Hrsg. und Übs.）, *Hermetica. The ancient Greek and Latin writings which contain religious or philosophic teachings ascribed to Hermes Trismegistus*, 1929, repr. Boston 1993, 97-108.

（151）彼らのうち最も重要な人物がサービト・イブン・クッラ（八三五頃―九〇一）だった。彼は数ある著作の中でも『サービア人の宗教について』〔*De religione Sabiorum*〕なる本を著した。Scott, *Hermetica*, 103-105を参照。

（152）Pines, *Guide*, cxxiii-cxxiv.

（153）ハラルト・ヴァインリヒ――Harald Weinrich, *Gibt es eine Kunst des Vergessens?* (*Jacob Burckhardt-Gespräche auf Castelen* 1), Basel 1996――は、ウンベルト・エーコ――Umberto Eco, » An Ars Oblivionalis? Forget it! «, in: *PMLA* 103（1988）, 254-61（イタリア語版 » Ars Oblivionalis «, *Kos* 30 [1987], 40-53）――に反対して、ある種の忘却術が存在すると考えている。しかしながら両者は個人の忘却の次元のことをいっている。それに対してわたしが言及しているのは集合的もしくは文化的記憶の次元である。ヴァインリヒは、彼の本 *Lethe. Kunst und Kritik des Vergessens*, München 1997でも、個人の忘却のみを扱っている。

（154）スペンサーはこのように、マイモニデスの『迷える人々のための導き』に施された、ラビのシェム・トーヴ・ベン・ヨセフ・イブン・シェム・トーヴの注釈を訳している。

（155）Mary Douglas, *Purity and Danger: An Analysis of Concepts of*

Pollution and Tabu, London 1966, 41-57. 中世の哲学者と現代の人類学者の間のこの興味深い論争に注意を向けさせたのが Funkenstein, *Theology and the Scientific Imagination*, 233, Anm. 40である。

(156) 律法の歴史性については A. Funkenstein, » Gesetz und Geschichte: Zur historisierenden Hermeneutik bei Moses Maimonides und Thomas von Aquin «, in: *Viator* I (1970), 147-178も参照。

(157) Spencer, *De Legibus*, Bd. 2, 213. S・ピネスはその序論で、アラビア語でも「サービア」という表現は、広くすべての異教徒を指しうることを指摘している。ただし彼は、『迷える人々のための導き』には、この拡大された用例は一つも見られないことを付言している (Pines, *Guide*, cxxiv)。マイモニデスはサービア教徒のことを、ハランにいた集団と考えている。彼はその集団を、かつて世界を支配していたある宗教の、今では消滅してしまった名残と解した。

(158) Francis Schmidt, » Des inepties tolérables. La raison des rites de John Spencer (1685) à W. Robertson Smith (1889) «, in: *Archive de Science sociale des Religions* 85 (1994), 121-136を参照。

(159) 偶像崇拝に関するマイモニデスの主著は、ミシュナの一書『ヒルホート・アヴォダー・ザラー』〔*Hilkhot Avodah Zarah*〕についての注解で、彼の『ミシュネー・トーラー』〔*Mishneh Torah*〕第一巻に収められている。この注解は何度もラテン語に訳され、このテーマに関する十七世紀のキリスト教護教文献の最重要の基礎をなした。Katchen, *Christian Hebraists* を参照。ヘラルト・フォシウスは、そのよく引用された著書『異教の神学』に、息子のディオニシウス・フォス（一六一二—一六三三）の著作 Maimonides, *De idolatria, cum interpretatione Latina et notis* を付した。Gerardus Joannis Vossius, *De theologia gentili et physiologia christiana: sive de origine ac progressu idololatriae, ad veterum gesta, ac rerum naturam, reductae; deque naturae mirandis, quibus homo adducitur ad Deum*, Amsterdam 1641, 2. Aufl. Frankfurt 1668; repr. New York/London 1976 (*The Renaissance and the Gods* 28) を参照。

(160) Funkenstein, *Perceptions*, 17. この点について書簡で説明してくれたゲジーネ・パルマーに感謝する。彼女が一九九五年五月五日付の手紙でわたしに教えてくれたところによると、ハラハー的思考は、ある法の有効性が、歴史的状況が変化してもなお持続していることを証明しようと努める。この観点からすれば、歴史解釈が目的としているのは、ある法を撤廃することではなく、反対にそれを維持することだ。ある歴史的事例Aと現在の事例Bの区別は、一つの共通項Cの発見に役立つ。この共通項が、その法の意味として確定される。

(161) しかしながら Funkenstein, *Perceptions*, 16-18を参照。彼はこの法学的立論に歴史意識の一つの源泉があると考えている。

(162) Spencer, *De Legibus*, Bd. 3, 12.

(163) *Moreh Nebukhim* III, 46, Pines, *Guide*, Bd. 2, 581-2.

(164) 以下に関しては特に Bezalel Porten, *Archives from Elephantine. The Life of an Ancient Jewish Military Colony*, Berkeley/Los Angeles 1968を参照。

(165) Porten, *Archives*, 105-150.

(166) Porten, *Archives*, 133-150.

(167) Porten, *Archives*, 173-179.

(168) Porten, *Archives*, 290f.

(169) Herodot, *Hist.* III, 27-29.

(170) Georges Posener, *La première domination perse en Egypte. Recueil d'inscriptions hiéroglyphiques*, Kairo 1936; Friedrich Karl Kienitz, *Die politische Geschichte Ägyptens vom 7. bis zum 4. Jahrhundert vor*

der Zeitwende, Berlin 1953, 55-60.

(171) Diodorus Siculus, *Bibl. Hist.* I, 94f.; Kienitz, *Politische Geschichte Ägyptens*, 61-66.

(172) Porten, *Archives*, 292f.

(173) わたしの報告が依拠しているのは、B. Porten, *Archives*、および、エードゥアルト・マイヤー〔Eduard Meyer〕の今なお読む価値のある本 *Der Papyrusfund von Elephantine. Dokumente einer jüdischen Gemeinde aus der Perserzeit und das älteste erhaltene Buch der Weltliteratur*, 3. Aufl. Leipzig 1912である。Schäfer, *Judaeophobia*, 121-135も参照。

(174) Spencer, *De Legibus*, Bd. 2, 231. ミスライムとオシリスを同一視することは、ヘラルト・フォシウスに端を発する（*Antiquissimus Osiris videtur Mitsraim, Cham filius*〔太古のオシリスは、ハムの息子ミツライムと考えられる〕）。そしてニュートンにも受け継がれた（*Ut Mizraim fuit Chami filius et Aegypti totius Rex et Pater, sic etiam Osiris*〔ミズライムは、ハムの息子にして全エジプトの父なる王であったが、さらにはオシリスでもあった〕）。Popkin, » Newton and Maimonides «, 199を参照。

(175) 〈それゆえ、神がエジプトの神々を侮蔑するために、雄羊と雄牛を聖なるペサハの祭日に生け贄として捧げるよう欲したのは、もっともな理由があってのことなのである〉。

(176) 〈神はその律法で、古代エジプト人が最も高く崇めていたまさにその動物を激しく嘲り、きわめて侮蔑的に〔*maxima cum contumelia*〕扱おうとしたようである〉。

(177) Funkenstein, *Perceptions*, 37は別様に考えている。

(178) Spencer, *De Legibus*, Bd. 2, 223-229.

(179) スペンサーは〈動物崇拝〉〔*zoolatria*〕という概念をギリシア文字で用いている。

(180) Funkenstein, *Perceptions*, 37. ただし彼はこの世辞を皮肉を込めて述べている。しかしウィリアム・ロバートソン・スミスは、スペンサーのことを真面目に、この業界の、同時代人より二百年先を行く創始者の一人と見なした。William Robertson Smith, *The Religion of the Semites*, Cambridge 1889, xiv. これに関しては Francis Schmidt, » Des inepties tolérables «を参照。F・シュミットと知り合うことができたのは、わたしの友人ギー・ストルームサのおかげだ。そしてF・シュミットに、関連する彼の諸論文を送ってくれたことを感謝する。

(181) 出エジプト記二三章一九節、三四章二六節、申命記一四章二一節。Spencer, *De Legibus*, Bd. 2, 270-79を参照。

(182) 申命記二六章一三―一四節。Spencer, *De Legibus*, Bd. 2, 420-24を参照。

(183) Othmar Keel, *Das Böcklein in der Milch seiner Mutter und Verwandtes: im Lichte eines altorientalischen Bildmotivs*（*Orbis Biblicus et Orientalis* 33）, Fribourg 1980. ケールは解釈史を見事に概説し、規範転倒の原理に依拠する解釈をすべて、思弁的で時代錯誤のものとして退けている。

(184) この律法がユダヤ教で用いられると、「子山羊」の概念はあらゆる種類の肉に、そして「その母の乳」という概念はあらゆる種類の乳製品に拡張される。肉を乳やヨーグルトで煮るという風習は、今日なおシリア料理に特徴的だ。レバノンにはそれどころか、「その母の乳」（*laban 'ummu*）と呼ばれる有名なラム料理がある。H. G. Fischer » ›Milk in everything cooked‹ (Sinuhe B 91-92) «, in: *Egyptian Studies I: Varia*, New York 1976, 97-99を参照。

(185) この発見はボシャール（*Hierozoicon* I, 639f.）の功績だ。Keel, *Böcklein*, 33を参照。

(186) R. Menachem, *'adah le-derekh*, fol. 83, col. 2. 引用は Spencer, *De*

Legibus, Bd. 2, 276より。スペンサーはヘブライ語のテクストとそのラテン語訳を載せている。

(187) 申命記一四章二一節。Einheitsübersetzung der Heiligen Schrift, Kath. Bibelanstalt, Stuttgart 1980, 195.

(188) わたしが引き合いに出しているのは David Lowenthal, *The Past Is a Foreign Country*, Cambridge 1985である。しかし、歴史化することで異化する種々のテクニックをもっと踏み込んで扱っているのが、Anthony Kemp, *The Estrangement of the Past. A Study in the Origins of Modern Historical Consciousness*, New York/Oxford 1991だ。

(189) Epist. lib. 2, ep. 1. スペンサーの正書法に拠る。

Agricolae prisci, fortes, parvoque beati,
Condita post frumenta, levantes tempore festo
Corpus, & ipsum animum spe finis dura ferentem,
Cum sociis operum, & pueris, & conjuge fida,
Tellurem porco, Sylvanum lacte piabant.

〔一時代前の農民は体が丈夫で、ごく僅かなもので満足していたが、／収穫の後の休みには、辛い仕事の終わるのを待って／これまで耐えてきた体や心を休めてから、／仕事の仲間や子供等やその貞節な妻と共に、／テルスの神には豚を捧げ、スィルヴァーヌスには乳を捧げた（『ホラティウス全集』鈴木一郎訳、玉川大学出版部、二〇〇一年、六二九―六三〇頁、訳文を一部変更）。〕

(190) Spencer, *De Legibus*, Bd. 2, 274.

(191) Diodor, *Bibl. Hist*. I, 14.2 = C. H. Oldfather, übers., *Diodorus of Sicily*, Bd. 1, Cambridge, Mass., 1933, 49.

(192) *De error. prophan. relig*., 2, 3. 引用は Th. Hopfner, *Fontes historiae religionis Aegyptiacae* IV, Bonn 1924, 519より。

(193) Pap. Salt 825, I, 1-6 = Philippe Derchain, *Le Papyrus Salt 825. Rituel pour la conservation de la vie en Égypte*, Brüssel 1965; S. Schott, » Altägyptische Vorstellungen vom Weltende «, in: *Analecta Biblica* 12, 1959, S. 319-330; J. Assmann, » Königsdogma und Heilserwartung. Politische und kultische Chaosbeschreibungen «, in: *Stein und Zeit. Mensch und Gesellschaft im alten Ägypten*, München 1991, S. 284.

(194) Papyrus Louvre I 3079 = Jean Claude Goyon, » Le cérémonial de glorification d'Osiris du pap. Louvre I 3079 «, in: *Bulletin de l'Institut Français d'Archéologie Orientale* 65, 1967, S. 96f.

(195) *Praepar. Evang*., lib. 1, cap. 9.

(196) スペンサーの引用法では lib. 21, p.m. 221; lib. 19, p.m. 134。

(197) *De Dea Syria*, 1058（スペンサーによる）.

(198) Mary Douglas, *In the Wilderness*, 24を参照。

(199) 応化の概念史については次の重要な論文を参照。Stephen D. Benin, » The ›Cunning of God‹ and Divine Accommodation «, in: *Journal of the History of Ideas* 45（1984）, 179-192.

(200) スペンサーは「未知の神」（*agnostos theos*）に関する古代の諸伝承を詳細に扱っている。

(201) Isidor Pelusiota, lib. 2, epist. 133 = J. P. Migne（Hrsg.）, *Patrologia Graeca*, Paris 1864, Bd. 78, 575f. スペンサーは *sophos*〔賢明に〕の後に続く *kai prosphoros* を削除している。もしかしたら彼にはこの語句が冗長に思われたのかもしれない。*prosphoros* は「有益な、適切な」を意味する。神の律法がイスラエル人の理解力と時代状況に「応化」されたとする同じような見解を、とりわけユスティノス（*Dial*. 19, 6-20）とエイレナイオス（*Adv. Haer*. IV 15, 1）が説いた。Bori, *The Golden Calf*, 48f. を参照。

(202) Spencer, *De Legibus*, Bd. 1, 14. アウグスティヌスによれば、神は、「何が各時代にふさわしく授けられうるか」（*quod cuique*

tempori accommodate adhibeatur）を、人間よりもよく知っている。Augustinus, Epistel 138, 5. 引用は Benin, » The Cunning of God «, 184より。

（203）世界史におけるエジプトの位置をめぐる年代学上の諸論争についてはRossi, *The Dark Abyss of Time*を参照。この論争は、アダム以前の人類に関するイザーク・ラ・ペイレールの本——Isaac La Peyrère, *Prae-Adamitae*, 1655; *Men before Adam*, London 1656——が刊行されると、その頂点に達した。R. H. Popkin, *Isaac La Peyrère, 1596-1676*, Leiden 1987およびA. Grafton, *Defenders of the Text*, 204-213を参照。スペンサーはこの本を引用していない。彼の落ち着いた思慮深い筆法は、彼が「地雷の敷かれた土地」を歩いている（Rossi, *Abyss*, 139）という印象は与えない。イギリスでその土地が危険になるのは、John Marsham, *Canon chronicus Aegyptiacus, Hebraicus, Graecus*, London 1672が刊行されてからのように思われる。

（204）Pierre-Daniel Huet, *Demonstratio Evangelica*, Paris 1679. 次を参照。F. Schmidt, » Des inepties tolérables «, 127, 129; A. Dupront, *Pierre-Daniel Huet et l'exégèse comparatiste au xviie siècle*, Paris 1930.

（205）Isaac Newton, *The Chronology of Ancient Kingdoms Amended*, London 1728. 歴史家としてのアイザック・ニュートンについてはFrank E. Manuel, *Isaac Newton Historian*, Cambridge, Mass., 1963を参照。

（206）Abraham S. Yahuda, *Die Sprache des Pentateuch in ihren Beziehungen zum Ägyptischen*, Berlin/Leipzig 1929（英語版*The Language of the Pentateuch in its Relation to Egyptian*, Oxford 1933）はなおも、エジプト文化に「同化したユダヤ人」という、完全に対応するイメージを描いている。ところでこの本は、フロイトがそのモーセについての本で引用しているわずかな著作のうちの一つだ（*Der Mann Moses*［本書第6章注（501）を参照］, 49/50, Anm. 1）。ヤフダについては、R. H. Popkin, » Newton and Maimonides «, in: *The Third Force in Seventeenth-Century Thought*, Leiden 1992, 190f. にある、示唆に富んだ説明を参照。

（207）Eusebius, *Praep. Ev.*, lib. 7, cap. 8.37 = VIII, 1, 377 (Mras).

（208）Rabbi Juda, *In Pirq. Eliez.*, chapter 47（スペンサーによる）.

（209）これらはスペンサーが挙げている古代の典拠である。近代の学者で彼が挙げているのは、Samuel Bochart, *De Animalibus Sacris* (= *Hierozoicon*, London 1663)、Athanasius Kircher, *Oedipus Aegyptiacus*, 3 Bde., Rom 1652-54、そして、John Selden, *De Diis Syris syntagmata II. Adversaria nempe de numinibus commentitiis in veteri instrumento memoratis. Accedunt fere quae sunt reliqua Syrorum. Prisca porro Arabum, Aegyptiorum, Persarum, Afrorum, Europaeorum item theologia, subinde illustratur*, London 1617である。

（210）Spencer, Bd. 1, 8-9. スペンサーは詳しい典拠は挙げていない。オトフリート・ホーフィウスは、『福音の論証』［*Demonstratio Evangelica*］I, 6, 31が、スペンサーのパラフレーズした箇所であることを、まったく疑問の余地なく突き止めてくれた。彼の苦労に心から感謝する。そこには次のようにある。〈そしてモーセの律法が仲立ちとして間に入ったのは、新しい契約の理想が人々から隠され、眠りに沈んでしまったようになった、この中間の時代のことだった。それは、幼くて未完成の人々の養育者にして監督者のようなものだった。それは、エジプトの恐ろしい病に疲弊した全ユダヤ民族を治す医者のようなものだった。律法は、そのようなものとして、自分たちの祖先の歩みに続くにはあまりにも弱かったアブラハムの子孫に、より低く、不完全な生き方を示した〉。W. Dindorf (Hrsg.), *Eusebii Caesariensis Opera*, Bd. 3,

Demonstrationis evangelicae libri I-X, Leipzig: Teubner 1867, 39.

(211) 出エジプト記二八章三〇節を参照。「裁きの胸当てにはウリムとトンミムを入れる。それらは、アロンが主の御前に出るときに、その胸に帯びる。アロンはこうして、イスラエルの人々の裁きを、主の御前に常に胸に帯びるのである」〔新共同訳聖書〕。レビ記八章八節および申命記三三章八節も参照。

(212) Spencer, *De Legibus*, Bd. 3, 220.

(213)「可視の宗教」という側面にこのように力点を置いたからこそ、スペンサーのことを、W・ロバートソン・スミスは先駆者の一人と称えている。F. Schmidt, » Des inepties tolérables « を参照。

(214) これについては、すでに言及した論文、D. Krochmalnik, » Das Zeremoniell als Zeichensprache. Moses Mendelssohns Apologie des Judentums im Rahmen der aufklärerischen Semiotik «, in: Josef Simon und Werner Stegmaier (Hrsg.), *Fremde Vernunft. Zeichen und Interpretation* IV, Frankfurt 1998を参照。

(215) Spencer, *De Legibus*, Bd. 3, 223末尾を参照。

(216) Aelianus, *Hist. Var.*, lib. 14, cap. 34 = Hopfner, *Fontes* III, 429; Diodorus, *Bibl. Hist.* I, cap. 75.5 = *Fontes* I, 123. Spencer, *De Legibus*, Bd. 3, 388f. スペンサーは三八九頁でH・グロティウスとJ・シェッファーを引用している。彼らは、トンミムとエジプトの最高位の裁き司の胸飾りとの間には、機能上および意味上の対応関係があることを（アエリアヌスやディオドロスの記述に依拠して）同じく認めていた。しかし彼らは依存関係を逆向きに解釈し、エジプト人がイスラエル人からこのしきたりを借り受けたと考えた。

(217) 法、正義、真理、秩序を体現するエジプトの女神マアトに関しては、わたしの本 *Ma'at. Gerechtigkeit und Unsterblichkeit im Alten Ägypten*, München 1990を参照。ラインホルトは、『ヘブライの密儀』〔*Die Hebräischen Mysterien*〕の一七五頁から一八〇頁にかけて、スペンサーの博士論文をパラフレーズしている。

(218) およそ八〇年後に、無神論者ポール・アンリ・ティリ・ドルバックはその著書で、宗教全般について同じ言葉遣いをしている。Paul Henri Thiry, Baron d'Holbach, *La Contagion sacrée, ou, Histoire naturelle de la superstition*, Amsterdam 1768; Paris: an V [1797]. 次を参照。Frank E. Manuel, *The Eighteenth Century Confronts the Gods*, Cambridge, Mass., 1959, Kapitel II, Abschn. 3, » A Psychopathology of Enthusiasm «, 70-81.

(219)「異教徒の」宗教をこのように記述している初期ユダヤ教の文書として、例えば、聖書外典の『ソロモンの知恵』を参照。最初期の重要なキリスト教文書に、テルトゥリアヌスの『偶像崇拝について』〔*De idololatria*〕がある。これについてはBarasch, *Icon*, 110-123を参照。偶像崇拝に対するキリスト教の戦いについてはBori, *The Golden Calf* を参照。

(220) 本書第3章注（210）を参照。

(221) Yerushalmi, *Freud's Moses*, 31f.

(222) 一種の禁断療法という考えは、クリストファー・カストロの著作でもっとはっきり表現されている。彼は「離乳／禁断」(*ablactare*) という言葉を用いている。Reinhold, *Hebräische Mysterien*, 175の注を参照。

(223) スペンサーは *ethnicismus*〔異教〕や、第二巻で *zabiismus*〔サービア教〕という表現を用いている。

(224) Moshe Halbertal und Avishai Margalit, *Idolatry*, Cambridge, Mass., 1982, 9-36を参照。

(225) George Boas, *The Hieroglyphics of Horapollo* (*Bollingen Series* XXIII), New York 1950; Iversen, *The Myth of Egypt*, 47-49.

(226) アタナシウス・キルヒャーに関してはE. Iversen, *Myth*, 92-100

を参照。

(227) Spencer, *De Legibus*, Bd. 3, 255. ここでアレクサンドレイアのクレメンスの『ストロマテイス』が引かれている。*Stromata*, lib. 5, p.m. 571（スペンサーの引用法による）= *Stromata* V, Kap. 5, §§ 27-31.

(228) *De Iside et Osiride*, cap. 10, 354E.

(229) 〈第一の根拠は、律法を、偶像崇拝をやめさせイスラエルの民にその信仰と礼拝を守らせるために神が用いる、正規の手段とすることにあった。第二の根拠は、それらの律法が定める儀式や慣行で、何らかの秘義を暗示させることにあった〉(*De Legibus*, Bd. 1, 153)。

(230) Spencer, *De Legibus*, Bd. 1, 154f. ここでマイモニデス、および、バビロニア・タルムードの一編『ベラホート』〔*Berakhot*〕の第五章末尾が引き合いに出されている。

(231) 寓意的解釈に向けられたスペンサーの嘲りは、「脱寓意化の流れ、つまり、以前の世代が秘められた含意を探し求めた箇所で普通の事柄を知覚しようとする一般的傾向」に合致している。この傾向は十七世紀末の人々、なかんずくピエール・ベールに特徴的である。彼の『歴史批評辞典』〔*Dictionnaire historique et critique*〕は一六九七年に刊行された。Frank E. Manuel, *The Eighteenth Century Confronts the Gods*, 24-33を参照（引用は二六頁）。

(232) Plutarch, *De Iside*, §8, 353E.

(233) *Praep. Evang.*, lib. 7, cap. 10, p.m. 378. 引用は Spencer, Bd. 1, 156より。

(234) Spencer, Bd. 1, 157.

(235) *Contra Celsum*, » lib. 1, p. 11 « (= cap. 12, *Patrologia Graeca* 11, 677-678).

(236) Clem. Alex., *Stromata*, » lib. 5, p.m. 556 « (= V, cap. iv, 21.4).

(237) Spencer, *De Legibus*, Bd. 1, 157.

(238) スペンサーは、アレクサンドレイアのクレメンスの『ストロマテイス』第五巻から引用した二つの異なる章句（cap. III, 19.3とcap. VI, 41.2）を結合している。Clemens Alexandrinus, *Stromata* Buch I-VI, Otto Stählin（Hrsg.）, 4. Aufl. Berlin: Akademie-Verlag 1985, 338 und 354を参照。ラインホルトは『ヘブライの密儀』八三頁でまったく同じ組み合わせを引用しているが、これは明らかにスペンサーの『儀式法について』に依っている。

(239) *The True Intellectual System of the Universe: the First Part, wherein All the Reason and Philosophy of Atheism is Confuted and its Impossibility Demonstrated*（1. Aufl. London 1678; 2. Aufl. London 1743）. カドワースはこの著作をすでに一六七一年に書いていたが、その公表を一六七八年まで延ばし、そのときも第一部しか刊行しなかった。第二部は一度も出版されることなく、未刊行の原稿の中にも見つからなかった（R. H. Popkin, » Polytheism, Deism, and Newton «, in: James E. Force und Richard H. Popkin, *Essays on...Newton's Theology*, 31）。

(240) カドワースは、ロバート・フラッドがモーセの哲学をヤーコプ・ベーメの神秘的汎神論と同一視していること（『モーセの哲学』〔*Philosophia Mosaica*〕）を、〈ひどく狂信的〉〔*grossly fanatick*〕だとしてはっきり退けた。しかし彼はそれにもかかわらず、「モーセは彼ら［エジプト人］のヒエログリフ学と形而上的神学を、彼らの数学同様、よく教わっていた」ことを認めた（*True Intellectual System*, 317）。

(241)「汎神論」の概念および汎神論の伝統については Thomas McFarland, *Coleridge and the Pantheist Tradition*, Oxford 1969, bes. 53-106を参照。

(242) Edward, Lord Herbert of Cherbury, *De veritate*, Paris 1624.

(243) カドワースの鮮やかで機知に富んだレトリックの印象を伝えるために、これに関連するくだりの一つをやや詳しく引用したい。〈しかし、これら無神論者たちが言葉を弄して何を否認しようとも、彼らは神の存在を否定するとき、その意識の中に、神という語に対応する何らかの観念あるいは考えを持っているのは明らかだ。なぜなら、さもなければ彼らは、無の存在を否定することになるからだ。同じく疑問の余地がないのは、彼らが有神論者と同一の神概念を抱いているということだ。というのも彼らは、有神論者が肯定しているのとまさに同じ事柄を否定しているのだから。そして人々が互いに争うとき、討論がすっかり一種のバビロンの言語の混乱に堕してしまうのを避けたいならば、どんな論争であれ、両陣営とも、自分たちが争っている対象について、同一の事柄を念頭に浮かべていなければならないのだから、無神論者と有神論者の間の目下の論争でも、事情は同じでなければならない。また、もしも彼らが「神」という語で同一の事柄を考えていなかったとしたら、彼らの間にはそもそもいかなる論争も起こらないだろう。そして無神論者は、有神論者がその存在を主張しているのとは何か別のものの存在を否定しているとしたら、もはや無神論者ではないだろう〉（*True Intellectual System*, 194）。この論法は、イェルシャルミの伝えるある逸話を想い起こさせる。その逸話は次の不滅の文で山場を迎える。「唯一の神しか存在しない——そしてわれわれはその神を信じない」（*Freud's Moses*, 55; ドイツ語版84f.）。

(244) Cudworth, 195.

(245) Cudworth, 208-9.

(246) Cudworth, 209.

(247) Cudworth, 223.

(248) Cudworth, section XVII, 294-308.

(249) Cudworth, 308.

(250) Cudworth, 308-355.

(251) Cudworth, 312.

(252) Cudworth, 314. ここでClemens Alexandrinus, *Stromata* V, Kap. 7, 41.1が引かれている。これについては後述を参照。

(253) » Die Einheit des Menschengeistes «, in: Thomas Mann, *Gesammelte Werke*, 16 Bde., Frankfurt: Fischer 1974, Bd. X, 751-756, bes. 752.

(254) Origenes, *Contra Celsum*, lib. 1, p. 11 (cap. 12, *Patrologia Graeca* 11, 677-78) = Cudworth, *True Intellectual System*, 314-15.

(255) *Stromata*, lib. 5, p. 508 (= V, cap. vii, 41.1) = Cudworth, *True Intellectual System*, 314.

(256) Plutarch, *De Is.*, 354 (Kap. 9). カドワースはこれに、アレクサンドレイアのクレメンスの『ストロマテイス』から引いた一節（= *Stromata* V, cap. v, 31.5）を付け加えている。〈それゆえエジプト人はスフィンクスを彼らの神殿の前に据える。そうすることで、自分たちの神学が謎に満ち、不可解であることを示しているのだ。（…）しかし、あのエジプトのスフィンクスはまた、神性は愛されることも、恐れられることも欲する、ということも暗示しているのかもしれない。つまり、慈悲深く信仰の篤い人間には優しい存在として愛されるが、神を恐れない者には容赦なく正義を貫く存在として畏怖されることを望むのだ。なぜというにスフィンクスは人間と獅子の像を合わせ持っているのだから〉。

(257) Cudworth, 316. Plutarch, *De Iside et Osiride*, cap. 68を参照。

(258) Cudworth, 316.

(259) Cudworth, 317.

(260) Cudworth, 317. ニュートンはこの重要なくだりを、唯物論という非難に対するイアンブリコスの反駁と一緒に、カドワースから抜粋している。» Newton's *Out of Cudworth* «, in: R. H. Popkin und James E. Force, *Essays on the Context, Nature, and Influence of Isaac Newton's Theology*, Dordrecht 1990, Appendix, 207-213を参照。

(261) *De rebus sacris et ecclesiasticis exercitationes XVI. Ad Cardinalis Baronii Prolegomena in Annales*, London 1614, 70ff. 以下を参照。Yates, *Giordano Bruno*, 398-403; Grafton, *Defenders of the Text*, 145-161.

(262) Yates, *Giordano Bruno*, 398.

(263) Cudworth, 320f.

(264) Cudworth, 320.

(265) Cudworth, 320.

(266) Cudworth, 334.

(267) Cudworth, 334f.

(268) *Praep. Ev.*, lib. 3, cap. 11, p. 115 (= III, 11, 45-46).

(269) Cudworth, 337. カドワースは間違いなくダマスキオスの『第一の諸始原について』〔*De Principiis*〕(= *Traité des premiers principes*, hrsg. v. G. Westerink, übs. v. J. Combès, Coll. Budé, Paris 1991, Bd. III, *De la procession*, 167) を引き合いに出している。これについては〔カドワースの『知的体系』〕二三九頁の (*skotos agnoston*〔不可知の暗闇〕に関する) 注2を参照。ここで〔同書〕第二巻一一頁三一五行と三〇頁八一一三行および『ヘルメス選集』(*Corpus Hermeticum*, hrsg. v. Nock und Festugière, I, 44.6-13) を参照するよう指示されている。

(270) Cudworth, 339. ダマスキオスは、〔『第一の諸始原について』の〕第二巻二五―三〇頁で、イアンブリコスを立て続けに引用している。カドワースはこれらの引用を引き合いに出している。

(271) Cudworth, 341. プルタルコスの当該箇所は後ほど詳細に扱う。

(272) Cudworth, 341. 出エジプト記三三章二三節を参照。

(273) カドワースはここで間違いなくフィロンの『逃亡と発見について』(*De fuga et inventione*, hrsg. v. Wendland, Bd. III, Berlin 1898, 146) をパラフレーズしている。フィロンは出エジプト記三三章二三節を同じような仕方で『名の変化について』(*De mutatione nominum*, Wendland, Bd. III, 157f.) と『カインの末裔について』(*De posteritate Caini*, Wendland, Bd. II, 1897, 168f.) でも扱っている。

(274) Horapollon, Buch I, Kap. 64を参照。

(275) Jamblich, *De mysteriis* VIII, 5, hrsg. v. des Places, 199を参照。ビテュスについては同221f. を参照。

(276) Cudworth, 343.

(277) Cudworth, 344-346. Plutarch, *De Def. Oracul.*, 419. を参照。Frank C. Babbitt, *Plutarch's Moralia*, Bd. 5, *Loeb Classics*, Cambridge, Mass., 1936, 400-403を参照。

(278) George Berkeley, *Siris: A Chain of Philosophical Reflexions and Inquiries Concerning the Virtues of Tar Water*, 2. Aufl. London, 1744, 144. この本のことを教えてくれたデイナ・M・リームズに感謝する。

(279) *Corpus Hermeticum*, Traktat XIII, 18.1. 次を参照。Reinhold Merkelbach, *Abrasax. Ausgewählte Papyri religiösen und magischen Inhalts*, Bd. II, Gebete (Fortsetzung), Opladen 1991, 136. また *C. H.* XIII, 17.5, Merkelbach, 134を参照。

(280) Cudworth, 349. 初版では〔頁番号が〕誤って409と印刷されている。

(281) 紀元後一世紀あるいは二世紀に刻まれたこの碑文の全文は以下のとおりである。*Te tibi, una quae es omnia, dea Isis, Arrius Balbinus v(oti) c(ompos)* ――「一者として (同時に) 全である女神イシスよ、アッリウス・バルビヌスが汝 (すなわち汝の立像) を汝に捧ぐ、わが願いの満たされたがゆえに」。引用は Reinhold Merkelbach,

Isis Regina – Zeus Sarapis. Die griechisch-ägyptische Religion nach den Quellen dargestellt, Stuttgart 1995, 98による。*Corpus Inscriptionum Latinarum* X 3800 = H. Dessau, *Inscriptiones Latinae Selectae*, Berlin 1892-1916, 4362; L. Vidman, *Sylloge inscriptionum religionis Isiacae et Sarapidae*, Berlin 1969, No. 502.; V. Tran Tam Tinh, *Le Culte des divinités orientales en Campanie*, EPRO 27, Leiden 1972, Tf. 29. F. Dunand, » Le syncrétisme isiaque «, 82, n. 1. 次の文句、*moyna sy ei hapasai* ――「一なる者、汝は全（ての女神）なり」（イシドロスの賛歌、F. Dunand, » Le syncrétisme isiaque «, 79ff.）を参照。

(282) Cudworth, » 411 « = 351.

(283) Macrobius, *Saturnalia*, I, 20.17; Th. Hopfner, *Fontes*, I.2, 597f.

(284) Jan Assmann, *Re und Amun. Die Krise des polytheistischen Weltbilds im Ägypten der 18. – 20. Dynastie*（*Orbis Biblicus et Orientalis* 51）, Fribourg und Göttingen: Freiburger Universitätsverlag und Vandenhoeck & Ruprecht, 1983, 242-246; *Egyptian Solar Religion*, 174-178.

(285) Jamblichus, *De mysteriis*, VIII, 265. これについてはF. Hartog, *Voyages d'Ulysse*, 83も参照。

(286) *Siris*, 144f.

第4章

(287) John Marsham, *Canon chronicus*.

(288) John Toland, *Christianity Not Mysterious*, London 1702; *Letters to Serena*, London 1704; *Origines Judaicae*, London 1709. トーランドについては、Robert Rees Evas, *Pantheisticon. The Career of John Toland*, New York/Bern/Frankfurt/Paris 1991、および、最近の文献では特に、Gesine Palmer, *Ein Freispruch für Paulus. John Tolands Theorie des Judenchristentums*, Berlin 1996を参照。

(289) Matthew Tindal, *Christianity as Old as the Creation; or, the Gospel, a Republication of the Religion of Nature*, London 1732.

(290) Rossi, *The Dark Abyss of Time*, 155f. を参照。

(291) 以下のテクスト集や研究報告を参考にして格別に得るところがあった。Peter Gay, *Deism: an Anthology*, Princeton 1968; John Orr, *English Deism: its Roots and its Fruits*, Grand Rapids 1934; Lechler, *Geschichte des Englischen Deismus*. イギリス理神論の最盛期は通常、一六九六年（ジョン・トーランドの『秘義なきキリスト教』〔*Christianity Not Mysterious*〕が発表された年）から十八世紀の四〇年代末までとされる。

(292) *Adeisidaemon sive Titus Livius a superstitione vindicatus ... annexae sunt...Origines Judaicae ut* Religio *propaganda etiam, quae est juncta cum cognitione Naturae; sic* Superstitionis *stirpes omnes ejiciendae* annexae sunt *Origines Judaicae sive,* Strabonis, *de Moyse et Religione Judaica historia, Breviter Illustrata*, Den Haag 1709, 99-199.

(293) Margaret C. Jacob, *The Radical Enlightenment. Pantheists, Freemasons and Republicans*, London 1981を参照。

(294) Silvia Berti, *Trattato dei tre impostori. La vita e lo spirito del Signor Benedetto de Spinoza*, Turin 1994を参照。この文書の流布、そして場合によっては起草にトーランドが関与していたかどうかについては、Jacob, *Radical Enlightenment*, 22-26, 215-255を参照。十七世紀半ばに遡るこの文書の成立、そして、ペテンのテーゼをめぐる論争でのスピノザの役割については、R. H. Popkin, » Spinoza and the three Imposters «, in: ders., *The Third Force in Seventeenth Century Thought*, Leiden 1992, 135-148を参照。

(295)〔ラテン語とドイツ語の〕二言語版は、Wolfgang Gericke, *Das Buch » De Tribus Impostoribus «*, Berlin 1982; Gerhard Bartsch und

(295) Rolf Walther (Hrsg.), *De Tribus Impostoribus Anno MDIIC. Von den drei Betrügern 1598 (Moses, Jesus, Mohammed)*, Berlin 1960. このラテン語のテクストは通常、「神在り」〔Deum esse〕という冒頭の語句で同定されるが、成立は同じく十七世紀に遡るのだろう。

(296) これについてはGesine Palmer, Diss. を参照。

(297) この文書によれば、立法者たちは〈皆、自分たちの律法を設けるにあたり同じ道を進んだ。民衆を律法に従わせるために、彼らは民衆に固有の無知を利用して、彼らが律法を神または女神から授かったと信じ込ませた〉(Berti, 110)。

(298) 〈それゆえ、もしモーセが祠官だとしたら、州侯である可能性が高い〉。*Origines Judaicae*, 150.

(299) これに関してトーランドはほかにも、そして本来ならばむしろ、出エジプト記一一章三節を引き合いに出すことができただろう。そこにはこうある。「さらにモーセという男はエジプトの国で、はなはだ大いなる人物と見られていた」。とはいえ、彼はモーセ五書を資料としては認めなかった。

(300) *Origines Judaicae*, 150ff. 今度はそれでも創世記四七章二七節が引き合いに出されている。

(301) *Origines Judaicae*, 117ff. ここでキケロの『神々の本性について』〔*De natura deorum*〕第二巻が引かれている。

(302) *Origines Judaicae*, 157.

(303) トーランドは預言書から、この礼拝を自然の名において拒絶する（より正確にいえば正義の名において拒絶しているのだが、この区別はトーランドにとって重要ではないようだ）、ほかのさまざまな章句を持ち出している。

(304) 〈不死の神々についてのあらゆる教えは、賢者が国家のために創り出したものである〉。宗教の有する政治的な役割が、『ユダヤ教の起源』と一緒に刊行された『アデイシダエモン〔迷信なき人々〕』〔*Adeisidaemon*〕のテーマである。

(305) 理神論者に対するウォーバートンの攻撃の直接の的になったのは、まさにこの理由で旧約聖書を完全に破棄することを支持したトマス・モーガン〔Thomas Morgan〕だった。彼の著作 *The Moral Philosopher*, 3 Bde., London 1738-40, Nachdruck 1969, hrsg. v. G. Gawlick および *Physico-Theology: Or, a Philosophical-Moral Disquisition Concerning Human Nature, Free Agency, Moral Government and Divine Providence*, London 1741を参照。

(306) 例えば *Divine Legation*, Bd. 1, 201-4。「ただおのずからのみあり、この唯一者に万物はその存在を負っている」という、あの「一者」に寄せた有名なオルフェウス賛歌は、エウセビオス、アレクサンドレイアのクレメンス、そのほか多くの人々によって伝えられた（これについては本書第4章注（310）を参照）。

(307) *Divine Legation*, Bd. 1, 173.

(308) ウォーバートンが第一級の古典文献学者であったばかりでなく、ウィリアム・シェイクスピアの作品の校訂で今日なお名の知られている文芸学者でもあったことを、忘れてはならない。

(309) *Divine Legation*, Bd. 1, 190. アレクサンドレイアのクレメンスが引かれている。

(310) Chr. Riedweg, *Jüdisch-hellenistische Imitation eines orphischen hieros logos – Beobachtungen zu OF 245 und 247* (*sog. Testament des Orpheus*; *Classica Monacensia 7*), Tübingen 1993. Orphicorum fragm. 245 und 247 Kern を参照。最も短い形では偽ユスティノス『ギリシア人への勧告』〔*Ad Graecos Cohortatio*〕15, 1および『神のモナルキアについて』〔*De Monarchia Dei*〕2にある。やや長いヴァージョンではアレクサンドレイアのクレメンス『プロトレプティコス』〔*Protreptikos*〕74, 4f.（これがウォーバートンの引用している箇所だ）および『ストロマテイス』〔*Stromata*〕V, 78.4f. そ

してエウセビオス『福音の備え』〔*Praep. Evang.*〕13.12.5（ed. Mras, II, 191f.）にある。　Heimo Erbse, *Fragmente griechischer Theosophien*（*Hamburger Arbeiten zur Altertumswissenschaft* 4）, Hamburg 1941, 15ff. und 180ff.　さらに Chr. Riedweg, *Pseudo-Justin, Ad Graecos De Vera Religione (bisher » Cohortatio ad Graecos «), Einleitung und Kommentar*（*Schweizer Beiträge zur Altertumswissenschaft* 25/1, 1994; Register s. v. OF 245）も参照。この賛歌は最初にアリストブロスという紀元前二世紀のユダヤ人の著者によって、しかも、後の証人たちとは幾重にも異なる形で引用されている。Elias Bickerman, *The Jews in the Greek Age*, Cambridge, Mass., 1988, 225-231も参照。

　これに関連するさまざまなことを教えてくれたA・M・リッターに感謝する。

(311) *Divine Legation*, Bd. 1, 202. 引用はアレクサンドレイアのクレメンス『プロトレプティコス』74, 4f. より。

(312) Chr. Riedweg, *Jüdisch-hellenistische Imitation*, 26-27.

(313) *Divine Legation*, Bd. 1, 223 und passim, vgl. bes. 201.

(314) Clem. Alex., *Strom.*, V. XI. 17, 1; *Divine Legation*, Bd. 1, 191.

(315) ウォーバートンはまずエウセビオスを引用している。エウセビオスによれば、「ヘブライ人は〈世界神〉を自分たちの〈公の国民的礼拝〉の対象にした唯一の民族だった。一つの隠喩法を一貫して用いている彼〔エウセビオス〕の表現全体が〈密儀〉の語法に則っている。『なぜならヘブライ人だけが（と彼はいう）、万物の創造主である神の認識を伝授され、神に対する真に敬虔なる行ないを教えられるという栄誉に与ったからだ』」(*Divine Legation*, Bd. 1, 193)。引用は Eusebius, *Praepar. Evang.*, I 9, 15, ed. Karl Mras, *Eusebius Werke*, Bd. 8. *Die Praeparatio Evangelica*, Bd. 1, Berlin 1982, 38より。

(316) *Divine Legation*, Bd. 1, 192-93. ウォーバートンは密儀の用語を斜字体と大文字で強調している。

(317) スピノザによる神と自然の有名な等置がカバラの典籍、それも特にヘレラの『天国の門』〔*Porta Coelestis*〕に由来するのか、もしそうであればどの程度かという問題は、十八世紀に大いに議論された。次を参照。Gershom Scholem, » Abraham Cohen Herrera – Leben, Werk und Wirkung «, in: *Das Buch Scha'ar ha-Schamajim oder Pforte des Himmels in welchem Die kabbalistischen Lehren philosophisch dargestellt und mit der Platonischen Philosophie verglichen werden*, von Rabbi Abraham Cohen Herrera dem Portugiesen. Aus dem Lateinischen übersetzt von Friedrich Häußermann, Frankfurt 1974, 7-67（これを教えてくれたのはモシェ・バラシュである）。これに関しては特に Scholem, » Die Wachtersche Kontroverse über den Spinozismus und ihre Folgen «, in: *Spinoza in der Frühzeit seiner religiösen Wirkung*（*Wolfenbütteler Studien zur Aufklärung* 12）, hrsg. v. Karlfried Gründer und Wilhelm Schmidt-Biggemann, Heidelberg 1984, 15-25も参照。ゲマトリア〔旧約聖書の数秘学的解釈〕でヘブライ語の *Elohim*「神」と *teva'*「自然」が等しい数価を有していることに基づき、スピノザの定式〈神すなわち自然〉に別のユダヤ教的背景があるかもしれないことを、モシェ・イデルが指摘している。Moshe Idel, » Deus sive natura – les métamorphoses d'une formule de Maimonide à Spinoza «, in: ders., *Maimonide et la mystique juive*, übers. Ch. Mopsik, Paris 1991, 105-136.〔スピノザに〕時代的により近い位置にいるのがジュリオ・チェーザレ・ヴァニーニである。彼はその *De admirandis Naturae reginae deaeque mortalium arcanis*, Dialogus L, *De Deo*, hrsg. v. L. Corvaglia, *Le opere di Giulio Cesare Vanini e le loro fonti*, Mailand 1934, Bd. 2, 276で書いている。「人間

はただ自然の法に従ってのみ生きるべきである。なぜなら、神である自然（というのも自然はあらゆる運動の原理なのだから）は、この法をすべての人間の心に書き込んだからだ」。引用は、S. Berti, *Il Trattato dei tre impostori*, 272より。M. Jacob, *Radical Enlightenment*, 39を参照。〔*Deum esse*〔神在り〕という語句で始まる〕古い方のパンフレット『三人のペテン師について』には、*hoc Ens...alii naturam vocant, alii Deum*〔自然と呼ぶ人もいれば、神と呼ぶ人もいるこの存在〕とある。Wolfgang Gericke, *Das Buch » De Tribus Impostoribus «*, 61, §7を参照。また Giordano Bruno, *The Expulsion of the Triumphant Beast*, hrsg. und übs. v. Arthur D. Imerti, Lincoln/London 1964, 240も参照。〈こうしてあの神は、絶対者として、われわれとは何のかかわりも持ちません。ただし神は、自然の諸作用と交流するかぎりにおいて、自然それ自体よりもこれらの諸作用に近しい存在なのです。それゆえ神は、自然それ自体ではないとしても、自然の本性にちがいなく、また、魂それ自体ではないとしても、世界の魂の精髄にちがいないのです〉〔訳出にあたり次を参考にした。『ジョルダーノ・ブルーノ著作集5——傲れる野獣の追放』加藤守道訳、東信堂、二〇一三年、二四一—二四二頁〕。同じような考え方で、わたしの知るかぎりこれまでこの関連で顧慮されていないものが、ルネサンスの芸術理論にある。つまり芸術はこの場合、「自然、すなわち、神」の模倣と見なされる。この考えは、ヤン・ビアウォストツキが示したように、すでにアルベルティの著作に出てくる。次を参照。» The Renaissance Concept of Nature and Antiquity «, in: Jan Bialostocki, *The Message of Images. Studies in the History of Art*, Wien 1988, 64-68, bes. 68 mit Anm. 51-54.

（318）Pierre-Adam d'Origny, *L'Egypte ancienne ou mémoires historiques et critiques sur les objects les plus importantes de l'histoire du grand empire des Egyptiens*, 2 Bde., Paris 1762. そのおよそ三〇年前に、すでにジョージ・バークリーが、イシスを〈産出される自然〉〔*natura naturata*〕と、オシリスを〈産出する自然〉〔*natura naturans*〕と同一視していた（*Siris* 144）。

（319）D'Origny, *L'Egypte ancienne*, Bd. 2, 148f. 引用は Dirk Syndram, *Ägypten-Faszinationen. Untersuchungen zum Ägyptenbild im europäischen Klassizismus bis 1800*, Frankfurt/Bern/New York/Paris 1990, 61より。

（320）D'Origny, *L'Egypte ancienne*, Bd. 2, 195. 引用は Syndram, *Ägypten-Faszinationen*, 322, Anm. 179より。

（321）〈敬虔なる欺瞞〉〔*pia fraus*〕としての宗教という理論は古代からあり、特にルクレティウスに結び付いている。宗教はこの場合、国家とその法律に対して、必要な畏敬の念を人々に抱かせるために、賢明な立法者たちによって作られた一種の政治的虚構と見なされる。キケロは『神々の本性について』でこの理論を詳細に扱っている。理神論者にとって同じく重要だったのが、ヌマ・ポンピリウスと古代ローマの諸制度の創設に関する、リウィウスの記録である。特に次を参照。John Toland, *Adeisidaemon sive Titus Livius a superstitione vindicatus*, Den Haag 1709. 異教を政治的制度と見なす理論は、マキアヴェッリの『リウィウス論』〔*Discorsi su Livio*〕、ピエール・シャロンの『三つの真理』〔*Les Trois Verités*〕、ガブリエル・ノーデの『クーデタについての考察』〔*Considérations sur des Coups d'Etat*〕そしてトマス・ホッブズの『リヴァイアサン』〔*Leviathan*〕で議論されている（R. H. Popkin, » Spinoza and the three Imposters «, 140f.）。欺瞞説の最も影響力ある主張者はフォントネルだった。Frank E. Manuel, *The Eighteenth Century Confronts the Gods* の第二章〈» The Grand Subterfuge «〉を参照。政治神学という概念、そして十八世紀におけるこの概念の意義については次を参照。W. D. Hartwich, *Die Sendung Moses. Von der Aufklärung bis Thomas Mann*, München 1997.

(322) Critias fr. 43 F 19 Snell; Warburton, *Divine Legation*, Bd. 2, 149ff. 次を参照。Dana Sutton, » Critias and Atheism «, *Classical Quarterly* 31 (1981), 33-38. 文献目録が付されている。ジュリア・アナスがこの重要な論文を教えてくれた。

(323) 以下を参照。Karl F. H. Frick, *Licht und Finsternis*, 2. Teil, Graz 1978; Rolf Christian Zimmermann, *Das Weltbild des jungen Goethe. Studien zur hermetischen Tradition des deutschen 18. Jahrhunderts*, 2 Bde., München 1969-79; P. Chr. Ludz (Hrsg.), *Geheime Gesellschaften* (*Wolfenbütteler Studien zur Aufklärung* Bd. V/1), Heidelberg 1979.

(324) Aleida Assmann, *Die Legitimität der Fiktion*, München 1980を参照。トマス・グリーンは、〈連接的〉〔*conjunctive*〕記号論と〈離接的〉〔*disjunctive*〕記号論の対立という形で、同じ区別に言及している。

(325) Ignace J. Gelb, *A Study of Writing: the Foundations of Grammatology*, Chicago 1952.

(326) Jacques Derrida, *De la Grammatologie*, Paris 1967.

(327) Hugh Ormsby-Lennon, » Rosicrucian Linguistics: Twilight of a Renaissance Tradition «, in: Merkel und Debus (Hrsg.), *Hermeticism*, 311-341を参照（この論文の脚注でオームズビー＝レノン教授は、同じ対象に関する次のモノグラフィーに言及しているが、わたしはそれを見つけ出すことができなかった。*Nature's Mystick Book: Magical Linguistics, Modern Science and English Poetry from Spenser to Coleridge*）。次も参照。Ernst H. Gombrich, *Icones Symbolicae: Studies in the Art of the Renaissance* 2, Oxford: Phaidon 1972.

(328) とりわけ以下を参照。Liselotte Dieckmann, *Hieroglyphics*, St Louis 1970; Madeleine V. David, *Le Débat sur les écritures et l'hiéroglyphe aux XVIIe et XVIIIe siècle*, Paris 1965; Erik Iversen, *The Myth of Egypt and its Hieroglyphs in European Tradition*, Kopenhagen: Gec Gad Publ. 1961（再版 Princeton 1993）.

このテーマに取り組むにあたり、わたしはウルリヒ・ガイアーの論文 » Hieroglyphen in der Renaissance und Aufklärung « から決定的な刺激を受けた。この論文は、ウィーンの美術史美術館が編纂する、エジプトマニアについての本に載る予定である〔Ulrich Gaier, » Vielversprechende Hieroglyphen. Hermeneutiken der Entschlüsselungsversuche von Renaissance bis Rosette «, in: Wilfried Seipel (Hg.): *Ägyptomanie. Europäische Ägyptenimagination von der Antike bis heute. Symposium Wien, Kunsthistorisches Museum, 30. und 31. Oktober 1994*, Wien 2000, S.174-191〕。U・ガイアーは親切にもこの論文の原稿を一部わたしにくれた。

(329) Umberto Eco, *Die Suche nach der vollkommenen Sprache*, München 1993.

(330) Johann Georg Wachter, *Naturae et Scripturae concordia. Commentatio de literis ac numeris primaevis, aliisque rebus memorabilibus, cum ortu literarum coniunctis, illustrata, et tabulis aeneis depicta*, Leipzig/Kopenhagen 1752.

(331) Aleida Assmann, *Die Legitimität der Fiktion* を参照。

(332) 例えばサー・トマス・ブラウンは次のように述べている。「疑いなく異教徒は、これらの神秘的な文字を組み合わせて読むことに、われわれキリスト教徒よりも熟達していた。われわれはかの普遍的なヒエログリフをぞんざいに見やり、それらの自然の精華から神の認識を集めるなどということは、ばかばかしくてできないのだ」。Sir Thomas Browne, *Religio Medici. Ein Versuch über die*

Vereinbarkeit von Vernunft und Glauben (1642), übers. W. v. Koppenfels, Berlin 1978, Teil I, §16, 32.

(333) これに関しては次を参照。Detlef Thiel, » Schrift, Gedächtnis, Gedächtniskunst. Zur Instrumentalisierung des Graphischen bei Francis Bacon «, in: J. J. Berns, W. Neuber (Hrsg.), *Ars memorativa*, Tübingen 1993, 170-205, bes. 191-195. J・ウィルキンズの場合、〈事物文字〉〔*real character*〕の概念は、事物とのイコン的なつながりを持たない、ある普遍的な表意文字との関連で登場する。次を参照。Eco, *Die Suche nach der vollkommenen Sprache*, 245-266. ジョナサン・スウィフトは小説『ガリヴァー旅行記』で事物文字の考えをパロディー化している。Jonathan Swift, *Gulliver's Travels*, hrsg. v. Peter Dixon und John Chalker (1727; Harmondsworth 1967), 227-231. これに関しては A. C. Howell, » *Res et Verba*: Words and Things «, in: *Journal of English Literary History* 13 (1946), 131-142を参照。

(334) Eco, *Die Suche*、そして特に、Aleida Assmann, » Die Weisheit Adams «, in: dies. (Hrsg.), *Weisheit*, München 1991, 305-324を参照。

(335) *True Intellectual System*, 316.

(336) Plotin, *Enneades*, übs. v. Richard Harder: *Plotins Schriften*, Bd. III, Hamburg 1964, 49-51. これに関しては A. H. Armstrong, » Platonic Mirrors «, in: *Eranos* 1986, Bd. 55 (Frankfurt 1988), 147-182を参照。マルシリオ・フィチーノはプロティノスのこの箇所について論文を書いている。Marsilio Ficino, *In Plotinum* V, viii = P. O. Kristeller, *Supplementum Ficinianum. Marsilii Ficini Florentini philosophi Platonici Opuscula inedita et dispersa*, 2 Bde., Florenz 1937-45, Nachdr. 1973. 以下を参照。Edgar Wind, *Pagan Mysteries in the Renaissance*, New Haven 1958, 169ff. = *Heidnische Mysterien in der Renaissance*, 2. Aufl. Frankfurt 1984, 237ff.; M. Barasch, *Icon. Studies in the History of an Idea*, New York/London 1992, 75. 非言説的な思考というプロティノスの概念については Richard Sorabji, *Time, Creation and the Continuum. Theories in Antiquity and in the Early Middle Ages*, Ithaca 1983, 152f. を参照（ジュリア・アナスがこれを教えてくれた）。

(337) Marsilio Ficino, *In Plotinum* V, viii = P. O. Kristeller, *Supplementum Ficinianum. Marsilii Ficini Florentini philosophi Platonici Opuscula inedita et dispersa*, 2 Bde. (Florenz: Olschki, 1937-45, repr. 1973), 1768. 引用は Dieckmann, *Hieroglyphics*, 37より。

(338) Sir Thomas Browne, *Pseudodoxia Epidemica* III, 148. 引用は Dieckmann, *Hieroglyphics*, 113より。

(339) *Divine Legation*, Buch IV, sect. 4, Bd. II, 387-491. この節はレオナール・デ・マルペーヌ〔Léonard des Malpeines〕のフランス語訳で別個にも刊行された。*Essai sur les hiéroglyphes des Égyptiens, où l'on voit l'origine et le progrès du langage et de l'écriture, l'antiquité des sciences en Égypte et l'origine du culte des animaux. Traduit de l'anglais de M. Warburton. Avec des observations sur l'antiquité des hiéroglyphes scientifiques et des remarques sur la chronologie et sur la première écriture des Chinois*, 2 Bde., Paris 1744. パトリック・トール〔Patrick Tort〕の編んだこの本の新版が、一九七八年にパリで、フラマリオン書店の Collection PALIMPSESTE の一冊として刊行された。William Warburton, *Essai sur les hiéroglyphes des Égyptiens...* これにはジャック・デリダのエッセイ *Scribble* (*pouvoir/écrire*) とP・トールのエッセイ *TRANSFIGURATIONS* (*archéologie du symbolique*) が付されている。ペーター・クルメ〔Peter Krumme〕はこのフランス語新版の短縮版を、J・G・シュミットの翻訳（一七五三年）で刊行した。William Warburton,

Versuch über die Hieroglyphen der Ägypter, Frankfurt/Berlin/Wien 1980.

ウォーバートンが依拠しているのは、ホラポロンやほかの古代の著者による、ヒエログリフについての記述だ。それらの記述については今日なお欠かすことのできない次の著作を参照。P. Marestaing, *Les Ecritures égyptiennes et l'antiquité classique*, Paris 1913. 次も参照。P. W. van der Horst, » The Secret Hieroglyphs in Classical Literature «, in: *Actus: Studies in honor of H. L. W. Nelson*. Hrsg. v. J. den Boeft und A. H. M. Kessels, Utrecht 1982, 115-123. Ders., » Hierogliefen in de ogen van Grieken en Romeinen «, in: *Phoenix Ex Oriente Lux* 30（1984）, 44-53; Erich Winter, » Hieroglyphen «, in: *Reallexikon für Antike und Christentum* XV, Stuttgart, 83-103, bes. 89ff.

(340) Cudworth, *True Intellectual System*, 316.

(341) Frank E. Manuel, *The Eighteenth Century Confronts the Gods*, 65-69.

(342) Diodor III, 3.4.

(343) Warburton, *Divine Legation*, Bd. 2, 398. 次の文献が引かれている。Martino Martini, *Sinicae historiae decas prima, res a gentis origine ad Christum natum in extrema Asia, sive magno Sinarum imperio gestas complexae*, Monachii［München］1658.

(344)「戦闘」を意味するヒエログリフ *'h3* の完全に正しい描写である。

(345) この例はアレクサンドレイアのクレメンスに由来する（I, V）。

(346) Warburton, *Divine Legation*, Bd. 2, 399.

(347) Warburton, *Divine Legation*, Bd. 2, Anm.［X］.

(348) Iversen, *The Myth of Egypt*, 48を参照。〈記号と意味の関係は、ホラポロンによれば、常にアレゴリー的性格のものだった。そしてその関係は常に、後の時代に『フィシオログス』や中世の動物寓話集に見られるのとまったく同じ類いの『哲学的』論証に基づいて打ち立てられた〉。

(349) Giambattista Vico, *La Scienza Nuova Seconda*, Neapel 1744, II. 2.4; Paolo Rossi, » La religione dei geroglifi e le origini della scrittura «, in: ders., *Le terminate antichitè. Studi vichiani*, Pisa 1969（*Saggi di varia umanità* 9）, 81-131. Peter Burke, *Vico. Philosoph, Historiker, Denker einer neuen Wissenschaft*, Frankfurt 1990（engl. 1985）, 36, 39, 50-54, 67-70, 88. U. Eco, *Die Suche nach der vollkommenen Sprache*, 100f.

(350) これに関してはP. Burke, *Vico* を参照。バークは、ウォーバートンがヴィーコに驚くほど近いことに、五九頁以下で言及している。パオロ・ロッシはウォーバートンとヴィーコの類似点と相違点をより詳細に論じている。Paolo Rossi, *The Dark Abyss of Time. The History of the Earth and the History of Nations from Hooke to Vico*, Chicago 1984（イタリア語版 *I Segni di Tempo*, Mailand 1979）. 特に二三六―二五〇頁を参照。

(351) 次を参照。Pierre Hadot, *Zur Idee des Naturgeheimnisses. Beim Betrachten des Widmungsblattes in den Humboldtschen » Ideen zu einer Geographie der Pflanzen «*（*Abhandlungen der Akademie der Wissenschaften und der Literatur Mainz, geistes- und sozialwissenschaftliche Klasse*, Abhandlung 8）, Wiesbaden 1982.

(352) Vico, *Scienza Nuova* II.2.4.435. 引用は Eco, *Die Suche nach der vollkommenen Sprache*, 175より。

(353) Serge Sauneron, *L'Ecriture figurative dans les textes d'Esna*, Esna 8, Kairo 1982, 47ff.

(354) 以下を参照。Van der Horst, » The Secret Hieroglyphs in Classical Literature « および » Hierogliefen in de ogen van Grieken en Romeinen «; Winter, » Hieroglyphen «; Iversen, *The Myth of Egypt*.

(355) これに関してはわたしの本 *Ägypten. Eine Sinngeschichte*, 452-463にある » Priestertum als Lebensform « の章を参照。

(356) この用語についてはA. Assmann, *Die Legitimität der Fiktion* を参照。

(357) 『パイドロス』〔*Phaedrus*〕274c-275d. 次を参照。Jean Pierre Vernant, » Le travail et la pensée technique «, in: J. P. Vernant, *Mythe et pensée chez les Grecs: études de psychologie historique*, Paris 1971, 16-43. プラトン『ピレボス』〔*Philebus*〕18b-dを参照。その箇所では、テウトの「字母」はギリシア語のアルファベットの音素に相当し、音を表すとされている。つまり、ヒエログリフ的なものではなく、フォノグラフ的なものと解されている。

(358) 次を参照。A. u. J. Assmann, Chr. Hardmeier (Hrsg.), *Schrift und Gedächtnis*, 2. Aufl. 1993, 7-9; H. G. Gadamer, » Unterwegs zur Schrift? «, ebd., 10-19.

(359) ヒエログリフと記憶については次を参照。Francis Bacon, *Advancement of Learning*, London 1605, II, XV, 3.〈エンブレムは知性的観念を感覚的イメージに変える。感覚的なものは、知性的なものよりも、より強く記憶を打ち、より容易に刻み込まれる〉（引用はLiselotte Dieckmann, *Hieroglyphics*, 102より）。さらにDetlef Thiel, » Schrift, Gedächtnis, Gedächtniskunst « を参照。

(360) Warburton, *Divine Legation*, Bd. 2, 428. 一九八〇年にペーター・クルメによってウルシュタイン社から再刊された、一七五三年のドイツ語版には、残念ながらこれに対応する一節はない。

(361) Giordano Bruno, *De Magia* (Op. lat., Bd. III, 411-412). 引用はElisabeth von Samsonow, *Giordano Bruno*, Köln 1995, 127f. より。Frances Yates, *Giordano Bruno and the Hermetic Tradition*, Chicago 1964, 263を参照。

(362) ヒエログリフは礼拝で神々と交流できるよう、神々によって導入された言語だというイアンブリコスの説については、Iamblichus, *De Mysteriis Aegyptiorum*, VIII.5を参照。魔術・呪術の観点からヒエログリフを解釈する例として、ルフィヌスのある記述も重要かもしれない。それによれば、キリスト教徒がカノプスの神殿を破壊したのは、そこでヒエログリフを教えるという口実の下に魔術の学校が営まれていたからだ（*ubi praetextu sacerdotalium litterarum [ita etenim appellant antiquas Aegyptiorum litteras] magicae artis erat paene publica schola*〔そこでは聖職者の文字［実際エジプト人のいにしえの文字はそう呼ばれる］を教えることを隠れ蓑にして魔術の学校がほとんど公然と営まれていた〕; Rufinus, *Hist. eccles.*, XI, 26）。

(363) Swedenborg, *Arcana coeli* (1756). 引用はDieckmann, 158より。これと、Th・ラインカウフがH・クーンラートの『永遠の知恵の円形劇場』(H. Khunrath, *Amphitheatrum sapientiae aeternae*, 1604) から引用している、次の一節を比べてみることができる。〈実際、すべての被造物は、どのような仕方で自然によって、確たる記しや印影で描かれ、飾られ、そして自然の諸々の神的な特徴を刻み込まれているのだろうか。明らかに確たる比例関係、形、持ち前の状態を用いてである。どこから内なる隠れた精神と、諸々の事物の秘められた諸特性を判別しうるのだろうか。いや、諸事物の秘められた特性それ自身と、隠れた精神が、いくつかの確たる外的な記しと印影を用いて自らを提示し、自らの自然と固有の性質に代えて、賢者たちによって認識されるべき母型、形、比例関係、持ち前の状態を作り出すのである。この母型が自然の魔術の始まりであり、いわばアルファベットにして第一の基本要素である。というのも、全自然の母型がミクロコスモスに流れ込んでいるからである。これらの自然の刻印とヒエログリフの記しは、確たる感覚と考えを生み出すのだが、それらは賢者たちによって

（…）十分に理解されるのである。というのも、自然は欺かず、また自分自身について偽りの証言をすることもないからである。それは、この書物を十分に理解することを学ぶかぎり、自分を探求する者たちをだますことはない〉（Thomas Leinkauf, *Mundus combinatus: Studien zur Struktur der barocken Universalwissenschaft am Beispiel Athanasius Kirchers SJ (1602-1680)*, Berlin 1993, 265, n. 329）。

（364）Warburton, *Divine Legation*, Bd. 2, 437.

（365）M. Barasch, *Icon* を参照。

（366）M. Halbertal und A. Margalit, *Idolatry*, 37-66（» Idolatry and Representation «）を参照。

（367）Herodotus, *Hist.* II, 4. 次を参照。Alan B. Lloyd, *Herodotus Book II. Commentary 1-98*, Leiden 1976, 29-33. ウォーバートンは「形象、像」を意味する *zoa* という語（Liddle-Scott-Jones, p. 760, s.v. zoon II）を〈動物〉〔*animals*〕と訳している。

（368）Ovid, *Metamorph.*, Buch III, Nr. 5. 次も参照。Lothar Störk, » Die Flucht der Götter «, in: *Göttinger Miszellen* 155, 1996, 105-108. Diodor I, p. 54（ウォーバートンの引用法では cap. 86）では、神々がそれを恐れて動物の姿に身を隠すのは、テュフォンではなく人間たちだ。その後、神々は感謝して、彼らがその姿を借りた動物たちを神聖化したという。

（369）わたしの本 *Ägypten – eine Sinngeschichte*, 431-35を参照。

（370）Warburton, *Divine Legation*, Bd. 2, 458.〔ウォーバートンが原文で用いている〕*cloudy* という語は、ドイツ語だと「雲で覆われた」「霧のような」と訳せるだろう。この語で意味されているのはもちろん、比喩形象的で、それゆえに多義的で不明瞭な表示法のことである。

（371）これに関しては Aleida Assmann, » Traum-Hieroglyphen von der Renaissance bis zur Romantik «, in: G. Benedetti und E. Hornung (Hrsg.), *Die Wahrheit der Träume*, München 1997, 119-144を参照。

（372）「最初は隠喩として使われていた語が、その本来の意味から隠喩的意味にいたった諸々の段階が完全には意識されぬまま用いられるたびに、神話の危険が生じる。これらの段階が忘れられて、人為的な段階で置き換えられるたびに、われわれは神話を、あるいはこういってよければ、病気になった言語を手にしている」。F. Max Müller, *Die Wissenschaft der Sprache*, Leipzig 1892, II, 434-36. 引用は Maurice Olender, *Die Sprachen des Paradieses*, Frankfurt 1995, 90より。

（373）Moses Mendelssohn, » Jerusalem «, in: *Schriften über Religion und Aufklärung*, hrsg. v. Martina Thom, Berlin 1989, 422f.

（374）Mendelssohn, 426.

（375）Mendelssohn, 430.

（376）Mendelssohn, 430.

（377）この考えはすでにF・ベーコンの『学問の進歩』に見られる（*The Advancement of Learning*, 1605; Oxford 1974, 98.〈ヒエログリフが字母に先立っていたように、寓話は論証に先立っていた。それにもかかわらず、寓意は今も、またいつの時代も、強い生命と力を保ち続けている。なぜなら理性はかくも感覚的であることができず、またかくもぴったりと例示することをしないからだ〉）。ヒエログリフによる言説を文化革新の観点から解釈し、イメージによる「具象的」な思考＝語り＝書字が、概念と字母による「抽象的」な思考＝語り＝書字が発達する以前にあったとする想定は、コンディヤック、ディドロ、ハーマン、ヘルダーにも見られる。

（378）Mendelssohn, 431.

（379）Mendelssohn, 432.

（380）Mendelssohn, 436.

(381) 身振りをつかの間のヒエログリフとするベーコンの解釈に関しては以下も参照。Detlef Thiel, » Schrift «, 192f.; P. Burke, *Vico*, 50.

(382) Mendelssohn, 437.

(383) Mendelssohn, 422.

(384) Mendelssohn, 421.

(385) 表音文字に対するメンデルスゾーンの批判は、アライダ・アスマンが「脱肉体化」というキーワードで取り扱っている論証の型と相通ずる。次を参照。Aleida Assmann, » Exkarnation. Über die Grenzen zwischen Körper und Schrift «, in: J. Huber und A. M. Müller (Hrsg.), *Raum und Verfahren*, Zürich/Basel 1993, 133-156.

(386)「自分の考えを他人に伝えようとするときには、すでに概念が心の中に現出している。そしてわれわれは、必要に応じて、音声を発することができる。それらの音声によってそれらの概念は表され、われわれの隣人に理解できるようになる。しかし、われわれ自身に関していえばそうではない。われわれが、抽象された概念を別のときに再び心に呼び覚まそうとし、記号を用いて思い出すことができるとき、それらの記号はおのずから現れるはずであり、それらの記号を呼び起こすわれわれの恣意を待つ必要はない。なぜなら、われわれの恣意は、われわれが思い出そうとする観念をすでに前提としているからだ。この利点を可視的記号はもたらしてくれる。なぜならそれらは持続的であり、繰り返し生み出さなくてもよいからである」。

(387) Mendelssohn, 426.

(388) Alan H. Gardiner, *Ancient Egyptian Onomastica*, 3 Bde., Oxford 1947, Bd. I, 1.

(389) Henry G. Fischer, *L'Ecriture et l'art dans l'Égypte ancienne. Quatre leçons sur la paléographie et l'épigraphie pharaonique*, Collège de France, Paris 1986.

(390) Hans Blumenberg, *Die Lesbarkeit der Welt*, Frankfurt 1981. Aleida Assmann, *Die Legitimität der Fiktion*.

(391) Iamblichus, *De Mysteriis*, VII.1.

第5章

(392) 以下を参照。A. Klemmt, *Karl Leonhard Reinholds Elementarphilosophie. Eine Studie über den Ursprung des spekulativen deutschen Idealismus*, Hamburg 1958; Gerhard W. Fuchs, *Karl Leonhard Reinhold – Illuminat und Philosoph. Eine Studie über den Zusammenhang seines Engagements als Freimaurer und Illuminat mit seinem Leben und philosophischen Wirken*, Frankfurt/Berlin/Bern/New York/Paris/Wien 1994; Yun Ku Kim, *Religion, Moral und Aufklärung. Reinholds philosophischer Werdegang*, Frankfurt 1996（フローリアーン・エーベリングがこれを教えてくれた）. ラインホルトの生年はたいてい一七五八年とされるが、これは最初の伝記を書いた彼の息子の記憶違いに基づいている。ラインホルトおよび彼の属していた光明会に関する多くの伝記的事柄が次の文献に載っている。Hans-Jürgen Schings, *Die Brüder des Marquis Posa*, Tübingen 1996. 次も参照。W. D. Hartwich, *Die Sendung Moses*, 29-49.

(393) この本のタイトルページでは刊行年は一七八八年となっている。しかし Schings, *Die Brüder*, 137, Anm. 30で示されているように、この本は一七八七年十月二十五日付の『一般文学新聞』〔*Allgemeine Literatur-Zeitung*〕ですでに論評されているので、一七八七年にはもう刊行されていたはずだ。クレムトもフックスも、ラインホルトのこの重要な本には言及していない。シラーがその講義『モーセの使命』の終わりで引き合いに出しているのはこの本だ（フックスの考えているように『カベイロイの密儀』ではない）。ユン・ク・キムはこの本に触れているが、さらに立ち入って論じていない。しかしながら、この問題でシラーがラインホルトに依拠していたことを、次の文献が非常に詳しく述べている。Christine Harrauer, »›Ich bin, was da ist...‹ Die Göttin von Sais und ihre Deutung von Plutarch bis in die Goethezeit «, in: *Sphairos. Wiener Studien. Zeitschrift für Klassische Philologie und Patristik* 107/108, Wien 1994/95, 337-355. この重要な論文をエリーザベト・シュテーリンが教えてくれた。

(394) Yun Ku Kim, 45-47を参照。

(395) フリーメイソンとしてのモーツァルトについては次を参照。Georg Knepler, *Wolfgang Amadé Mozart. Annäherungen*, Berlin 1991, 184-204および Heinz Josef Irmen, *Mozart als Mitglied geheimer Gesellschaften*, o.O.（Prisca-Verlag）1991; Maynard Solomon, *Mozart. A Life*, New York 1995, 321-335.『魔笛』については次を参照。Paul Nettl, *Mozart und die königliche Kunst. Die freimaurerische Grundlage der » Zauberflöte «*, Berlin 1932.

(396) Helmut Reinalter, » Ignaz von Born als Freimaurer und Illuminat «, in: *Die Aufklärung in Österreich: Ignaz von Born und seine Zeit*, hrsg. v. H. Reinalter, Frankfurt/New York 1991.

(397) » Über die Mysterien der Ägyptier «, in: *Journal für Freymaurer* 1 (1784), 17-132. ボルンの論文は、モーツァルトとシカネーダーの『魔笛』にとって最も重要な、フリーメイソン関連の典拠の一つである。

(398) Edwin Zallosker, *Das Urbild des Sarastro Ignaz von Born*, Wien 1953.

(399) » Über die kabirischen Mysterien «, in: *Journal für Freymaurer* 3 (1785). 次を参照。Fuchs, *Reinhold*, 39f. フックスは、この論文をシラーの典拠と考えたので、『ヘブライの密儀』についてのラインホルトの本を見逃した。本書の関心をここで特に引いているのはこの本である。

(400) ベルリンの啓蒙主義者で出版業者のフリードリヒ・ニコライに宛てた、一七八七年三月二十三日付の手紙を参照。Reinhard Lauth et al.（Hrsg.）, *Karl Leonhard Reinhold. Korrespondenzausgabe der Österreichischen Akademie der Wissenschaften.* Bd. 1: *Korrespondenz 1773-1788*, Stuttgart/Bad Cannstadt 1983, 197-198に所収。フローリアーン・エーベリングがこれを教えてくれた。

(401) 次のわたしの論文を参照。» Das verschleierte Bild zu Sais – griechische Neugier und ägyptische Andacht «, in: Aleida und Jan Assmann（Hrsg.）, *Schleier und Schwelle III: Geheimnis und Neugierde*, München（印刷中）〔Wilhelm Fink 社より一九九九年に刊行〕.

(402) 「これは実際、極めつけのスピノザ主義だ」と、ウォーバートンは、ストラボンによるモーセの神学の描写について激しい調子で述べている（*Divine Legation*, Buch III, Abschn. 4, II, 117）。

(403) Warburton, *Divine Legation*, Bd. 1, 190. ここでアレクサンドレイアのクレメンスが参照されている。

(404) *Essay sur les mœurs des peuples*, §XXII: » Des rites égyptiens «, hrsg. v. M. Beuchot, *Œuvres de Voltaire* (Paris 1829), Bd. XV, 102-106, vgl. 103.〈エジプト人の間で、もっとも神聖な名とされていたのは「イ・ハ・ホ」*I ha ho*であり、これはのちにヘブライ人も採用した名称である。ただし発音の仕方はさまざまである。しかし、アレクサンドレイアのクレメンスは、その『ストロマテイス』の中で、セラピスの神殿に入る人は、永遠の神を意味する「イ・ハ・ホ」または「イ・ハ・フ」*I ha hou*という名を身につけねばならなかった、と確言している〉〔ヴォルテール『歴史哲学――「諸国民の風俗と精神について」序論』安斎和雄訳、法政大学出版局、一九八九年、一三四―一三五頁〕。

(405) Reinhold, *Die Hebräischen Mysterien*, 54. この一節はほとんどヴォルテールのテクスト（*Essay sur les mœurs*, 103）の翻訳である。フランスの百科全書も「イシス」〔Isis〕の項目でサイスの碑文に言及している。〈誰もが、サイスの神殿の敷石の上に刻まれていたとプルタルコスの伝えている、あの美しい碑文のことを知っている。「われはかつてありしもの、今あるもの、これからあるであろうもののすべてである。死すべき人間のうち誰一人として、いまだ、わが纏うヴェールを上げたことはない」〉。これに関しては Elisabeth Staehelin, » Alma Mater Isis «, in: dies., B. Jaeger (Hrsg.), *Ägypten-Bilder*, Fribourg 1997, 137を参照。

(406) *egw eimi pan to gegonos kai on kai esomenon*〔われはかつてありしもの、今あるもの、そしてこれからあるであろうもののすべてである〕– Plutarch, *De Iside et Osiride*, Kapitel 9 (354C) 9-10 = Griffiths, *Plutarch's De Iside et Osiride*, 130f., 283f. 次を参照。Jean Hani, *La Religion égyptienne dans la pensée de Plutarque*, Paris 1976, 244f.; Harrauer, » Ich bin, was da ist... «, 337-339.

(407) » Des rites égyptiens «, 103.〈彼は、イシスの像に刻まれた次のような古い碑文を拠り所としたと思われる。それは「私は存在する者である」とか、「私は、かつてあった、またこれからもあるであろう、すべてのものである。死すべき者は、誰も私のヴェールをあげることはできまい」というのである〉〔ヴォルテール、前掲書、一三四頁〕。ヴォルテールがサイスの碑文のこの奇妙な二重化の張本人なのだろうか。

(408) Proclus, *In Tim.*, 30. 次を参照。A.-J. Festugière (Hrsg. und Übs.), Proclus, *Commentaire sur le Timée* I, Paris 1966, 140; Griffiths, *Plutarch's De Iside*, 283. プロクロスはサイスの神像とその碑文を、そのティマイオス注釈の中で、ソロンのサイス訪問との関連で引用している。Harrauer, 339を参照。

(409) これはエジプト語だったら、おおよそ「われは昨日である、われは今日である、われは明日である」というような文になるかもしれない。これについてはいくつか類似例を挙げることができる。例えば Pap. Turin 1993 (10) vso. 2 = J. F. Borghouts, *Ancient Egyptian Magical Texts*, Nisaba 9, Leiden 1978, No. 102, 74。

(410) あるグレコ・エジプトの魔術テクストで、イシスは、その「聖なる衣」の裾を上げるよう求められる。Preisendanz, *Papyrus Graecae Magicae*, Nr. LVII, 16-18 = Hans Dieter Betz (Hrsg.), *The Greek Magical Papyri in Translation*, Chicago 1986, 284. ドミニク・マレ〔Dominique Mallet〕は、その博士論文 *Le Culte de Neith à Sais*, Paris 1888で、Papyrus Louvre 3148の一節を、プルタルコスとプロクロスが再現したサイスの碑文の、エジプト語の原型として提案した。ここで問題となっているのは、死者の国を体現する母なる神性に呼びかけることだ。「おお、偉大なる女神よ、そのミイラの巻き布は解かれえず、その包帯は弛められえぬ女神よ」。シラーのヴェールに覆われた神像と、死の女神を同じものと仮定すれば、非常に興味深い見方がいくつも開かれるが、シラーはそれらの見方にはほとんど考えいたることはなかったようだ。

(411) Ernst Cassirer, » Sprache und Mythos. Ein Beitrag zum Problem der Götternamen « (*Studien der Bibliothek Warburg* 6, 1925). 再版は次に所収。*Wesen und Wirkung des Symbolbegriffs*, Darmstadt 1956, 71-158. エンノ・ルードルフがこのテクストに初めて気づかせてくれた。

(412) この文体形式の由来と広まりについては、Norden, *Agnostos Theos*, S. 177ff., 207ff.（カッシーラーの注）にある詳細な、また宗教哲学的考察にとっても教えられるところの多い実証を参照。

(413) イザヤ書四八章一二節。イザヤ書四三章一〇節を参照。「われは彼なり」の意味については次を参照。Goldziher, *Der Mythos bei*

den Hebräern, Leipzig 1876, S. 359ff.（カッシーラーの注）.

(414) 出エジプト記三章一四節に関しては以下を参照。Oskar Grether, *Name und Wort Gottes im A. T.*, Gießen 1934, 3ff.; Michel Allard, » Note sur la formule ›Ehyeh ašer ehyeh‹ «, *Recherches de science religieuse* 44（1957）, 79-86; Wolfram v. Soden, *Bibel und Alter Orient*, Berlin 1985, 78-88; Georg Fohrer, *Geschichte der israelitischen Religion*, Berlin 1969, 63ff.; Johannes C. de Moor, *The Rise of Yahwism*, Löwen 1990, 175; 237ff. さらにミシェル・ド・セルトーによる神聖四文字のすばらしい分析も参照。Michel de Certeau, *Das Schreiben der Geschichte*, 281.「ヤハウェという名が意味しているのは、『近づいてはならない』（遠ざかれ）と『行きなさい』（立ち去れ）（出エジプト記三章五節と一六節）という命令によるほかは何も語られえない、ということだ。同じようにYHWH、『ヤハウェ』という神聖四文字が刻印しているのは、〈自らを〉引き込めるものだ。それは、そこに存在している者の秘跡でもなければ、その背後に隠れている何か別のものを示すシニフィアンでもない。そうではなく、ある退去の痕跡だ。その痕跡は〈語られない〉。その痕跡はある喪失の〈文字〉、抹消されるという操作にほかならない。その痕跡は声（立ち現れては消える身体の記号）ではありえず、単に書記体でしかありえない」。セルトーが「声」と「文字」という概念で表しているものは、出エジプト記三章一四節で、神名の啓示とともになされる〈自然〉〔*natura*〕と〈書物〉〔*scriptura*〕の区別に対応している。この区別を十八世紀は乗り越えようとした。例えばJohann Georg Wachter, *Naturae et scripturae concordia* を参照。

(415) Lact., *Div. Inst.* i.6. ラクタンティウスはヘルメス文書Pseudo-Apuleius, *Asclepius*, cap. 20, hrsg. v. Nock und Festugière, *Corpus Hermeticum* II, 320f. をパラフレーズしている。Reinhold, *Die Hebräischen Mysterien*, 54には次のように引用されている。*Hic (Trismegistus) scripsit libros, in quibus majestatem summi ac singularis Dei asserit, iisdemque nominibus appellat, quibus nos Deum et patrem, ac ne quis NOMEN ejus requireret, ANONYMON esse dixit, eo quod Nominis proprietate non egeat, ob ipsam scilicet UNITATEM. Ipsius verba sunt: Deo igitur* Nomen non est, quia solus est: *nec opus est proprio vocabulo nisi cum discrimen exigit MULTITUDO, ut unamquamque personam sua nota et appellatione designes.*〔彼（トリスメギストス）は数巻の書物を著した。彼はそれらの書物の中で、至高にして唯一の神の威厳を擁護し、その神を、われわれが用いているのと同じ名で、主なる父と呼んでいる。そして誰かがその神の名を問いただすことのないように、彼は次のように述べている。神には名がない、なぜなら、いうなれば神はまさに単一なのだから、ことさら何かの名で呼ばれる必要はないのだ、と。以下が彼の言葉である。それゆえ神には名がない、なぜなら神は唯一者だからだ。特別な名前が必要となるのは、多数のものがあって、個々の部分をそれぞれに特有の印と名称で示すために区別がなされねばならないときだけである。〕大文字書きと斜字体はラインホルトに従っている。ラインホルトはこのラクタンティウスの引用をWarburton, *Divine Legation*, II, 568/9に見つけた。もっとも、この箇所のラインホルトによる解釈と、ウォーバートンのどちらかといえば衒学的な論証の間には、大きな隔たりがある。ウォーバートンがこの箇所を挙げたのは、ヘブライ人が、主の単一性を忘れてその名を尋ね始めるほどに、エジプトの偶像崇拝の虜になってしまっていたことを証明するためだった。〈それゆえこの弱さを大目にみられて、主は、自らに一つの名を与えることをよしとされた〉。

(416) 次を参照。Wolfgang Beierwaltes, » Reuchlin und Pico della

Mirandola «, *Tijdschrift voor Filosofie* 56 (1994), 313-336, bes. 330-334.

(417) R. Merkelbach und M. Totti, *Abrasax. Ausgewählte Papyri religiösen und magischen Inhalts*. Bd. 2: *Gebete* (*Abh. der rhein.-westf. Akad. d. Wiss., Sonderreihe Papyrologica Coloniensia*), Opladen 1991, 131.

(418) アライダ・アスマンとベルンハルディーネ・フォン・オルフェンがこの重要なテクストに気づかせてくれた。

(419) Nicolaus Cusanus, *De docta ignorantia* I, cap. xxiv, hrsg. v. H. G. Senger (*Philosophische Bibliothek* 264a), 1440; Hamburg 1993, 96-99.

(420) これに関しては Cyrus H. Gordon, » His name is ›One‹ «, in: *Journal of Near Eastern Studies* 29 (1970), 198-199を参照。

(421) *heîs est', autotelés. henòs ékgona pánta tetyktai.*

(422) これに関しては Erhart Graefe, » Beethoven und die ägyptische Weisheit «, in: *Göttinger Miszellen* 2 (1972), 19-211を参照。Anton F. Schindler, *Biographie von Ludwig van Beethoven*, 3. Aufl. Münster 1860, 161が引かれている。イグナーツ・モシェレス〔Ignaz Moscheles〕が翻訳・編纂した一八四一年の英語版、Anton F. Schindler, *The Life of Beethoven*, Mattapan 1966, Bd. 2, 163では、これに関して、また、ベートーヴェンの宗教的確信について次のように書かれている。〈もしも自分の観察から、この主題について一つの意見をまとめる資格がわたしにあるとするならば、彼（すなわちベートーヴェン）は理神論に傾いていたというべきだろう。ただし、この語で暗に自然宗教が意味されていると解されてもよいとすればの話だが。彼は直筆で、イシスの神殿から取られたとされる二つの銘を書き記している〉。シントラーが複写して再現しているベートーヴェンのテクストは以下のとおりだ。

「われは、存在するものである／／

／／われは、今あるもの、かつてあったもの、これからあるであろうもののすべてである、死すべき人間のうち、わがヴェールを取り除いた者はいない／／

／／彼はただおのずからのみあり、そしてこの唯一者に、万物はその存在を負っている／／」。

これらの文は二重のスラッシュで区切られている。第三の文は後から付け加えられたのかもしれない。その筆跡はより細かくて、より素早く書かれたように見える。

ベートーヴェンはフリーメイソンではなかった。しかし、フリーメイソンと光明会の会員の中に親しい友人がいた。その一人が例えばベートーヴェンの教師ネーフェだ。ソロモン〔Maynard Solomon〕は次のことに注意を喚起しているが、まったくそのとおりである。つまり、これらの文は当時のほとんどの教養人に知られており、フリーメイソンリーの儀式に取り入れられもしたということだ。

(423) ベートーヴェンはシラーの論文『モーセの使命』を知っていた。一八二五年のある会話帳に、「シラーの『モーセの使命について』をお読みになりましたか」という、マティアス・アルタリアの書き込みがあるのだ。Maynard Solomon, *Beethoven Essays*, Cambridge, Mass., 1988, 347, Anm. 24を参照。

(424) Reinhold, *Die Hebräischen Mysterien*, 130.

(425) 本書第3章注（238）を参照。

(426) Clem. Alex., *Strom.* V, cap. 11, 71.1; Warburton, *Divine Legation*, Bd. 1, 191.

(427) Ignaz v. Born, » Über die Mysterien der Aegyptier «, 22. 彼は典拠としてプルタルコスを引用している。

(428) *Stromat.*, lib. 5, p. 508 (= V, cap. vii, 41.1) = Cudworth, *True*

Intellectual System, 314.

(429) Friedrich von Schiller, *Die Sendung Moses*, hrsg. v. H. Koopmann, *Sämtliche Werke* IV: *Historische Schriften*, München 1968, 737-757; Hartwich, *Die Sendung Moses*, 21-49.

(430) シラーはフリーメイソンではなかった。しかし、彼の小説『見霊者』〔*Der Geisterseher*〕(一七八七—八九年)が示しているように、秘密結社という現象に非常に関心を抱いていた。彼の最も親しい友人でフリーメイソンだったケルナーの仲介で、彼は諸々のフリーメイソンのサークルに出入りした。ヴィーラントがフリーメイソンになったのは一八〇八年になってからだが、啓蒙されたフリーメイソンリーの世界観を共有しており、重要なフリーメイソンたち、とりわけウィーンのロッジ〈真の融和〉のメンバー(フォン・ゾンネンフェルス、ファン・スウィーテン、トビーアス・Ph・フォン・ゲーブラー)と密接な結び付きがあった。このロッジにはラインホルトも属していた。以下を参照。Britta Rupp-Eisenreich, » Wieland, l'Histoire du genre humain et l'Egypte «, *D'un Orient l'autre*, Paris 1991, 107-132, bes. 127f., Anm. 33; Peter Christian Ludz (Hrsg.), *Geheime Gesellschaften*.

(431) シラーはイェーナを一七八七年八月に訪れ、ラインホルトの家に六日間滞在した。シラーとラインホルトの、まったく問題がなかったとはいえない関係については、Schings, *Die Brüder*, 131-134を参照。ラインホルトはシラーを自分の友と見なしていたが、シラーは一七八七年八月にケルナーに宛てて次のように書いている。「ラインホルトは決してわたしの友人にはなれないし、彼がそう予感していても、わたしは決して彼の友人にはなれない」。シラーはラインホルトの「明晰に認識する深い知性」に感嘆したが、彼が想像力に乏しく柔弱であるのを軽蔑した。それは「無気力、臆病に似ていることがまれではない」(Schings, 131)。ラインホルトが、これに引き続きイェーナでともに過ごした年月にシラーに及ぼした、どんなに高く評価してもしすぎることのない影響を考えるならば、この冷ややかな態度に〈影響の不安〉〔*anxiety of influence*〕(ハロルド・ブルーム)の一つの表れを推測したくなる。シラーがイェーナに招聘されたとき、おそらくラインホルトも一枚噛んでいたのだろう。

(432) ラインホルトに対するシラーの依存関係については以下を参照。Harrauer, » Ich bin, was da ist «, 344-349; Hartwich, *Sendung*, 29-40.

(433) カントの『判断力批判』はシラーのエッセイと同じ年(一七九〇年)に刊行された。

(434) Schiller, *Die Sendung Moses*, 741.

(435) *Die Sendung Moses*, 743.

(436) Lukian, *De Dea Syria*, cap. 2を参照。「エジプト人は、わたしたちが知っている民族のうちで、神々のことを考えた最初の人々だったといわれる。それからあまり時を経ずして、シリア人は神々についての話をエジプト人から聞き、神殿と聖域を構えた」。

(437) Schiller, 744.

(438) もっとも彼は、この定式を聖書の「わたしは、わたしはある、という者である」という文句と等置した、ラインホルトの天才的な着想を無視している。

(439) *Die Sendung Moses*, 745.

(440) *Sämtliche Werke* V: *Erzählungen/Theoretische Schriften*, hrsg. v. G. Fricke und H. G. Göpfert, 7. Aufl. München 1984, 508.

(441) *Kritik der Urteilskraft*, §29, 2. Aufl., 125.

(442) 「母なる自然」を擬人化したものとしてのイシスについてはP. Hadot, *Zur Idee des Naturgeheimnisses* を参照。十六世紀から十八世紀にかけてのイコノロジーの伝統では、スフィンクスが似たような意味を持ち、「自然の秘密」を体現していた。Syndram, *Ägypten-Faszinationen*, 216-219および Elisabeth Staehelin, » Alma Mater Isis «, in: dies., B. Jaeger（Hrsg.）, *Ägypten-Bilder*（*Oriens Biblicus et Orientalis* 150）, Fribourg 1997, 103-141を参照。それゆえ、スフィンクスは庭園建築で大きな役割を演じた。ケリュス伯爵はこれについて独創的な解釈を述べている。それによれば、乙女と獅子が結合したものであるスフィンクスは、この両方の星座を象徴している。この二つの星座が昇っている間、エジプトでは、年ごとのナイルの洪水が起きた（Syndram, *Ägypten-Faszinationen*, 217 mit Anm. 873）。

(443) Immanuel Kant, *Kritik der Urteilskraft*, in: *Werke in 10 Bänden*, hrsg. v. W. Weischedel, Bd. 8, Darmstadt 1968, 417.

(444) 先に言及したニコライ宛て一七八七年三月二十三日の手紙で、ラインホルトは、自分の本がゲッシェンから一七八七年に刊行される前に、手稿の形ですでに友人たちに回覧されていたと述べている。

(445) Johann Andreas von Segner, *Einleitung in die Natur-Lehre*, 1. Aufl. Göttingen 1746, 3. Aufl. 1770. 引用は、Adolf Weis, *Die Madonna Platytera. Entwurf für ein Christentum als Bildoffenbarung anhand der Geschichte eines Madonnenthemas*, Königstein i. T. 1985, 9-10、および、Hadot, *Zur Idee des Naturgeheimnisses*, 9-10より。この扉絵はすでに一七四六年の初版にある。

(446) 翻訳は T. Taylor, » The Hymns to Orpheus « = Kathleen Raine und George Mills Harper（Hrsg.）, *Thomas Taylor the Platonist*, Bollingen ser. LXXXVIII, Princeton 1969, 222より。

(447) このヴェールの形はローマの芸術では〈帆を膨らます微風〉〔*aura velificans*〕と呼ばれる。

(448) Frances A. Yates, *The Rosicrucian Enlightenment*, London/Boston 1972, 82、および、同書の九六頁と向かい合わせの図版23を参照。このモティーフの歴史について、イェイツはある注で、G. Bruno, *Articuli adversus mathematicos*（Prag 1588）の緒言、ならびに彼女の本 *Giordano Bruno*, 314-5を参照するよう指示している。

(449) Pierre Hadot, *Zur Idee des Naturgeheimnisses*.

(450) これに関して、また、以下の記述については Aleida Assmann, » Zeichen – Allegorie – Symbol «, in: Jan Assmann（Hrsg.）, *Die Erfindung des inneren Menschen*, Gütersloh 1993, 28-50, 38-42を参照。Hadot, *Zur Idee des Naturgeheimnisses* が挙げられている。

(451) アムステルダム刊。Hadot, *Zur Idee des Naturgeheimnisses*, Abb. 2を参照。

(452) ニュルンベルク刊。Weis, *Madonna Platytera*, 12, Abb. 3を参照。クンケルの扉絵はブラシウスの扉の銅版画を少し変えただけのものだ。

(453) §26, 2. Aufl. 1793, 88-89 = Darmstadt, 338f.

(454) §29, 2. Aufl., 125 = Darmstadt, 365. フロイトはまさにこうして、一神教とそれに結び付いた「精神性における進歩」に由来する、他の宗教に対する優越感を説明している。これについては後述を参照。

(455) わたしがここで言及しているのは、サイスのヴェールに覆われた神像に触れている、先に引用した脚注だけである。

(456) Anonymus, *Athenian letters or, the Epistolary Correspondence of an Agent of the King of Persia, residing an Athens during the Peloponnesian war. Containing the History of the Times, in Dispatches to the Ministers of State at the Persian Court. Besides Letters on various subjects between Him and His Friends*, 4 Bde., London 1741-43, Bd. I, 95-100（オルサメスの第二五書簡、テーベ発）. カルロ・ギンズブルクが、この紀元前五世紀末の東地中海世界の驚くべき歴史につ

いて、注意を喚起してくれた。オルサメスの書簡は古代エジプト文化に関する当時の知識をよくまとめている。

(457) フリーメイソンリーと庭園建築の結び付きについては特に次を参照。Magnus Olausson, » Freemasonry, Occultism and the Picturesque Garden towards the End of the Eighteenth Century «, in: *Art History* 8.4 (1985), 413-433. アネット・リチャーズがこれを教えてくれた。ザルツブルク近郊アイゲンの、ギロフスキー家の地所にあったグロッタの図版も参照。次の文献に所収。Knepel, *Wolfgang Amadé Mozart*, Abb. 15. 重要なのは特に、モーツァルトが見物し、一部は手紙でも描写しているウィーンの諸々の風景庭園である。これについてはGéza Hajos, *Romantische Gärten der Aufklärung. Englische Landschaftskultur des 18. Jahrhunderts in und um Wien*, Wien/Köln 1989, 47f. を参照。

(458) G. Schiff, *Johann Heinrich Füssli 1741-1825*, Zürich/München 1973, 337-579, Nr. 1338, Taf. 422 (左上). 次も参照。Irwin Primer, » Erasmus Darwin's *Temple of Nature*: Progress, Evolution, and the Eleusinian Mysteries «, *Journal of the History of Ideas* 25.1 (1964), 58-76 (ステュアート・ハートンによる指摘). プライマーはこの版画をペラールのエッセイ『自然とその法則について』〔*De la Nature et de ses Lois*〕(パリ、一七九三年) の口絵と比較している。そこではエフェソスのアルテミス自身 (彼女の彫像ではなく) からヴェールが取り除かれる。それも一人の座したままの、ひげをたくわえた初老の男性によって。その男性に、時の擬人化であるクロノスを認めることができるだろう。この絵はむしろ〈真理は時の娘なり〉〔*veritas filia temporis*〕のモティーフの伝統にあるように思われる。つまり、時が進むにつれて秘密は明らかになり、知識は増大する、ということを表すモティーフである。時の擬人化の諸例については次を参照。Erwin Panofsky, » Father Time «, *Studies in Iconology*, Oxford 1939, 69-94.

(459) Edmund Burke, *A Philosophical Enquiry into the Origine of our Ideas on the Sublime and the Beautiful*, London 1759.

(460) Syndram, *Ägypten-Faszinationen*, 104-108. この関連で特に興味深いのは、エジプトの神殿建築を崇高の表現とする、ジュゼッペ・デル・ロッソの解釈だ。Giuseppe del Rosso, *Ricerche sull'architettura Egiziana*, Florenz 1787. 彼はその著作の一〇四頁から一〇八頁にかけてはっきりとバークを引き合いに出している。Syndram, 122-124を参照。エフェソスの「多乳房の《ムルティマミア》」アルテミスをイシスおよび自然《ナトゥーラ》と考える解釈については次を参照。Klaus Parlasca, » Artemis Ephesia als Dea Natura in der klassizistischen Kunst «, in: *Studien zur Religion und Kultur Kleinasiens* (FS. F. K. Dörner), Leiden 1978, 679-689.

(461) このテクストを書いたのは、敬虔主義者、スピノザ主義者、フリーメイソン、教育家のフランツ・ハインリヒ・ツィーゲンハーゲン (一七五三—一八〇六) だ。彼は成人のための教育プログラムを、ある種の自然研究を基にして構想し、一七九一年夏に、自分の教育施設の落成式のため、モーツァルトにカンタータ〔K. 619「無限なる宇宙の創造者を崇敬する汝らよ」〕の作曲を注文した。ところで、モーツァルトがロッジ〈慈善〉に入った一七八四年には、ラインホルトはすでにウィーンを去っていた。

(462) 畏敬、驚愕、聖なる戦慄のモティーフは、ファウストのモノローグには出てこないが、普段はゲーテの自然概念で重要な役割を演じている (「おののくことは人類の最良の部分である」)。Hadot, *Zur Idee des Naturgeheimnisses*, 32f. を参照。

(463) Johann Wolfgang von Goethe, *Gesamtausgabe der Werke und Schriften*, Bd. 18, *Schriften zu Natur und Erfahrung: Schriften zur Morphologie* I, hrsg. v. Wilfried Malsch (1820; Stuttgart ohne Jahr),

26. 次を参照。Aleida Assmann, » Zeichen – Allegorie – Symbol «, 41; dies., » Auge und Ohr. Bemerkungen zur Kulturgeschichte der Sinne in der Neuzeit «, in: *Torat ha-Adam. Jahrbuch für Religiöse Anthropologie* I, Berlin 1994, 142-160, bes. 159f.

(464) Schiller, *Die Sendung Moses*, 748.

(465) 十八世紀に流布していた異なる匿名のパンフレット、『三人のペテン師について』〔*De tribus impostoribus*〕や『三人のペテン師について』〔*Des Trois Imposteurs*〕の説くところによれば、ユダヤ教、キリスト教、イスラム教という三つの一神信仰の啓示宗教は、三人の「大ペテン師」すなわちモーセ、イエス、ムハンマドによって創唱された。以下を参照。C. Jacob, *The Radical Enlightenment*; Hugh B. Nisbet, » Spinoza und die Kontroverse ›De Tribus Impostoribus‹ «, in: *Spinoza*, hrsg. v. K. Gründer und W. Schmidt-Biggemann, 227-244; Niewöhner, *Varietas* そして特に Silvia Berti, *Il Trattato dei Tre Impostori*.

(466) アナクレオン派の詩人で〔レッシングの〕詩作仲間だったヨハン・ヴィルヘルム・ルートヴィヒ・グライム（一七一九―一八〇三）は、ハルバーシュタットにある彼の園亭にして「友情の神殿」の壁紙を、来客記念帳として用いていた。ヘルダーは、そうこうするうちに失われてしまったその碑文をまだ読んでおり、それについてヤコービに長い手紙を書いた。「(…)そうしてわたしは今、この瞬間に、ほかならぬ〈ヘン・カイ・パン〉とあなたに書き綴っているのです。わたしはレッシングの手になるものをすでにグライムの園亭で目にしましたが、まだ説明する術を心得ていませんでした (…)」（ヤコービ宛、一七八四年二月六日付の書簡）。次を参照。Michael Brüggen und Siegfried Sudhof (Hrsg.), *Briefwechsel Friedrich Heinrich Jacobi*, Stuttgart/Bad Cannstadt 1987, Bd. 3, *Briefwechsel 1782-1784*, hrsg. v. Peter Bachmeier, 279（B・ザントカウレン=ボックによる指摘）. さらに以下も参照。Erich Schmidt, *Lessing. Geschichte seines Lebens und seiner Schriften*, 2 Bde., Berlin 1884-86, Bd. 2, 804; *Gotthold Ephraim Lessings Sämtliche Schriften*, hrsg. v. Karl Lachmann, 3. Aufl. Berlin/Leipzig, Bd. 22.1, p. IX; Hermann Timm, *Gott und die Freiheit*, Bd. I: *Die Spinoza-Renaissance*, Frankfurt 1974, 15ff.; Karl Christ, *Jacobi und Mendelssohn. Eine Analyse des Spinozastreits*, Würzburg 1988, 59f.

(467) Heinrich Scholz, *Die Hauptschriften zum Pantheismusstreit zwischen Jacobi und Mendelssohn*, Berlin 1916. 以下を参照。Horst Folkers, » Das immanente Ensoph. Der kabbalistische Kern des Spinozismus bei Jacobi, Herder und Schelling «, in: E. Goodman-Thau, G. Mattenklott und Chr. Schulze (Hrsg.), *Kabbala und Romantik*, Tübingen 1994, 71-96. Alexander Altmann, » Lessing und Jacobi. Das Gespräch über den Spinozismus «, in: *Lessing Yearbook* 3 (1971), 25-70. ハーマンがヤコービに宛てたある手紙も興味深い。その中で彼は自著の中心問題に触れている。*Briefe*, ausgewählt, eingeleitet und mit Anmerkungen versehen von A. Henkel, Frankfurt 1988, 130-133.

(468) K. Christ, *Jacobi und Mendelssohn. Eine Analyse des Spinozastreits*, Würzburg 1988, 49-54を参照。

(469) Fritz Mauthner, *Jacobis Spinoza-Büchlein nebst Replik und Duplik*, München 1912, 65f.

(470) スピノザの聖書批判については Maurice Olender, *Die Sprachen des Paradieses*, Frankfurt 1995, 33-38を参照。

(471)『真の知的体系』六五八頁でカドワースは『神学・政治論』を引用している。カドワースの本がすでに一六七一年に成立していたのならば、彼は『エティカ』を知りえなかった。

(472) Gérard Vallée, *The Spinoza Conversations between Lessing &*

Jacobi. Texts with Excerpts from the Ensuing Controversy, Lanham/New York/London 1988, 2.

（473）Fuchs, *Reinhold*, 64-70; Yun Ku Kim, 122-130.

（474）Paul Müller, *Untersuchungen zum Problem der Freimaurerei bei Lessing, Herder und Fichte*, Bern 1965を参照。

（475）スピノザの全一性のコンセプトについては次を参照。Konrad Cramer, » Gedanken über Spinozas Lehre von der All-Einheit «, in: Dieter Henrich（Hrsg.）, *All-Einheit. Wege eines Gedankens in Ost und West*, Stuttgart 1985, 151-179.

（476）Uvo Hölscher, *Empedokles und Hölderlin*, Frankfurt 1965, 49, Anm. 116. ここでラルフ・カドワースの『知的体系』が挙げられている。ギリシアの伝統を非常に詳細に扱っているのがEduard Norden, *Agnostos Theos. Untersuchungen zur Formengeschichte religiöser Rede*, Leipzig 1912: Nachdruck der 4. Aufl. Darmstadt 1956, 240-250である。最も重要なギリシア語の典拠は、〈万物は一である〉［*hen panta einai*］（fr. 50, Diels）と主張したヘラクレイトス、ならびに、Simplicius, *Phys.*, 22, 22ff. の伝えるところによれば、「万物は一である」そして「この一にして全［tò hèn touto kai pan］が神である」と考えたクセノファネス（Hermann Diels, *Die Fragmente der Vorsokratiker*, hrsg. v. Walther Kranz, 11. Aufl. Zürich/Berlin 1964, 121）、さらに、ポセイドニオス、キケロ、セネカによれば、神の全一性というストア派の教説である。

（477）『一なるものと全』というタイトルの魔術の本が*Papyri Graecae Magicae* XIII, 980に*Ptolemaika* の第五巻として引用されている。Merkelbach, *Abrasax*, Bd. 1, 202f. を参照。また Norden, *Agnostos Theos*, 248f. も参照。

（478）*Collection des Alchimistes grecs*, hrsg. v. Berthelot-Ruelle. 次を参照。Norden, *Agnostos Theos*, 248f. ノルデンは、マルキアヌス写本として知られている錬金術の手写本にあるビネットを、彼の本の扉絵として用いている。その絵は、自分の尾を咬んでいる一匹の蛇（ウロボロス）を示しており、その蛇は〈全なるものは一なり〉［*hen to pan*］という文句を取り囲んでいる。

（479）次を参照。Dana M. Reemes, » On the Name ›Plotinus‹ «, in: *Lingua Aegyptia* 5 (1995).

（480）アベ・テラソンは、小説『セトス』（パリ、一七三一年）で、オルフェウスが臨んだエジプトの密儀のイニシエーションを非常に想像力豊かに描いている。オルフェウスは火と水の試練に首尾よく合格するが、その後で空気の試練（輪の試練）に失敗する。しかしそれにもかかわらず、その並外れた美徳のおかげで、イニシエーションを経た者たちの仲間に受け入れられる。

（481）この哲学の系譜学はマルシリオ・フィチーノに由来する。Frances Yates, *Giordano Bruno*, 14f. を参照。

（482）Raine und Harper（Hrsg.）, *Thomas Taylor*, 163. デイナ・M・リームズがトマス・テイラーとこの本のことを教えてくれた。

（483）Emmanuel J. Bauer, *Das Denken Spinozas und seine Interpretation durch Jacobi*, Frankfurt/Bern/New York/Paris 1989, 234ff.

（484）ヤコービはこの概念の考案者としてマルゼルブの名を挙げている。しかしながらスピノザとの関連では、この概念を、無神論を表す「不誠実な婉曲表現」として退けている。以下を参照。Friedrich Heinrich Jacobi, *Über die Lehre des Spinoza in Briefen an Herrn Moses Mendelssohn*, hrsg. v. Fr. Roth und Fr. Köppen, *Werke*（Nachdr. Darmstadt 1968）, IV/1, 1-253, 217-19. Timm, *Gott und die Freiheit*, Bd. I: *Die Spinoza-Renaissance*, Frankfurt: Klostermann 1974, 226ff. しかしすでに一六九九年に、ヨハン・ゲオルク・ヴァハターが、スピノザに関連して、「神格化された世界」という相応する概念を造っている。Gershom Scholem, » Die Wachtersche

Kontroverse «, 15-25, bes. 15を参照。ヴィンフリート・シュレーダーが、ヴァハターの『ユダヤ教におけるスピノザ主義』の新版を、〈ヨーロッパ啓蒙主義の自由思想家〉〔*Freidenker der europäischen Aufklärung*〕のシリーズで、Frommann-Holzboog社から出している。J. G. Wachter, *Der Spinozismus im Jüdenthumb*, Stuttgart/Bad Cannstadt 1994.

（485） *Siris*, 144.

（486） Taylor, 178f. カドワースの論旨が要約されている。

（487） Hadot, *Zur Idee des Naturgeheimnisses* を参照。

（488） 人類の「黄金時代」としてのエジプトというイメージについては D. Syndram, *Ägypten-Faszinationen*, 54-61を参照。エジプトは一般に、文明、芸術、学問、そしてまた、国家と社会秩序の起源と見なされた。ジュンドラムによれば、この極度に肯定的なエジプト像を唱えて最も影響力のあったのが、ボシュエ、ド・ゴーグ、ケリュス伯だった。ボシュエはその『世界史論・第一部――世界の始まりからシャルルマーニュ帝国まで』〔*Discours sur l'histoire universelle. Première Partie: Depuis le commencement du monde jusqu'à l'empire de Charlemagne*〕を一六八一年に刊行した。アントワーヌ＝イヴ・ド・ゴーグの『法、芸術、学問の起源、ならびに古代諸民族の許でのそれらの進展について』〔*De l'origine des loix, des arts et des sciences et leur progrès chez les anciens peuples*〕はパリで一七五八年に三巻本で出た。アンヌ・クロード・フィリップ・ケリュス伯の『エジプト、エトルリア、ギリシア、ローマの古代遺物集成』〔*Recueil d'antiquités égyptiennes, étrusques, grecques et romaines*〕七巻は、一七五二年から一七六七年にかけてパリで刊行された。ボシュエとドリニーは、エジプトの歴史と文化を再構成したときに、それをはっきりと、寛容で啓蒙された絶対王制のモデルとされたルイ十五世に宛てて書いた（d'Origny: Syndram, *Ägypten-Faszinationen*, 58)。このエジプトに対する熱狂は、同時代のそれほど保守的でない人々の多くには大げさに見え、とりわけ〈百科全書派〉のサークルで抵抗に遭った。Syndram, *Ägypten-Faszinationen*, 68-72を参照。イグナーツ・フォン・ボルンは、モーツァルトとシカネーダーの『魔笛』の最も重要な土台となった「エジプト人の密儀」を、自身もフリーメイソンであり啓蒙君主のモデルと見なされた皇帝ヨーゼフ二世のために草した。Syndram, *Ägypten-Faszinationen*, 273-74を参照。多くの重要な引用がある。

（489） Charles F. Dupuis, *Origine de tous les cultes, ou la religion universelle*, 12 Bde. in 7, Paris 1795; 2. Aufl. 1822. 以下を参照。Jurgis Baltrušaitis, *La Quête d'Isis. Essay sur la légende d'un mythe*, Paris: Flammarion 1967/1985, 21-40; Frank E. Manuel, *The Eighteenth Century Confronts the Gods*, 269-70, 276-77; M. Bernal, *Black Athena* I, 181-183.

（490） Thomas MacFarland, *Coleridge and the Pantheist Tradition*, Oxford 1969を参照。

第6章

（491） もっと重要なフレデリック・ルートヴィヒ・ノルデン（一七五五年、英語版一七五七年）とカルステン・ニーブール（一七七四年と一七七八年）の旅行記は、ウォーバートンの『モーセの神的使命』が刊行された後に出版された。Frederic Ludwig Norden, *Voyage d'Egypte et de Nubie*, 2 Bde., Copenhagen 1755　ならびに Carsten Niebuhr, *Reisebeschreibung nach Arabien und anderen umliegenden Ländern*, 2 Bde., Copenhagen, 1774-1778.

（492） フロイトのモーセ本を扱った文献の数は急速に膨らんでいる。以下を参照。Brigitte Stemberger, »›Der Mann Moses‹ in Freuds

Gesamtwerk «, *Kairos* 16 (1974), 161-225; Marthe Robert, *D'Oedipe à Moise: Freud et la conscience juive*, Paris 1974; E. Amado Levy-Valensi, *Le Moise de Freud ou La référence occultée*, Monaco 1984; Pier Cesare Bori, » Il Mosè di Freud: per una prima valutazione storico-critica «, in: ders., *L'Estasi*, 179-222, besonders 179-184; Ilse Gubrich-Simitis, *Freuds Moses-Studie als Tagtraum* (*Die Sigmund-Freud-Vorlesungen* Bd. 3), Weinheim 1991; Emanuel Rice, *Freud and Moses. The Long Journey Home*, New York 1990; Yosef Hayim Yerushalmi, *Freud's Moses. Judaism Terminable and Interminable*, New Haven 1991; Bluma Goldstein, *Reinscribing Moses. Heine, Kafka, Freud, and Schoenberg in a European Wilderness*, Cambridge, Mass., 1992; Carl E. Schorske, » Freud's Egyptian Dig «, in: *The New York Review of Books* (27. Mai 1993), 35-40; P. C. Bori, » Moses, the Great Stranger «, in: ders., *From Hermeneutics to Ethical Consensus Among Cultures*, Atlanta 1994, 155-164; Hartwich, *Sendung*, 179-214.

(493) アルノルト・ツヴァイク宛一九三六年六月八日の手紙、および六月十七日の返信を参照。引用はBori, *L'Estasi*, 198, Anm. 69より。

(494) Carl E. Schorske（印刷中）を参照〔本書第6章注（540)を参照〕。

(495) 彼のことをフロイトは常に「Ed.」ゼリンと呼んでいる。詳細については、Y・H・イェルシャルミの丹念に調べられ、魅惑的に書かれた研究『フロイトのモーセ』を参照。また宗教哲学の側からの、専門家による批判的な評価については、特にピエル・チェーザレ・ボリの諸論文を参照。

(496) Abraham Rosenvasser, *Egipto e Israel*, 8-11で宗教に関するフロイトの全般的なテーゼがうまく要約されている。

(497) E. Blum, » Über Sigmund Freuds: Der Mann Moses und die monotheistische Religion «, *Psyche* X (1956/57), 367-90は、S・フロイトが、たとえその名前に言及していなくても、シラーのテクストを知っていたという見方を支持している（三七五頁）。Yerushalmi, *Freud's Moses*, 114, Anm. 17を参照。

(498) Bori, *L'Estasi*, 203. ボリはスペンサーの名前を、ユエ（P.-D. Huet, *Demonstratio Evangelica ad Serenissimum Delphinum*, Paris 1679）、マーシャム（J. Marsham, *Canon Chronicus*, London 1671）、フォーアブルーク（J. Voorbroek, *Origines Babylonicae et Aegyptiacae*, Leiden 1711）、ウォーバートン（W. Warburton, *Divine Legation of Moses*, London 1741）のような十七世紀と十八世紀の著者と一緒に、フロイトの先行者として挙げている。しかしながらシラーのことは、可能性として考えられる仲介者として考慮に入れていない。

(499) Francis Schmidt, » Inepties tolérables « を参照。

(500) この小説の構想を発見したのはボリである。Pier Cesare Bori, » Una pagina inedita di Freud: la premessa al romanzo storico su Mosè «, in: *Rivista di Storia contemporanea* 8 (1979), 1-17. *L'Estasi*, 237-258に再収。以下も参照。I. Gubrich-Simitis, *Freuds Moses-Studie*, 80-88、そしてYerushalmi, *Freud's Moses*, 16、およびMichel de Certeau, *L'Ecriture de l'histoire*。セルトーは、彼の本の非常に興味深い最終章で、フロイトの『モーセという男と一神信仰の宗教』を扱っている。セルトーは「小説」という概念から、フロイトにはフィクションを書く意図と野心があったと推測しているが、この側面をやや誇張しているように思われる。トーマス・マンのヨセフ・プロジェクトとの結び付きを最初に指摘したのがMarthe Robert, *D'Oedipe à Moise*, 256である。これについてより詳しくはGubrich-Simitis, 66-68を参照。

(501) S. Freud, *Der Mann Moses und die monotheistische Religion*, in: *Gesammelte Werke* XVI, hrsg. v. Anna Freud (1939; Frankfurt:

Fischer 1968) = Bibliothek Suhrkamp 131 (Frankfurt 1964)，以下*Der Mann Moses* と略記；Sigmund Freud, *Der Mann Moses und die monotheistische Religion. Schriften über die Religion* (Frankfurt: Fischer Taschenbuch Verlag 1975).

(502) モーセ・プロジェクトに携わっていた年月にジークムント・フロイトがアルノルト・ツヴァイクに宛てて書いた手紙を参照。S. Freud – A. Zweig, *Briefwechsel*, Frankfurt 1968.

(503) Yerushalmi, *Freud's Moses*, 2を参照。一一三頁の注5も合わせて参照。

(504) 啓蒙主義者としてのフロイトについてはPeter Gay, *A Godless Jew. Freud, Atheism, and the Making of Psychoanalysis*, New Haven 1987を参照。フロイトのモーセ・プロジェクトの背後にある「脱構築的な衝動」については特にM. Robert, *D'Oedipe à Moise*を参照。

(505) フロイトが歴史の領域で行なった「証拠」探しは、カルロ・ギンズブルクが調べた明証の問題とつながっている。Carlo Ginzburg, *Der Richter und der Historiker*, Berlin 1991.

(506) Bluma Goldstein, *Reinscribing Moses*, 94f. を参照。*Der Mann Moses*, 21を参照。

(507) モーセについて同じように距離を置いて語っている唯一別の文が出エジプト記三二章一節と二三節である。「エジプトからわたしたちを連れ出した男、あのモーセという人がどうなってしまったのか、わたしたちは知らないのです」。この文は黄金の子牛の物語に出てきて、反乱を起こした人々の台詞になっている。彼らはアロンに「わたしたちの先に立って進む」〈神々〉〔*elohim*〕を造ってくれるよう頼む。反乱者たちの発言として、この節が示しているのは、モーセについてどのように語ってはならないかだ。彼は「エジプトからわたしたちを連れ出した男」ではないのだ。しかしこれがまさにフロイトの描く「モーセという男」のイメージである。

(508) Yerushalmi, *Freud's Moses*, 55. ところで忘れてならないのは、「一神教」と「多神教」をめぐる全概念が十八世紀以降のものであり、原初の一神教をめぐる理神論論争に由来するということである。この論争の文脈にモーセ論争も属している。

(509) *Der Mann Moses*, 175.

(510) イェルシャルミやそのほかの人々が近頃、フロイトがユダヤ人であることやユダヤ人として受けた教育を強調しているが、これは、フロイト自身が『モーセという男』の著者として構成しているポジションを、やや歪めているように思われる。『モーセという男』に関していえば、わたしはピーター・ゲイに賛成であり、フロイトはラビの側にいるよりも、むしろ啓蒙主義者の側にいると考えている。Peter Gay, *A Godless Jew*, 33-68に所収の章 » The Last Philosophe: Our God Logos « を特に参照。フロイトのユダヤ的背景については特にRice, *Freud and Moses*を参照。この文脈で非常に均衡のとれたポジションにいるのがI・グルーブリヒ＝シミティスだ。彼女はフロイトの「ユダヤ性」よりも、フロイトがモーセ研究との関連で再開したフィリップゾーン聖書の読みを調べている（六八―七一頁を参照）。Hartwich, *Sendung*, 179-188も参照。

(511) これらの名前には一つの神名が含まれている。エジプト人の名前ではこの要素はしばしば省かれる。例えば、アメン・エム・ヘブの代わりにマフー、アメン・エム・ハトの代わりにフヤーといった具合である。そのような短縮形は、アクエンアテンとその信奉者たちがそうしたように、伝統的な多神教とその神々の名に背を向けたエジプト人には、とりわけふさわしいだろう。

(512) J. Gwyn Griffiths, » The Egyptian Name of Moses «, *Journal of Near Eastern Studies* 12 (1953), 225-231を参照。

(513) Karl Abraham, » Amenhotep IV (Ichnaton). Psychoanalytische Beiträge zum Verständnis seiner Persönlichkeit und des monotheistischen Atonkults «, *Imago* 1 (1912), 334-60.

(514) 以下を参照。Jacques Trilling, » Freud, Abraham, et le Pharaon «, in: *Etudes freudiennes* (1969), Nr. 1-2, 219-26; M. de Certeau, *Das Schreiben der Geschichte*, 270, Anm. 58; Bori, *L'Estasi*, 186f.; Lévy-Valensi, *Le Moise de Freud*, 11ff.

(515) *Der Mann Moses*, 22.

(516) *Der Mann Moses*, 24.

(517) ヘルマン・ランケによるドイツ語訳は一九一一年に出た。わたしは一九三六年のチューリヒ版を使用している。

(518) James Henry Breasted, *De Hymnis in Solem sub rege Amenophide IV conceptis*, Diss., Berlin 1894.［アマルナ賛歌群の］テクストの初版は一八八四年になって刊行された。Urbain Bouriant, *Mission Archéologique Française au Caire* I, Kairo 1884, 2-5.

(519) *Geschichte Ägyptens*, Zürich 1936, 215.

(520) 以下を参照。Arnaldo Momigliano, *Pagans, Jews, and Christians*; Garth Fowden, *Empire to Commonwealth*.

(521) Freud, *Der Mann Moses*, 28. この箇所で James Henry Breasted, *History of Egypt*, New York 1906, 374が参照されている。

(522) Freud, *Der Mann Moses*, 31.

(523) フロイトはある脚注でアーサー・ウェイゴールを挙げている。ウェイゴールには文献学の能力が相当に欠けていたので、彼は何らためらうことなく、アトゥム［Atum］（ヘリオポリスの神）、アテン［Aton］、そしてアドニス［Adonis］の音が同じだとして、きわめて冒険的な仮説を立てた（Arthur E. P. Weigall, *The Life and Times of Akhnaton, Pharaoh of Egypt*, Edinburgh/London 1910, 136-138）。フロイトはそれをナンセンスとして（実際にはそうなのだが）退けていない。しかしながら彼はある程度突き放して発言している。たぶん、ブレステッドがこの見かけだけのつながりに立ち入って論じていないからだろう。実際はここにいかなる音の一致もない。アトゥムという名は、おおよそ Atúm と聞こえたのだろう。例えば地名のペル＝アトゥム［*pr-Jtm*］、「アトゥムの家」は、ヘブライ語でピトム［Pithom］と転写されている。そしてアテンという名は、ゲルハルト・フェヒトが示したように（Gerhard Fecht, » Amarna-Probleme «, in: *Zeitschrift für Ägyptische Sprache* 85 [1960], 83-118）、ヤティ［Jati］と発音された。例えばメリトアテン［Merit-Aton］という名は、楔形文字でマヤティ［Majati］と写されている。これらの名の間に音の一致はなかったし、アドニスという名の場合も同じだ。ましてやアドナイ［Adonai］はいわずもがなである。このことはしかし、ほかの人々、例えばフィリップ・アジズ［Philippe Aziz］が『モーセとアクエンアテン』［*Moise et Akhenaton*］で、フロイトが直観的に無視した当の論拠を持ち出すのを妨げはしなかった。アジズはある章に「聞けイスラエルよ、われらが神アテンは唯一の神なり」［Ecoute Israël, notre dieu Aton est le dieu unique］という題をつけている。これさえもひょっとしたら記憶史の観点で何かしら面白いかもしれない。しかしわたしはこの種の文献をここで真面目に考慮するに忍びなかった。

(524) ところでこれはフロイトが歴史的に誤っていた点である。アクエンアテンがオシリスと、この神に結び付いた泉下の死者の国という考えを拒否したことは正しい。だが、ある種の死後の生、そして、魂あるいは「バー」の不滅という観念は否定しなかった。アマルナ宗教の考えによれば、個人は死後にバーとなって、王と太陽を崇拝しながら生き続けるが、それは、この光と生けるものたちの世界でのことであって、彼岸にある何らかの死者の国においてではない（これについては Erik Hornung, »Zur Struktur des ägyptischen Jenseitsglaubens«, in: *Zeitschr. f. Äg. Sprache* 119, 1992, 124-130を参照）。フロイトは第四の点についても思い違いをしていたが、その結果ははるかに重大である。エジプト学関連の詳細については次章でより立ち入って論じるつもりだ。

（525）最初にヘロドトスがそう伝えている。フロイトもヘロドトスを引用している（*Der Mann Moses*, 34）。

（526）*Der Mann Moses*, 37-38.

（527）*Der Mann Moses*, 38.

（528）*Der Mann Moses*, 36.

（529）このことは今日では歴史的にはるかに詳細に再現できる。これに関しては Rolf Krauss, *Das Ende der Amarnazeit* を参照。

（530）フロイトはここで、モーセが太陽の創造者にしてあらゆる被造物の主の側に立ち、太陽崇拝を放棄したかもしれない、ということをほのめかしているように思われる。同一の区別が、トーマス・マンの『養う人ヨセフ』における、ヨセフとアクエンアテンの有名な談話のテーマをなしている。

（531）*Der Mann Moses*, 42.

（532）*Der Mann Moses*, 46.

（533）モーセの律法も妥協の産物、次善の解決策だった。これはエゼキエル書二〇章二五節に依拠した解釈だ。「わたしもまた彼らに、良くない律法と、それに従って彼らが生きることのできない裁きを与えた」。キリスト教による律法の歴史化と相対化をびっくりするほど先取りしながら、預言者は主御自らに、律法の時代を超越した完全性を否認させ、その不完全な点を、完全な律法を二度も拒絶して結局は不完全な律法を受け取った民の頑なさでもって説明させている。

（534）*Der Mann Moses*, 61.

（535）両方とも *Der Mann Moses*, 48から引用。

（536）*Der Mann Moses*, 65.

（537）Carl E. Schorske, »Freud's Egyptian Digs«を参照。

（538）「モーセはこの点でアテン宗教の厳格さを凌駕したと推察される」――*Der Mann Moses*, 146。

（539）「民衆宗教との対立を、これ以上はっきりと具体的に示すものはない」――*Der Mann Moses*, 31。フロイトによれば「アクエンアテンはアテン教を民衆宗教に対する意図的な敵対心の中で発展させた」――*Der Mann Moses*, 33。

（540）フロイトの典拠の一つであるジェイムズ・H・ブレステッドについては、エジプトマニアに関するウィーン会議（一九九四年十月）で発表された、カール・E・ショースキーの研究を参照〔Carl E. Schorske, »Freud's Egyptian Digs«, in: W. Seipel (Hg.): *Ägyptomanie*, S.105-113〕。この会議の記録はヴィルフリート・ザイペル編纂の本として刊行される予定である〔本書第4章注（328）を参照〕。

（541）*Der Mann Moses*, 158.

（542）このテーゼをめぐる批判的な議論については Bori, *L'Estasi* を参照。

（543）Yerushalmi, *Freud's Moses*, 84-86; ドイツ語版129f. を参照。Odil Hannes Steck, *Israel und das gewaltsame Geschick der Propheten*, Neukirchen/Vluyn 1967を参照。

（544）Goldstein, *Reinscribing Moses*, 101.

（545）*Der Mann Moses*, 167.

（546）Goldstein, *Reinscribing Moses*, 117ff. にある卓越した要約を参照。

（547）Goldstein, *Reinscribing Moses*, 117. *Der Mann Moses*, 131下段.

（548）この用語はニコラ・アブラハムとマリア・トロークによって導入された。Nicolas Abraham und Maria Torok, *L'Écorce et le noyau*

および dies., *Kryptonymie. Das Vokabular des Wolfmanns*, Frankfurt/Berlin 1979を参照。抑圧という概念が個人の心的事象を指しているのに対して、クリュプタという概念は世代を超えた抑圧のプロセスに関して用いられる。フロイトはこの概念を用いていないが、「太古の遺産」という彼のコンセプトは、一種の集合的クリュプタと解することができるかもしれない。

(549) *Der Mann Moses*, 167.

(550) *Der Mann Moses*, 108-110.

(551) *Der Mann Moses*, 167.

(552) 一神教が一種の「父の宗教」だとするフロイトの見方を支持する証拠ならたくさん挙げられるだろう。これはすでにアテン信仰に当てはまる。ブレステッドとウェイゴールが言及していないのでフロイトが知りえなかったのは、アクエンアテンの神の名（「ヤティ」〔Jati〕）と「わが父」を表すエジプト語（*jat-i*）がおそらくは同じ響きをしており、テクストが常にこの音の類似と戯れているという事実である。この神はまさに「わが父なる」という称号を、王の称号のように持っている。アクエンアテンはその一神教を、神との一種の共同統治として演出した。その神はこの神政政治でシニア・パートナーの役割を演じた。アクエンアテンのアテン信仰は大いに父の宗教だった。もっともこの場合、〔神の〕父性というコンセプトはもっぱら王だけにかかわるものであり、そのほかの人類は関係なかった。

(553) Goldstein, *Reinscribing Moses*, 118.

(554) *Der Mann Moses*, 132f.

(555) *Der Mann Moses*, 132.

(556) *Der Mann Moses*, 132f. 次を参照。Goldstein, *Reinscribing Moses*, 117および Yerushalmi, *Freud's Moses*, 30.

(557) *Der Mann Moses*, 61.

(558) *Der Mann Moses*, 172f.

(559) これは最後から二番目の詩節の最後の二詩行であり、この詩の第一稿にある（後の諸稿にこの詩節はない）。フロイトは〔『モーセという男』で〕最終詩節の最後の二詩行を引用しているが、これらの詩行は文化的記憶のコンセプトにとってきわめて重要である。

歌の中で不滅に生くべきものは、
生の中では滅びざるをえない。
(*Der Mann Moses*, 132.)

(560) I. von Born, » Über die Mysterien der Aegyptier «, 85-87.

(561) これに関しては次を参照。A. Funkenstein, » Gesetz und Geschichte: Zur Historisierenden Hermeneutik bei Moses Maimonides und Thomas von Aquin «, in: *Viator* I (1970), 147-78.

(562) *Der Mann Moses*, 167. 一九三五年一月六日のルー・アンドレーアス＝ザロメ宛の手紙、*Briefwechsel*, 224。引用は Goldstein, *Reinscribing Moses*, 100より。*Autobiographische Studie*, *Gesammelte Werke*, Bd. 16, 33. 次を参照。Goldstein, *Reinscribing Moses*, 100f.

(563) *Hiera Anagraphe*, *Die Fragmente der griechischen Historiker*, 3 Bde. in 15, hrsg. v. F. Jacoby, Leiden 1926-58, repr. 1954-60, Frag. Nr. 63.

(564) *Der Mann Moses*, 138-144.

(565) Mary Douglas, *In the Wilderness*.

(566) *Der Mann Moses*, 171.

(567) フロイトが啓蒙主義の伝統に属していることについては特に、Peter Gay, *A Godless Jew*, 33-68に所収の感銘深い章「最後のフィロゾーフ――我らが神ロゴス」〔The Last Philosophe: Our God Logos〕を参照。

(568) Goldstein, *Reinscribing Moses*, 120.

(569) *Der Mann Moses*, 137.

(570) *Der Mann Moses*, 137, Anm. 1.

第7章

(571) この概念についてはわたしの本『文化的記憶』〔*Das kulturelle Gedächtnis*〕の第二章第一節（「儀式に基づく結束性からテクストに基づく結束性へ」〔Von ritueller zu textueller Kohärenz〕）を参照。

(572) A. Assmann und J. Assmann (Hrsg.), *Kanon und Zensur*, München 1987を参照。

(573) アテンを「原初の崇高な神」と呼んでいる、わたしの知っている唯一の例外は、アマルナ宗教の初期に由来する。次を参照。H. Brunner, » Eine Inschrift aus der Frühzeit Amenophis' IV. «, in: *Zeitschrift für ägyptische Sprache* 97 (1971), 12-18.

(574) これについてはT. Mettinger, *No Graven Image? Israelite Aniconism in Its Near Eastern Context* (*Coniectanea Biblica*, *OT Series* 42), Stockholm 1995, 49-51を参照。

(575) D. B. Redford, » A Royal Speech from the Blocks of the tenth Pylon «, in: *Bulletin of the Egyptological Seminar New York* 3, 1981, 87-102; ders., *Akhenaten. The Heretic King*, Princeton 1984, 172f.

(576) *Urkunden* IV, 1971, 12-13. このトポスについては以下を参照。J. Assmann, *Sonnenhymnen in Thebanischen Gräbern* (*THEBEN* I), Mainz 1983（以下*Sonnenhymnen*と略記）, 155 (f); J. Zandee, *De Hymnen aan Amon van Papyrus Leiden J 350*, Leiden 1947, 82.

(577) Chr. Uehlinger, » Leviathan und die Schiffe in Ps. 104, 25-26 «, in: *Biblica* 71 (1990), 499-526を参照。

(578) Mai Sandman, *Texts from the time of Akhenaten* (*Bibliotheca Aegyptiaca*, Bd. 8), Brüssel 1938, 11.12-13（小賛歌）; 23.4-5. 同21を参照。「自分の創造物すべてに目を与える者」。後のテクスト群については*Sonnenhymnen*, 266 (c) を参照。

(579) J. W. von Goethe, » Entwurf einer Farbenlehre «, in: *Goethes Werke*, Hamburger Ausgabe, Bd. 13, 7. Aufl. München 1975, 323.

(580) 「もし目が太陽のようでなかったら、
どうしてわれわれは光を見ることができようか。
われわれの内に神固有の力が宿っていなければ、
どうして神的なものがわれわれを恍惚とさせることができようか」
(J. W. v. Goethe, » Entwurf einer Farbenlehre «, ebd., 324. » Zahme Xenien «, in: *Goethes Werke*, Bd. 1, 367を参照)。ゲーテはこれに対応するプロティノスの一節をラテン語で日記に書き留めている。〈眼は、太陽のようにならなかったとしたら、決して太陽を見ることはできないだろう〉〔*neque vero oculus unquam videret solem, nisi factus solaris esset*〕(Enn. I. VI. 9; J. W. von Goethe, *Die Schriften zur Naturwissenschaft*, hrsg. im Auftrage der Deutschen Akademie der Naturforscher Leopoldina. II. Bd. 3, 17. さらなる注解が390ff. とII 4, 286ff. にある)。Plato, *Pol.* VI, 509aを参照。W. Beierwaltes, » Die Metaphysik des Lichtes in der Philosophie Plotins «, in: *Zeitschrift für Philosophische Forschung* XV (1961), 223ff.

ゲーテにとっては、プロティノスとプラトンにとってそうだったように、目が太陽と同じ性質のものだということは、神的なものが内に現在する証だった。目と同じく、精神も「光からの光」〈*phos ek photos*〉である。見ることと知ることは同じだ。しかしながらこれは大賛歌でははっきりと否定される。ただ王だけが、内なる太陽性から内なる神性の高みに上ることができ、〈神固有の力〉が彼の内にあるということができる。

「われは汝の意にかなう、汝の息子である。

われは汝の名を告げ知らせ、汝の威力を表す、
汝の力がわが心に根を下ろしているがゆえに」
(Sandman, *Texts*, 14.13-16 – 15.1-3)。

(581) これに関しては私の論文を参照。» Weisheit, Loyalismus und Frömmigkeit «, in: Erik Hornung und Othmar Keel (Hrsg.), *Studien zu altägyptischen Lebenslehren, Orbis Biblicus et Orientalis*, Bd. 28, Fribourg/Göttingen 1979, 12-72 passim; *Sinngeschichte*, 258-277.

(582) Sandman, *Texts*, 95.17-18. 時が神によって創造されたとする諸観念については、次のわたしの本でさらに立ち入って述べている。*Zeit und Ewigkeit im Alten Ägypten. Ein Beitrag zur Geschichte der Ewigkeit* (*Abhandlungen der Heidelberger Akademie der Wissenschaften*), Heidelberg 1975, 55.

(583) M. Dahood, *Psalms III 101-150* (*The Anchor Bible*), New York 1970, 46を参照。ダフードは〔ヘブライ語の〕*rwhm* を、*rwh*〔息〕と前接的な *mem* に分解している。後者は「ここでは、並列法の単調さを避けるために、代名詞的な接尾辞(「あなたの」)の文体上の代理を務めている」。

(584) 詩編第一〇四編二九―三〇節。

(585) Max Weber, » Die Protestantische Ethik und der Geist des Kapitalismus «, in: *Gesammelte Aufsätze zur Religionssoziologie*, 7. Aufl. Tübingen 1978, 17-206; Marcel Gauchet, *Le Désenchantement du monde*, Paris: Gallimard 1985. フロイトは「精神性における進歩」という言い方をしている。

(586) ヨハン・ゲオルク・ヴァハターがこの表現を用いている(*Spinozismus im Jüdenthumb*, 1699)。Gershom Scholem, » Abraham Cohen Herrera – Leben, Werk und Wirkung « を参照。

(587) Černý-Gardiner, *Hieratic Ostraca*, Oxford 1957, 106.

(588)「誕生が秘められた」という表現については以下を参照。Papyrus Leiden I 350, IV, 11; J. Zandee, *De Hymnen aan Amon van Papyrus Leiden I 350* (OMRO 28), Leiden 1947, 74; Papyrus Berlin 3049 VI 7-8; J. Assmann, *Ägyptische Hymnen und Gebete*, Zürich 1975 (以下 *ÄHG* と略記), Nr. 131, 10: *Sonnenhymnen*, Text 42a (i).「聖なる生まれの」という表現については Papyrus Leiden I 344, I, 1. Zandee (Hrsg.), *Der Amunshymnus des Papyrus Leiden I 344, Verso*, 3 Bde., Leiden 1992, Bd. 1, 17f. を参照。Horemheb BM 551 = *ÄHG*, Nr. 58, 18-20も参照。

(589) *Sonnenhymnen*, Text 114, 11 (c).

(590) Papyrus Strasbourg 7, v.2. 原初の神の自己創造については Zandee, *Hymnen*, 38f. を参照。

(591) このことは、単一性と多様性の関係を時間的概念で表現したものが「本質《エッセンス》の時間化」(K・バーク)〔『動機の文法』森常治訳、晶文社、一九八二年、四四四頁以下を参照〕の一例であって、存在論的関係を指し示すメタファー的表現にすぎない、という可能性を排除しない。これについては次のわたしの論文を参照。» Die ›Häresie‹ des Echnaton «, *Saeculum* 23 (1972), 115ff, bes. Anm. 28 und 31. しかしわたしは、この概念体系の歴史的発展を、以前の著作のときよりも明白に認識していると思う。多様性の中にある隠された単一性という概念は、(多様性に先行する単一性という概念とは異なり)、ラメセス朝のアメン・ラー神学の独特の成果である。

(592) Zandee, *Hymnen*, 75-86; *ÄHG*, Nr. 138.

(593) The Epigraphic Survey, *The Temple of Ramses III in Karnak*, Oriental Institute Publications, Bd. XXIV, Chicago, Tf. 23 = *ÄHG*, Nr. 196, 12-15.

(594) J. C. Goyon, in: R. A. Parker, J. Leclant und J. C. Goyon, *The Edifice of Taharqa*, Hannover/London 1979, 69-79; 40-41; Tf. 27.

ÄHG, Nr. 128を参照。これに類似したデモティックのテクストがM. Smith, *Enchoria* 7 (1977), 115-149にある。

(595) Serge Sauneron, *Le Papyrus Magique Illustré de Brooklyn*, Wilbour Monographs III, New York 1970, 23, Tf. IV, fig. 3（一三頁向かいの図）.

(596) これはグレコ・エジプトの魔術パピルスで「エンネアモルフォス」すなわち九つの姿を持つ者と呼ばれているのと同じ形象である。R. Merkelbach und M. Totti, *Abrasax*, Bd. I, 78; Bd. II, 10-11; Bd. III, 59-65を参照。

(597) Chr. Riedweg, *Jüdisch-hellenistische Imitation*, 26-27.

(598) *ḥḥw* は明らかに「幾百万」を意味しており、ゼーテが提案したようにヘフ神で擬人化されている「万物に浸透する空気」を意味しているのではない。K. Sethe, *Amun und die acht Urgötter von Hermopolis*（APAW）, Berlin 1929, §201を参照。ヘフ神は、この脈絡では、プトレマイオス朝になってからでないと出てこない（E. Drioton, *Annales du Service des Antiquités Egyptiennes* 44［1944］, 127［c］を参照）。

(599)「神の果てしなさ」という概念については、「わが身を隠しており、その限界に到達されえない者」、Papyrus Leiden I 344, vso. 2, 8-9; Zandee, *Amunshymnus*, 120-126を参照。Papyrus Berlin 3049, 16, 6およびUrk. VIII, 116、「その周囲が限りない者」を参照。

(600) Papyrus Leiden I 344, vso. 3, 2-3 = Zandee, *Amunshymnus*, 168-176.

(601) Emile Chassinat, *Le Temple d'Edfou*, Bd. 3, Kairo 1928, 34.9-10.

(602)「かの者の変容（*ḫprw*）は幾百万である」。ラメセス三世の石碑（= Kenneth A. Kitchen, *Ramesside Inscriptions*, Bd. 6, Oxford 1969, 452.8）。

(603) Urk. VIII §138b = Kurt Sethe, *Thebanische Tempelinschriften aus griechisch-römischer Zeit*, hrsg. v. Otto Firchow（Berlin 1957）, 110. ヤハウェについては逆に「かの者の御名は『一』である」（ゼカリヤ書一四章九節）といわれている。

(604) *ḥḥw*（「幾百万」）のこの意味については *Sonnenhymnen*, Text 149（c）を参照。

(605)「わが名が花咲くように」〔Que mon nom fleurisse〕の書にある、原初の神に寄せる賛歌。次に所収。Papyrus Berlin 3030 VIII-IX; Papyrus Louvre 3336 I, 1-16; Papyrus Brüssel, publ. von Louis Speelers, *Rec. Travaux* 39（1917）, 28ff.

(606) カプアのこの奉献碑文については本書第3章を参照。

(607) メディネト・マアディのイシドロスの賛歌については以下を参照。Vera F. Vanderlip, *The Four Greek Hymns of Isidorus and the Cult of Isis*（*American Studies in Papyrology* XII）, Toronto 1972, 18f.; E. Bernand, *Inscriptions métriques de l'Égypte gréco-romaine*, Paris 1969, Nr. 175, 632ff.; M. Totti, *Ausgewählte Texte der Isis-Serapis-Religion*（*Subsidia Epigrapha* XII）, 1985, 76-82; F. Dunand, » Le syncrétisme isiaque à la fin de l'époque hellénistique «, in: F. Dunand und P. Levêque（Hrsg.）, *Les Syncrétismes dans les religions grecque et romaine*（*Colloque de Strasbourg, Bibliothèque des Centres d'Études supérieures spécialisés*）, Paris 1973, 79-93. イシドロスについては Drijvers, *Vox Theologica* 32（1962）, 139-150を参照。

(608) *Corpus Hermeticum* IV.10 = Arthur D. Nock und André-Jean Festugière（Hrsg.）, *Corpus Hermeticum*, 4 Bde., Paris 1973-80, Bd. I, 64; *Asclepius* §20 = Bd. II, 321.

(609) *Spaccio de la bestia trionfante*. 引用は、*The Expulsion of the Triumphant Beast*, hrsg. und übers. von Arthur D. Imerti, Lincoln/London 1964, 240より〔次の既訳を参考にした。『傲れる野獣の追放』加藤守道訳、東信堂、二〇一三年、二四一頁〕。

(610) Michael Walzer, *Exodus and Revolution* を参照。

(611) Yehoshua Amir, » Die Begegnung des biblischen und des philosophischen Monotheismus als Grundthema des jüdischen Hellenismus «, *Evangelische Theologie* 38 (1978), 2-19.

(612) L. Caelii Firmiani Lactantii, *De Ira Dei*, Liber/Laktanz, *Vom Zorne Gottes*, eingel., hrsg., übertragen u. erläutert v. H. Kraft und A. Wlosok, Darmstadt 1957、ならびに、わたしの著書 *Politische Theologie zwischen Ägypten und Israel*, 2. Aufl. München 1995を参照。

(613) Philippus-Evangelium 67, M. Krause, *Die Gnosis* II, Zürich 1971, 108.

(614) Goethe, » Aus Makariens Archiv «, *Werke* (Hamburger Ausgabe) 8, München 1981, 460 Nr. 3（H・D・ベッツがこの箇所を教えてくれた）.

(615) Margaret C. Jacob, *The Radical Enlightenment* を参照。

(616) これについては Jürgen Schings, *Die Brüder des Marquis Posa* を参照。

(617) Warburton, *Divine Legation* II, 149ff. を参照。

(618) これについては Wolf Daniel Hartwich, *Die Sendung Moses*, München 1997を参照。ハルトヴィヒは〈三重の宗教〉〔*religio tripertita*〕が啓蒙主義の宗教理論にとって有している重要性を明らかにした。

(619) Frank E. Manuel, *The Eighteenth Century Confronts the Gods*, 47-53を参照。

(620) Reinhold, *Die Hebräischen Mysterien*, 68.

(621) 同書70。スペンサーが参照されている。

(622) *Die Sendung Moses*, 752.

(623) 以下を参照のこと。Rüdiger Schott, » Das Geschichtsbewußtsein schriftloser Völker «, *Archiv für Begriffsgeschichte* 12 (1968), 166-205; Aleida Assmann, in: A. und J. Assmann, » Schrift, Tradition und Kultur «, in: *Zwischen Festtag und Alltag*, hrsg. v. Wolfgang Raible, Tübingen 1988, 25-50, bes. 35f.

(624) コヘレトの言葉九章七―一〇節とそのエジプト的背景については、*Stein und Zeit*, 221f. を参照。

訳者解説

本書はJan Assmann, *Moses der Ägypter. Entzifferung einer Gedächtnisspur* (München: Carl Hanser, 1998) の全訳である。底本にはペーパーバック版 (Frankfurt a. M.: Fischer Taschenbuch Verlag, 2000) の第六版 (二〇〇七) を使用している。「序言」にあるように、本書は、まず英語版 *Moses the Egyptian. The Memory of Egypt in Western Monotheism* (Cambridge, Mass.: Harvard University Press, 1997) が刊行され、その翌年、著者自身によるドイツ語訳が、英語版に大幅に加筆して出版された。本書にはほかに、イタリア語版 (二〇〇〇)、フランス語版 (二〇〇一)、スペイン語版 (二〇〇三) がある。ここに訳出したのはドイツ語版だが、翻訳にあたっては英語版も参照した。

著者のヤン・アスマン (一九三八年生、本名ヨハン・クリストフ・アスマン) は、世界的に著名な、ドイツのエジプト学者・宗教学者・文化学者である。一九七六年から二〇〇三年までハイデルベルク大学のエジプト学教授を務めた。ハイデルベルク大学を定年退職後は、二〇〇五年から、コンスタンツ大学の客員教授として、一般文化学・宗教理論を講じている。そのほかに、コレージュ・ド・フランス、ヘブライ大学、イェール大学、シカゴ大学などの客員教授を歴任した。また、マックス・プランク研究賞 (一九九六)、ドイツ歴史家賞 (一九九八)、ドイツ連邦共和国功労勲章・勲一等 (二〇〇六) など輝かしい受賞歴を誇る。今日のドイツを代表する知性の一人である。

ヤン・アスマンの略歴をこのようにまとめてみたが、彼の場合、「〇〇学者」という限定的な肩書きはあまり用をなさない。アスマンは、西洋の人文知の伝統を体現するかのような驚異的な学識の持ち主であり、従来の学問の区分けを縦横に越え出て、膨大な数の著作を刊行している。単著書だけでなく、共著書や編著書、論文や記事なども入れると、その数は四〇〇点以上に及ぶ。アスマンの業績のうち、ドイツ語の単著書に限っていくつか列挙してみよう（タイトルの日本語訳を〔　〕内に示す）。彼の仕事の片鱗を窺うにはよいかもしれない。そこで扱われている問題の系は、（一）古代エジプト人の信仰・世界観・死生観の研究、（二）文化理論（「文化的記憶」のコンセプト）、（三）宗教史・宗教についての一般理論（一神教と暴力の問題）、（四）「想起されたエジプト」、すなわち、ヨーロッパの精神史における古代エジプトの受容と変容（例えばヘンデルのオラトリオ、十八世紀の啓蒙主義時代の古代密儀学、モーツァルトの『魔笛』、シラーのバラード、トーマス・マンのヨセフ三部作についての研究）などに大別されよう。

1. *Zeit und Ewigkeit im alten Ägypten. Ein Beitrag zur Geschichte der Ewigkeit*, Heidelberg 1975.〔古代エジプトにおける時間と永遠――永遠の歴史に関する一論考〕
2. *Re und Amun. Die Krise des polytheistischen Weltbilds im Ägypten der 18.-20. Dynastie*, Fribourg/ Göttingen 1983.〔ラーとアメン――第一八―二〇王朝のエジプトにおける多神教的世界像の危機〕
3. *Ägypten. Theologie und Frömmigkeit einer frühen Hochkultur*, Stuttgart 1984.（日本語版、ヤン・アスマン『エジプト――初期高度文明の神学と信仰心』吹田浩訳、関西大学出版部、一九九八年）
4. *Ma'at. Gerechtigkeit und Unsterblichkeit im alten Ägypten*, München 1990.〔マアト――古代エジプトにおける正義と不死〕
5. *Stein und Zeit. Mensch und Gesellschaft im alten Ägypten*, München 1991.〔石と時間――古代エジプトにおける人間と社会〕
6. *Das kulturelle Gedächtnis. Schrift, Erinnerung und politische Identität in frühen Hochkulturen*, München 1992.〔文化的記憶――初期高度文化における書字、想起、政治的アイデンティティ〕
7. *Politische Theologie zwischen Ägypten und Israel*, München 1992.〔エジプトとイスラエルの間の政治神学〕
8. *Monotheismus und Kosmotheismus. Ägyptische Formen eines „Denkens des Einen" und ihre europäische Rezeptionsgeschichte*, Heidelberg 1993.〔一神教と宇宙即神論――「一者についての思想」のエジプト的形式と

そのヨーロッパにおける受容史〕
9. *Ägypten. Eine Sinngeschichte*, München/Wien 1996.〔エジプト——意味史の試み〕
10. *Moses der Ägypter. Entzifferung einer Gedächtnisspur*, München 1998.（本書）
11. *Ägyptische Hymnen und Gebete*, übers., kommentiert und eingel. von Jan Assmann, 2., verb. und erw. Aufl., Fribourg/ Göttingen 1999.〔エジプトの賛歌と祈祷文〕
12. *Das verschleierte Bild zu Sais. Schillers Ballade und ihre griechischen und ägyptischen Hintergründe*, Stuttgart/ Leipzig 1999.〔サイスのヴェールに覆われた神像——シラーの物語詩とそのギリシア的・エジプト的背景〕
13. *Weisheit und Mysterium. Das Bild der Griechen von Ägypten*, München 2000.〔知恵と神秘——エジプトについてのギリシア人のイメージ〕
14. *Herrschaft und Heil. Politische Theologie in Altägypten, Israel und Europa*, München 2000.〔支配と救済——古代エジプト、イスラエル、ヨーロッパにおける政治神学〕
15. *Der Tod als Thema der Kulturtheorie. Todesbilder und Totenriten im Alten Ägypten*, mit einem Beitrag von Thomas Macho, *Tod und Trauer im kulturwissenschaftlichen Vergleich*, Frankfurt a.M. 2000.〔文化理論のテーマとしての死——古代エジプトにおける死のイメージと死者の儀式〕
16. *Religion und kulturelles Gedächtnis. Zehn Studien*, München 2000.〔宗教と文化的記憶——十の論考〕
17. *Tod und Jenseits im Alten Ägypten*, München 2001.〔古代エジプトにおける死と彼岸〕
18. *Die Mosaische Unterscheidung oder Der Preis des Monotheismus*, München 2003.〔モーセの区別、あるいは一神教の代償〕
19. *Ägyptische Geheimnisse*, München 2004.〔エジプトの秘密〕
20. *Theologie und Weisheit im Alten Ägypten*, München 2005.〔古代エジプトにおける神学と知恵〕
21. *Die Zauberflöte. Oper und Mysterium*, München 2005.〔魔笛——オペラと神秘〕

22. *Erinnertes Ägypten. Pharaonische Motive in der europäischen Religions- und Geistesgeschichte*, Berlin 2006.〔想起されたエジプト——ヨーロッパの宗教史と精神史にみられるファラオのモティーフ〕

23. *Monotheismus und die Sprache der Gewalt*, mit einem Vorwort von Hubert Christian Ehalt, Wien 2006.〔一神教と暴力の言葉〕

24. *Thomas Mann und Ägypten. Mythos und Monotheismus in den Josephsromanen*, München 2006.〔トーマス・マンとエジプト——ヨセフ小説における神話と一神教〕

25. *Religio Duplex. Ägyptische Mysterien und europäische Aufklärung*, Berlin 2010.〔二重の宗教——エジプトの密儀とヨーロッパの啓蒙主義〕

26. *Steinzeit und Sternzeit. Altägyptische Zeitkonzepte*, München 2011.〔石の時間と星の時間——古代エジプトの時間概念〕

27. *Die Zauberflöte. Eine Oper mit zwei Gesichtern*, Wien 2015.〔魔笛——二つの顔を持つオペラ〕

28. *Das Oratorium Israel in Egypt von Georg Friedrich Händel*, Stuttgart 2015.〔ゲオルク・フリードリヒ・ヘンデルのオラトリオ「エジプトのイスラエル人」〕

29. *Exodus. Die Revolution der Alten Welt*, München 2015.〔エクソドス——古代世界の革命〕

＊　＊

「文化的記憶」

ヤン・アスマンはパートナーのアライダ・アスマンとともに「文化的記憶」のコンセプトを提唱してきた。およそ文化の存立を可能にする「記憶」の現象に着目し、集合的な次元で繰り広げられる「想起」と「忘却」のダイナミズムに迫るこのコンセプトによって、アスマン夫妻は、考古学、歴史学、人類学、宗教学、社会学、政治学、文学、芸術学、メディア論などの諸分野を横断する、文化学の新たなパラダイムを打ち立てた。以下、本書の内容に触れるに先立ち、この文化的記憶のコンセプトの輪郭を素描しよう。

アスマン夫妻は、フランスの社会学者モーリス・アルヴァックス(一八七七—一九四五)の「集合的記憶」(mémoire collective)の概念を出発点にする。アルヴァックスの社会構成主義的な記憶論の要点として次の三つが挙げられよう。(一)個人の記憶は集団の記憶に組み込まれている。(二)集団の記憶は構成的に振る舞う。想起と忘却は現在の枠組に拘束されており、この枠組が経験をふるい分け、意味づける。(三)単数形の「歴史」に対して複数形の「記憶」。実証主義史学のいう意味での「歴史」が、過去の客観的・普遍的な再現を目指すとすれば、「記憶」は集団の連続性と独自性の意識を基礎づける過去の物語を紡ぎ出す。集団の数だけ記憶がある。

アスマン夫妻は、アルヴァックスの「集合的記憶」を、「コミュニケーション的記憶」(kommunikatives Gedächtnis)と「文化的記憶」(kulturelles Gedächtnis)という二つの様態に分ける。コミュニケーション的記憶は、人々の日常生活におけるオーラルなやりとりを通じて、自然に形成される。コミュニケーション的記憶は、個人が周りの人々と共有している、最近の過去についての思い出だ。その過去はおよそ八〇年から一〇〇年、つまり三世代から四世代前にまで遡る。例えば家族(祖父母—両親—子供)の間で語り継がれる戦争の体験談などがその典型だろう。個人の有機的な記憶(ブレイン・メモリー)を支えとするコミュニケーション的記憶は、定まった輪郭を持たず、世代交代などでその担い手が代われば、その内容も移ろう。

コミュニケーション的記憶とは異なり、文化的記憶は、自ずと生成するのではなく、人為的に構築され、維持される。文化的記憶の特徴は、種々のメディア(身体、声、文字、イメージ、建築物、場所など)によって客体化されていることだ。そして、諸々の制度(アーカイヴでの組織的な保存、正典《カノン》の集成など)によって伝承の経路が確保されており、専門家集団(呪術師・詩人・聖職者・学者など)によって管理され、儀式的反復やテクスト解釈などの実践を通じて繰り返し活性化される。

文化的記憶は、その担い手にとって、永遠に保持し世代を超えて伝えるに値すると見なされる規範的・絶対的な過去のイメージを運ぶ。文化的記憶の枠内では、過去は「神話」に変換される。この場合の「神話」とは虚構であっても事実であってもかまわない。例えば、ユダヤ教徒にとってのエクソドス物語や、フランス共和政にとってのバスティーユ襲撃のような物語は「神話」に数え入れられる。そのような物語は、集団のアイデンティティ（われわれは何者か）を基礎づけ、行為の指針（われわれは何をなすべきか）を与えてくれる。そのように信じられ、生きられる過去についての物語が、現在の人々を駆動する力を、ヤン・アスマンは「神話原動力」（Mythomotorik）と呼ぶ。

ヤン・アスマンの名を、文化的記憶のコンセプトとともに世に知らしめたのが、一九九二年に刊行された『文化的記憶——初期高度文化における書字、想起、政治的アイデンティティ』（前掲リスト6）だ。アスマンはこの本で文化的記憶の理論を練り上げ、それを古代の地中海世界と近東の諸文化の研究に応用している。エジプト、イスラエル、ヒッタイト、ギリシアで、口承文化から書字文化への移行期に、それぞれが文化的記憶の新たなメディアである書字の技術を用いて独自の記憶を構築し、自らの政治的アイデンティティ（「エジプト人」「ギリシア人」など）を発展させていった過程（民族生成《エスノジェネシス》）をたどっている。なお、文化的記憶について書かれたヤン・アスマンの著作のうち、現在日本語で読めるものに、論文「文化的記憶」（高橋慎也・山中奈緒美訳、『思想』二〇一六年三月号）がある。アスマン夫妻の記憶論がコンパクトにまとめられており、概観を得るのにうってつけである。

アスマン夫妻の文化的記憶のコンセプトの要諦として、とりわけ、次の三点を挙げることができるだろう。

（一）記憶としての文化、（二）記憶の表象の政治学、（三）「記憶史」のまなざし。

（一）アスマン夫妻は、**「記憶」という概念を中心にして、一つの文化理論を構想**している。アスマン夫妻によれば、文化は一つの巨大な記憶術だ（記憶としての文化）。どの文化も、個々の人間を社会の次元と時間の次元で「われわれ」という集団に結び付ける意味編成《ゼマンティック》を構築する。神話、文学、種々の象徴などに表現されている、いわば「大きな物語」だ。人々はその物語の中に住まい、自らを世界と歴史の中で方向づける。文化が存続していくためには、この意味編成を維持し、伝承し、繰り返し活性化しなければならない。そのためにどの文化もさまざまな技術を発展させる。アスマン夫妻は文化的記憶という概念で、集合的レベルで人為的に構築され維持される、制度としての「記憶」の次元を同定した。その際に、意味の編成の性質と射程にとってメディアが有する決定的な重要性に、改めて注意を向けさせた。アスマン夫妻の記憶論は、例えばベネディクト・アンダーソンの『想像の共同体』やホブズボウム／レンジャーの『創られた伝統』、また、ピエール・ノラの『記憶の場』など、歴史学や政治学における一九八〇年代以降の構成主義的な諸研究、さらには、エリック・ハブロックやウォルター・オングなどのメディア論、そしてニクラス・ルーマンの歴史的意味論などに依拠し、それらを一つの包括的な文化理論に統合している。そうして、文化的記憶というコンセプトの下に、人文学の諸分野を横断する、共通の議論の場を開いた。

（二）**記憶の表象の政治学**。ここで注意しなければならないのは、「文化的記憶」は比喩的表現だということだ。記憶の生理的な基盤は個々人の脳であり、一個の超越的人格として「集団」「社会」「文化」が想起したり忘れたりすることはない。文化的記憶とは、意味の連続性を維持するための文化的技術——メディア、制度、実践、象徴形式（神話、宗教、文学、芸術、史学など）——の総称である。それではなぜ「記憶」という語を用いるのだろうか。例えば「伝統」という語もある。しかし「伝統」は一元的で静的な概念だ。この語は、過去から現在にいたる直線的で、連続的で、自然な流れという意味合いが強い。それに対して「記憶」は多元的で動的な概念だ。「記憶」には「想起」と「忘却」が同時に含まれる。あるものが想起されるとき、必然的に、ほかのものは忘れられている。そして「想起」は過去との断絶を前提にする。「想起」は常に現在から出発し、時間の断絶を乗り越えて、過去と関係を取り結ぼうとする。そこには過去の変形、歪曲、想像、創造の契機が避けがたく入り込む。さらに、「記憶」には決定的に重要な側面がある。それはアイデンティティとの結び付きだ。個人の次元であれ、集団の次元であれ、記憶の営みとは、現在の願望・希望・欲望に導かれて過去のある部分を照らし、ある部分を忘れ、そうして選択された要素をつなぎ合わせて、自己像を支え行為に指針を与える物語を紡ぎ出すことだ。そうして紡ぎ出された物語が——たとえフィクションであろうとも——自分たちの過去として信じられ、生きられるとき、それは歴史を支配する力を帯びうる。

このアイデンティティとの結び付きという側面を強調するために、アスマン夫妻は文化的記憶を、「機能的記憶」（Funktionsgedächtnis）と「蓄積的記憶」（Speichergedächtnis）という、互いに補い合う二つの様態に分ける。機能的記憶は文化的記憶の顕在的な次元だ。この様態は選別と規範化《カノン》を特徴とする。ここでは、その都度の現在の関心を照射されて浮かび上がった要素が、アイデンティティの一部として想起される。他方の蓄積的記憶は文化的記憶の潜在的な次元だ。この様態は保存を特徴とする。ここは、現在とのつながりを（一時的に）失った要素が眠る、文化のアーカイヴだ。それは同時に機能的記憶のオルタナティヴを用意する備蓄庫《アーセナル》でもある。そして文化的記憶（機能的記憶＋蓄積的記憶）の外部には、完全な忘却の世界が広がっている。

機能的記憶と蓄積的記憶の境界は存在論的ではなく、パースペクティヴに左右される。両者の関係はミュージアムの展示空間と収蔵庫の関係になぞらえることができる。展覧会のその都度のテーマに応じて、収蔵庫から物品が選び出され、展示空間に並べられ、物語につなぎ合わされる。テーマが変われば、展示物は選別しなおされて、あるものは収蔵庫に戻され、別のものが引っ張り出される。あるいは同じ本を読み返す場合にも例えられよう。線を引かれる箇所（機能的記憶）と、そうでない箇所（蓄積的記憶）は、読み返すたびに変わる。

アスマン夫妻によれば、機能的記憶の役割は三つある。第一に、機能的記憶は自集団を他集団から「区別」する。例えば、ユダヤ教、キリスト教、イスラム教の聖典《カノン》、あるいは世俗化した形では、諸々の「国民」文学（「ドイツ文学」や「国文学」など）のカノンは、それを共有する人々をほかの人々から分かつ。第二に、機能的記憶は現在を「正統化／正当化」するために用いられる。例えば支配者の万世一系の物語などがそうだ。これは現在の権力関係を根拠づける。第三に、機能的記憶は現在を「非正統化／非正当化」するために動員される。マイノリティや被支配者たちの対抗的物語《カウンターヒストリー》は、現在の欠陥状況に否をつきつけるために、支配者の物語とは別様の過去を対置する。

機能的記憶と蓄積的記憶を含む文化的記憶という概念は、ある社会の中で種々のメディアによって形作られ、共有され、継承される過去のヴァージョンが決して一枚岩ではないことを強調する。文化的記憶という概念は、ときには相矛盾し、敵対する過去のさまざまなヴァージョンがせめぎ合う場、現在に生きる人々が、望ましい未来のために、過去の意味づけと表象と領有をめぐって交渉し、闘争する場を示している。

（三）**「記憶史」のまなざし**。文化的記憶の概念は、ある特定の現在において過去の諸々のヴァージョンがどのように形作られ、どのような意味を与えられ、どのような働きを担っているのか、その問いに対する視座を開く。その視座を強調するために、ヤン・アスマンは一つの区別を提案する。それが「事実史」（Tatsachengeschichte）と「記憶史」（Gedächtnisgeschichte）の区別だ。事実史のアプローチは、過去が実際にどうだったのかを問う。ある出来事の原因や、出来事と出来事の因果的な関連を、史料により実証的に説明しようと試みる。それに対して、記憶史のアプローチが問題にするのは、「過去それ自体ではなく、想起される過去」（本書二六頁）だ。その都度の現在においてある出来事がどう記憶されているか、過去のイメージの形成と変容の過程を追う（その意味で記憶史のアプローチは、ノラの『記憶の場』という史学史的プロジェクトに相通ずる）。

事実史は過去を「事実／虚構」の判断基準に従って調べる。事実史のアプローチは、例えば歴史修正主義を克服するという文脈ではきわめて重要になる。自らを絶対化する傾向にある「記憶」の諸々の構築物を、客観的・批判的に検証するためには、事実史の視点は欠かせない。しかし他方で、客観的・批判的な検証にかけられたときに、不完全な思い出、錯誤、歪曲、捏造として片付けられる過去についての物語にも、別種の真実性がある。たとえそれが虚構であっても、信じられている過去のイメージがある。忘れてはならないものとして記憶に留めるよう繰返し促される過去のイメージがある。人々がその中で／それを通じて生き、自分たちの現在に意味とパースペクティヴを与える物語。そのような物語を「神話」といった。「神話」の意義は「事実／虚構」の区別ではかれない。記憶史のアプローチは、それらの物語が事実なのか虚構なのかという問いは、ひとまず括弧に入れる。その代わりにこのアプローチは、現在が過去に付与する意義を問う。つまり、どうして人々はそれらの物語を語るのか。誰がそれらの物語を必要とし、自分たちの過去として想起しているのか、そしてそれらの物語が追求する課題《アジェンダ》はどこにあるのかを問う。この記憶史のまなざしこそ、本書『エジプト人モーセ』を貫くまなざしである。以下、本書の内容を概観しよう。

＊　＊

『エジプト人モーセ』について

モーセは、西洋のアイデンティティの根幹をなすユダヤ＝キリスト教の発端に位置する、神話的な人物だ。旧約の出エジプト記によれば、神は燃える茨の茂みに顕現し、ヘブライ人モーセに、エジプトで奴隷となり圧迫に苦しむ彼の同胞を、約束の地に導き出すよう命じた。イスラエルの民を率いたモーセは、シナイ山で律法を授かり、ヤハウェのみを崇拝する民族の創建者となった。

ヤン・アスマンは本書で、一神教の誕生神話に登場する、このモーセという途方もない人物に迫る。しかしアスマンが問うのは、モーセが実在していたのかどうか、もし実在していたとしたら何者だったのか、聖書が伝えるようにヘブライ人だったのか、それともエジプト人だったのか、あるいはミディアン人だったのか、ではない。これらの問いは事実史の領域に属する。そうではなく、アスマンが注目するのは、古代から現代にいたるまで、西洋の文化的記憶の中に現れてきた「想起の形象」としてのモーセである。本書の重要性はまずこの方法論上の転回にある。つまり、姿をさまざまに変えながら繰り返し立ち現れる過去のイメージを通時的に跡づける記憶史の実践によって、従来の事実史では考察の対象外におかれてきた次元（ある現在が過去に付与する意義）を、歴史研究の対象として提示する。こうしてアスマンは本書で、西洋の文化的記憶の驚くべき伏流を明るみに出す。

一神教誕生の神話に描かれる根源的な行為、すなわち、真の宗教と偽の宗教を分かつ行為を、ヤン・アスマンは「モーセの区別」と名づける。アスマンによれば、一神教の目印は、神の単一性か多数性かではない。そうではなく、一神教に内在する排他性にある。一神教の根本的な新しさ、多神教の世界が知らない革命的な性格とは、己が体現する絶対的な真理への固執と、他者の否定だ。それゆえヤン・アスマンは、一神教を「対抗宗教」とも呼ぶ。なぜならそれは、自己に先行するものや外部にあるものを「虚偽」として排除する、否定の潜勢力を内に含んでいるからだ。

聖書で想起される「ヘブライ人モーセ」は、このモーセの区別を象徴している。この区別は、この根源的なエクソドスの神話では、「イスラエル＝真理」対「エジプト＝虚偽」という敵対の布置となって現れる。この場合、エジプトは、自己の輪廓をそれとの対照によって画すために、繰り返し想起されねばならない否定的な他者の像だ。「ヘブライ人モーセ」は、ユダヤ＝キリスト教的西洋の反対像としてのエジプトのイメージ（「専制政治、不遜、魔術、動物崇拝、偶像崇拝の国」本書二九頁）を、西洋の文化的記憶に鮮明に保ってきた。

他方で、この「ヘブライ人モーセ」に対して、モーセをエジプト人とする、それゆえにモーセの告げ知らす真理の起源をエジプトに求める試みが、繰り返しなされてきた。「エジプト人モーセ」を想起することは、「イスラエル＝真理」と「エジプト＝虚偽」の対立の布陣を脱構築し、モーセの区別を克服することを意味する。ヤン・アスマンは本書で、ヘレニズム時代から二十世紀のユダヤ人迫害の時代にいたるまで、聖書のエクソドス神話に対する、対抗的な想起の系譜を掘り起こしていく。この系譜を本書の章立てに即して追ってみよう。

アスマンはまず、ヘレニズム時代に流布していた聖書外のエクソドス物語が伝える「エジプト人モーセ」――エジプトの「癩者」を率いた反乱の指導者――に、アクエンアテンの遠い面影を読み解く（第二章）。古代エジプト第一八王朝のファラオ、アクエンアテンは、太陽神アテンを唯一神とする新たな宗教を創唱し、アメンを主神とする伝統的な多神教を廃止した。アテン教は人類史上最初の対抗宗教の発現だった。それはエジプトの多神教世界を、暴力的に、根底から覆した。ここでアスマンは大胆なテーゼを立てる。アクエンアテンの一神教革命が挫折したあと、このファラオの痕跡は公的な文化的記憶から排除された。しかし、その思い出は消滅したわけではなく、古代エジプト人の集合的記憶の中に潜伏し、転位を繰り返しながら生き続けた。アクエンアテンの一神教革命のトラウマ的な思い出は、千年の時を隔てて、それとは関係のない聖書の一神教に結び付く。聖書外のエクソドス物語に描かれる「不浄の者」としてのユダヤ人のイメージは、アクエンアテンの抑圧された思い出が回帰したものだった。アスマンによれば、古代末期のエジプトにあったユダヤ人に対する敵意は、ヘレニズムの宇宙即神論的な世界の中で、聖書の一神教に遭遇したエジプト人の側の反動だった。その敵対的な情動は、抑圧された対抗宗教のトラウマ的経験によって呼び起こされたものだった。

アスマンは、モーセの区別の記憶史的痕跡を、預言者の一神教にはるかに先立つアクエンアテンにまで拡張し、西洋の反ユダヤ主義の源泉の一つを、ユダヤ人が登場する以前の、ある種の反一神教に求める。ただしアスマンはここで、（例えばフロイトとは異なり）アクエンアテンの一神教が聖書の一神教になったのか、と問うているのではない。モーセの背後に、その歴史的実在として、アクエンアテンが隠れているのか、と問うているのではない。そうではなく、古代エジプト人の集合的記憶の中で、アマルナのトラウマ的な思い出がどのような変容を遂げたのかを問う（記憶史のまなざし）。アスマンによれば、「癩者」の物語は、文化的記憶には意志的想起の次元だけではなく、無意志的想起の次元もあることを教えてくれる。文化的記憶の深層には、長い潜伏の後に再び影響力を発揮し、人々を襲いうる多くのものが保持されている（アスマンの文化的記憶のコンセプトには、ドイツの美術史家アビ・ヴァールブルクの社会的記憶と象徴の理論の反響を聞き取ることができる）。そして癩者の物語は、意識的で連続的な伝承だけではなく、（トラウマ的経験の）抑圧、潜伏、変形、回帰に満ちたダイナミズムが、宗教的・文化的・民族的な「敵」の幻想《ファンタスマ》が生み出されるときに作動していることに、われわれの注意を向けさせる。

　本書を織りなす論証の糸は複雑に絡み合っているが、それらは、少なくとも三つの問題系を軸に展開している。第一に、一神信仰の「対抗宗教」に内在する暴力性というテーゼ、第二に、西洋の反ユダヤ主義の起源の考察、そして第三に、エクソドス物語をめぐる対抗的な想起の系譜である。本書の功績は、アスマンが「モーセ＝エジプト論争」と呼ぶ、一つの間テクスト的な言説の連なりを再構築したことにある。アスマンは、ヒエログリフが解読される以前の十七世紀と十八世紀の思弁的なエジプト学の系譜（スペンサー、カドワース、トーランド、ウォーバートン、ラインホルト、シラー）を掘り起こし、それを、マネトーやストラボンら古代の「エジプト人モーセ」に関連する資料に結び付け、また、二十世紀のフロイトによるユダヤ教の起源の精神分析的な再構成の仕事につなぐ。こうして、西洋の文化的記憶における、数千年に及ぶ言説の連なりを再構築した。そして、その言説に回帰するモティーフ・論証・意図を、モーセ（アクエンアテン）の根源的な区別に対する応答として読み直す。

　第3章では、このモーセ＝エジプト論争の起爆剤となった、十七世紀イギリスのヘブライ学者ジョン・スペンサー

（一六三〇―九三）とラルフ・カドワース（一六一七―八八）の仕事が扱われる。比較宗教学の嚆矢スペンサーは、『ヘブライ人の儀式法』（一六八五）で、ユダヤ教の律法の歴史的根拠を求めて、古代エジプトの文化と宗教を再構成した。スペンサーが用いる史学的説明のカテゴリーは「応化」「規範転倒」「転用」の三つの原理に大別される。いずれも、システム（ヘブライ人の儀式法）と環境（歴史的背景として再構成された異教の文化）の関係性を問うものだ。スペンサーの説によれば、神は律法を授けるとき、イスラエルの民が置かれていた歴史的状況を顧慮しなければならなかった。当時、イスラエル人は完全にエジプトに同化していた。それゆえ、神は己の律法を、エジプトで文化的に刻印され制約されていた民の理解力に「応化」させ、エジプトの文化の型に翻訳した。「規範転倒」は「応化」の否定的な形式だ。この場合、ヘブライの儀式法は、歴史的に先行する異教の慣習を引っくり返したものと解される。「規範転倒」は忘却術にして、エジプトの偶像崇拝からの治療法でもある。否定すべき異教の儀式や慣習の上に、その反転像が重ねられることで、それは抹消され克服される（律法の第一の根拠）。「転用」は「応化」の肯定的な形式だ。エジプトから借用された儀式や慣習がこれに該当する。モーセはヒエログリフをエジプトで学び、ユダヤ教の儀式法という、二重コード化の暗号書記法を生み出した。それは、謎めいた儀式法のヴェールで、大衆に対してはより高次の真理を隠すと同時に、より高い理解力を持つ者たちに伝える（律法の第二の根拠）。十八世紀のモーセ＝エジプト論争で重要になる「二重の宗教」のモティーフがここで登場する。

スペンサーは、モーセの区別を象徴するエジプトとイスラエルの敵対の布陣、両者の線引きを撤廃したわけではない。しかし彼は、モーセの律法がエジプトに由来することを再構成し、それを歴史化することで、この線引きを相対化した。反宗教改革の時代のモーセの区別の先鋭化が、こうして慎重に緩められる。スペンサーはイスラエルとエジプトの関係を、断絶ではなく、転倒・転用と考えた。それによって解釈モデルを、両者の間のより内密なつながりへと移行させた。こうして、聖書の真理の境界を画してきたモーセの区別に風穴をあけ、後のモーセ＝エジプト論争に道を開いた。

スペンサーの同時代人カドワースは、理神論の先駆であるケンブリッジ・プラトニストの指導的人物だ。彼は、その『宇宙の真の知的体系』（一六七八）で、（無神論も含めた）あらゆる宗教の根源には唯一の普遍的な神性があることを証明しようとした。カドワースによれば、古代エジプトの神学には、この真の神についての知識が保たれていた。その神学は、民衆のための虚構の神学と、選ばれた者のための秘密の神学という、二重の構造を持っていた（「二重の宗教」のモティーフ）。古代エジプト人は、この秘密の神学を、ヒエログリフと寓意に包んで知者に伝授していた。カドワースは、ギリシア・ラテンの文献に依拠して、この秘密神学の内容を再構成する。その過程でヘルメス文書を再評価する。カドワースは、古代エジプトの秘密神学の神観念を能産的自然と同定し、「唯一の普遍的で一切を包括する神性」つまり全一者（ヘン・カイ・パン）の教義こそ、エジプトの秘密神学の核心だとした。カドワースが復権したヘルメス主義の伝統は、十八世紀に強い影響力を振るい、理神論・スピノザ主義の潮流と交わる。エジプトは、宇宙即神論的・汎神論的な神観念の起源として理解され、聖書の一神教はこの神観念を転用したものと考えられるようになる（カドワースの誤読）。

第4章は、十八世紀前半のジョン・トーランド（一六七〇—一七二二）とウィリアム・ウォーバートン（一六九八—一七七九）に充てられる。アイルランドの自由思想家トーランドの『ユダヤ教の起源』（一七〇九）を例に、モーセ＝エジプト論争が十八世紀の理神論の文脈で紹介される。トーランドはモーセの事績を、古代ギリシアの歴史家ストラボンなど、聖書外の伝承に依拠して再構成した。それによれば、モーセはエジプトの神官であり、自然がその至高にして唯一の神性だった（つまりモーセは理神論者だった）。十戒の本来の核心は自然法であり、それは人格神を必要とせず、自然の原理を崇めるものだった。そのためにモーセはきわめて純粋で簡素な祭祀を創設した。神名や贅沢な儀式や諸規則は、罪深い人間たちの情熱と夢想によって招き寄せられた、後の時代の退廃現象だった（「二重の宗教」のモティーフの変奏）。モーセは、ミノスやゾロアスターなどと同様の、卓越した立法者の一人だった。これらの先達と同じく、モーセは民衆に律法を授けるときに、それを権威づけるために、ある人格神を案出した。しかし、神々や宗教的儀式は、本来の明澄な真理を守るために人為的に作られた政治的虚構にすぎない。トーランドに代表される急進的な理神論の場合、真と偽の宗教を分かつモーセの区別は、イスラエル（真理）とエジプト（虚偽）の間にではなく、「理性」（自然の明澄な認識に結び付いた信仰＝自然神学）と「迷信」の間に設けられる。迷信にはこの場合、啓示に基づく「実定宗教」（聖書の宗教）も含まれる。そしてエジプトがこの自然神学の生まれ故郷とされた。

イギリスの主教ウォーバートンは、スペンサー、カドワースに続く、モーセ＝エジプト論争の重要な人物だ。彼は『モーセの神的使命』（一七三八―四一）で、「二重の宗教」のモティーフに政治的な解釈を与え、モーセ＝エジプト論争の決定的な礎石を敷く。ウォーバートンによれば、人間は当初、万物を創造し維持する神性である自然を崇拝していた。国家の誕生とともに、宗教は、民衆宗教と秘密宗教に分裂した。エジプトは人類史における最初の国家であり、原初の信仰に「二重の宗教」の形式を与えた最初の文化だった。それゆえ後のすべての密儀教のプロトタイプになる。ウォーバートンが再構成したエジプトの「二重の宗教」は、まず、民衆の宗教とエリートの密儀に分かれる。民衆は彩り豊かな多神教の外面だけを目にする。しかしその神々は国家秩序を維持するために発明された虚構である。元来の自然神学は密儀に保たれた。ウォーバートンは、古代の典拠に基づき、密儀をさらに「小密儀」と「大密儀」に分ける。小密儀は道徳、知恵、敬神の根本規則を教える。大密儀は支配者になるべく定められたごくわずかの者にのみ開陳される。大密儀で明かされる真理とは、公的な多神教が虚構であること、そして、一神論的な自然神学（万物を生み出し、万物を包括する、唯一の、目に見えない無名の神についての教え）である。

ウォーバートン自身は、エジプト人の密儀の神と、モーセが啓示を受けた聖書の神観念を区別した。しかし、アスマンによれば、ウォーバートンは誤読されることで実りをもたらす。十八世紀の理神論者とスピノザ主義者は、ウォーバートンが示したエジプト人の大密儀の神観念こそ、「神すなわち自然《デウス・シウェ・ナトゥーラ》」と解釈した。そして、モーセがそれを彼の民に開示したと考えた。また、ウォーバートンが説いた、国家の公的宗教とエリートの秘密宗教に分裂した「二重の宗教」という政治神学は、密儀というテーマに新たなアクチュアリティを付与した。啓蒙主義の時代の秘密結社が、そこに自らのイメージを再認できたからだ。

第5章では、十八世紀後半のドイツの哲学者カール・レオンハルト・ラインホルト（一七五七―一八二三）と、詩人・歴史家のフリードリヒ・シラー（一七五九―一八〇五）が登場する。フリーメイソンリーを背景にして執筆されたラインホルトの『ヘブライの密儀』(一七八七)は、モーセ゠エジプト論争における蝶番をなす。この論文は、一方ではスペンサーとウォーバートンに、他方ではシラーと(シラーを介して)フロイトにつながる。ラインホルトは、スペンサーに依拠して、モーセの律法がエジプトに由来したとする。そして、ウォーバートンに依拠して、エジプトの宗教を公の宗教と密儀に分ける。

モーセ゠エジプト論争におけるラインホルトの独創性は次の点にある。彼は、エジプト人の秘教的な一神論(汎神論的な一者の崇拝)とモーセの一神教は神観念の点で同一であり、どちらも全一者(ヘン・カイ・パン)を崇めていたと考えた。ラインホルトはモーセをスピノザ主義者にした。以下がラインホルトの再構成だ。モーセは、一神教の理念を啓示として受け取ったのではなく、エジプトの大密儀で教わった。彼は、大密儀の秘密(神々は虚構であり、唯一の本質的存在、母なる自然としてのイシスしかいないこと)をヘブライ人に明かす。しかし彼は妥協しなければならなかった。彼は、大密儀で伝授される汎神論的な神観念を民衆の限られた理解力に合わせて改造し、有神論的な国民の守護神にまで縮め、それを盲目的な崇拝の対象にした。その一方で彼は、エジプトの宗教の「ヒエログリフ的」外面を翻訳して儀式の諸規則に変え、自らの真理を包み隠した。

シラーの論文『モーセの使命』(一七九〇)は、ラインホルトの論文をパラフレーズし、その二つの論点を強調したものだ。(一)エジプト人の密儀の神と聖書の神は同じだった。大密儀のイニシエーションの頂点でモーセに開示された真理は、名状しがたき至高の存在である自然という「崇高な」観念だった。(二)モーセの妥協。モーセの真理は「粗野な」民衆には耐えられない。それゆえモーセは、エジプトの密儀の崇高な神観念を、人格性を有する国民神(ヤハウェ)で置き換え、暴力的な強制によって、盲目的な服従の対象にした。そうしてイスラエルの国家建設という政治目的に利用した。これは「応化」の概念の変奏だ。スペンサー(マイモニデス)によれば、神は律法を、当時のイスラエル人が置かれていた「時代精神」に適応させた。ラインホルトとシラーによれば、モーセは神観念を適応させた。

ラインホルト/シラーの論文をもって、モーセ゠エジプト論争の諸々のモティーフが合流する。すなわち、(一)

ヘルメス論争（エジプト＝ある真理の起源）、（二）モーセ論争（モーセ＝民族的あるいは文化的な意味でエジプト人。彼はエジプトの真理をイスラエルにもたらす）、（三）ヒエログリフ論争（ヒエログリフ＝暗号書記法）が、十八世紀末のドイツのスピノザ主義の中で収斂する。古代エジプトの宗教には、密儀の織りなすヴェールに覆われたまま、ある原初の一神教が保たれており、その一神教の崇める神性は、（汎神論的な）自然である。「エジプト人モーセ」は、エジプトの密儀がヒエログリフの下に隠していた全一者についての教えを、律法に翻訳して「漏洩」した。このときエジプトは、聖書の一神教によって否定され克服された虚偽としてではなく、その真理の故郷として現れる。

ここで少し脱線して、『エジプト人モーセ』を一つのきっかけとし、その後展開したアスマンの仕事のうち、本章と特に関連深いものに触れておこう。まず『魔笛――オペラと神秘』（前掲リスト21）と、講演を書籍化した『魔笛――二つの顔を持つオペラ』（前掲リスト27）が挙げられる。両書は、モーツァルトのオペラを、同時代のフリーメイソンによる密儀研究の文脈に位置づけて解釈したものだ。アスマンによれば、『魔笛』は、古代エジプトの宗教を「二重の宗教」と解する当時の説を反映している。このオペラは民衆劇とフリーメイソンの密儀劇という二重の構造を与えられている。『魔笛』の上演は、観客の観覧に供される娯楽劇というだけではなく、それ自体が、洞察力ある観客を出来事に巻き込む、現実に進行するイニシエーション劇でもある。ここでは、啓蒙の理念が劇場的なプロセスとして演出され、美的体験の対象に変えられる。認識する観客は、主人公とともに、民衆宗教（幻想）から、諸々の試練を経て、秘密宗教（真理の光）への改宗を体験するという。

また、モーセ＝エジプト論争に繰り返し登場する「二重の宗教」のモティーフに、アスマンは一書を捧げている。それが『二重の宗教』（前掲リスト25）だ。「二重の宗教」の理念史を、グレコ・エジプトの古代末期から、マイモニデス、スペンサー、カドワース、トーランド、ウォーバートンを経て、十八世紀後半のフリーメイソンによる密儀研究にいたるまでたどっている。アスマンによれば、「二重の宗教」の理念は十八世紀末に、メンデルスゾーンやレッシングなどの啓蒙主義者によって新たな次元にまで高められた。この理念は今やコスモポリタニズム的転回を経験する。民衆宗教と秘密宗教の二重性に代えて、（ユダヤ教、キリスト教、イスラム教、仏教など）個別の宗教（歴史的な真理）の次元と、ある普遍的な「人類の宗教」（理性に基づく真理）の次元に、われわれは同時に与れることが謳われる（メンデルスゾーン）。また、誰もが己の信仰を実践しながらも、ほかの宗教の真理要求を承認し敬うこと、あるいは、真理は隠されており、すべての宗教がそれぞれ独自の方法でその真理に達しようと努めている可能性を認めることが説かれる（レッシング）。アスマンはこの新たな「二重の宗教」の理念に改めて、今日のグローバル化と宗教的対立の時代に、暴力の衝突を回避するために必要な視点を見る。

『エジプト人モーセ』の内容に戻ろう。これまで見てきたように、モーセ＝エジプト論争はつまるところ、一神信仰の対抗宗教と宇宙即神論の立場の対決だった。アスマンによれば、十七世紀のスペンサーとカドワース、そして十八世紀のウォーバートンは、宗教的な寛容性を目指して、プロテスタンティズムの内側から、モーセの区別の厳しさを和らげようとした。この対決は十八世紀の啓蒙主義で先鋭化する。キリスト教の正統信仰に、今や自由思想・理神論・汎神論（スピノザ主義）の陣営が対峙する。この陣営の人々は、一神信仰の対抗宗教による真と偽の峻厳な区別と他者の排除に対して、人間・自然・神が融和した全体性という、宇宙即神論のユートピアを構想した。その標語が「ヘン・カイ・パン」だった。エジプトはこの宇宙即神論の起源として想起された。聖書の一神教の記憶の中で他者として構築され排除されてきたエジプトが、真理の起源としてのエジプトに変わる。アスマンはここに、理性・寛容・自然の旗印の下にモーセの区別を撤廃しようとした、啓蒙主義の「脱構築的想起」のプロジェクトを見る。そして次章で扱われるフロイトも、「モーセ論争の軌道で思考し、エジプトに起源を探し求めた一人の『啓蒙主義者』」（本書二六二―二六三頁）に数え入れられる。

アスマンは本書で、ジークムント・フロイト（一八五六―一九三九）の最後の著書『モーセという男と一神信仰の宗教』（一九三九）を、モーセ＝エジプト論争の系譜に位置づけ、その系譜の終着点をなすものとして読み直す。

フロイトによるユダヤ民族の起源の再構成は、アクエンアテンとその一神教革命に関する、当時の考古学と文献学の新発見に依拠している。フロイトによれば、モーセはエジプトの高官で、（理神論的・汎神論的な）アテン教の決然とした信奉者だった。しかし、アクエンアテンの革命は頓挫し、伝統的な多神教が復活する。絶望したモーセは、新しい民族を創建し、アクエンアテンの崇高な一神教を教えることを決意する。彼は国境地帯にいたセム系民族（「ユダヤ人」）を選び、エジプトから導き出す。これがエクソドスの真相だ。しかしモーセは、その一神教の掲げる厳しい要求に耐えられなかった民に殺害される。ミディアン人のある別の指導者が彼にとって代わる。ユダヤ人はモーセの宗教を捨て、ミディアン人の火山の神ヤハウェを崇拝するようになる。ユダヤ人の伝承の中で、「エジプト人モーセ」の殺害とその崇高な一神教の思い出は抑圧され、「ミディアン人モーセ」と粗野なハヤウェ崇拝がその場所を占めるようになった。しかし、モーセの一神教は数百年の時をかけて徐々に回帰し、最終的に勝利する。

フロイトは、モーセ殺害という「事実」を、ユダヤ民族を創造することになったトラウマ的な出来事にする。これは、宗教を集合的な強迫神経症とする、すでに『トーテムとタブー』（一九一二／一三）で展開されたフロイトの理論に基づいている。宗教はその抗いがたい力を「抑圧されたものの回帰」に負っている。原初の人間家族における「原父」殺害の思い出は抑圧され、罪責感に変わった。罪責感に苦しむ息子たちの記憶に、殺害された父は神となって回帰する。この原父殺害の出来事は人類史の中で無数に繰り返され、人間の魂の深層に「太古の遺産」を形成する。モーセの（父なる）一神教とモーセの殺害は、この太古の忘れられた強烈な出来事の反復だった。この出来事はユダヤ民族を再トラウマ化した。モーセとその一神教は、抑圧をくぐり抜けて回帰したとき、抗いがたい影響力を発揮して、民族を呪縛する。

フロイトが再構成したモーセの物語は、精神分析的なナラティヴの再構築といえる。フロイトの深層心理学は、心の無意識の領域に、原初（幼年期）の悲劇の記憶痕跡を発見しようと試みる。そして、それを想起可能なナラティヴに変えて解き放つ。フロイトは『モーセという男』で、一神教成立の物語を、ユダヤ民族の心理史として再構成する。「トラウマ」「抑圧」「潜伏」、抑圧されたもの「部分的な回帰」の意味論を、アナロジーによって、個人心理学（個人の神経症の発達史）の次元から、群集心理学（ユダヤ教の成立史）の次元に移す。精神分析だけが進みうる集合的な心的生活の深層に、意識的な想起には近づきえないトラウマ的な経験を、ユダヤ民族を今あるものたらしめている起源として明らかにする。アスマンによれば、フロイトは、「宗教ノイローゼの根底にある罪悪感コンプレックスを分析するという形で、その治療法を提案する。この治療法が、モーセの区別を融和し、止揚するための方途を探る試みでないとしたら、何だというのだろうか」（本書二八九―二九〇頁）。

十八世紀のモーセ＝エジプト論争は、「二重の宗教」のモデルによって、モーセの区別を、同一文化の内部に移動させた。真の宗教（イスラエル）と偽の宗教（エジプト）の区別は、エジプトの内部で、賢者の一神論と民衆の多神教の区別に代わる。エジプトに対抗してある一神教が啓示されたのではなく、何らかのエジプトの一神教が継承されたと考えられた。フロイトは「密儀」に代えて「潜伏」のモデルを用いる。モーセの区別は今や魂の内部に移される。この場合、フロイトが問うているのは、宗教の「実体的な真理」（啓蒙主義者たちが信じた密儀の神）ではなく、宗教現象がそこから力を汲み出してくる「歴史的な真理」（ユダヤの一神教に回帰した「原父」）だ。フロイトは真理そのものを歴史化する。「唯一の偉大な神」とは人間心理の「太古の遺産」の中に埋もれた「原父」のことだった。アスマンによれば、こうしてフロイトはエクソドスの枠自体を破壊する。この視点で、『モーセという男』の企図が、アスマンによって再構成される。

ただしアスマンはその後、本章のフロイト解釈を撤回している（例えば前掲リスト18の第四章を参照）。アスマンの今日の理解では、フロイトが『モーセという男』で試みたのは、モーセの区別を撤廃することではなく、何がユダヤ人の特別な性格を形作っているか、自身のユダヤ性の由来を、精神分析的方法によって解明することだった。そしてフロイトは、「モーセの区別」（唯一神の理念と図像禁忌）こそ、ユダヤ的な成果として描く。父なる宗教である一神教は、エディプス・コンプレックスの決定的な、そしてユダヤ的な先鋭化だ。一神教とは（父殺しの罪責感に基づく）欲動の断念と昇華の要請であり、感覚性からの離反（魔術的な祭儀の放棄）と「精神性における進歩」への努力（倫理的要請の強調）の道で前衛をなしたことこそ、人類の歴史に対するユダヤ民族の貢献とする。アスマンによれば、『モーセという男』は、フロイトによる自らのユダヤ性に対する信仰告白だ。フロイトは、この精神的な解放への努力を特にユダヤ的なプロジェクトとし、その伝統を自身の精神分析によって受け継ぎ、凌駕したと考えた。

このように読み直すことで、アスマンは、イェルシャルミの解釈（『フロイトのモーセ――終わりのあるユダヤ教と終わりのないユダヤ教』小森謙一郎訳、岩波書店、二〇一四年）に再び近づいている。

最後の第7章でアスマンは、エジプト学の立場から、モーセ＝エジプト論争のそもそもの発端にある、アクエンアテンの区別を再構成する。古代エジプトのテクストそれ自体に語らせることで、モーセ＝エジプト論争で描かれてきたエジプト像を相対化する。これも一種の脱構築的な想起の試みといえる。

アクエンアテンの一神教は、太陽を、万物を創造し維持する宇宙的な力として崇める。唯物論的・合理主義的な性格が色濃い、アテン教の太陽普遍主義は、神々の住まうエジプトの伝統的な神話世界を否定する。それに対して、アマルナ時代後の前十四世紀と十三世紀のラメセス朝の（汎神論的）神学は、多神教世界に顕現している、ある隠れた至高の一者についての教義を発展させる。この包括的な一神論は、神の単一性と伝統的な神々の多様性を調和させようとする試みであり、アクエンアテンの排他的な唯一神教に対する反動と解される。アスマンによれば、このラメセス朝の、万物を包括する隠れた一者についての神学こそ、ヘルメス主義の「ヘン・カイ・パン」の源泉をなしているという。それゆえ、後のモーセ＝エジプト論争（一神信仰の対抗宗教と宇宙即神論の対決）の軌道が、すでにその発端において敷かれていたことになる。

他方で、アクエンアテンの区別と比較することで、聖書の一神教におけるモーセの区別の特色が際立つ。それと同時に、十七世紀と十八世紀のモーセ＝エジプト論争の宿願がはっきりする。唯一の真なる神のみを認め、他の神々を排除する対抗宗教の峻厳さ、という点では、アクエンアテンの一神教と聖書の一神教は相通ずる。しかし、可視的な世界を奉じるアテン教は、エジプトの宇宙即神論の枠内に留まっており、人間はそこでは世界との調和のうちに生きている。それに対して聖書の一神教は、世界外の超越神への帰依、律法と倫理の強調、そして罪の意味論を特徴とする。モーセ＝エジプト論争における宇宙即神論のオプションは、人間と世界・自然・神の融和したユートピアを描き、その起源を、モーセの区別の彼方にあるエジプトに探し求めた。

アスマンが本書で再構成した、スペンサーからフロイトにいたるモーセ＝エジプト論争のそれぞれの段階は、いずれも「想起の作業」だ。そこで描かれるエジプトは（論争の当事者たちがそう信じていた）歴史的な像ではなく、「神話」的な像だ。その真実は、その像の史実性にあるのではなく、想起の営みがなされるその都度の現在にとってのアクチュアリティにある。つまり、ここで想起されるエジプトは、その物語を紡ぐ人々の自己像の一部をなしており、その都度の自己規定の試みの中で、別様に編み直されてきた。この想起の系譜を突き動かしているのがモーセの区別に発する神話原動力だ。

アスマンは『エジプト人モーセ』で、この想起の系譜に、記憶史の反省的なまなざしを向ける。そうして明らかにするのは、ヨーロッパの精神史において「エジプト」が、西洋の自己規定、つまり自らの起源の構築・脱構築・再構築というアイデンティティをめぐる言説の中で、いかに中心的な役割を果たしてきたかだ。エジプトは西洋の一神教の記憶の中に、それとの対照を通じて自己の輪廓を画するための、否定の対象として鮮明に保たれてきた。しかし他方で、克服され排除された他者としてではなく、ヨーロッパの宗教史と精神史の地下で作用し続ける、起源としてのエジプトのイメージがあった。それが、ルネサンスの「原初の神学」の理念とヘルメス主義に、啓蒙主義や初期ロマン主義の理神論や汎神論が描いた諸々の自然神学の理念に、繰り返し回帰してくる。その持続性に驚かされる（もっとも、やがて十九世紀には、文献学と比較言語学によるインド・ヨーロッパ語の発見と、ヨーロッパ文化の「アーリア的」起源を構築しようとする人文諸学の試みを通じて、「アーリア＝ギリシア＝ゲルマン」と「セム＝ヘブライ＝ユダヤ」という新たな境界線が引かれる。この相補的な二項対立の中では、起源としてのエジプトは姿を消す）。

ヨーロッパの文化の源泉は、通念として、イスラエルの宗教とギリシアの哲学に求められる。しかし、『西洋のカノン』を聖書と古典古代の伝統で閉じるのではなく、エジプトを再びヨーロッパの文化的記憶の一部にすること、それが本書の企図である」（本書四六頁）。アスマンは本書で、自らが故郷とし、そこに住まってきた文化的記憶、すなわち、西洋の人文知のカノンを、文字どおり「耕す」（「文化」を表わすドイツ語 **Kultur** のラテン語由来を想起されたい）。彼は、「エジプト人モーセ」という埋もれた記憶痕跡を求めてその土地（書字《シュリフト》のメディアによって開かれ、時空を超えて広がり結ばれた、テクストの結束性の空間）を渉猟し、掘り起こし、再活性化し、この新たな収穫物によって、ヨーロッパの文化的記憶を、忘れられ、排除されてきた（内なる）他者に向けて開こうと試みる。その意味でアスマンは、モーセ＝エジプト論争の企図を、記憶史という反省の次元で継続している。

＊

『エジプト人モーセ』に対する批判と応答

西洋の文化的記憶の忘れられた想起の系譜を明るみに出した本書は、刊行されるやいなや、大きな反響を呼んだ。同時に、（主に神学者の側からの）批判にさらされた。それらの批判の多くは、モーセの区別というコンセプト、そして一神教と暴力の関係についての本書のテーゼをめぐる。アスマンは、『モーセの区別』（前掲リスト18）、『一神教と暴力の言葉』（前掲リスト23）など、本書に続く著作で、それらの批判に応えながら、自身の考えをより精緻にしている。以下、それらの著作に依拠して、本書に対する批判とアスマンの応答を簡単に紹介しよう。

アスマンによれば、『エジプト人モーセ』に対する批判は、次の二つの（正反対の）方向にまとめられる。（一）「モーセの区別」は一神教の本質規定に役立つのか。一神教は不寛容で暴力的な宗教なのか。アスマンは、聖書の一神教にありもしない区別を想定し、聖書の一神教には本来異質な、他を排除する暴力的な傾向を結び付けているのではないか。一神教は区別の宗教ではなく、統一と普遍主義の宗教ではないのか。（二）「モーセの区別」は、聖書の一神教を特徴づける高い倫理性の到達点を意味している。聖書のエクソドス神話は、専制と隷属からの解放を表しているのではないか。アスマンは、聖書のヒューマニズムとそれに基づく西洋の諸価値にとって本質的な区別を、疑問に付しているのではないか。この二つの方向はどちらも、『エジプト人モーセ』でアスマンは一神教に対する正面攻撃を企てており、聖書の一神教に代えて多神教・宇宙即神論の復活を望んでいる、という誤解に由来する。

『エジプト人モーセ』は一神教に対する批判ではない。先述のとおり、アスマンの意図は、西洋のエジプト受容の知られざる歴史を明らかにすることにあった。十七・十八世紀の「エジプト人モーセ」をめぐる言説では、聖書の一神教は多かれ少なかれエジプトに由来し、エジプトの密儀を翻訳したものと考えられた。権威主義的・反動的と考えられた正統教義に対して、理神論的・汎神論的な神観念の故郷としてエジプトが想起された。エジプトのイメージによって融和の原理を探る、啓蒙主義の試みだ。アスマンは『エジプト人モーセ』で、この西洋の記憶史の新たに発見された章を、一方では古代の源泉にまで遡り、他方では、それが近代にまで及ぼした影響を追った。

『エジプト人モーセ』の企図を確認した上で、アスマンは改めて、一神信仰の「対抗宗教」とは何か、一神教と暴力の結び付きという問題を考察する。アスマンによれば、一神教すなわち対抗宗教、というわけではない。少なくとも二種類の一神教を区別する必要がある。「包括的一神教」と「排他的一神教」だ。包括的一神教（すべての神々は最終的には一つである）は、古代のエジプト、バビロニア、インド、ギリシア・ローマに見られる。これは多神教の成熟段階と考えられる。他方の排他的一神教（神のほかに神々はいない）には、アクエンアテン、ユダヤ、キリスト、イスラムの一神教が数え入れられる。こちらは（連続的・漸進的な）進化という意味で多神教から生じたのではない。そうではなく、断絶、飛躍、革命の意味で多神教に対峙している。少なくとも聖典《カノン》に集成された自己理解では、多神教から一神教への転回は、そういうものとして想起される。これらの一神教は、先行するものを土台とし、それを否定することで自己の境界を画す。アスマンが「対抗宗教」というとき、問題にしているのは、この排他的一神教の方である。

アスマン自身は、一神教を、文明の偉大な成果と考えている。一神教は、新たな神観念の問題というだけではなく、新たな人間像の問題でもある。多神教は神々の世界を崇める。多神教は宇宙即神論的だ。つまり神々は、コスモス・人間・社会の総体としての世界に、外から対峙しているのではない。そうではなく、その世界を構造化し、秩序づけ、意味を与えながら、内側から浸透している原理を表している。（ユダヤ、キリスト、イスラムの）一神教は、この神々と世界の一元論的な共生関係を断ち切る。神は、神々の世界を脱し、超越性と唯一性の圏域に歩み出る。神は、世界に対して自立した存在として、世界に向き合う。人間も同時に、世界との共生的な依存関係から己を解放し、自立した個人へと発展する。個人は唯一の超越神と排他的な同盟関係（契約）を結ぶ。その関係の中で、個人は神の前に立たされ、神の要請に身をさらす。アスマンによれば、モーセの区別は、神と世界の区別、それゆえに、人間と世界の区別を基礎づける。一神教の図像禁忌は、この世界からの解放を意味している。偶像崇拝とは現世崇拝であり、図像は、超越神へと向かう道をふさぎ、人間をこの世界との依存関係の低い圏域に引き込む、おぞましいものとして禁忌される。一神教とは世界の脱魔術化、人間の世界（神々の代理人たる専制権力への隷属、人間による人間の圧迫）からの解放であり、超越神に由来する倫理的規範に帰依することである。宗教的な意味での「自由」（人間への奉仕ではなく、神への奉仕）とはこのことにほかならない。この「自由」が西洋のヒューマニズムの根幹をなす。アスマン自身、ヨーロッパ人として、キリスト教の伝統の中に生まれ育った者として、モーセの区別以前の世界には後戻りできないという。

しかし同時に、一神教には、他者の否定と排除の潜勢力が内在する。一神信仰の対抗宗教が告げ知らす真理は、「唯一の神しかいない」ということではなくて、「唯一の真なる神のほかには偽の神々しかいない」ということだ。その神々の崇拝は虚偽として排撃される。それらの宗教は、それが告げ知らす絶対的な真理と同時に、戦うべき敵をも指し示す。対抗宗教のみが異教徒、異端者、不信心者を知る。対抗宗教の決定的な点はこの境界設定と排他性にある。

ユダヤ、キリスト、イスラムの一神教はこの境界線を引く。違いは、ユダヤ教はこの境界線を内に向かって、ほかの一神教は外に向かって引くことにある。ユダヤ教は同化を恐れる。ユダヤ教はモーセの区別によって自民族と他民族の境界線を引き、それを守る。その真理は万民に共通するが、選民であるユダヤ民族のみがそれを保持している。この場合、暴力は内に向かう。自民族の中の不純な者が排除される（旧約が伝える虐殺の物語の数々）。キリスト教とイスラム教はモーセの区別を普遍化する。ユダヤ教のように境界線を内に向かって引くのではなく、外に向かって拡大する。自己の真理を万民に広めるために、他者を同化させる。そして、自己の真理に服さないものは排除される。このとき暴力的になりうる。

アスマンによれば、対抗宗教はしかし、ある宗教の恒常的な性格ではない。ユダヤ教、キリスト教、イスラム教が常に攻撃的・暴力的であるという意味ではない。対抗宗教という概念は、一神教に内在し、特定の状況化で表面化し、歴史の現実に移されうる、否定と排除の潜勢力を強調している。そして重要なことに、この否定と排除の潜勢力は、ユダヤ教、キリスト教、イスラム教その他の、絶対的・排他的な真理概念に基づく宗教の聖典《カノン》に書き込まれている（例えば旧約の申命記、ヨシュア記から列王記にいたる一連の申命記史書、第二イザヤなど）。そこには革命と暴力のレトリックがある。旧から新への改宗、自己の真理と相容れないと見なされるものとの非妥協、自己の真理への帰依と生命の全的投入（熱心《ゼロティズム》、殉教、ジハード）、友と敵の峻別、敵の排除。神の意志の集成である聖典《カノン》は、絶対的な服従、つまり、そこに書かれてある真理を生の現実で実践するよう求める。アスマンによれば、この暴力の言葉は一神教運動の意味論の一部をなしており、それゆえ、特定の状況化で現動化されうる。例えば、古代の諸々の熱心党、聖像破壊、反宗教改革、ピューリタン革命、また、イスラムの諸々の原理主義などがそうだ。この側面を無視し、普遍的な博愛の宗教として一神教を美化するのではなく、聖典《カノン》に埋め込まれたこの暴力の意味論とどう付き合うかを考えるべきだとアスマンはいう。

　繰り返すが、アスマンは、一神教すなわち不寛容・暴力的、多神教すなわち寛容・平和的、といっているのではない。多神教の世界にも暴力は溢れている。しかし一神教は、ある特殊な形式の暴力、神の名における暴力、宗教上の友と敵という意味論がその神学に含まれている。そして神の名における暴力は、唯一の聖なるカノンを引き合いに出すことで正当化される。この姿勢は今日にいたるまで終わっていない。

　アスマンは、この暴力は一神教の必然的な帰結ではなく、一神教に内在する、つまり潜在的な可能性としてある、しかし回避することのできる危険だという。アスマンが対決しているのは、ユダヤ教でも、キリスト教でも、イスラム教でもなく、原理主義的な姿勢だ。今日の世界は、神と聖典を引き合いに出す暴力に襲われている。しかし、アスマンによれば、一神教の聖典に埋め込まれている暴力の意味論は、信者によってではなく、原理主義者によって点火される。原理主義者にとって問題となっているのは権力闘争だ。彼らは大衆を引き連れるために、宗教的な暴力のモティーフを利用している。敵のイメージを構築し、不安、脅かされているという意識、憎しみを呼び起こすために、暴力の言葉を政治的な闘争の資源として濫用している（前掲リスト23参照）。そして逆に、この暴力の言葉により「敵」として「除外された者たちの憎悪」（本書二九二頁）も煽られている。この原理主義的な姿勢と負の循環は宗教の領域に限られない。

アスマンは、モーセの区別それ自体を撤廃するのではなく、その昇華を求める。モーセの区別は「精神性における進歩」（フロイト）をも表している。ただし、この区別を、これを限りに確定した（神的）啓示を引き合いに出して正当化することはできない。われわれはもはや絶対的な真理に基づくことはできない。相対的な、つまりその時々の「生に役立つ」真理に依拠することしかできない。そして、それは常に交渉され取り決められねばならない。

そのためにこそ、モーセの区別を絶えざる反省と再定義の対象にしなければならないと、アスマンはいう。肝要なのは、歴史上のあまたのモーセの区別（自己の真理の絶対化と他者の排除）を想起し、歴史化し、相対化することだ。対抗宗教のさまざまな現象形態に対する視線を鋭敏にすることだ。ここで記憶史のまなざしを思い起こそう。記憶史が問題にするのは、歴史実証主義の意味での真実性（「事実／虚構」の判断基準）ではなく、パフォーマティヴな意味での真実性だ。つまり、信じられ現実に生きられることによって、同時に現実を生み出していく物語が帯びている力、想起の形象がときとして帯びうる歴史を支配する力だ。そのような「神話」がときとして振るう暴力を、記憶史のまなざしによって脱構築すること。その意味でアスマンは、『エジプト人モーセ』ならびにその後の仕事で、啓蒙のプロジェクトを継続している。そこには、ナチズムとホロコーストを経験した今日、自己の絶対化と他者の排除という、不寛容と暴力の歴史を反省的にとらえ、民族間・宗教間・文化間の融和と共生の可能性を探ろうとする、一人のドイツ人歴史家の真摯な姿がある。

『エジプト人モーセ』が一つのきっかけとなった、一神教と暴力の関係をめぐる論争は、今日なお続いている。この「一神教論争」に関連して、近年刊行された二冊の論集を最後に挙げておく。『唯一神の暴力』（*Die Gewalt des einen Gottes. Die Monotheismus-Debatte zwischen Jan Assmann, Micha Brumlik, Rolf Schieder, Peter Sloterdijk und anderen*, hrsg. von Rolf

Schieder, Berlin 2014）と、『暴力の嫌疑をかけられた一神教』（*Monotheismus unter Gewaltverdacht. Zum Gespräch mit Jan Assmann*, hrsg. von Jan-Heiner Tück, Freiburg 2015）だ。いずれの論集も、一神教に内在する暴力の潜勢力というテーゼに対する、神学者や宗教史家などからの反論と、それらの反論に対するアスマンの応答を載せている。

また、これらの批判に応える中で、アスマンは改めて聖書の出エジプト記を読み直している。その成果が近著『エクソドス』（前掲リスト29）だ。ここで詳しく紹介する余裕はないが、この本でアスマンは、一神教の誕生物語であり、後の西洋世界の一つの礎を敷くことになる出エジプト記に、エジプト学者・宗教学者・文化学者（文化的記憶の理論家）として迫っている。出エジプト記の意味編成《ゼマンティック》が、古代オリエントの歴史的文脈からいかに生成し、聖書のカノンとして確立され、西洋の受容史の中でどう展開していったかをたどっている。『エジプト人モーセ』はいわば外側から、つまり除外された他者の側から想起されたエクソドス物語を追った。『エクソドス』ではいわば内側から、出エジプト記の、世界を根本から変えることになった革命的な突破と、その今日にまでいたる影響力（「神話原動力」）を記述している。その中でアスマンは、出エジプト記の意味編成の核心をなすものとして、契約神学の枠内で神に対する「愛」（信ずること）と「裏切り」、神の「友」と「敵」を区別する「忠誠の一神教」（Monotheismus der Treue）という概念を展開し、モーセの区別の概念を部分的に修正している。関心の向きは一読されたい。

＊　＊

ヤン・アスマンは、人文学に記憶論的転回をもたらした立役者の一人として、エジプト学の分野を超えて世界的にその名をとどろかせている。彼の仕事の一端を日本の読者に紹介したい。その思いから代表作の一つである『エジプト人モーセ』の翻訳にとりかかった。しかし、訳者は主に近現代のドイツ文学・文化を学ぶ者であり、エジプト学はもとより、宗教学、西洋古典学、思想史は門外漢である。向こう見ずな企てだった。それでもこの訳書を上梓することができたのは、多くの方々のご助力があったからだ。末筆ながらここに記して謝意を表したい。とりわけ、名古屋大学の金山弥平先生には、ラテン語の引用文を詳しく解説していただき、先生ご自身による訳のお手本まで賜った。同じく名古屋大学の吉武純夫先生には、古典ギリシア語に関する訳者の初歩的な質問に、懇切丁寧にお答えいただいた。また、慶應義塾大学の小野文先生には、フランス語の拙訳にお目を通していただき、きめ細やかなアドヴァイスを頂戴した。訳文に誤りがあるとすれば、それはすべて訳者の勉強不足による。別様の形で訳者を励ましてくださった方々がいる。とくに、名古屋大学の和田光弘先生は、ご高著により独自の「記憶史」の実践例を示され、訳者を大いに鼓舞してくださった。そして、歴史を学ぶとはどういうことかをめぐる会話の中で、訳者に貴重な気づきをもたらしてくれた若き研究者、慶應義塾大学の山本晶子さんに、この場をお借りして感謝の気持ちを伝えたい。

本書は、ヤン・アスマンのきらめくような学識が縦横に織り込まれた博覧強記の書であるばかりでなく、長年にわたるフィールドワークと史料考証と鋭敏な理論的反省に裏打ちされた、記憶史の第一級の実践例である。文化学の記憶研究では、彼の『文化的記憶』と並び、最重要の基本文献の一つと目されている。本書を日本の読者に紹介するにあたり、藤原書店ほどふさわしい出版社はほかにないだろう。通説とされてきた歴史像の再考を迫るような著作、歴史研究の新たな方法を提起する著作を果敢に刊行してきた出版社だからだ。本書の重要性に理解を示してくださり、刊行を引き受けていただいた藤原書店の藤原良雄社長に衷心よりお礼申し上げる。また、刊行への道を開いてくれた、元藤原書店で、現文藝春秋の西泰志君に深く感謝している。学生時代からの畏友である西君に、この訳書の完成を報告できるのを嬉しく思う。そして、藤原書店の山﨑優子さんには、遅々として進まぬ訳者の仕事を辛抱強く待ってくださり、細やかな気遣いで、すばらしい本に仕上げていただいた。心から感謝の意を表します。

二〇一六年十二月

安川晴基

ヤ　行

ラ　行

マ　行

ナ　行

ハ　行

サ　行

タ　行

カ 行

人名索引

一、索引の項目は、本文（序言、第1章〜第7章）で言及されている人名に限った。

一、「モーセ」については、本書の全編にわたって記述されているため、項目には取り上げなかった。

ア　行

著者紹介

ヤン・アスマン（Jan Assmann）

1938年ドイツ生。エジプト学者・宗教学者・文化学者。1976～2003年、ハイデルベルク大学のエジプト学教授。ハイデルベルク大学を定年退職後、2005年からコンスタンツ大学の客員教授として一般文化学・宗教理論を講じる。その他コレージュ・ド・フランス、ヘブライ大学、イェール大学、シカゴ大学などの客員教授を歴任。マックス・プランク研究賞（1996）、ドイツ歴史家賞（1998）、ドイツ連邦共和国功労勲章・勲一等（2006）などを受賞。今日のドイツを代表する知性の一人。著書に『文化的記憶』他多数。邦訳書に『エジプト　初期高度文明の神学と信仰心』（関西大学出版部）がある。

訳者紹介

安川晴基（やすかわ・はるき）

1973 年広島生。名古屋大学大学院文学研究科准教授。専攻はドイツ文学。慶應義塾大学大学院文学研究科独文学専攻博士課程単位取得退学。訳書にアライダ・アスマン『想起の空間』（水声社）他。

エジプト人《じん》モーセ ——ある記憶《きおく》痕跡《こんせき》の解読《かいどく》

2017 年 1 月 10 日　初版第 1 刷発行 ©

訳　者　安　川　晴　基

発行者　藤　原　良　雄

発行所　株式会社　藤　原　書　店

〒 162–0041　東京都新宿区早稲田鶴巻町 523

電　話　03（5272）0301

ＦＡＸ　03（5272）0450

振　替　00160 - 4 - 17013

info@fujiwara-shoten.co.jp

印刷・製本　中央精版印刷

落丁本・乱丁本はお取替えいたします

定価はカバーに表示してあります

Printed in Japan

ISBN978-4-86578-104-5